全国高等职业教育口腔医学/口腔医学技术专业新形态规划教材

供口腔医学、口腔医学技术、口腔卫生保健等专业使用

牙体形态与功能

主　编　李少华

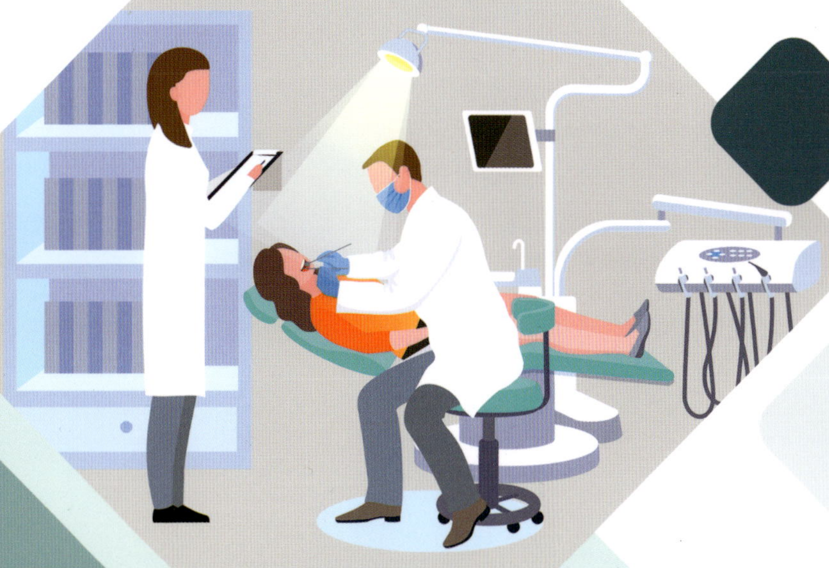

中国协和医科大学出版社

配套
数字教材

新形态教材 简介

本套教材创新性融合现代信息技术，将纸质内容与数字资源深度融合，形成新形态教材体系。每本教材均配有数字资源和完整的数字教材，读者可通过扫描封底激活码便捷获取。

1. 数字资源涵盖教学视频、微课、课件、思维导图、岗位对标考试等知识点总结、能力测试等。

2. 数字教材完整复刻纸质教材内容与版式，支持多终端浏览，并内置目录导航、全文检索功能，方便与纸质教材配合使用，实现随时随地灵活学习。

数字教材激活方法

方法一（电脑端）

输入网址：https://yxjy.pumcp.com/，登录后在个人中心-激活商品页面，输入激活码，激活数字教材。

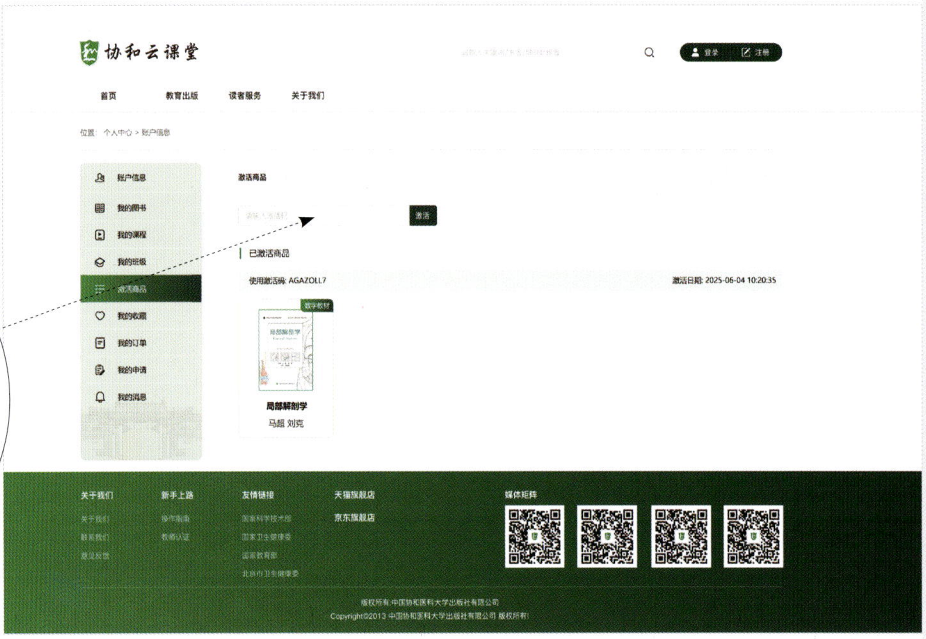

方法二（移动端）

进入“协和云课堂”小程序，在“我的”菜单，进入【激活】页面，输入激活码，激活数字教材。

— 全国高等职业教育口腔医学 / 口腔医学技术专业新形态规划教材 —

牙体形态与功能

（供口腔医学、口腔医学技术、口腔卫生保健等专业使用）

主　编　李少华

中国协和医科大学出版社

北　京

内容提要

本教材是“全国高等职业教育口腔医学 / 口腔医学技术专业新形态规划教材”之一，系根据本套教材的编写指导思想和原则要求，结合专业培养目标和本课程要求的教学目标编写而成，内容涵盖了基础知识与基本技能、切牙形态与功能、尖牙形态与功能、前磨牙形态与功能、磨牙形态与功能等。此外，本教材还增加了丰富的数字资源，包括教学视频、微课、课件、思维导图、岗位对标考试等知识点总结、能力测试等，丰富了教材内容，增强了线上和线下教学的联动性，以提升学生学习的主动性和积极性。

本教材主要供口腔医学、口腔医学技术、口腔卫生保健等专业使用，还可作为一线工作人员的参考书。

图书在版编目（CIP）数据

牙体形态与功能 / 李少华主编. -- 北京：中国协和医科大学出版社，2025. 7. --（全国高等职业教育口腔医学、口腔医学技术专业新形态规划教材）. -- ISBN 978-7-5679-2625-7

Ⅰ. R322.4

中国国家版本馆 CIP 数据核字第 2025EG7610 号

主　　编　李少华
策划编辑　张秋艳
责任编辑　魏亚萌　刘　睿
封面设计　邱晓俐
责任校对　张　麓
责任印制　黄艳霞
出版发行　**中国协和医科大学出版社**
（北京市东城区东单三条 9 号　邮编 100730　电话 010−65260431）
网　　址　www.pumcp.com
印　　刷　三河市龙大印装有限公司
开　　本　889mm×1194mm　1/16
印　　张　17.5
字　　数　440 千字
版　　次　2025 年 7 月第 1 版
印　　次　2025 年 7 月第 1 次印刷
定　　价　68.00 元

全国高等职业教育口腔医学/口腔医学技术专业
新形态规划教材建设指导委员会

编者名单

主　　编 李少华

副 主 编 纳　锦　李　娜

编　　者（按姓氏笔画排序）

马凡熔（安阳职业技术学院）

石　震（深圳康泰健医疗科技股份有限公司）

史勇勇（广东省连州卫生学校）

李　娜（滨州职业学院）

李少华（广州卫生职业技术学院）

纳　锦（红河卫生职业学院）

黄　蓉（红河卫生职业学院）

董海岛（江苏医药职业学院）

数字教材编者名单

主　　编 李少华

编　　者（按姓氏笔画排序）

牛月月（滨州职业学院）

冯　佳（广州卫生职业技术学院）

李少华（广州卫生职业技术学院）

周子善（佛大口腔门诊部）

郝　洁（广东省连州卫生学校）

出版说明

随着我国人口老龄化进程的加速和居民口腔健康意识的显著提升，口腔医疗行业正迎来前所未有的发展机遇与挑战。人工智能辅助诊断系统、口内扫描仪、3D 打印技术等创新工具的应用，正在重塑传统诊疗模式。然而，很多基层医疗机构虽配备了先进设备，却面临专业人才短缺的困境。在此背景下，系统化培养掌握数字化技术、熟悉新型材料与设备操作的专业人才，是填补供需缺口、提升医疗服务质量的核心路径。作为衔接前沿技术与临床实践的核心纽带，新型教材体系将成为破解“技术迭代快于人才培养”困局、实现“数字技术下沉”与“基层能力提升”双向奔赴的核心支撑。

本套教材以实践科学发展观为指导思想，以服务教学、指导教学、规范教学、适应我国医学教育改革为宗旨，立足高等职业教育教学实际，以胜任能力培养为目标，使课程设置与理论实践紧密衔接，突出教材内容的实用性、先进性、科学性和通用性。本套教材为新形态教材，具体体现为：体现教育改革精神与职业教育特色；注重产教融合，突出实践教学；以实际操作技能为导向，融入新技术、新方法；融合思政，强化价值引领；以学生为中心，丰富模块设计；纸质教材与数字教材融合；教材编写在贯彻职业教育理念的同时，亦充分体现现代化的教育思想和方法，以全面提升学生的创新精神、人文素养、胜任能力等综合素质，培养适应医疗卫生体制改革的复合型和应用型人才。

同时，本套教材的编写遵循教材编写的基本规律，秉持“三基、五性、三特定”的原则，注重基础理论、基本知识和基本技能的培养，内容深度和广度适应全国高等职业教育的需求。教材编写以口腔医学 / 口腔医学技术专业的培养目标为导向，着重培养学生的职业技能，满足职业岗位需求、学生学习需求和社会需求。教材内容涵盖了口腔医学 / 口腔医学技术领域工作岗位所需的知识、技能和素质，帮助学生全面理解工作岗位，培养学生科学的临床思维和学习方法，以满足社会对学生知识和技能的要求，强调培养学生的创新能力、信息获取技能和终身学习能力，确保教材的启发性。在编写过程中，我们充分考虑到高等职业教育的多样性，确保教材既能适应不同院校的需求，又能满足学生毕业时的知识和技能要求。

本套教材涵盖口腔内科学、口腔殆面外科学、全口义齿工艺技术、数字化口腔修复技术等 16 门课程，定位清晰、特色鲜明，具有以下特点。

一、构建高质量、互动性强的创新形态教材体系

本系列教材为创新形态教材，教材所有内容，均实现数字化呈现；同时，为纸质教材提供配套教学视频、微课、思维导图、教学课件、在线练习等丰富教学资源，学生可直接获取与教材内容相关联的课程资源；支持多媒体资源嵌入与实时更新；配套的数字教材平台，支持在线教学、资源共享、数据分析等功能，实现教学全流程数字化管理，满足多样化教学需求。这种创新的学习方式，不仅提高了教学效果，也丰富了学习体验，使学习更加便捷，提升了学生的学习积极性和主动性。

二、强化价值引领，助推专业教育与思政教育相融合

本套教材以专业知识为载体，以思政教育为引领，深度挖掘专业课程蕴含的思政资源，巧妙融入教材内容，全方位助推专业教育与思政教育深度交融，培育德技兼修人才。在教材编写中，我们注重以口腔案例为切入点，将社会主义核心价值观、医者仁心的职业精神、中华优秀传统文化等思政元素自然融入专业知识点。引导学生树立正确的职业价值观，具备社会责任感，在实践教学环节强化人文关怀培养，使学生在掌握专业技能的同时，自觉践行“健康所系，性命相托”的医者担当。

三、体现教育改革精神与职业教育特色

本套教材深入贯彻国家职业教育改革精神，坚持以人为本、能力为重，强调实践操作和技能培训，注重培养学生的职业素养和实际工作能力。内容贴近职业实践，力求使学生能够顺利进入职业领域，成为胜任基层医疗机构或口腔医学 / 口腔医学技术相关岗位的高级技术型专业人才。编写过程中，我们注重教材内容与实际工作岗位匹配，确保教材内容符合基层实际工作的需求。

四、注重产教融合，突出实践教学

高等职业教育强调产教深度融合，创新培养模式，这是职业教育的重要发展方向。本套教材的建设始终把提高人才培养质量放在首位，密切联系实际，突出实践教学，将专业内容设置与行业需求对接；推动教学与行业技术发展同步，使课程内容与职业标准对接；完善职业教育教学过程机制，使教学过程与实际工作过程对接。

五、贴合考试，对接行业需求

本教材严格遵循《国家职业教育改革实施方案》及职业教育规划教材建设要求，以口腔医疗及相关行业职业标准为核心，将岗位技能、职业技能竞赛、职业资格考试内容有机融入教材，实现“岗课赛证”融通，助力学生无缝对接行业需求。

六、以学生为中心，丰富模块设计

考虑到职业教育学生的年龄和学习特点，本套教材的模块设置丰富多样，包括案例导入、思维导图、考试知识点总结、习题等模块。这种结构不仅有助于学生理解和记忆知识点，还能提高学生的学习兴趣和学习效果。每个模块设计精细，既有理论讲解，又有实践应用，旨在全面提升学生的综合素质。

希望本套教材的出版，能够推动高质量口腔医学 / 口腔医学技术专业人才的培养，促进我国口腔医学 / 口腔医学技术专业领域的教材建设与教育发展，为促进我国口腔医疗事业的发展和保障人民健康作出积极贡献。

前　言

《牙体形态与功能》教材深入贯彻《国务院办公厅关于加快医学教育创新发展的指导意见》、《“十四五”职业教育规划教材建设实施方案》等文件精神，凸显职业教育类型，以实践科学发展观为指导思想，以服务教学、指导教学、规范教学为宗旨，立足高等职业教育教学实际，以能力培养为目标，突出教材内容的实用性、先进性、科学性和通用性。以实践操作技能为导向，注重对学生创新能力与实践能力的培养，从而为培养口腔专业高端技能型专业人才打下良好基础。

在全面把握教材编写原则与核心理念的基础上，全体编写成员深度融合多年教学积累与实践心得，以严谨的学术态度和育人情怀投入本教材的编撰工作。作为面向口腔医学、口腔医学技术、口腔卫生保健等专业专科教育的创新教材，为培养学生职业能力和职业特质，本书以五个项目为编写框架，以任务驱动的方式进行编写设计。每个任务包含任务导入、任务分析、任务评价、任务拓展等四个模块，学生在教师的引导下，围绕任务展开学习，并对任务的完成结果进行检验及组织开展学习过程总结等，促使学生主动建构探究、实践、思考、运用、解决的学习体系。

为进一步充实高等职业口腔专业教材资源库，本教材配套开发了立体化数字教学资源，包涵操作视频、题库、微课、思维导图等。在内容编排方面，依据学生学习特点和技能培养规律，设置了从简单到复杂的倍数牙体雕刻、等倍大牙体雕刻、等倍大牙列中牙体塑形渐进式的学习内容，期望能有效提升学生的专业理论素养与实践应用能力，为其后续专业课程学习及职业发展奠定坚实基础。

在本教材的编写过程中，我们得到了各参编单位和专家学者的鼎力支持与热情帮助，在此谨致以衷心的感谢。由于本教材编写周期较短，加之编者水平有限，书中难免存在不足之处，恳请广大读者和同行专家不吝赐教，提出宝贵意见，以便我们在后续修订中不断完善，提升教材质量。

编　者

2025 年 4 月

目录

项目一　基础知识与基本技能

教学课件

项目目标

素质目标

（1）具备严谨细致的学习态度，树立实事求是的科学精神。

（2）在学习实践中遵循标准化流程，逐步形成规范操作的工作习惯。

（3）具备严谨扎实的学习态度，增加牙齿的萌出与发育等知识储备。

知识目标

（1）掌握：牙的组成与分类；牙的功能；人类牙齿萌出的规律；游标卡尺的使用。

（2）熟悉：牙的功能；牙齿演化过程的特点。

（3）了解：牙胚发育过程。

能力目标

（1）能够区分出牙齿的各部位与牙齿的功能。

（2）能够区分出人类牙齿的各部位的解剖名称。

（3）能够熟练地使用石膏切刀和石膏雕刻刀。

案例导入

【案例】

牙齿是人类重要的组织器官之一，主要担负着切割、撕裂、咀嚼食物的功能，不同的牙齿在进食时发挥的作用也不一样，对人体健康有重要的影响。在胚胎发育的第五周开始，牙齿的发育也在同步进行中。从婴幼儿到成年的过程当中，牙齿的发育经历了牙胚、出龈、萌出及建𬌗的过程，并经历了乳牙期、替牙期及恒牙期三个时期。在日常生活中，人们在进食、言语、歌唱的时候，都离不开牙齿的配合，并且牙齿对于一个人面部的美观也起着重要的作用。

【问题】

1. 人类的牙齿属于异形牙，不同形态的牙齿与进食有怎样的关系？

2. 我们从几岁开始换牙，换牙期需要关注哪些方面？
3. 口腔内牙齿数目较多，在记录牙位时可采用何种记录方式？

微课：描述牙的演化过程的特征

任务一　描述牙的演化过程的特征

一、任务导入

在生活中大家会看到各种动物，如鱼、鸟、狗等，仔细观察会发现这些动物牙齿的数目、形态等各不相同，那么动物的牙齿是如何演化的呢？

二、任务分析

牙齿是人类行使咀嚼功能的器官之一，与其他的器官一起完成咀嚼。同时牙齿本身有着诸多特点：数目多、形态多样、直接接触食物、位于有菌环境中，所以我们应该深入地学习、了解牙体形态。

（一）牙的演化

生物在长周期的演化发展过程中，不断地适应生活环境的改变以保证族群的生存，在此过程中，生物本身的形态在不断地改变，同时生物的牙齿也随之不断地演变。各种动物的牙齿因具有不同的功能，其形态也各异，具体内容如下。

1. 鱼纲　鱼类的牙齿没有咀嚼功能，主要用来捕捉食物，其形态基本一致，为三角形或锥体形并向后弯曲，故称同形牙。同时在每颗牙后面有许多备用牙，用来替换脱落的旧牙，终生不止，故称多牙列。鱼类的牙齿数目极多，分布于颌骨、额骨、犁骨等部位。此类牙没有牙根，依靠纤维膜附着于颌骨的边缘，易脱落，称为端生牙。

2. 两栖纲　两栖纲动物的牙齿也多为多牙列、单锥体的同形牙、端生牙，但牙齿数目比鱼类少。

3. 爬行纲　爬行动物的牙齿多为同形牙、多牙列，数目较鱼类少。除端生牙外，一部分牙基部与颌骨相连，另一侧也附着颌骨的边缘，称为侧生牙。

4. 鸟纲　现代鸟类的牙齿已退化。

5. 哺乳纲　哺乳类动物的牙齿形态各异，称为异形牙，一生中只有两副牙列—乳牙列与恒牙列，即双牙列，且牙齿脱落后不可再生。此类牙有牙根，被颌骨的牙槽窝所包裹，称为槽生牙（图 1-1）。

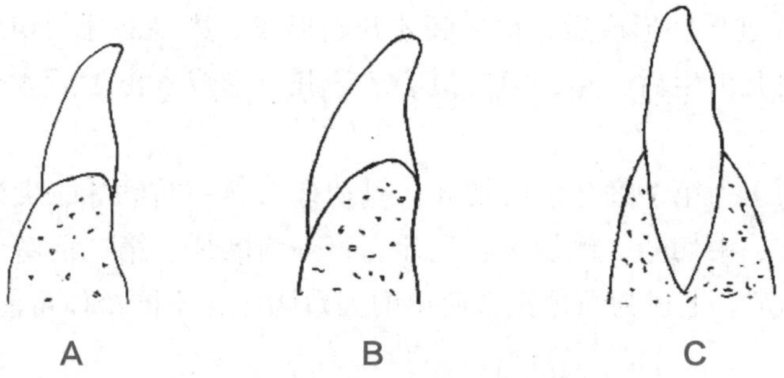

图 1-1 牙的附着方式

A. 端生牙；B. 侧生牙；C. 槽生牙。

在动物的演化过程中，各种因素的影响下，牙演化的特点总结为：①牙数由多到少（鱼类可多达 200 个左右）。②牙根从无到有。③从多牙列到双牙列。④从同形牙到异形牙。⑤从分散到集中（牙的生长部位从全口散在分布到集中于上下颌骨）。⑥牙附着颌骨由端生牙至侧生牙，最后向槽生牙演化。动物牙齿的演化特点见表 1-1。

表 1-1 动物牙齿的演化特点

分类	形态	数目	替换次数	牙根	附着方式	分布
鱼纲	同形	极多	多牙列	无	端生	上下颌骨、其他骨、舌咽等
两栖纲	同形	多	多牙列	无	端生	上下颌骨，其他骨
爬行纲	同形	多	多牙列	有	槽生	上下颌骨
鸟纲	退化					
哺乳纲	异形	较少	双牙列	有	槽生	上下颌骨

（二）牙的发育过程

牙由牙胚发育而来，发育过程包括发生期、钙化期及萌出期。牙胚长出牙龈的现象称为出龈，萌出是指牙冠出龈至与对颌牙达到咬合接触的整个过程。

1. 牙的萌出 在乳牙胚胚胎 2 个月时即发生，胚胎 5 ～ 6 个月开始钙化，20 个乳牙胚在出生时均已形成。婴儿出生后 6 个月至 6 岁 20 颗乳牙全部萌出。乳牙萌出顺序：乳中切牙（Ⅰ）、乳侧切牙（Ⅱ）、第一乳磨牙（Ⅳ）、乳尖牙（Ⅲ）、第二乳磨牙（Ⅴ）。乳牙大致萌出的时间见表 1-2。

表 1-2 乳牙大致萌出时间表 单位：月龄

颌位	乳中切牙	乳侧切牙	第一乳磨牙	乳尖牙	第二乳磨牙
上颌	8	9	14	18	28
下颌	6	7	12	16	22

2. 牙萌出的顺序 在乳牙胚形成后，恒牙胚才开始形成。第一磨牙、切牙、尖牙及前磨牙的牙胚均形成于胚胎时期，婴儿出生后一年，第二恒磨牙牙胚方形成，出生后 4 ～ 5 岁，第三磨牙牙胚方形成。

恒牙萌出顺序：上颌多为第一磨牙、中切牙、侧切牙、第一前磨牙、尖牙、第二前磨牙、第二磨牙；下颌多为第一磨牙、中切牙、侧切牙、尖牙、第一前磨牙、第二前磨牙、第二磨牙。第三磨牙俗称智齿，萌出时间不定。上述为恒牙正常萌出的大致顺序，不同个体可能有差异，见表 1-3。

表 1-3 恒牙萌出顺序表

单位：岁

颌位	中切牙	侧切牙	尖牙	第一前磨牙	第二前磨牙	第一磨牙	第二磨牙	第三磨牙
上颌	8	9	12	10	12	6	12	—
下颌	6	7	9	10	12	6	12	—

3. 牙萌出的规律

（1）在一定时间内，按一定先后顺序萌出。

（2）同颌的同名牙基本同时萌出。

（3）下颌牙同名牙要比上颌的同名牙萌出早。

（4）女性同名牙比男性同名牙萌出早。

三、任务实施

1. 动物牙齿演化规律图 根据动物牙齿演化特点，在下面树状图（图 1-2）中总结动物牙齿的演化规律。

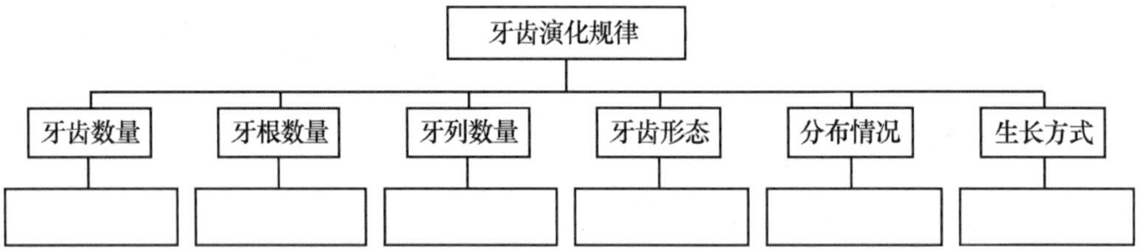

图 1-2 动物牙齿演化规律

2. 人类牙齿萌出规律表 请用表格总结人类牙齿的萌出规律（表 1-4）。

表 1-4 牙齿萌出规律表

<table>
<tr><td rowspan="4">萌出特点</td><td>顺序</td><td></td><td rowspan="4">乳恒牙
萌出顺序</td><td rowspan="2">乳牙</td><td rowspan="2"></td></tr>
<tr><td>同颌同名牙</td><td></td></tr>
<tr><td>对颌同名牙</td><td></td><td rowspan="2">恒牙</td><td rowspan="2"></td></tr>
<tr><td>男女性</td><td></td></tr>
</table>

四、任务评价

表 1-5　牙齿演化及萌出测评表

评价项目	评价点		分值
牙齿的演化	演化特点	数目	6
		形态	6
		牙根	6
		分布	6
		附着	6
牙齿的萌出	萌出特点	顺序	8
		同名牙	8
		上下颌	8
		男女性	8
	乳恒牙萌出顺序	乳牙	20
		恒牙	20
总分（100）			

▶任务拓展

乳牙的作用

乳牙作为人类最早萌出的牙齿，6～12 岁期间逐步被恒牙替代，但其在儿童生长发育过程中具有不可替代的“基石作用”。在生理功能层面，乳牙的咀嚼效率直接影响营养摄取。当乳磨牙出现龋坏时，食物无法充分研磨，会导致消化不良甚至营养吸收障碍。同时，前牙的完整形态对发音也有着重要影响，“s”“z”等的准确发音需要牙齿配合，从而促进语言能力的发育，利于激发表达能力；乳牙良好的上下咬合还能够帮助孩子建立良好的覆盖关系，同时能够促进孩子的面部发育；乳牙的正常萌出和脱落可为恒牙的萌出奠定基础。在乳牙受到刺激时，牙髓中的成牙本质细胞受到刺激，在损伤对应区域形成不规则牙本质小管结构，即修复性牙本质，来隔离刺激以保护牙髓。

微课：描述牙齿的相关解剖学基础（牙的组成与分类）

任务二　描述牙齿的相关解剖学基础

一、任务导入

生活中我们使用牙齿咀嚼食物，吃不同性质的食物时不同部位的牙齿发挥功能，那么人类的牙齿的形态是一样的吗？它们有什么特点吗？

二、任务分析

牙齿因为行使功能的不同，形态也各异。当牙齿因为各种原因缺损或缺失需要修复时，不同牙位需要恢复到其不同的合适的形态，以保证多个牙位协调发挥咀嚼、发音、保持美观、协助吞咽等功能。因此，辨析牙齿的组成、分类和解剖特点等十分重要。

（一）牙的组成

（1）从表面观察，牙体分三部分（图 1-3）。

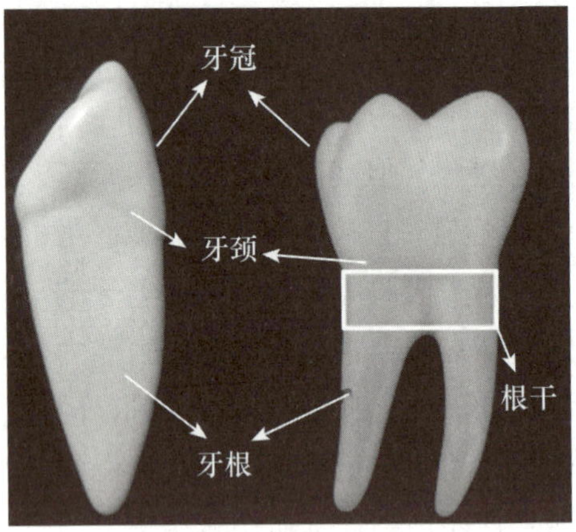

图 1-3　牙体外部形态结构

1）牙冠：最外层的牙釉质覆盖的部分，是牙齿行使咀嚼功能的主要部分，也称解剖牙冠。牙冠与牙根以龈缘为界。正常情况下，牙冠部分被牙龈所覆盖，其中龈缘以上露于口腔的牙体又称临床牙冠。牙冠的形态与牙齿的功能相互影响，如切牙形似铲子，可行使切割功能，而磨牙牙冠形态复杂，可研磨食物。

2）牙颈：牙冠与牙根交界处的一圈弧形曲线，又称颈线、颈缘。

3）牙根：牙体由牙骨质覆盖的部分，又称解剖牙根。正常情况下，牙根坐落于牙槽窝中，被牙槽骨包围，支持、稳固牙体。牙根的数目与形态与牙齿的功能密切相关，如前牙多单根，而磨牙受力较大，牙根多为 2 ～ 3 根，且分叉，以维持牙体的稳定。多根牙根分叉至牙颈之间的部分称为根分叉。牙根的尖端称为根尖，根尖中有小孔，称为根尖孔，有神经、血管、淋巴管从中通过。牙体在口腔内不能看见的部分又称为临床牙根。

（2）从剖面观察，牙体分为四部分（图 1-4）。

1）牙釉质：构成牙冠表层，呈白色、半透明状，是人体中最坚硬组织。牙釉质在牙体的不同部位厚度不同。切牙切缘处牙釉质最厚，约 2mm；磨牙牙尖处最厚，约 2.5mm；乳牙牙釉质仅为 0.5 ～ 1.0mm。牙釉质的颜色与其矿化程度相关，矿化程度越高越透明，反之呈乳白色。

2）牙本质：淡黄色硬组织，构成牙的主体，其表面被牙釉质和牙骨质覆盖，内部有一空腔为髓腔。牙本质的主要功能是支持牙釉质及牙骨质和保护牙髓。牙本质的硬度低于牙釉质，高于牙骨质。

3）牙骨质：淡黄色，覆盖牙根表层的硬组织。组织结构与密质骨相似。牙颈部牙骨质较薄，根尖和根分叉处较厚。

4）牙髓：位于髓腔中的结缔组织，含有血管、神经和淋巴管，通过根尖孔与牙周组织相通。牙髓组织具有感觉、营养、修复、防御的功能。

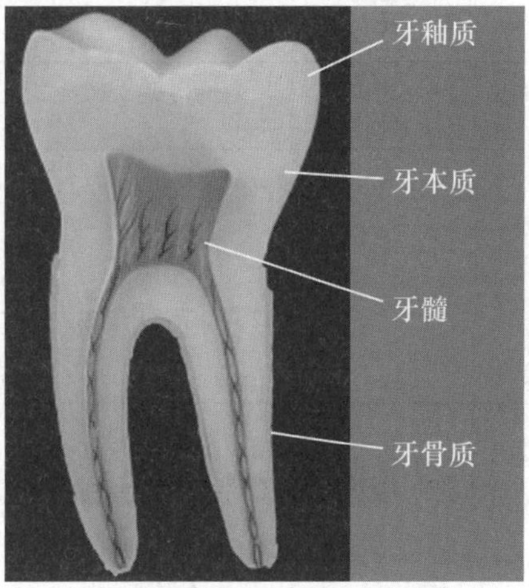

图 1-4　牙体纵剖面结构

（二）牙的分类

1. 根据牙齿的形态和功能分类（图 1-5、表 1-6）

（1）切牙：共 8 颗，位于口腔前部，又分为中切牙和侧切牙。牙冠唇面呈梯形，邻面呈三角形，牙根为单根。主要功能是切割食物。

（2）尖牙：共 4 颗，位于口角处。牙冠粗壮，有一长大牙尖，单根长且粗。主要功能是穿刺、撕裂食物。

（3）前磨牙：共 8 颗，位于尖牙与磨牙之间，又分为第一前磨牙和第二前磨牙。牙冠一般有两个牙尖，牙根 1 ～ 2 个。主要功能是协助撕裂和捣碎食物。

（4）磨牙：共 12 颗，位于前磨牙的远中，又分为第一磨牙、第二磨牙、第三磨牙。牙冠有 4 ～ 5 个牙尖，牙根一般 2 ～ 3 个。主要功能是研磨、磨细食物。

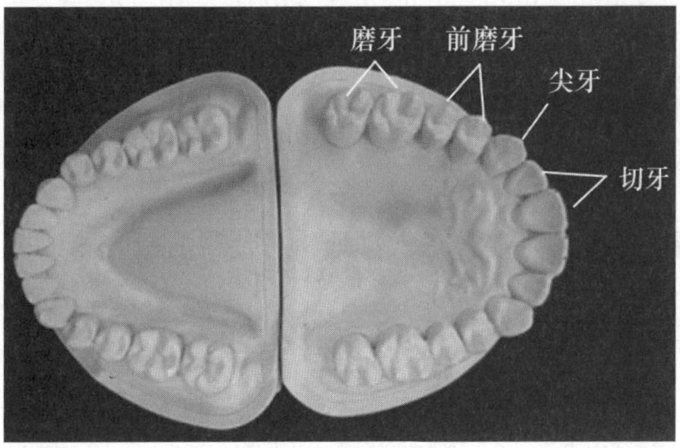

图 1-5　恒牙的分类

表 1-6　恒牙的分类与功能

牙位	数目位置	牙冠	牙根	功能
切牙	8 颗；中线两侧，口角前侧	邻面楔形 有切嵴	单根	切割食物
尖牙	4 颗；口角处	邻面楔形 一个牙尖	单根	穿刺、撕裂食物

续 表

牙位	数目位置	牙冠	牙根	功能
前磨牙	8 颗；尖牙与磨牙之间	立方形 2 ～ 3 牙尖	1 ～ 2 根	协助撕裂和捣碎食物
磨牙	8 ～ 12 颗；前磨牙之后	立方形 4 ～ 5 牙尖	2 ～ 3 根	研磨、磨细食物

2．根据牙在口腔内萌出和存在的时间分类

（1）乳牙：共 20 颗，婴儿出生后 6 个月左右开始萌出，到两岁半左右全部萌出。自 6 ～ 7 岁至 12 ～ 13 岁，乳牙逐渐被恒牙所代替。部分乳牙在口腔内保留时间可长达 10 年。乳牙存留的时间，正值儿童发育的快速期，因此乳牙的正常形态对消化和吸收营养、引导恒牙的正常萌出、刺激颌面部的正常发育都起到重要的作用。

（2）恒牙：共 32 颗，一般在 6 岁左右开始萌出。现代人第三磨牙有退化的趋势，故成人恒牙常为 28 ～ 32 颗。

3．根据牙在口腔内的位置分类

（1）前牙：位于牙弓的前部（口角之前），包括切牙和尖牙。

（2）后牙：位于牙弓的后部（口角之后），包括前磨牙和磨牙。

（三）牙的功能

1．咀嚼功能　牙齿是行使咀嚼功能的主要器官。食物经牙齿的切割、撕裂、捣碎研磨后，便于吞咽与消化。

2．辅助发音和言语　牙齿在言语与发音中有着重要影响。如前牙缺失时，唇齿音等均会受到影响。

3．保持面部外形协调　牙齿的存在及正常排列，可使得唇颊部丰满。牙齿排列不正常，可影响美观，如形成反殆。

（四）牙位记录

上下颌牙齿按一定的顺序排成弓形，称为牙列或牙弓。

1．部位记录法　为了简洁记录牙齿的位置，以“十”符号将牙弓分为四区（图 1-6）。横线区分上下颌，竖线代表中线，区分左右。右上颌区又称 A 区，左上颌区又称 B 区，右下颌区又称 C 区，左下颌区又称 D 区。

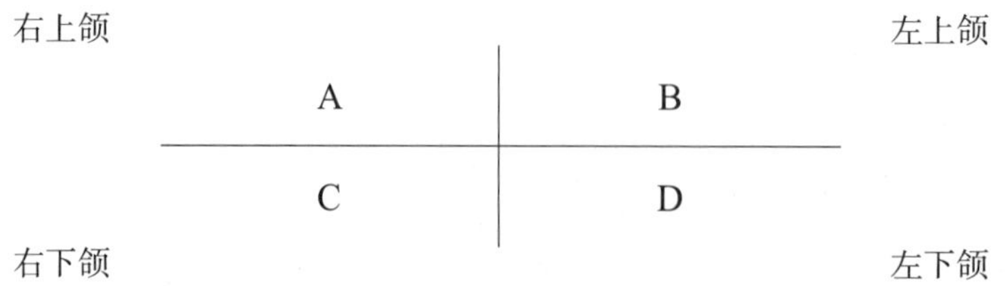

图 1-6　牙弓的四分区

恒牙的中切牙至第三磨牙以阿拉伯数字 1 ～ 8 分别依次代表。乳牙的乳中切牙至第二乳磨牙则以罗马数字 1 ～ 4 分别依次代表（图 1-7）。

1	2	3	4	5	6	7	8	Ⅰ	Ⅱ	Ⅲ	Ⅳ	Ⅴ
中切牙	侧切牙	尖牙	第一前磨牙	第二前磨牙	第一磨牙	第二磨牙	第三磨牙	乳中切牙	乳侧切牙	乳尖牙	第一乳磨牙	第二乳磨牙

图 1-7　恒牙及乳牙部位记录法数字排序

恒牙部位记录法命名如图 1-8 所示。

右上颌		左上颌
8 7 6 5 4 3 2 1	1 2 3 4 5 6 7 8	
8 7 6 5 4 3 2 1	1 2 3 4 5 6 7 8	左下颌

8	7	6	5	4	3	2	1
右下颌第三磨牙	右下颌第二磨牙	右下颌第一磨牙	右下颌第二前磨牙	右下颌第一前磨牙	右下颌尖牙	右下颌侧切牙	右下颌中切牙

图 1-8　恒牙部位记录法命名

乳牙部位记录法命名如图 1-9 所示。

右上颌		左上颌
Ⅴ Ⅳ Ⅲ Ⅱ Ⅰ	Ⅰ Ⅱ Ⅲ Ⅳ Ⅴ	
Ⅴ Ⅳ Ⅲ Ⅱ Ⅰ	Ⅰ Ⅱ Ⅲ Ⅳ Ⅴ	左下颌

Ⅴ	Ⅳ	Ⅲ	Ⅱ	Ⅰ
右下颌第二乳磨牙	右下颌第一乳磨牙	右下颌乳尖牙	右下颌乳侧切牙	右下颌乳中切牙

图 1-9　乳牙部位记录法命名

例如：

右上颌中切牙记录如下（图 1-10）。

右上颌中切牙及左下颌第一磨牙记录如下（图 1-11）。

1	

图 1-10　右上颌中切牙

1	
	6

图 1-11　左下颌第一磨牙

右上颌乳尖牙及右上颌第一乳磨牙记录如下（图 1-12）。

Ⅵ　Ⅲ	

图 1-12　右上颌乳尖牙及右上颌第一乳磨牙

2. 国际牙科联合会系统（FDI） 采用两位数记录牙位。十位数 1 ～ 4 表示恒牙的区位（图 1-13）、5 ～ 8 表示乳牙的区位（图 1-14）。中切牙至第三磨牙则以阿拉伯数字 1 ～ 8 分别依次代表；中切牙至第二乳磨牙以阿拉伯数字 1 ～ 5 分别依次代表。

1X	2X
4X	3X

图 1-13　恒牙区位

5X	6X
7X	8X

图 1-14　乳牙区位

恒牙国际牙科联合会补充命名法如图 1-15 所示。

右上颌　　左上颌

18	17	16	15	14	13	12	11	21	22	23	24	25	26	27	28
48	47	46	45	44	43	42	41	31	32	33	34	35	36	37	38
右下颌第三磨牙	右下颌第二磨牙	右下颌第一磨牙	右下颌第二前磨牙	右下颌第一前磨牙	右下颌尖牙	右下颌侧切牙	右下颌中切牙								

左下颌

图 1-15　恒牙国际牙科联合会系统命名

乳牙国际牙科联合会补充命名法如图 1-16 所示。

右上颌		左上颌
	55 54 53 52 51	61 62 63 64 65
	85 84 83 82 81	71 72 73 74 75
		左下颌

右下颌第二乳磨牙 右下颌第一乳磨牙 右下颌乳尖牙 右下颌乳侧切牙 右下颌乳中切牙

图 1-16 乳牙国际联合会系统命名

例如：

右上颌第一磨牙记为 16。

右上颌乳中切牙记为 51。

右上颌第一磨牙及第二磨牙记为 16、17。

3. 通用编号系统 恒牙用阿拉伯数字 1 ～ 32 代表（图 1-17）。

1 2 3 4 5 6 7 8	9 10 11 12 13 14 15 16
32 31 30 29 28 27 26 25	24 23 22 21 20 19 18 17

图 1-17 恒牙通用编号

乳牙用英文字母 A ～ T 代表（图 1-18）。

A B C D E	F G H I J
T S R Q P	O N M L K

图 1-18 乳牙通用编号

例如：

左下颌第三磨牙记为 #17。

左下颌中切牙记为 #24。

左上颌第二乳磨牙记为 J。

（五）牙体解剖应用名称与解剖标志

1. 牙冠各面的命名 每颗牙都有几个面，依据每个面的位置所在进行相应的命名（图 1-19）。

（1）唇面：前牙牙冠贴近唇黏膜的一面，称为唇面。

（2）颊面：后牙牙冠贴近颊黏膜的一面，称为颊面。

（3）舌面：牙冠贴近舌的一面，称为舌面。上颌牙的舌面因为贴近腭侧又称腭面。

（4）邻面：牙弓内相邻两牙接触的面称为邻面。两个邻面中，靠近中线的一面，称为近中面，远离中线的一面，称为远中面。

（5）𬌗面：上、下颌后牙咬合时接触的面，称为𬌗面。

（6）切端：前牙行使切割功能的部分称为切端。

（7）中线：是将颅面部左右两等分的一条假想线，正常情况下，中线通过两眼之间、鼻尖及上下颌中切牙之间。

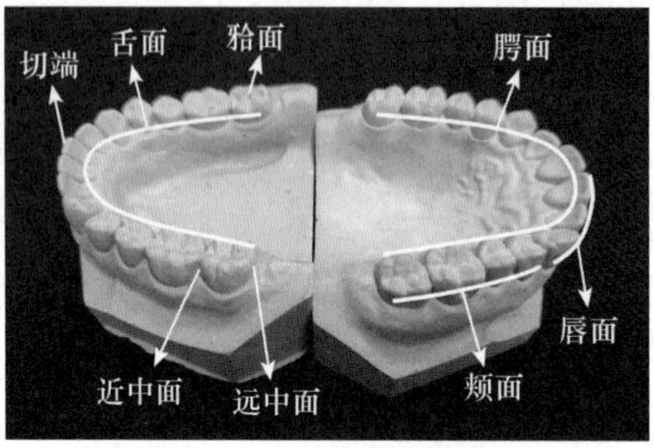

图 1-19　牙冠各面的命名

2．牙体解剖应用名称

（1）牙体长轴：沿着冠根方向通过牙体中心的一条假想线。牙冠的四个面（唇面 / 颊面、舌面 / 腭面、近中面、远中面）与牙体长轴大致平行，又称轴面（图 1-20）。

（2）接触区：相邻两牙邻面接触的部位，也称邻接点（图 1-21）。

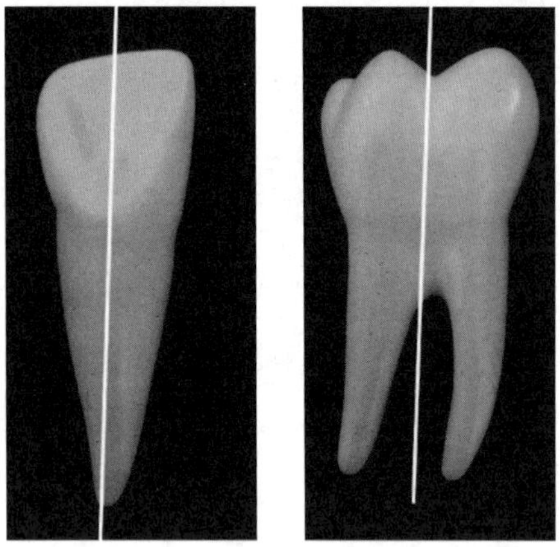

图 1-20　牙体长轴

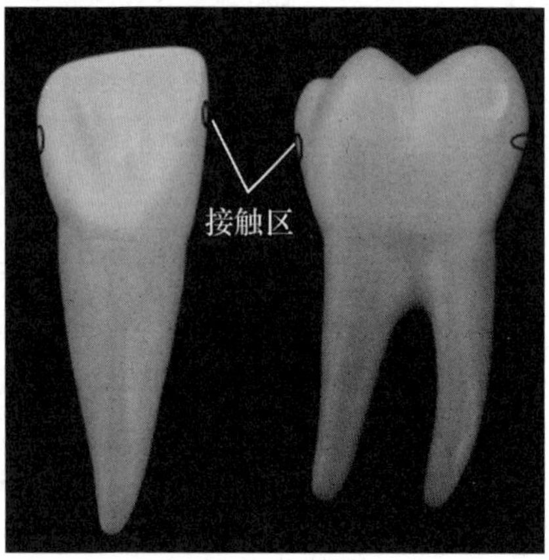

图 1-21　接触区

（3）线角：牙冠上相邻两面相交所成的角称为线角，相邻两个轴面相交的线角又称轴面角，如近中面与舌面相交称为近舌线角或近舌轴面角（图 1-22）。

（4）点角：牙冠上相邻三个面相交形成的角称为点角，如磨牙的远中面、舌面、𬌗面相交形成的角称为远舌𬌗点角（图 1-23）。

（5）外形高点：牙冠各轴面上最突出的部分（图 1-24）。

（6）牙体三等分：将牙冠各面分为三等分，有三个方向切（𬌗）龈向、近远中向、唇（颊）舌向，分别分为切（𬌗）1/3、中 1/3、颈 1/3；近中 1/3、中 1/3、远中 1/3；唇（颊）1/3、中 1/3、舌 1/3。牙根分为根颈 1/3、根中 1/3、根尖 1/3（图 1-25）。

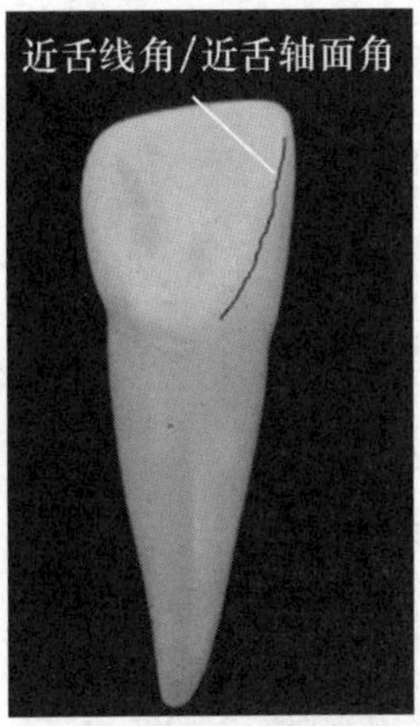

图 1-22　线角

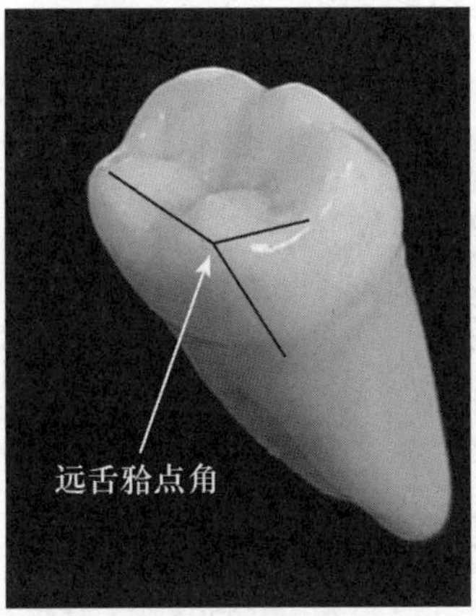

图 1-23　点角

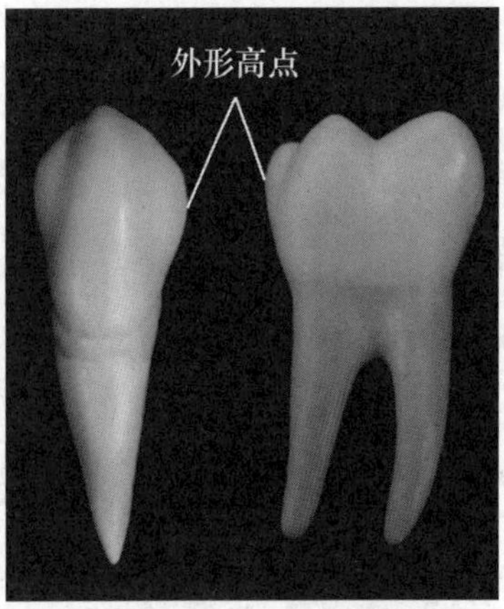

图 1-24　外形高点

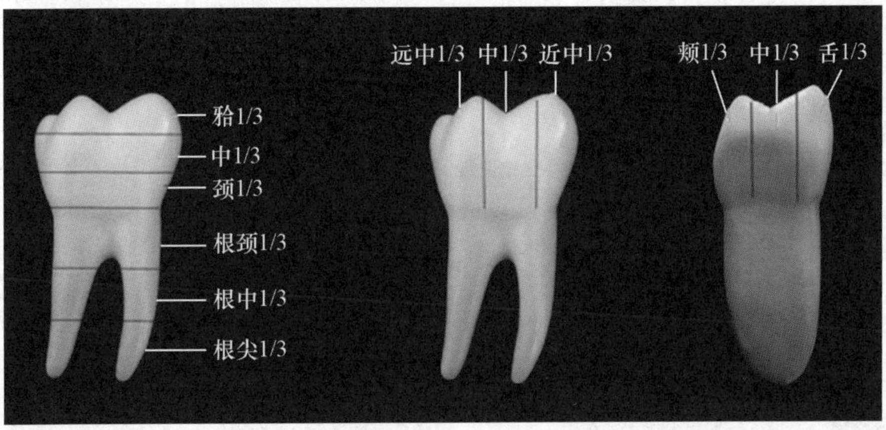

图 1-25　牙体三等分

3．牙冠的表面标志

（1）突起部分

1）牙尖：牙冠上显著突起近似锥体形的部分称为牙尖。位于尖牙切端、后牙的𬌗面上（图 1-26）。

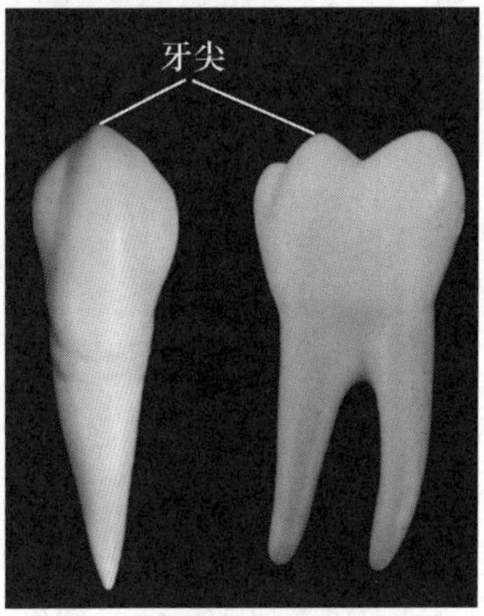

图 1-26　牙尖

2）结节：位于牙冠上的小突起，牙釉质过度钙化形成。初萌的切牙切缘上的结节，称为切缘结节，因牙的磨耗逐渐消失（图 1-27）。

3）舌隆突：位于前牙舌面颈 1/3，半月形隆突起（图 1-28）。

4）嵴：位于牙冠上线状的牙釉质隆起。不同部位的嵴，有不同的名称。①切嵴：位于切牙切端舌侧的长条形的嵴，有切割功能（图 1-29A）。②轴嵴：位于牙冠轴面上，从牙尖顶延伸至牙颈的嵴。如唇轴嵴、颊轴嵴、舌轴嵴（图 1-29B）。③颈嵴：位于牙冠唇颊面颈 1/3、微突的细长形的嵴。如唇颈嵴、颊颈嵴（图 1-29C）。④边缘嵴：位于前牙舌面近远中边缘及后牙𬌗面边缘的细长形的嵴（图 1-29D）。⑤牙尖嵴：从牙尖顶分别斜向近、远中的嵴。后牙的牙尖嵴是后牙边缘嵴的一部分（图 1-29E）。⑥三角嵴：位于后牙𬌗面，从牙尖顶伸向𬌗面的细长形的嵴。牙尖近中和远中两斜面汇合成三角嵴（图 1-29F）。⑦横嵴：横过𬌗面的嵴，由𬌗面相对的两牙牙尖的三角嵴相连形成（图 1-29G）。⑧斜嵴：由𬌗面上两牙尖三角嵴斜形相连形成的嵴

（图 1-29H）。

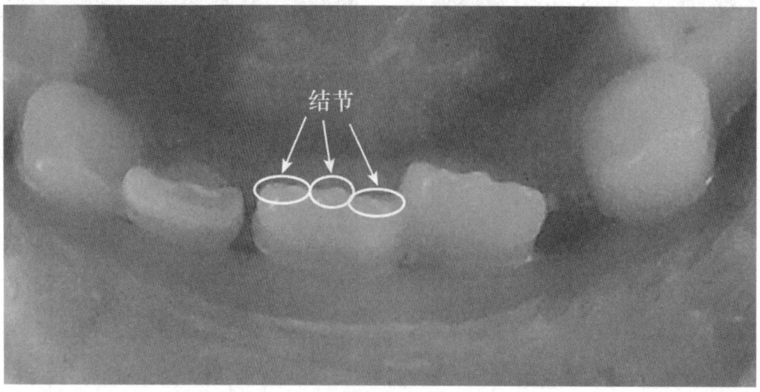

图 1-27　结节

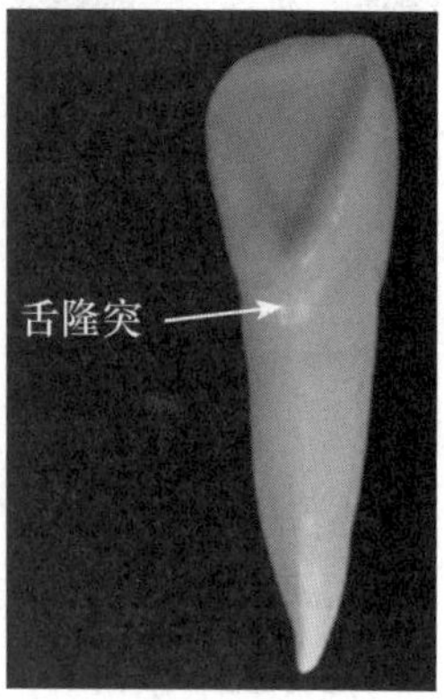

图 1-28　舌隆突

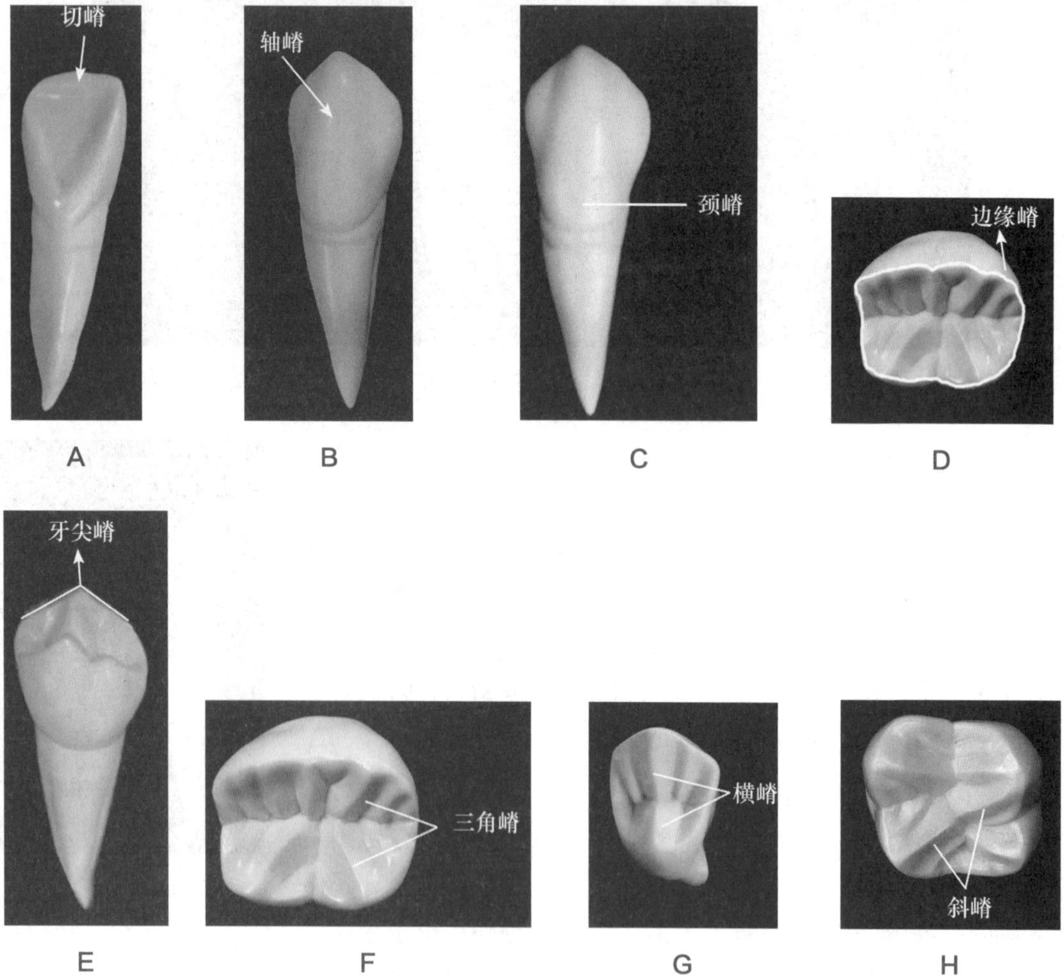

图 1-29　嵴

A. 切嵴；B. 轴嵴；C. 颈嵴；D. 边缘嵴；E. 牙尖嵴；F. 三角嵴；G. 横嵴；H. 斜嵴。

（2）凹陷部分

1）窝：不规则的凹陷，位于前牙舌面和后牙𬌗面上。如舌窝、中央窝（图 1-30）。

2）沟：细长凹陷，位于牙冠的轴面及𬌗面上。①发育沟：明显且有规则的浅沟，牙的两个生长叶相连所形成（图 1-31）。②副沟：形态不规则，除去发育沟以外的任何沟，统称副沟。③裂：钙化不全的沟，是龋病的好发部位。

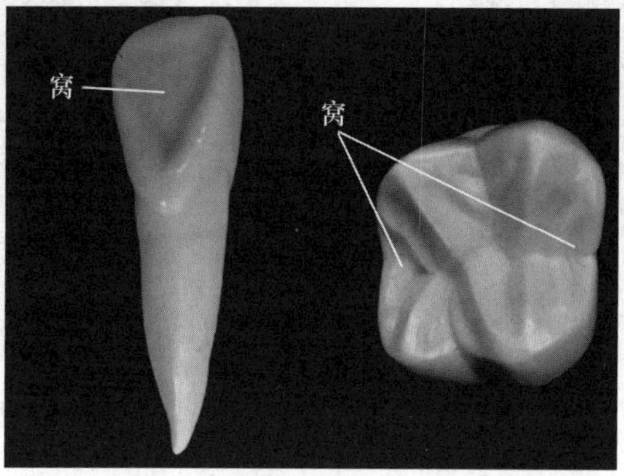

图 1-30　窝

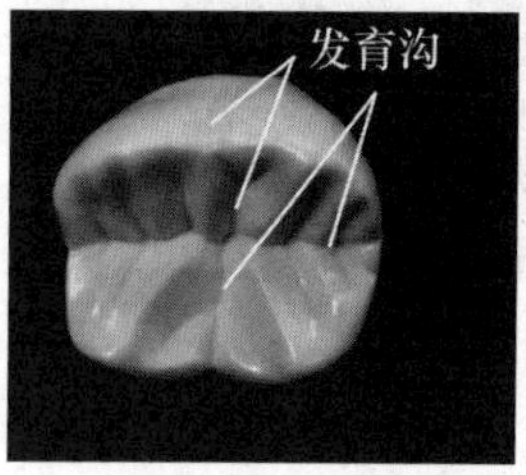

图 1-31　发育沟

3）点隙：点状凹陷，位于 3 条或以上的发育沟相交处或沟的末端（图 1-32）。

（3）斜面：组成牙尖的四个面，称为斜面。两斜面相交成嵴，四斜面相交成牙尖顶。各斜面依其在牙尖的位置而命名（图 1-33）。

（4）生长叶：牙生长发育的钙化中心，牙的生长叶一般为 4 ～ 5 个。

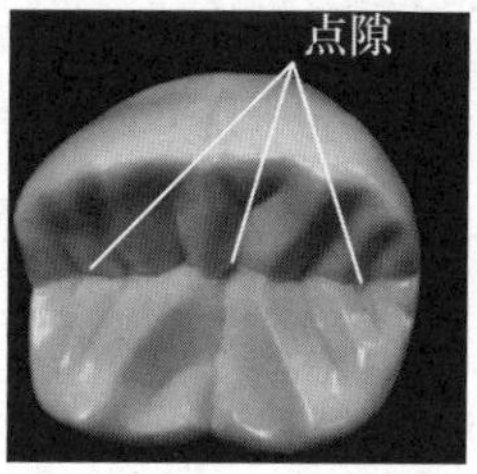

图 1-32　点隙

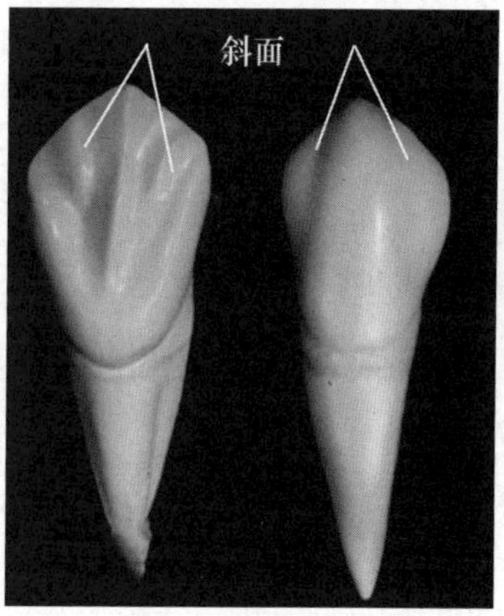

图 1-33　斜面

（六）牙体测量应用名词

1. 牙的长度（图 1-34） 由最高牙尖的牙尖顶至最长根尖顶的垂直距离。

（1）牙冠的长度：在牙的唇（颊）、舌面上由牙冠切端最凸点或最高牙尖顶至颈缘最凸点之间的垂直距离，即牙冠的切龈（颈）径或𬌗龈（颈）径。

（2）牙根的长度：在牙的唇（颊）舌面上由颈缘线最凸点至最长根尖顶的垂直距离。

2. 牙冠的宽度（图 1-35） 牙冠近远中面上最凸点间的水平距离，即牙冠的近远中径。

3. 牙冠的厚度（图 1-36） 指牙冠的唇（颊）面与舌面最凸点间的水平距离即牙冠的唇（颊）舌中径。

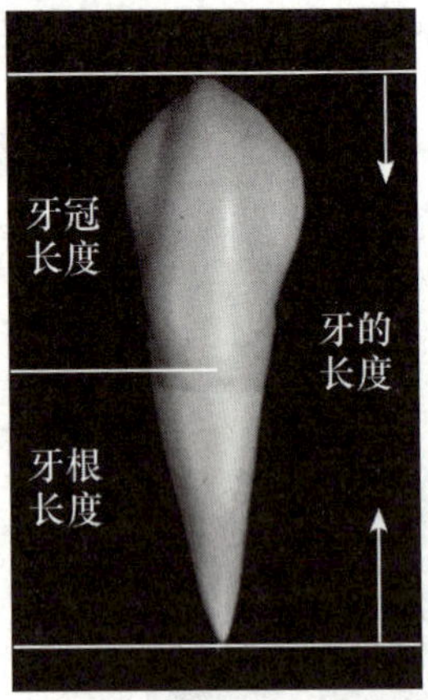

图 1-34　牙长度

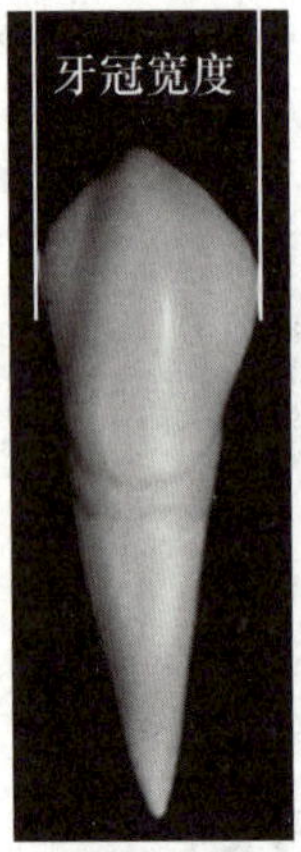

图 1-35　牙冠宽度

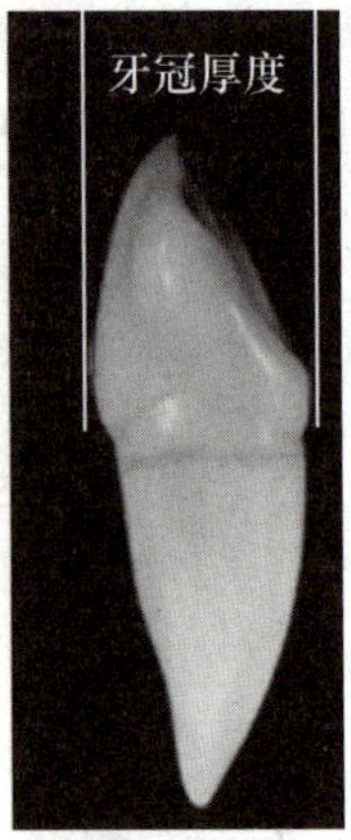

图 1-36　牙冠厚度

三、任务实施

1. 牙齿组成分类表　用表格总结牙齿的组成与分类（表 1-7）。

表 1-7　牙齿的组成与分类

<table>
<tr><td rowspan="3">剖面观察</td><td>1
2
3
4</td><td rowspan="3">外形观察</td><td>1</td></tr>
<tr><td></td><td>2</td></tr>
<tr><td></td><td>3</td></tr>
<tr><td>FDI 记录法</td><td colspan="3"></td></tr>
</table>

2. 牙齿的解剖标志表　用表格总结牙齿的解剖标志（表 1-8）。

表 1-8　牙体的解剖特点

突出部位		凹陷部位		解剖名称	

四、任务评价

表 1-9　牙齿组成与分类描述评价表

评价项目	评价点	分值
牙齿的组成与分类	剖面与外形观察	30
	牙位记录法	10
牙齿的解剖特点	突出部位	20
	凹陷部位	20
	解剖名称	20
总分（100）		

▶任务拓展

牙本质的形成

在生理性情况下，按牙本质形成的时期的不同，可以将牙本质分为原发性牙本质和继发性牙本质两类。原发性牙本质是牙齿发育过程中形成的牙本质，构成牙齿的主体结构；继发性牙本质是牙根发育完成后形成的牙本质。牙齿萌出后，成牙本质细胞在髓腔壁持续形成薄层牙本质，导致髓腔随年龄增长逐渐狭窄。此外病理情况下，当牙冠受到龋病或其他病损刺激时，牙髓中的成牙本质细胞受到刺激，在损伤对应区域形成不规则牙本质小管结构，即修复性牙本质，隔离刺激以保护牙髓。

任务三　基本技能操作

微课：基本技能操作

一、任务导入

在进行牙体形态学习时，常需要进行牙体测量及牙体雕刻。由于游标卡尺的精准度较高、测量方便，常用来进行牙体测量。而进行牙体雕刻时，则用石膏切刀、石膏雕刻刀相互配合来完成。

二、任务分析

1. 游标卡尺的使用　游标卡尺的组成：包括主尺、游标、内测量爪、外侧量爪、深度尺和固定螺丝（图 1-37）。

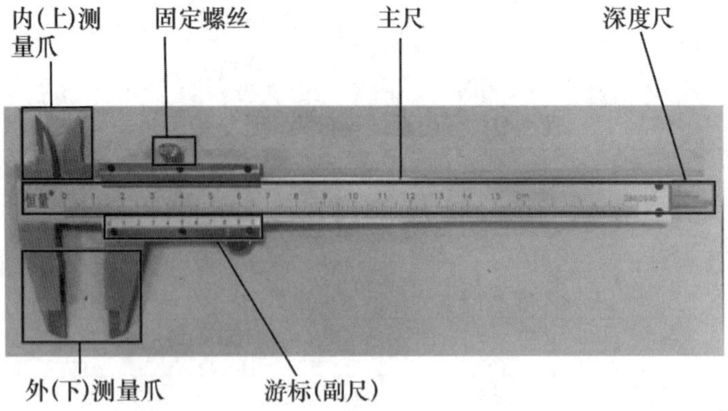

图 1-37　游标卡尺的组成

（1）测量方法：一手捏住被测量物体，一手握住游标卡尺的主尺身，手指指腹顶着游标，将测量物体卡在固定测量爪之间或深度尺顶在最低点，然后卡紧被测物体，将固定螺丝拧紧，读取数据。

（2）标尺的测量范围及精准度：游标卡尺的主尺上的标度为测量范围，游标副尺上的为精确度。以图 1-38 为例，测量范围是 0 ～ 150mm，精确度是 0.02mm。

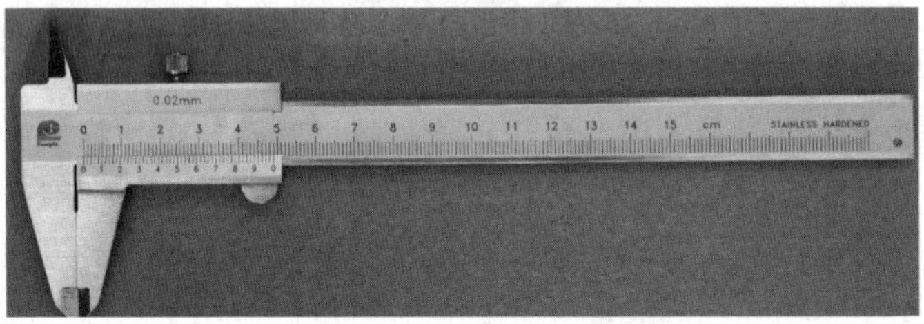

图 1-38　游标卡尺测量范围

（3）数据读取方法

1）先读取游标尺刻度 0 刻度线在主尺刻度的数值。

2）再读主尺刻度与游标尺成一条直线处的数值。从游标尺的 0 刻度线向后数到直线处共有几个格为 N，数值 = N* 精确度。

3）将两值相加就是该物体的数据。

如图 1-39 所示：游标上的 0 刻度线刚好与主尺上的一条刻度线呈一条直线，故数据读写为 10.00mm。

如图 1-40 所示：游标上的 0 刻度线在主尺的 9.00 ～ 10.00mm 刻度线，从游标尺的 0 刻度线向后第 33 格的线与主尺上的线呈一条直线，故数据读写为 9.00 +（33×0.02）= 9.66（mm）。

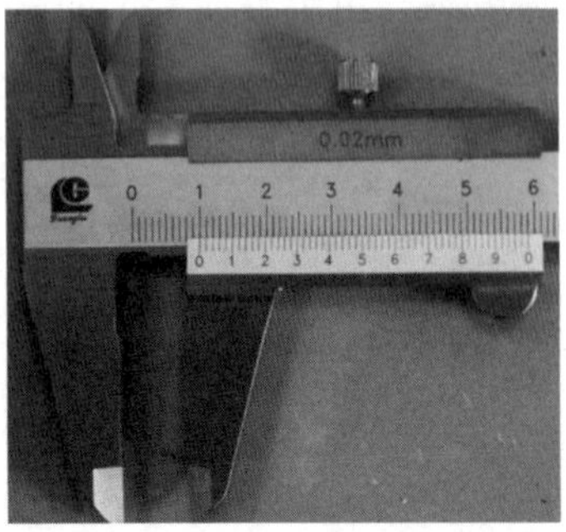

图 1-39　游标卡尺读数（1）

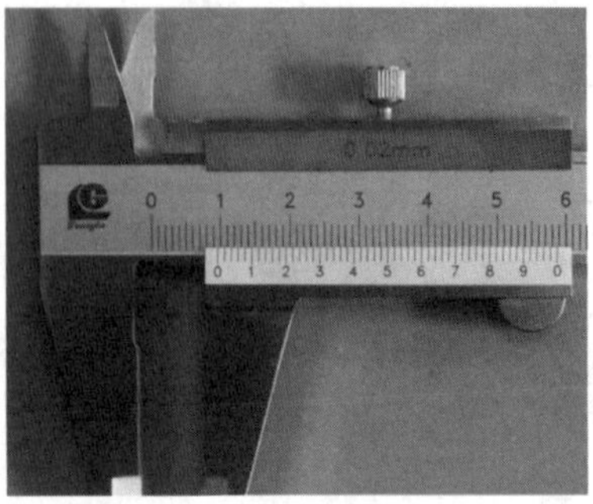

图 1-40　游标卡尺读数（2）

（4）恒牙测量的项目和方法

1）牙体测量的项目

牙全长：单根牙为从牙切缘或牙尖顶至根尖末端的距离，多根牙为最高牙尖顶至最长牙根根尖末端的距离。

牙冠长：从牙切缘或牙尖顶至颈缘线最低点的距离。

牙根长：从颈缘线最低点至根尖末端的距离。

牙冠宽：牙冠近中、远中面上最突点之间的水平距离，是牙冠最宽的区域。

牙颈宽：颈缘处，近中面与远中面之间的水平距离。

牙冠厚：牙冠唇（颊）面、舌面上最突点之间的水平距离，是牙冠最厚的区域。

牙颈厚：颈缘处，唇（颊）面与舌面之间的水平距离。

牙颈曲线（颈曲度）：牙冠颈缘分别向根端或切（𬌗）端突出的弧形高度，用颈缘线最低点到最高点的垂直距离来表示。

2）牙体测量的方法：一手握持游标卡尺，另一手握持离体牙，然后移动游标，依据测量的范围固定好固定螺丝，然后读出测量数据。分别测量不同部位的牙齿，并做好记录（图 1-41）。

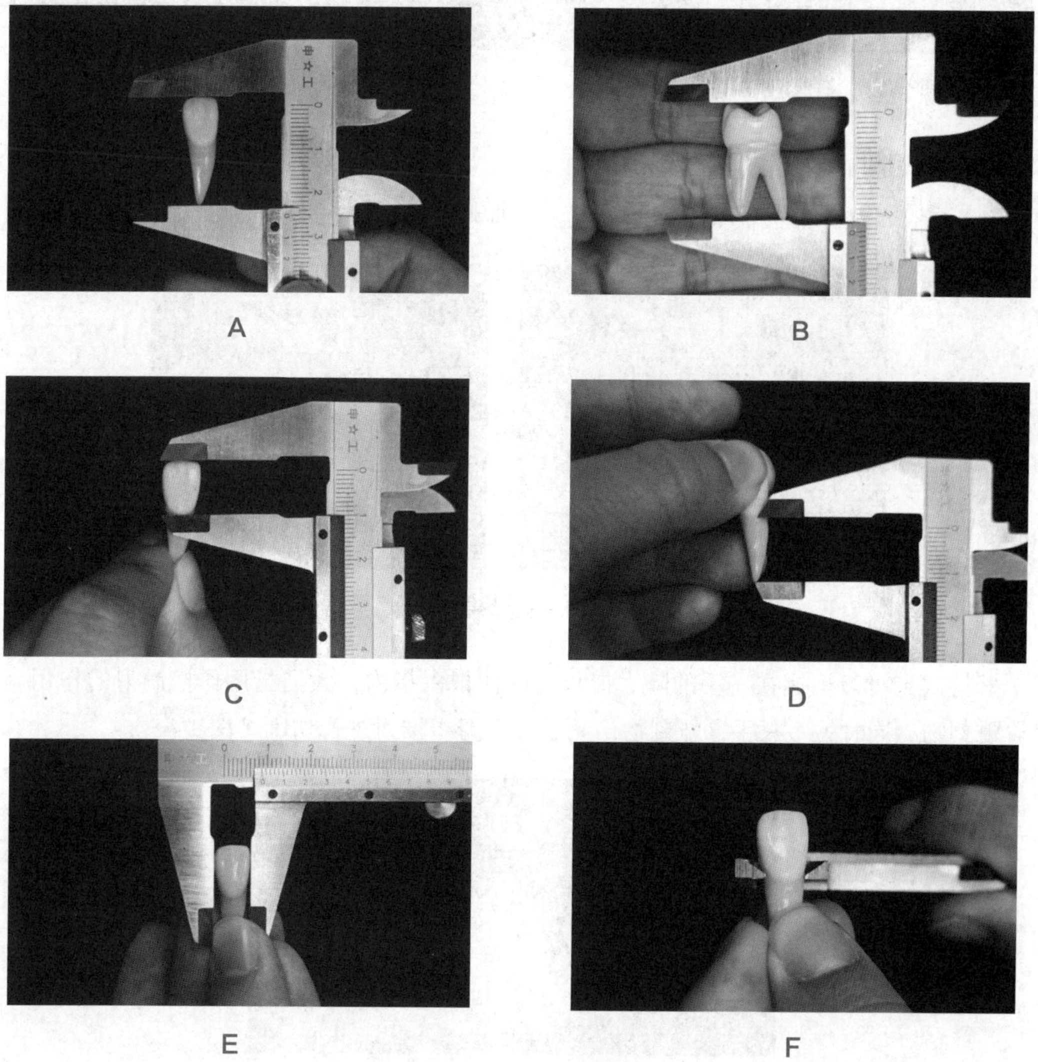

图 1-41　牙体测量

A. 前牙牙全长；B. 后牙牙全长；C. 牙冠长；D. 牙根长；E. 牙冠宽；F. 牙颈宽；G. 牙冠宽；H. 牙颈厚。

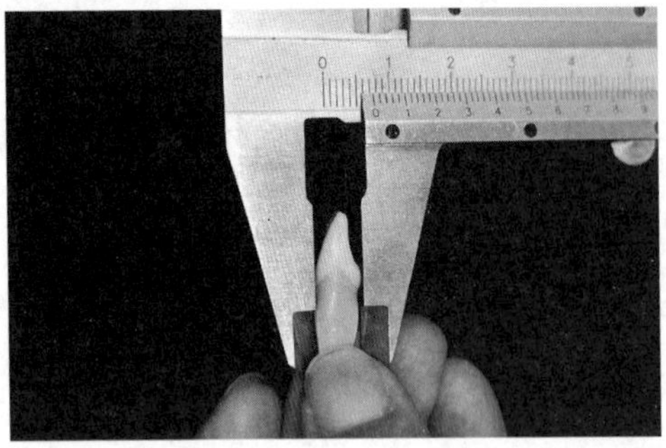

G

H

图 1-41 （续图）

2. 雕刻刀具的使用 雕刻刀具：石膏切刀（大刀）（图 1-42）、石膏雕刻刀（小刀）（图 1-43）。

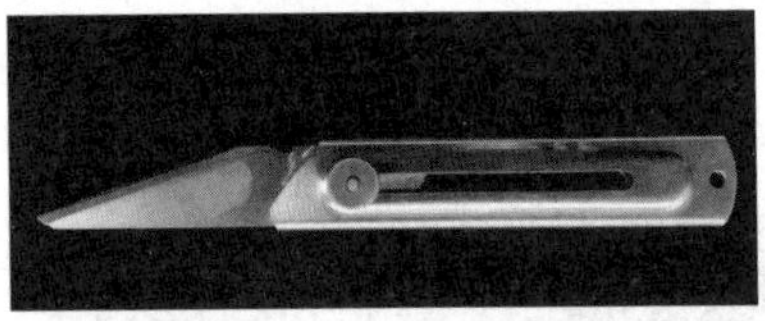

图 1-42 石膏切刀

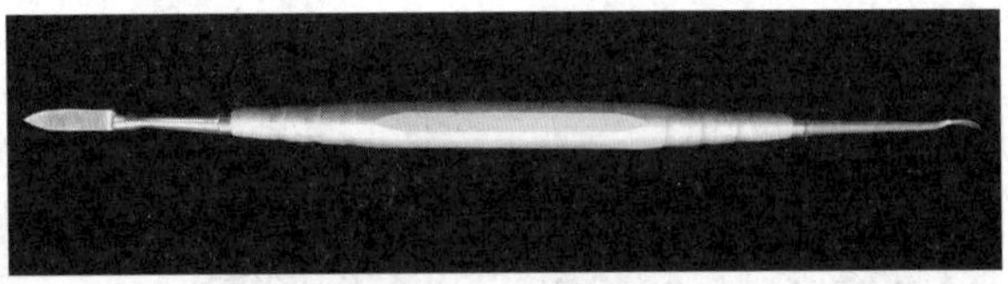

图 1-43 石膏雕刻刀

（1）执笔式：是口腔操作中最常用的一种方式。用拇指、示指和中指握持刀具，无名指在雕刻时用作支持手指（大刀和小刀均适用，更多用于精细雕刻）（图 1-44）。

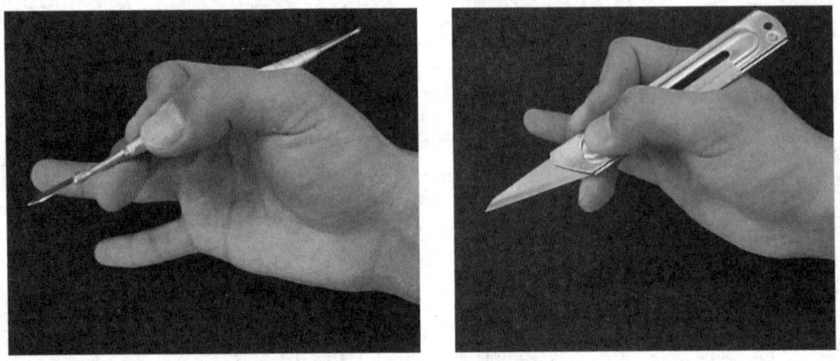

图 1-44 执笔式

（2）握持式：将刀柄握在一手的除大拇指外的四根手指内，大拇指用作控制刀的作用。用刀时刀刃对着雕刻物，同时另一只手拿雕刻物，此手的大拇指推刀进行切削（图 1-45）。

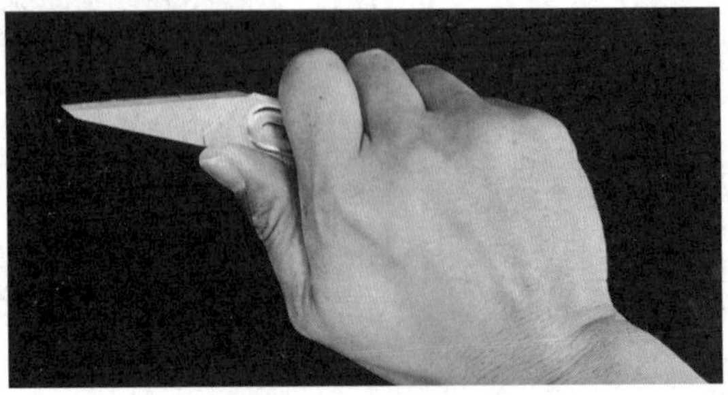

图 1-45 握持式

三、任务实施

1. 使用游标卡尺对牙体各数据进行测量，并填写在表 1-10 中。

表 1-10　测量牙位

项目	数据
牙全长	
牙冠长	
牙根长	
牙冠宽	
牙颈宽	
牙冠厚	
牙颈厚	
牙颈曲线（颈曲度）	

2. 使用膏切刀切削平面的练习

（1）选择石膏块：选择大小适宜的石膏立方体。

（2）定点描线：在石膏任意一个面上的两个线角上标记 A、B 两点，并将 A、B 两点对称转移至相对面的线角上，标记为 C、D 两点，分别用直线连接 A 点和 B 点、A 点和 C 点、B 点和 D 点、C 点和 D 点（图 1-46）。

（3）平面切割：使用石膏切刀沿标记线进行切割，使之形成一个平面。注意应保留标记线。

（4）检验切割效果：可将石膏切刀的刀刃垂直置于切割完成的平面上，当刀刃的各处都能无缝贴合到平面上时，表明该平面已切割到位（图 1-47）。

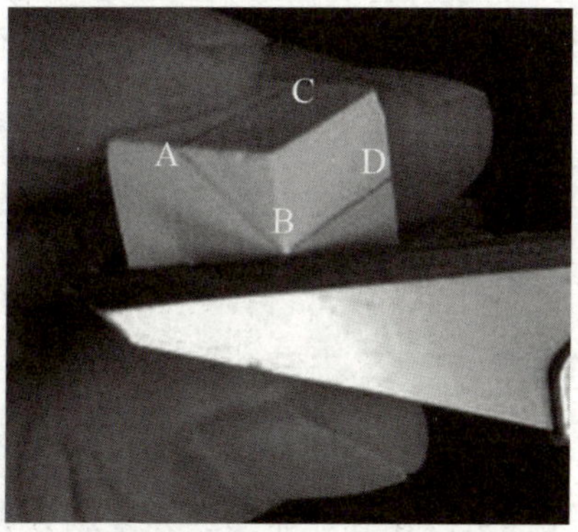

图 1-46　按标记线段切除

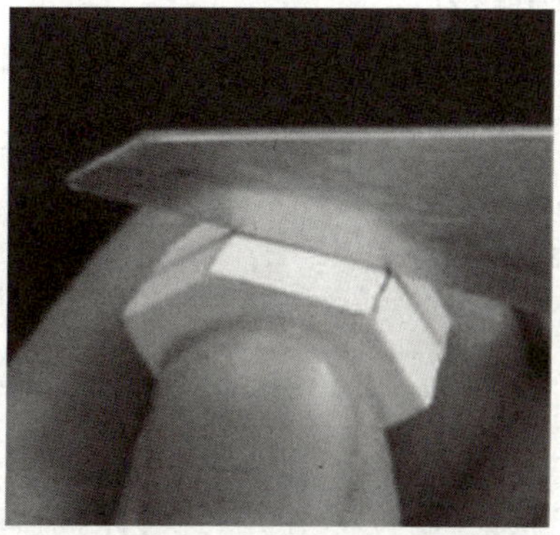

图 1-47　切割完成后的平面检测

3. 使用雕刻刀切削曲线的练习

（1）选择石膏块：选择大小适宜的石膏立方体。

（2）描线曲线：在任意一石膏面上描绘一条“S”形曲线，并在距离该曲线两侧各1mm处描绘相同走向的两条曲线。

（3）曲线切割：使用雕刻刀延中间的“S”形曲线进行切削，形成一条宽约1mm，深约1mm的浅沟（图1-48）。将雕刻刀的刀尖指向已经成形的浅沟，倾斜放置成45°，并由此进行雕刻（图1-49）。

（4）雕刻要求：雕刻形成的浅沟深度、宽度一致，且平滑顺畅（图1-50）。

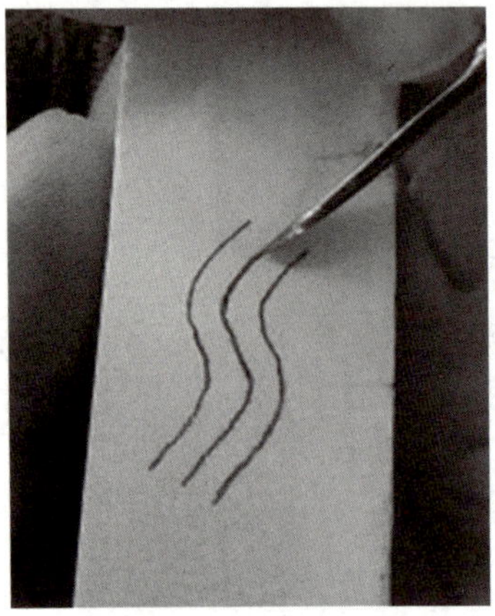

图1-48　浅沟雕刻

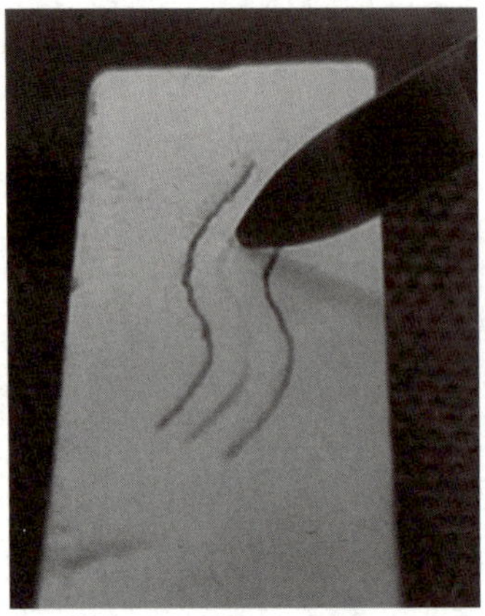

图1-49　沟的短斜面雕刻

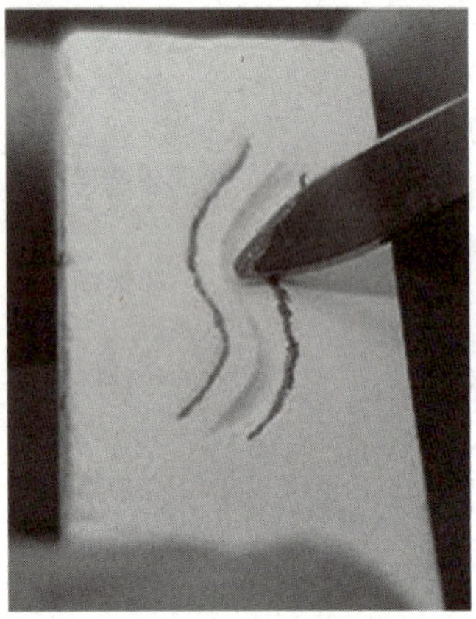

图1-50　沟的形态雕刻完成

四、任务评价

表1-11　雕刻工具使用评价表

雕刻工具		分值	评价内容
游标卡尺		20	使用规范和读数准确
石膏切刀	执笔式	20	支点及切削的范围
	握持式	20	支点及切削的角度
石膏雕刻刀	刀刃端	20	支点及切削的精度
	刀勺端	20	支点及切削的精度
总分（100）			

▶任务拓展

3D打印在齿科的应用

使用雕刻刀进行切削相当于在做“减法”，而使用“加法”的3D打印在牙科产品的生产中应用越来越广泛，3D打印技术通过数字化扫描和建模，可以达到微米级误差复刻牙齿的解剖细节（如牙尖、窝沟等），对于牙冠、固定桥等修复体的𬌗面，3D打印可精准还原轴面及咬合关系，避免传统铸造工艺的尺寸偏差。在现阶段 3D 打印已经实现全瓷材料和金属材料的打印，在口腔正畸中隐形矫治器的制作、全口义齿修复中全口义齿的设计生产已广泛使用，实现了个性化的设计和生产，大大简化了生产流程。

考试知识点总结

项目小结

协和云课堂……　拓展练习及参考答案

（董海岛　李少华）

教学课件

项目二　切牙形态与功能

项目目标

素质目标

（1）具备一丝不苟的学习态度，秉持求真务实的科学精神。

（2）在日常学习中严格遵循步骤标准，具备规范操作的工作习惯。

（3）树立严谨务实的学习观念，提升对切牙形态、排列、色泽及位置关系的综合认知。

知识目标

（1）掌握：切牙类牙体解剖形态；右上颌中切牙线图特征与描绘、石膏与蜡型牙体雕刻方法和步骤。

（2）熟悉：切牙类牙体解剖功能；石膏牙、蜡型牙雕刻工具的使用方法。

（3）了解：不同切牙在形态上的区别；右上颌中切牙的雕刻及滴塑的评价标准。

能力目标

（1）通过系统学习切牙形态，能清晰阐述切牙类牙齿形态与功能。

（2）通过切牙结构研习与绘图训练，能准确绘制右上颌中切牙线图。

（3）能规范完成右上颌中切牙三倍大、等倍大石膏牙雕刻；完成等倍大蜡型滴塑。

案例导入

【案例】

患者，女性，28 岁。右上颌中切牙牙冠折断全瓷冠修复后一周，因对修复效果不满意就诊。检查发现主要是右上颌中切牙全瓷冠形态欠佳和左上颌中切牙对称协调差，如左上颌中切牙近中切角较锐，近似直角，而右上颌中切牙全瓷冠近中切角较圆钝；左上颌中切牙唇面的外形高点在牙颈部 1/3 稍偏远中，而右上颌中切牙全瓷冠外形高点在牙颈部 1/3 稍偏近中；左上颌中切牙外唇面切 2/3 发育沟较明显，右上颌中切牙全瓷冠形唇面切 2/3 较平滑、几无发育沟。综上检查，需重新制作该义齿。

【问题】

1. 上颌中切牙的主要形态特征有哪些？
2. 在进行中切牙形态雕塑时应注意哪些问题？
3. 上颌中切牙的形态特征中对美学影响较大的有哪些？

任务一　描述切牙表面解剖标志及功能

微课：描述切牙表面解剖标志及功能

一、任务导入

通过对切牙表面解剖标志的学习，进一步掌握牙体形态及其与功能的联系，从而为后续牙体雕刻练习打下坚实基础，为制作出符合患者要求的修复体提供必要保障。

二、任务分析

切牙位于口腔前部，又称前牙，它的形态和功能密切相关，要想雕刻出完美的牙齿，首先要熟练掌握切牙的表面解剖标志和功能。

切牙位于上下颌骨前部、中线两侧，呈弧形排列，包括上颌中切牙、上颌侧切牙、下颌中切牙、下颌侧切牙共 8 颗。上颌切牙体积大于下颌切牙，其中上颌中切牙大于上颌侧切牙，下颌中切牙小于下颌侧切牙。上颌切牙覆盖下颌切牙的唇侧，全口义齿排列时要求呈现出浅覆𬌗浅覆盖的状态。切牙因其具有铲形牙冠，多适合切割食物，咀嚼食物时，下颌先向前下运动，咬住食物后向上运动至上下颌切牙切缘相对，而后沿上颌切牙舌侧返回原位，上前牙的舌面引导下颌前伸运动。切牙作为前牙，其美观功能也尤为重要，因此，在进行修复时要注意切牙的形态与面部形态的协调性。

（一）上颌中切牙

上颌中切牙为切牙类中体积最大者，其按照一定的倾斜规律排列在中线两侧，左右中切牙的近中面彼此相对。从唇面观，牙冠向近中倾斜；从邻面观，牙冠向唇侧倾斜。

1. 牙冠

（1）唇面：外形为梯形，牙冠从切缘方向向牙颈方向逐渐内收。牙冠长度大于牙冠宽度。近中切角近似直角，远中切角稍圆钝，这是判断左右牙位的重要依据之一。近中缘和切缘较直，远中缘略突，颈缘呈弧形。切 1/3 可见两条纵向发育沟，近似平行。颈 1/3 处略凸形成唇面的外形高点。初萌时切缘可见 3 个结节，其中中央结节最高，随功能性磨耗逐渐变平直。牙冠唇面形态有尖圆形、卵圆形和方圆形三种，全口义齿修复中常参考面型、性别及牙弓形态等选择不同形态的人工牙（图 2-1）。

（2）舌面：舌面形态似唇面但体积略小，从切缘向牙颈部的内收程度大于唇面，从舌面能够看到邻面的解剖标志。舌面中央凹陷形成舌窝，舌窝具有一定深度，不与对颌接触。在下颌滑动运动过程中，可减少䢿干扰。四周为突起的嵴。其中近中边缘嵴长、窄、锐利，远中边缘嵴短、宽、圆钝。舌隆突大且显著，为舌面外形高点。切缘舌侧与舌窝之间有一长条状突起为切嵴，与下颌牙的切嵴接触时，能发挥切割功能（图 2-2）。

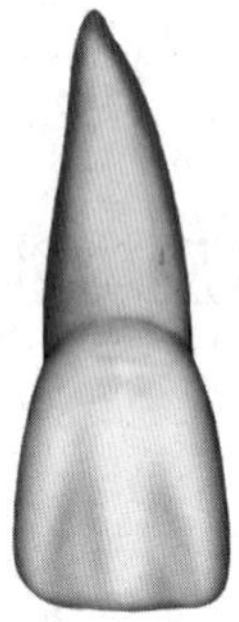

图 2-1　右上颌中切牙唇面

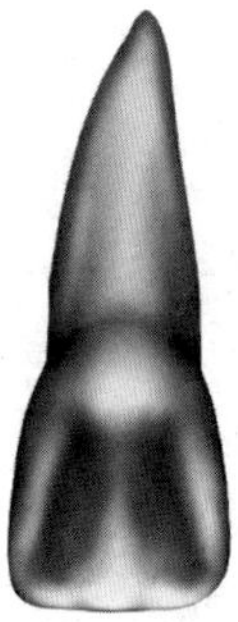

图 2-2　右上颌中切牙舌面

（3）邻面：外形近似三角形，近中面大而平坦，远中面小而圆突。牙颈线最突处靠近切端的牙面有轻微凹陷，称为邻面凹陷，使牙冠的近中、远中向牙颈部方向内聚。近远中面外形高点均在切 1/3，区别在于近中面外形高点较远中面外形高点更靠近切端且更偏向唇侧（图 2-3）。

（4）切端：切缘呈带有弧度的翅形。牙冠由四个生长叶组成。近中唇侧轴面角锐利，远中唇侧轴面角圆钝。邻面观，切端位于牙体长轴的唇侧（图 2-4）。

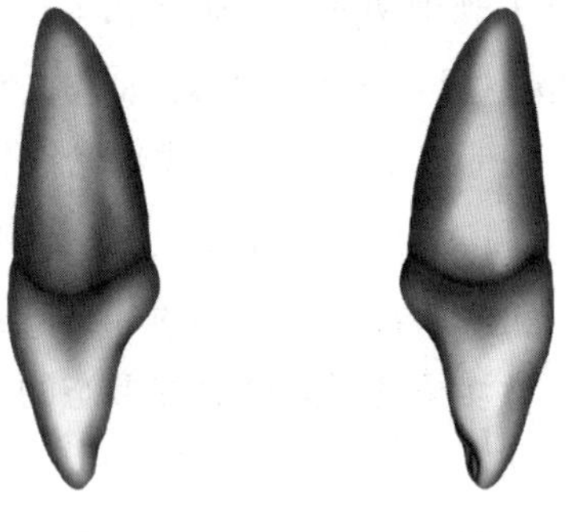

A　　B

图 2-3　右上颌中切牙邻面

A. 近中面；B. 远中面。

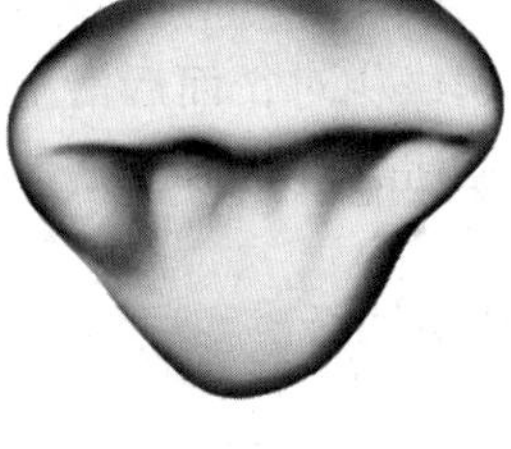

图 2-4　右上颌中切牙切缘

2. 牙根　单根，唇侧宽于舌侧，在牙根的两侧各有一条凹陷，称为根面凹陷。牙根颈部横切面为圆三角形，向根方逐渐缩小。根长大于或等于冠长，亦有短于冠长者。根尖略偏向远中及唇侧。

3. 牙颈　唇舌面牙颈线凸向根方。近远中面牙颈线凸向冠方，且近中颈曲度大于远中颈曲度。

（二）上颌侧切牙

上颌侧切牙位于上颌中切牙的远中，与上颌中切牙的倾斜方向一致，但倾斜角度大于上颌中切牙，形态与上颌中切牙相似，但体积稍小。

1. 牙冠

（1）唇面：外形与上颌中切牙相似呈梯形，但整体小于中切牙。近中切角似锐角，远中切角呈圆弧形，切缘明显向远中倾斜。唇面近中缘平直，远中缘圆突，牙颈部近远中径显著狭窄（图 2-5）。

（2）舌面：外形近似为三角形，近远中边缘嵴较上颌中切牙显著，近中边缘嵴呈直线型，远中边缘嵴呈曲线形。舌窝深而窄，呈“V”字形。舌隆突显著，为舌面外形高点，偶有沟越过舌隆突的远中，延伸至根面颈部成为裂沟，为龋病的好发部位（图 2-6）。

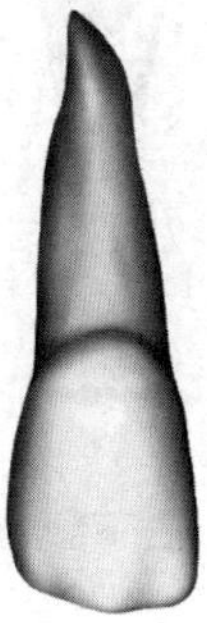

图 2-5　右上颌侧切牙唇面

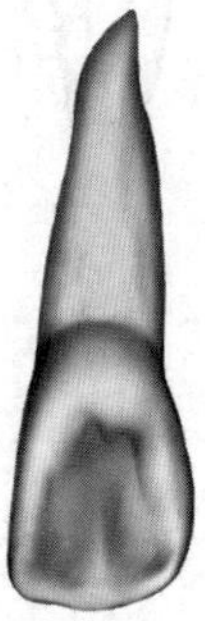

图 2-6　右上颌侧切牙舌面

（3）邻面：外形近似三角形，牙冠与牙根自然平行过渡。近中面较宽且平直，远中面较小且圆突。近远中外形高点均在切 1/3，近中面外形高点更近切端（图 2-7）。

（4）切端：切缘形态可变化多样，切缘中央结节显著，有类似于牙尖的形态。切缘向远中舌侧的倾斜度较上颌中切牙大。邻面观，切端位于牙体长轴的唇侧（图 2-8）。

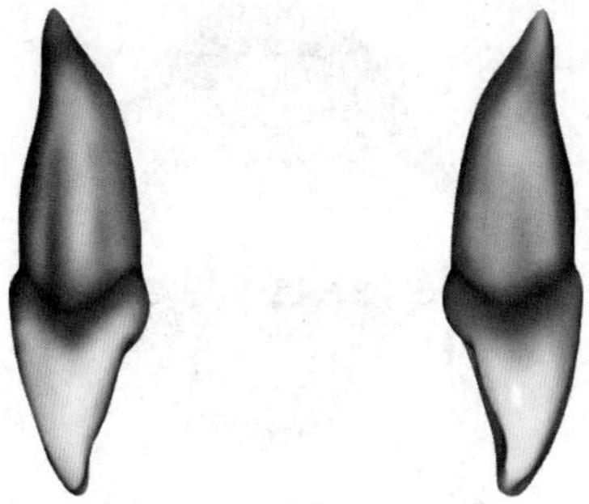

A　　B

图 2-7　右上颌侧切牙邻面

A. 近中面；B. 远中面。

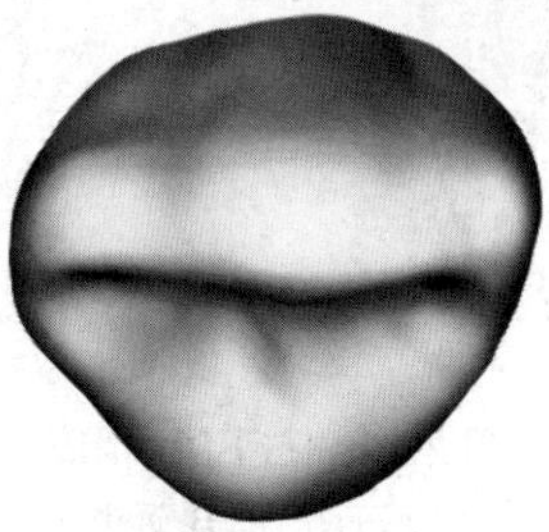

图 2-8　右上颌侧切牙切缘

2. 牙根　单根，较中切牙细而长，根长大于冠长，根颈 1/3 处横切面呈卵圆形。根尖偏远中且略偏唇侧。

3. 牙颈　唇舌面牙颈线凸向根方。近远中面牙颈线凸向冠方，且近中颈曲度大于远中颈曲度。

（三）下颌中切牙

下颌中切牙为切牙类乃至全口牙中体积最小者，牙冠宽度约为上中切牙的 2/3，全口义齿排牙时与上颌切牙呈一对一的对位关系，位于下颌中线两侧。

1. 牙冠

（1）唇面：外形为光滑平坦的狭长梯形，近远中切角的差别不明显，近中缘与远中缘大体对称，离体后很难区分左右。切缘水平，沟、嵴不明显（图 2-9）。

（2）舌面：与唇面形态大体相同，边缘嵴、舌隆突不显著。舌窝浅，沟、窝不明显（图 2-10）。

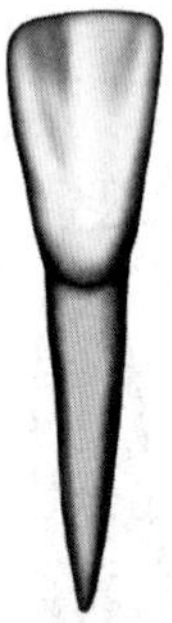

图 2-9　右下颌中切牙唇面

图 2-10　右下颌中切牙舌面

（3）邻面：外形为三角形，唇侧缘从外形高点向切缘大致呈直线形。近远中面的大小与形态相近。近远中外形高点均在切 1/3，区别在于近中面外形高点更近切端（图 2-11）。

（4）切端：与上颌相比唇面较平坦，切缘与牙根长轴近垂直。邻面观，切端位于牙体长轴上或略偏舌侧（图 2-12）。

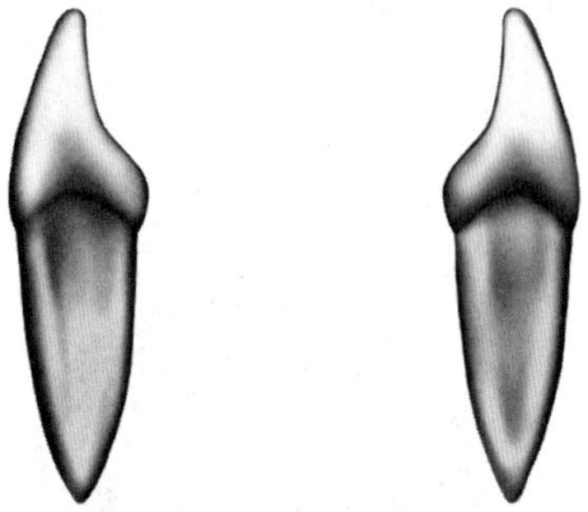

A　　B

图 2-11　右下颌中切牙邻面

A. 近中面；B. 远中面。

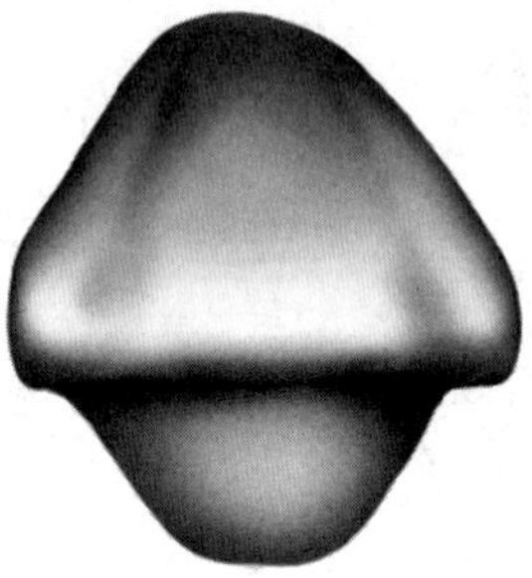

图 2-12　右下颌中切牙切缘

2. 牙根　单根、扁圆形，唇侧宽于舌侧。近远中根面可见纵向狭长凹陷，远中根面上的凹陷比近中根面上的凹陷略深，根中 1/3 横切面呈葫芦形，根尖略偏远中。

3. 牙颈　唇舌面牙颈线凸向根方。近远中面牙颈线凸向冠方，且近中颈曲度大于远中颈曲度。

（四）下颌侧切牙

下颌侧切牙与下颌中切牙相似，但体积比下颌中切牙稍大。

1. 牙冠

（1）唇面：外形为梯形，近中切角锐利，远中切角圆钝。近中缘平直，远中缘圆突。唇面沟嵴不明显。外形高点在颈 1/3（图 2-13）。

（2）舌面：与下颌中切牙相似，但舌窝较浅，舌隆突较圆突，略偏远中，为舌面外形高点（图 2-14）。

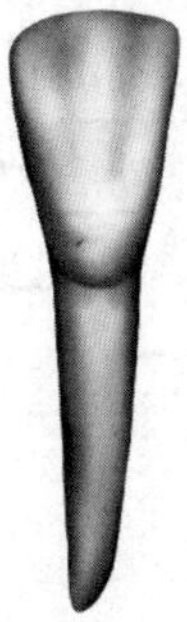

图 2-13 右下颌侧切牙唇面

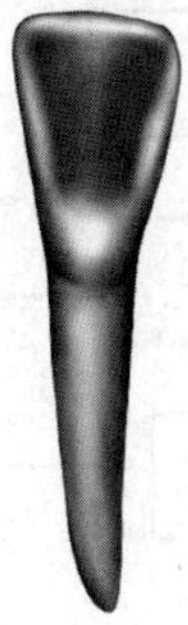

图 2-14 右下颌侧切牙舌面

（3）邻面：外形为三角形，近中面稍大于远中面，近远中外形高点均在切 1/3，区别在于近中面外形高点更近切端（图 2-15）。

（4）切端：切缘略向远中倾斜，远中切角比近中切角更偏舌侧（图 2-16）。

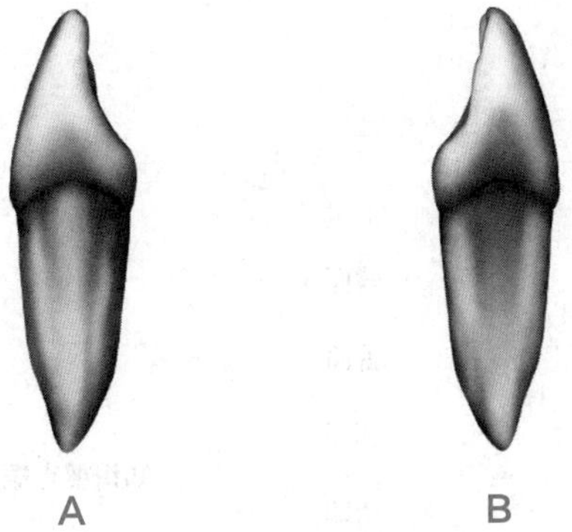

图 2-15 右下颌侧切牙邻面

A. 近中面；B. 远中面。

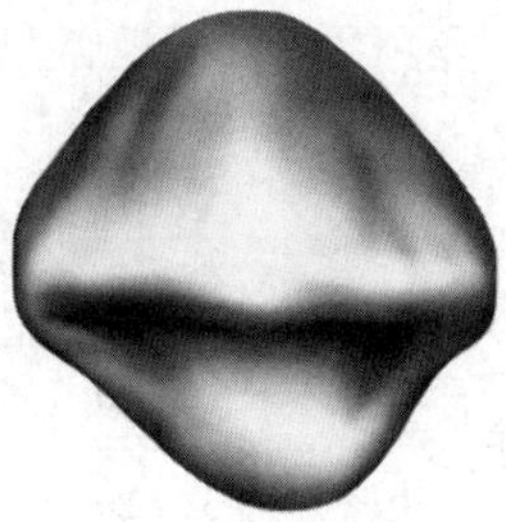

图 2-16 右下颌侧切牙切缘

2. 牙根 单根、扁圆形，较下颌中切牙牙根稍长，近、远中根面凹陷更明显，根颈 1/3 处横切面呈扁圆形，根尖偏远中较明显。

3. 牙颈 唇舌面牙颈线凸向根方。近远中面牙颈线凸向冠方，且近中颈曲度大于远中颈曲度。

三、任务实施

根据所学知识，在空格处填写解剖标志名称（图 2-17）。

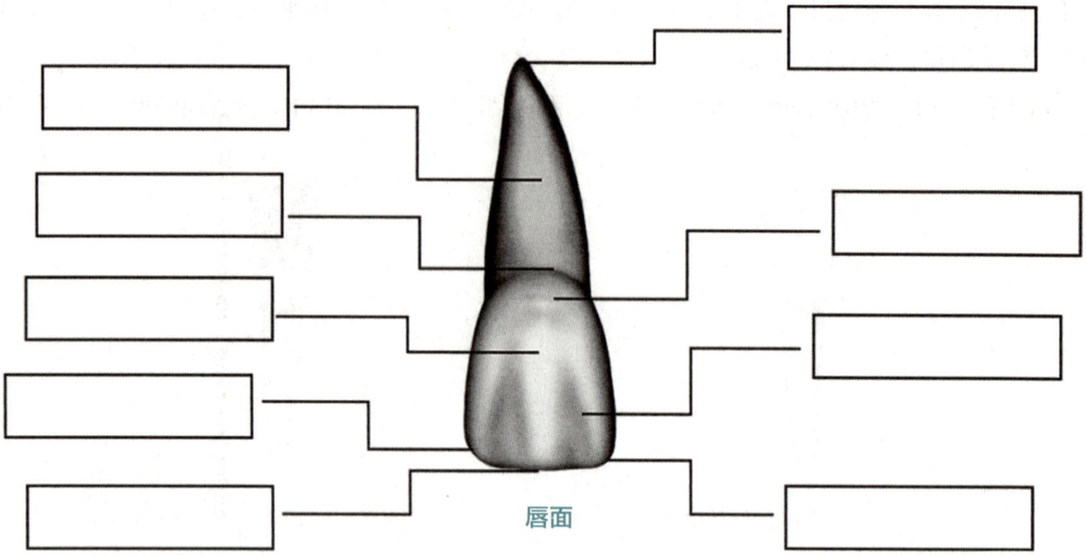

图 2-17　右上颌中切牙唇面

四、任务评价

上颌中切牙牙体解剖形态描述评价见表 2-1。

表 2-1　上颌中切牙牙体解剖形态描述评价表

评价内容	分值	部位		评价要点
上颌中切牙	20	牙冠	唇面	知识要点概括详尽正确
	20		舌面	
	20		邻面	
	20		切端	
	10	牙根		
	10	牙颈		
总分（100）				

▶任务拓展

上颌中切牙与上颌侧切牙的区别见表 2-2。

表 2-2　上颌中切牙与上颌侧切牙的区别

区别点	上颌中切牙	上颌侧切牙
体积	大	小

续　表

区别点	上颌中切牙	上颌侧切牙
切缘	平直	明显斜向远中
舌窝	—	“V” 形
根颈 1/3 横切面	圆三角形	卵圆形

任务二　完成右上颌中切牙形态描绘

视频：完成右上颌中切牙形态描绘

一、任务导入

对中切牙形态描绘的练习，是进一步掌握牙体形态特征的有效途径，也能为牙体雕刻打下基础。图 2-18 示右上颌中切牙牙体线图，表 2-3 示右上颌中切牙牙体数据。根据图、表所示，要求能根据右上颌中切牙牙体数据，正确绘制右上颌中切牙各面牙体线图。

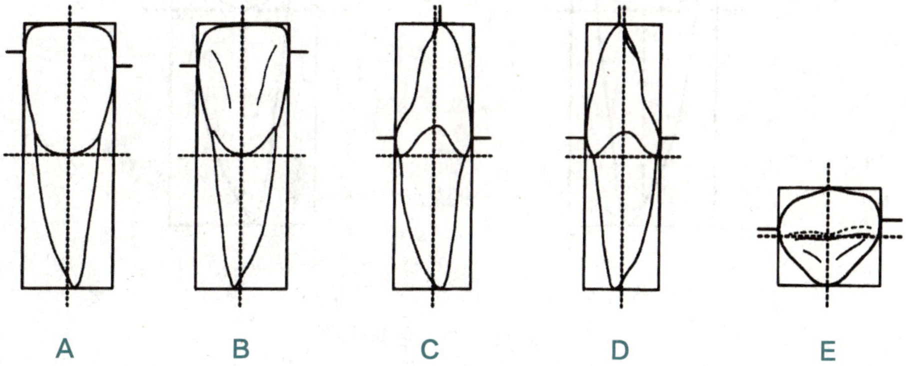

图 2-18　右上颌中切牙牙体线图

A. 唇面；B. 舌面；C. 近中面；D. 远中面；E. 切端。

表 2-3　上颌中切牙的比例规格

单位：mm

测量项目	一倍大	二倍大	三倍大
牙冠长	11.5	23.0	34.5
牙冠宽	8.6	17.2	25.8
牙冠厚	7.1	14.2	21.3

续 表

测量项目	一倍大	二倍大	三倍大
牙颈宽	6.3	12.6	18.9
牙颈厚	6.2	12.4	18.6
牙根长	11.3	22.6	33.9
牙全长	22.8	45.6	68.4

二、任务分析

要完成右上颌中切牙牙体线图描绘这个任务，首先要读懂中切牙牙体线图，其次要掌握一定的绘图方法。详述如下。

1. 右上颌中切牙唇面、舌面线图认知要点见图 2-19。上颌中切牙唇、舌面比例或形态特点见表 2-4。

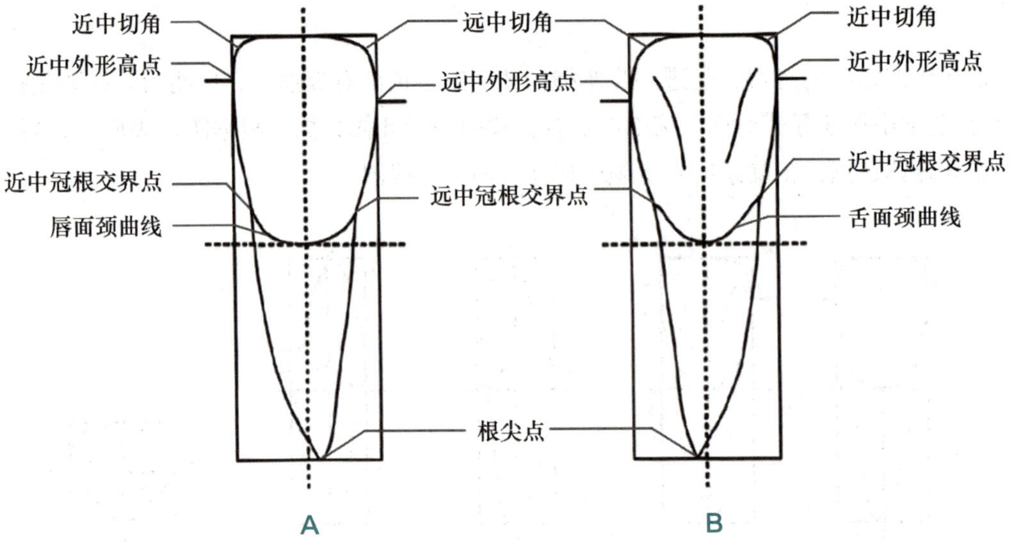

图 2-19 唇、舌面线图

A. 唇面；B. 舌面。

注意：舌侧有舌窝和边缘嵴结构，因此需要用曲线指示以与唇面区别。

表 2-4 上颌中切牙唇、舌面比例或形态特点

测量指标及特征点	比例或形态特点
冠长 / 冠宽	4 : 3
冠长 / 根长	1 : 1
近中切角	近中切角近似直角

续 表

测量指标及特征点	比例或形态特点
远中切角	远中切角较圆钝
近中外形高点	切 1/3，距切缘边框的距离约为冠长的 1/5
远中外形高点	切 1/3，距切缘边框的距离约为冠长的 1/3
唇面颈曲线	凸向下，最凸点在中线上，颈曲度为冠长的 1/6
舌面颈曲线	凸向下，最凸点在中线上，颈曲度为冠长的 1/5
近中冠根交界点	距近中边框的距离约为冠宽的 1/8
远中冠根交界点	较近中稍低、距远中边框的距离约为冠宽的 1/6
根尖点	偏远中，距远中边框的距离是冠宽的 2/5

2. 右上颌中切牙近中面、远中面线图认知要点见图 2-20。上颌中切牙近中、远中面比例或形态特点见表 2-5。

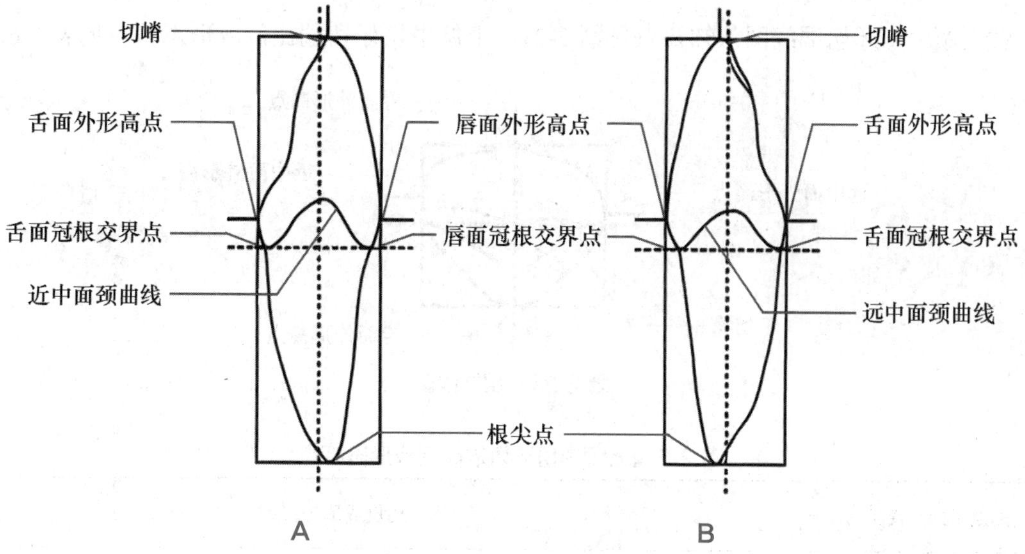

图 2-20 近中、远中面线图

A. 近中面；B. 远中面。

注意：舌侧切 1/3 线图可见两条曲线，这是因为自远中看到了较高的近中边缘嵴，实则靠近中线的为远中边缘嵴牙体线图，远离中线的为近中边缘嵴牙体线图。

表 2-5 上颌中切牙近中、远中面比例或形态特点

测量指标及特征点	比例或形态特点
冠长 / 冠厚	8 : 5

续　表

测量指标及特征点	比例或形态特点
冠长 / 根长	1∶1
切嵴	近中线，稍偏唇侧
唇面外形高点	颈 1/3，距颈缘边框的距离为冠长的 1/6
舌面外形高点	颈 1/3，距颈缘边框的距离为冠长的 1/6，略低于唇侧
近中面颈曲线	凸向上，最凸点稍偏唇侧，颈曲度为冠长的 1/4
远中面颈曲线	凸向上，最凸点稍偏舌侧，颈曲度为冠长的 1/5
唇面冠根交界点	距唇面边框的距离约为冠宽的 1/8
舌面冠根交界点	较近中稍低、距远中边框的距离约为冠宽的 1/10
根尖点	偏唇侧，距唇面边框的距离是冠厚的 2/5

3．右上颌中切牙切端线图认知要点见图 2-21。上颌中切牙切端比例或形态特点见表 2-6。

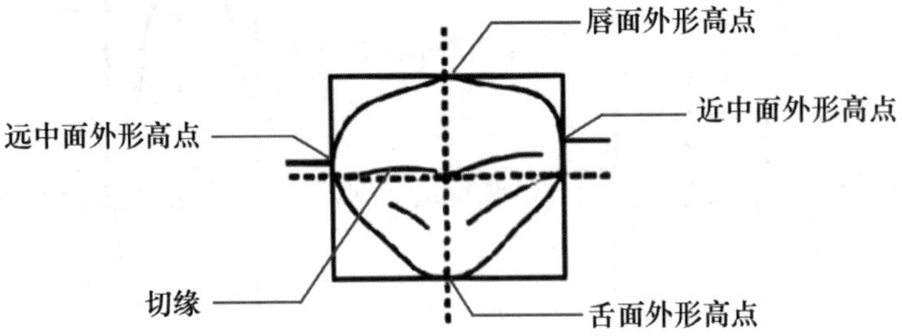

图 2-21　切端线图

表 2-6　上颌中切牙切端比例或形态特点

测量指标及特征点	比例或形态特点
冠宽 / 冠厚	约 6∶5，冠宽略大
切缘	中线唇侧，成翅形
唇面外形高点	近中线，稍偏近
舌面外形高点	中线上
近中面外形高点	中线唇侧，距唇面边框的距离是冠厚的 1/3
远中面外形高点	中线唇侧，距唇面边框距离是冠厚的 2/5，较近中稍偏舌侧

三、任务实施

（一）实训器材的准备

右上颌中切牙牙体模型、右上颌中切牙 3 倍大牙体线图、直尺、HB 铅笔、橡皮擦、素描纸、透明硫酸纸等。

（二）右上颌中切牙线图绘制

1. 右上颌中切牙唇面、舌面线图绘制（以唇面为例，图 2-22）

（1）步骤一：绘制线框及中线和冠根分界线。①描绘唇面线图的宽度和长度，形成线框；②标记近远中的中线和冠根分界线。

重点：①冠宽和冠长之比约 8 : 5；②冠长和根长之比约 1 : 1。

（2）步骤二：确定关键点。①近中外形高点；②远中外形高点；③近中冠根分界线；④远中冠根分界线；⑤牙颈线最低点；⑥根尖点。

重点：①近中外形高点近切缘，远中外形高点低于近中外形高点；②根尖点在中线稍远中。

（3）步骤三：绘制弧线。仔细观察牙齿线条走向，以步骤二提示的关键点绘制短弧线。

重点：使以上参照点成为弧线最突出的中心点。

（4）步骤四：绘制其余线条。绘制弧线以外的牙体线条，完成牙体线图绘制。

重点：①远中外形高点至根尖点几成直线；②近中切角近似直角，远中切角较近中切角圆钝。③牙颈线条内收。

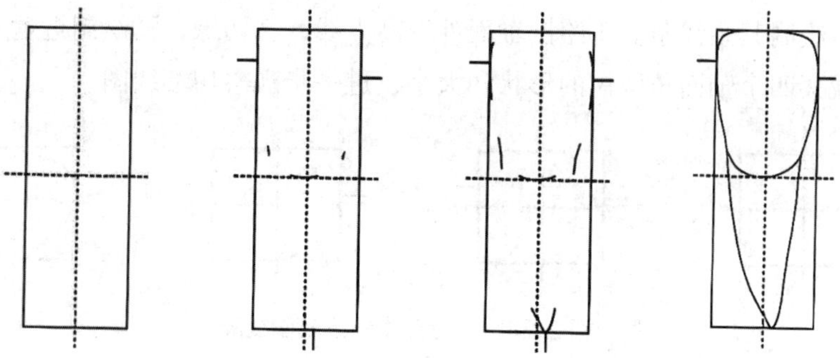

图 2-22　右上颌中切牙唇面线图

2. 右上颌中切牙近中面、远中面线图绘制（以近中面为例，图 2-23）

（1）步骤一：绘制线框、中线和冠根分界线。①描绘近中面线图的宽度和长度，形成线框；②标记唇舌冠厚的中线和冠根分界线。

重点：①冠长和冠厚之比约 8 : 5；②冠长和根长之比约 1 : 1。

（2）步骤二：确定关键点。①切缘；②唇面外形高点；③舌面外形高点；④颊侧冠根分界线；⑤舌侧冠根分界线；⑥牙颈线最高点；⑦根尖点。

重点：切缘、牙颈线最高点、根尖点在中线唇侧。

（3）步骤三：绘制弧线。仔细观察牙齿线条走向，以步骤二提示的关键点绘制短弧线。

重点：使以上参照点成为弧线最突出的中心点。

（4）步骤四：绘制其余线条。绘制弧线以外的牙体线条，完成牙体线图绘制。

重点：①唇侧外形高点至根尖点几成直线；②牙颈线条内收。

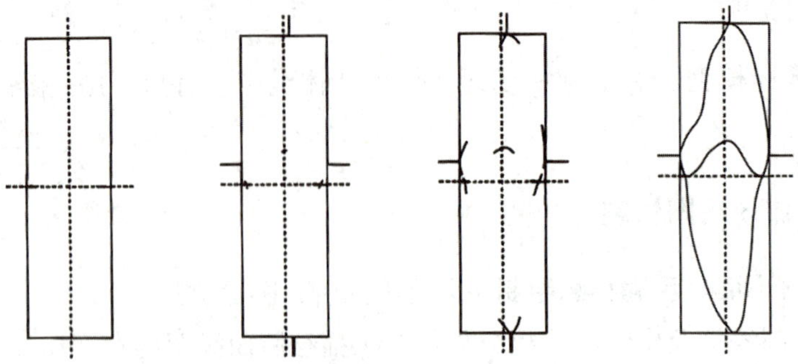

图 2-23　右上颌中切牙近中面线图

3. 右上颌中切牙切端线图绘制（图 2-24）

（1）步骤一：绘制线框及中线。①描绘㱔面图的宽度和厚度，形成线框；②标记冠宽和冠厚的中线。

重点：①冠宽比冠厚约 6 : 5，冠宽略大；②注意区分近中面和远中面。

（2）步骤二：确定关键点。①唇侧外形高点；②舌侧外形高点；③近中外形高点；④远中外形高点；⑤切缘。

重点：①根据前面所学知识点准确定位关键点；②注意切缘在中线唇侧，呈翅形。

（3）步骤三：绘制弧线。仔细观察牙齿线条走向，以步骤二提示的关键点绘制短弧线。

重点：使以上参照点成为弧线最突出的中心点。

（4）步骤四：绘制其余线条。①绘制轴面外形高点线；②切缘；③绘制近远中边缘嵴。

重点：仔细观察四个轴面角留白的形状和大小，进一步观察切端线图。

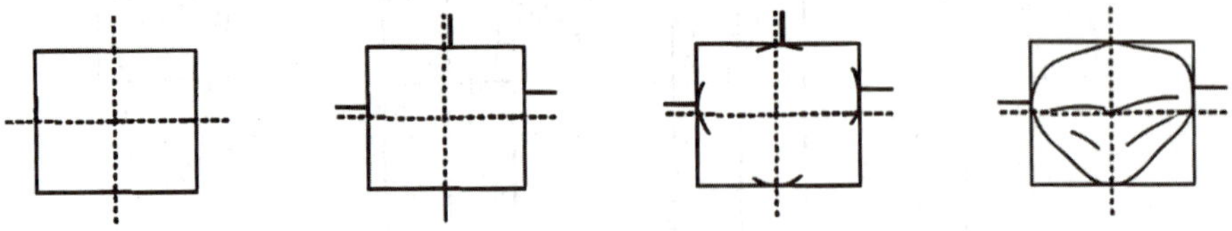

图 2-24　右上颌中切牙㱔面线图

四、任务评价

上颌中切牙牙体线图各面形态描绘的评价标准见表 2-7。

表 2-7　上颌中切牙牙体线图评价标准

序号	评价内容	分值	评价要点
1	唇、舌面 线图绘制	10	比例适当
		10	关键点位置准确
		5	线条平滑顺畅
		5	整体形态良好

续 表

序号	评价内容	分值	评价要点
2	近、远中面线图绘制	10	比例适当
		10	关键点位置准确
		5	线条平滑顺畅
		5	整体形态良好
3	切端线图绘制	10	比例适当
		10	关键点位置准确
		5	线条平滑顺畅
		5	整体形态良好
4	操作规范	5	仪容仪表
		5	个人防护
总分（100）			

▶任务拓展

直线参照法牙体形态描绘技术

牙体描绘是学习牙体形态、正确理解和掌握牙体外形特点的重要途径。在进行牙体描绘训练时，确定关键点后，将关键点连成直线，以直线线条做参照，仔细观察直线和牙体曲线的关系，进而描绘牙体曲线线图。具体方法如下。

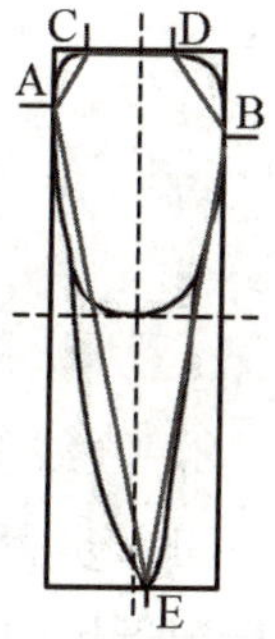

图 2-25　右上中切牙唇面线图

（一）右上中切牙唇面线图的描绘

1. 标记关键点并直线连接　标记右上中切牙唇面线图近中外形高点 A、远中外形高点 B、切缘与方框上线重合的近中止点 C 和远中止点 D、根尖点 E，连接 AC、CD、DB、BE、AE。观察直线和牙体线条的相对位置关系，如图 2-25 所示。

2. 直线参照法牙体形态描绘步骤（图 2-26）

（1）步骤一：绘制线框中线。描绘唇面线图的宽度和长度，形成线框，并标记近远中的中线和冠根分界线。

重点：①冠宽和冠长之比约 3∶4；②冠长和根长之比约 1∶1。

（2）步骤二：确定关键点。确定参考点 A、B、C、D、E。

重点：① A 点近切缘，B 点较 A 点远离切缘；② C 点与近中边间距约等于 D 点与近中边间距；③ E 点在中线稍远中。

（3）步骤三：绘制弧线。连接 AC、CD、DB、BE、AE，形成直线图。

（4）步骤四：绘制其余线条。参照直线和牙体线条相对位置关系，绘出唇面线图。

重点：① CD、BE 几与牙体线条重合，余牙体线条在直线外侧；②近中切角近似直角，远中切角较近中切角圆钝；③牙颈线条内收。

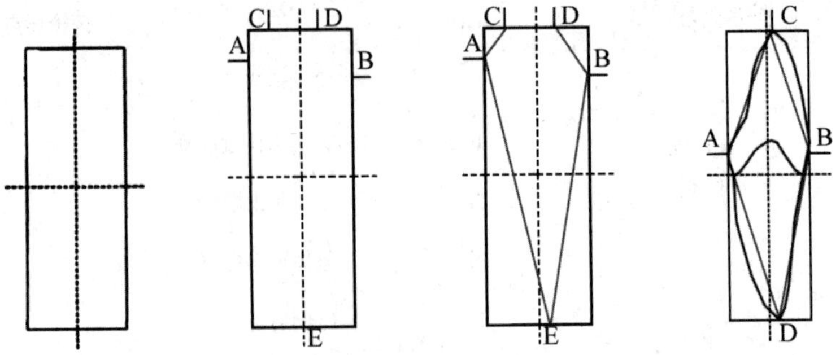

图 2-26　右上中切牙唇面直线参照法牙体形态描绘步骤

（二）右上中切牙近中面线图的描绘

1. 标记关键点并直线连接　标记右上中切牙近中面线图近中外形高点 A、远中外形高点 B、切缘与方框上线重合的近中止点 C 和远中止点 D、根尖点 E，连接 AC、CD、DB、BE、AE。观察直线和牙体线条的相对位置关系（图 2-27）。

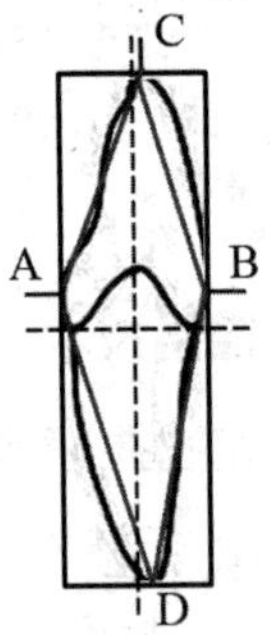

图 2-27　右上中切牙近中面线图关键点标记、直线连接

2. 直线参照法牙体形态描绘步骤（图 2-28）

（1）步骤一：绘制线框、中线和冠根分界线。描绘近中面线图的宽度和长度，形成线框，并标记近远中的中线和冠根分界线。

重点：①线框宽度窄于唇面线图线框，即冠厚小于冠宽；②冠厚和冠长之比约 3∶5；③冠长和根长之比约 1∶1。

（2）步骤二：确定关键点。确定参考点 A、B、C、D。

重点：① A、B 点距牙颈线几乎相等，距牙颈线与距切端之比约为 1∶6；② C 点在中线稍远中；③ D 点较 C 点稍偏离远中。

（3）步骤三：绘制弧线。连接 AC、AD、BC、BD，形成直线图。

（4）步骤四：绘制其余线条。参照直线和牙体线条相对位置关系，绘出近中面线图。

重点：① BD、AC 与牙体线条交叉，BC、AD 在牙体线条内测；②牙颈线条内收；③近中颈线最高点高于 A、B 点。

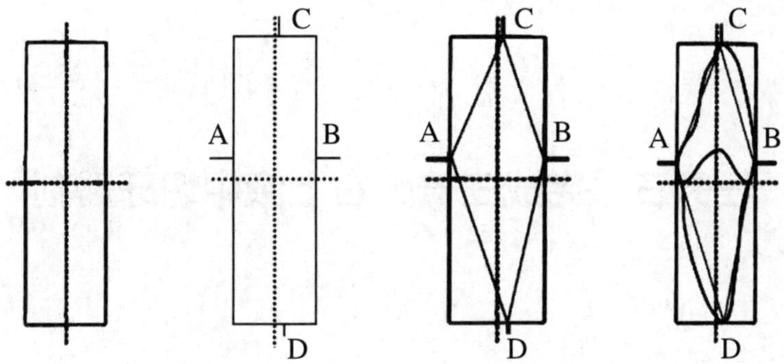

图 2-28　右上中切牙近中面

（三）右上中切牙切端线图的描绘

1. 标记关键点并直线连接　标记右上中切牙标记牙冠唇面、舌面、近中面、远中面 A、B、D、C 最高点，连接 AC、AD、BC、BD，观察直线和牙体线条的相对位置关系（图 2-29）。

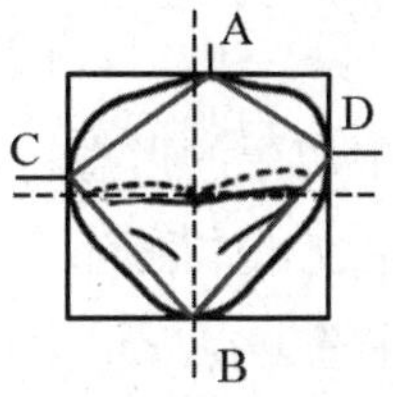

图 2-29　右上中切牙切端线图关键点标记、直线连接

2. 直线参照法牙体形态描绘步骤（图 2-30）

（1）步骤一：绘制线框、中线和冠根分界线。描绘切端观线图的宽度和长度，即冠宽和冠厚，形成线框，并标记线框中线。

重点：①冠宽大于冠厚；②冠宽和冠厚之比约 6∶5。

（2）步骤二：确定关键点。参考点 A、B、C、D。

重点：① A 点略偏近中；② B 点在中线上；③ C 点略偏唇面；④ D 点较 C 点更偏唇面。

（3）步骤三：绘制弧线。连接 AC、AD、BC、BD，形成直线图。

（4）步骤四：绘制其余线条。参照直线和牙体线条相对位置关系，绘出线图。

重点：①切端观线图整体呈圆三角形；②舌侧牙体较内收；③切缘呈翅形。

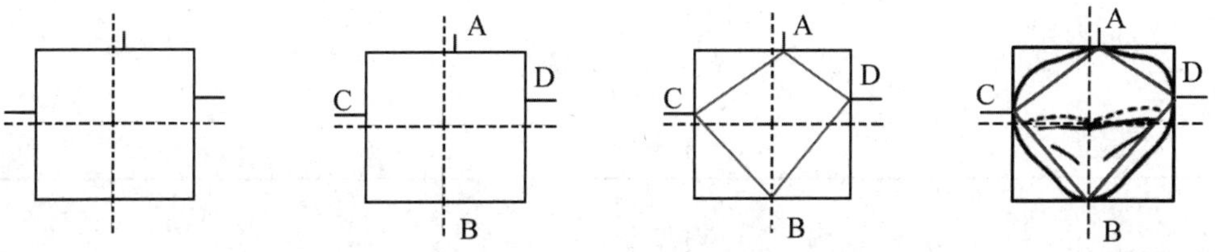

图 2-30　右上中切牙切端

视频：
完成三倍大右上颌中切牙雕刻

任务三　完成三倍大右上颌中切牙雕刻

一、任务导入

对上颌中切牙的雕刻练习，是掌握牙体形态特征的有效途径，有助于形成牙体形态的三维立体图像，为后续的专业课程打下形态学基础。按照放大三倍石膏牙雕刻要求，运用本节课的雕刻方法在石膏块上完成一颗三倍大右上颌中切牙雕刻。

二、任务分析

要完成这个任务，需熟练掌握右上颌中切牙的形态特点，准确将三倍大右上颌中切牙线图描绘至石膏上，正确使用雕刻工具，从而顺利完成牙体雕刻。

三倍大右上颌中切牙数据见表 2-8。注意，在三倍大右上颌中切牙绘图及雕刻过程中，任意一面都不是单纯的平面，而是复杂的多个平面，在学习过程中，要有一定的空间思维能力。

表 2-8　上颌中切牙的比例规格　　单位：mm

测量项目	一倍大	三倍大
牙冠长	11.5	34.5
牙冠宽	8.6	25.8
牙冠厚	7.1	21.3
牙颈宽	6.3	21.0
牙颈厚	6.2	18.9
牙根长	11.3	33.9
牙全长	22.8	68.4

三、任务实施

（一）实训器材的准备

71mm×26mm×22mm 石膏块、三倍大右上颌中切牙数据表（表 2-8）、三倍大右上颌中切牙线图（图 2-31）、三倍大右上颌中切牙浮雕图（图 2-32）、三倍大右上颌中切牙多面体线图（图 2-33）、石膏切刀、雕刻刀、直尺、红蓝铅笔、储水盆、橡胶垫板等。

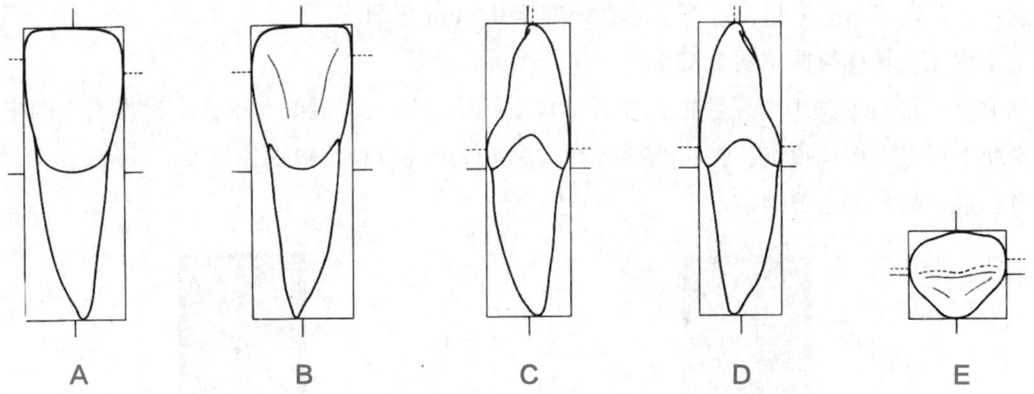

图 2-31　右上颌中切牙线图

A. 唇面；B. 舌面；C. 近中面；D. 远中面；E. 切缘。

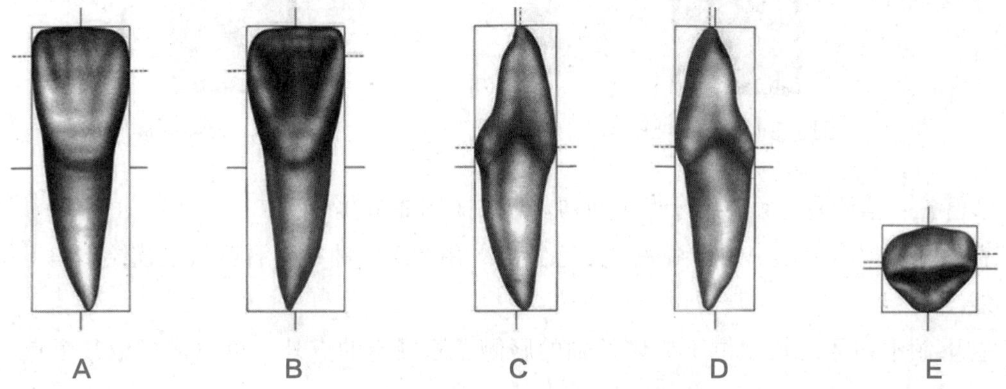

图 2-32　右上颌中切牙浮雕图

A. 唇面；B. 舌面；C. 近中面；D. 远中面；E. 切缘。

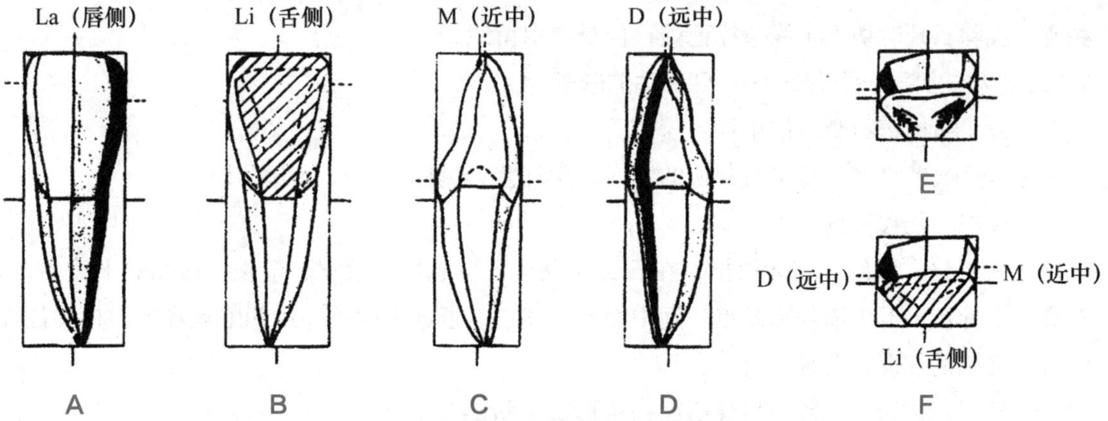

图 2-33　右上颌中切牙多面体线图

A. 唇面；B. 舌面；C. 近中面；D. 远中面；E. 㓤面多面体；F. 外形多面体。

（二）三倍大右上颌中切牙雕刻

1. 三倍大右上颌中切牙雕刻——二面体的形成

（1）步骤一：标记石膏块的中线（图 2-34）。

用游标卡尺或者直尺测量出石膏块的宽度，用红蓝铅笔标记出石膏块的中线。

注意：红蓝铅笔不能太粗，可将笔芯直径削至 0.5mm 粗细。

（2）步骤二：转移数据（图 2-35）。

根据放大三倍右上颌中切牙数据，在石膏块上标记出冠长、冠厚、根长。根据右上颌中切牙线图在石膏块上标记出切端顶点、唇面外形高点、舌面外形高点和牙根根尖位置。

注意：准确的数据是关键。

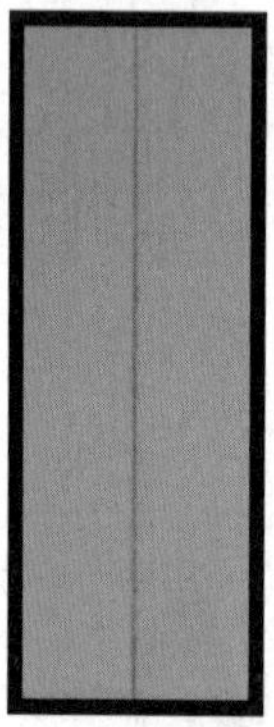

图 2-34　标记中线

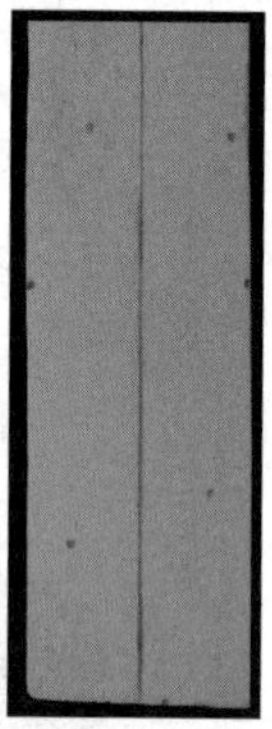

图 2-35　转移数据

（3）步骤三：描绘右上颌中切牙近中面初步形态（图 2-36）。

用红蓝铅笔根据右上颌中切牙线图的形态特点，用圆缓的曲线在石膏块上描绘出右上颌中切牙近中面的线图。

注意：上颌中切牙的切端位于牙体长轴的唇侧。除规定的点外，可以多标记几个点，会更加准确。

（4）步骤四：去除线外多余的石膏（图 2-37）。

用石膏切刀去除近远中面线图以外多余石膏，二面体形成。

注意：去除石膏时切削至线条标记处，但是要保留线条。

2. 三倍大右上颌中切牙雕刻——四面体的形成

（1）步骤一：标记石膏块的中线。

用游标卡尺或者直尺测量出石膏块的宽度，用红蓝铅笔标记出石膏块的中线。

（2）步骤二：转移数据。

根据放大三倍右上颌中切牙数据，在石膏块上标记出冠长、冠宽、根长。根据右上颌中切牙线图在石膏块上标记出近中面外形高点、远中面外形高点、近远中面颈部最凹陷点和牙根根尖位置。

注意：准确的数据是关键。

（3）步骤三：描绘右上颌中切牙唇面初步形态（图 2-38）。

用红蓝铅笔根据右上颌中切牙线图的形态特点，用圆缓的曲线在石膏块上描绘出右上颌中切牙唇面的线图。

注意：上颌中切牙的近中切角高，远中切角低，近中切角似直角，远中切角圆钝。除规定的点外，可以多标记几个点，那样可能会更加准确。

（4）步骤四：去除线外多余的石膏。

用石膏切刀去除近远中面线图以外多余石膏，四面体形成。

注意：去除石膏时切削至线条标记处，但是要保留线条。

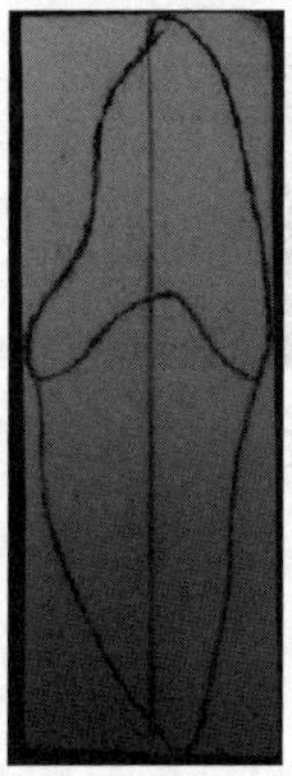

图 2-36　近中面描绘图

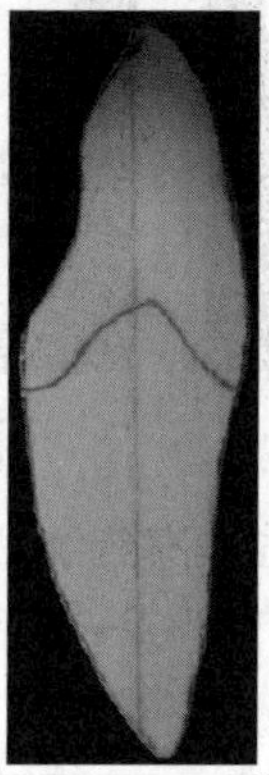

图 2-37　二面体形成图

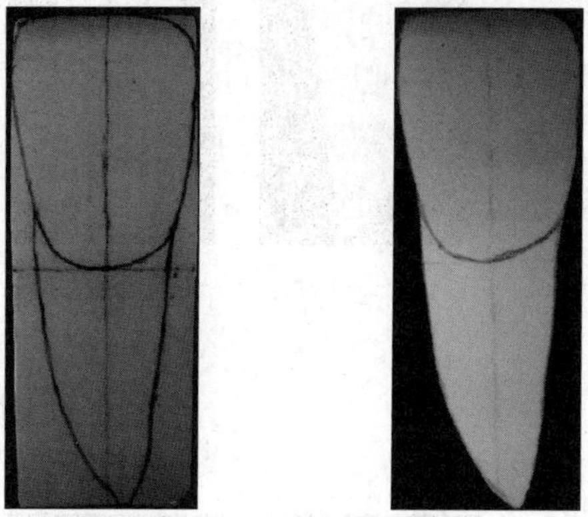

A　B

图 2-38　四面体的形成

A. 唇面描绘图；B. 四面体形成图

3. 三倍大右上颌中切牙雕刻——多面体的形成（图 2-39、图 2-40）

（1）步骤一：形成唇面多面体。

参考放大三倍右上颌中切牙多面体线图，在石膏牙唇面上描绘出多面体图形，根据阴影部分的深浅去除多余的石膏。多面体线图上唇面的阴影是去除石膏的面积，而去除石膏的厚度取决于近远中面的阴影部分的深浅。

注意：切削多面体时，不得损坏唇侧牙颈突度。

（2）步骤二：形成舌面多面体。

参考放大三倍右上颌中切牙多面体线图，在石膏牙舌面上描绘出多面体图形，根据阴影部分的深浅去除多余的石膏。舌面去除石膏的面积取决于舌面阴影部分的面积，而去除石膏的厚度取决于近远中面的阴影部分的深浅。

（3）步骤三：形成近远中面多面体。

参考放大三倍右上颌中切牙多面体线图，在石膏牙近远中面上描绘出多面体图形，根据阴影部分的深浅去除多余的石膏。

注意：在完成唇舌轴面角的过程中，近远中面的石膏去除已经完成。

（4）步骤四：形成切端多面体。

参考放大三倍右上颌中切牙多面体线图，在石膏牙切端面上描绘出多面体图形，根据阴影部分的深浅去除多余的石膏。

注意：上颌中切牙的切端近中切角高，远中切角低。

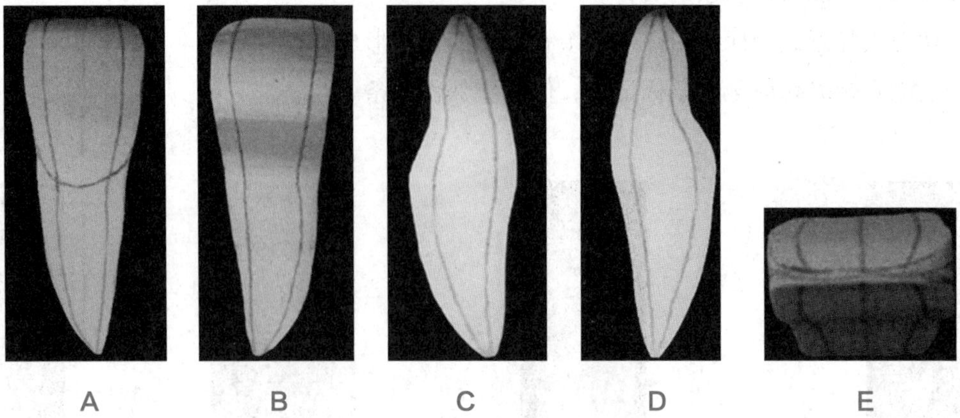

图 2-39 多面体描绘图

A. 唇面；B. 舌面；C. 近中面；D. 远中面；E. 切缘。

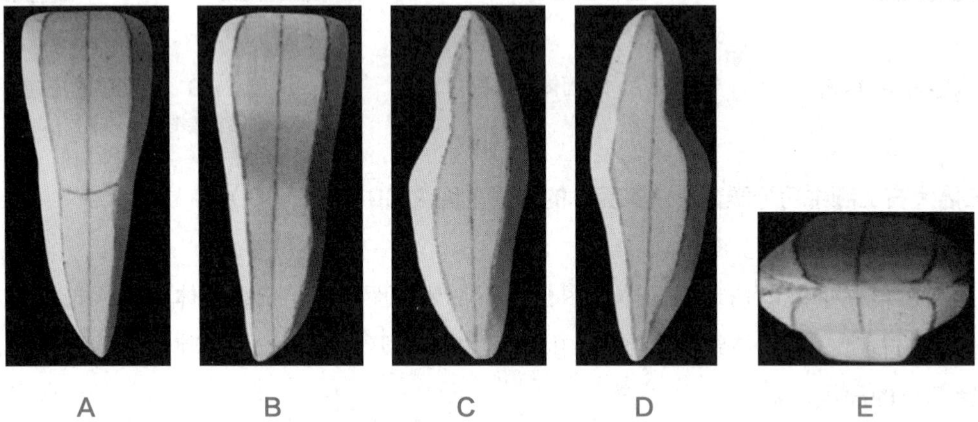

图 2-40 多面体切削完成

A. 唇面；B. 舌面；C. 近中面；D. 远中面；E. 切缘。

4. 三倍大右上颌中切牙雕刻——四面成形

（1）步骤一：牙颈线的成形（图 2-41、图 2-42）。

1）描绘勾勒牙颈线：参照右上颌中切牙线图，在石膏棒唇、舌、近、远中面精确描绘牙颈线。经检查合格后，将雕刻刀刃端垂直于牙面上，沿牙颈线刮去约 0.2mm 深的石膏，并沿牙颈线勾勒一周。

注意：近中面的颈曲度大于远中面。

2）辅助线的绘制：在牙颈线冠方和根方各 1mm 处，绘制两条平行于牙颈线的辅助线。

3）雕刻成形：自牙颈线根方 1mm 的线条处，使雕刻刀刃端与牙面成约 45°角（具体方法可参见项目一任务三图 1-49），沿该线向牙颈线方向刮除适量的石膏。以上操作完成后，牙颈部形态基本形成。上述步骤可适当重复进行，直至合乎要求为止。

4）修整顺滑：仔细和浮雕图比对，修整牙颈线，使其连续顺滑。

注意：不能形成明显的台阶。

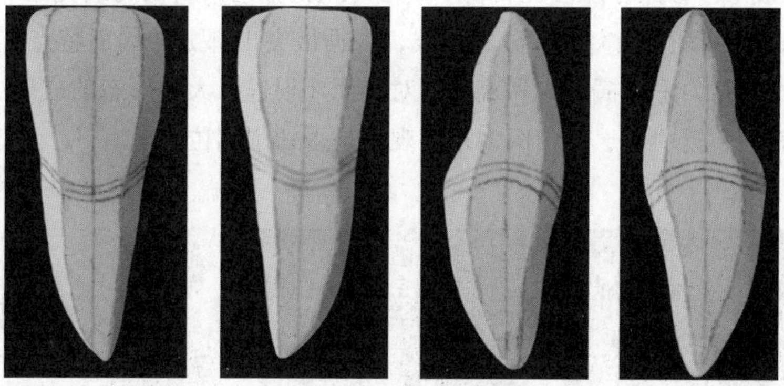

A　　B　　C　　D

图 2-41　描绘颈缘线

A. 唇面；B. 舌面；C. 近中面；D. 远中面。

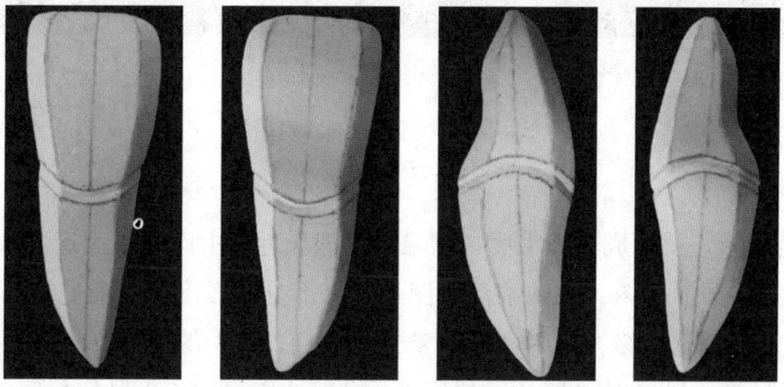

A　　B　　C　　D

图 2-42　颈缘初步成形后

A. 唇面；B. 舌面；C. 近中面；D. 远中面。

（2）步骤二：唇面的成形（图 2-43 ～图 2-46）。

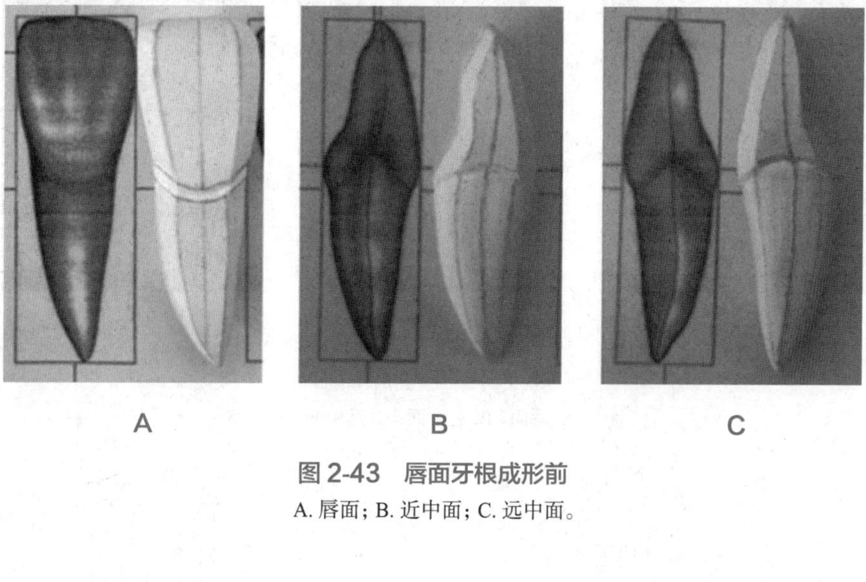

A　　B　　C

图 2-43　唇面牙根成形前

A. 唇面；B. 近中面；C. 远中面。

1）唇面牙根的成形。参照浮雕图在石膏牙唇面牙根处描绘出唇面的最突出部分的连线，在牙根的近远中面描绘出近远中面的最突出部分的连线，根据最突出部分的斜面特点，也就是唇面牙根的形态结构特点，用石膏切刀采用横握式和直握式对唇面牙根进行大体形态的成形。

注意：可以从唇面、近中面、远中面多角度观察是否切削到位。

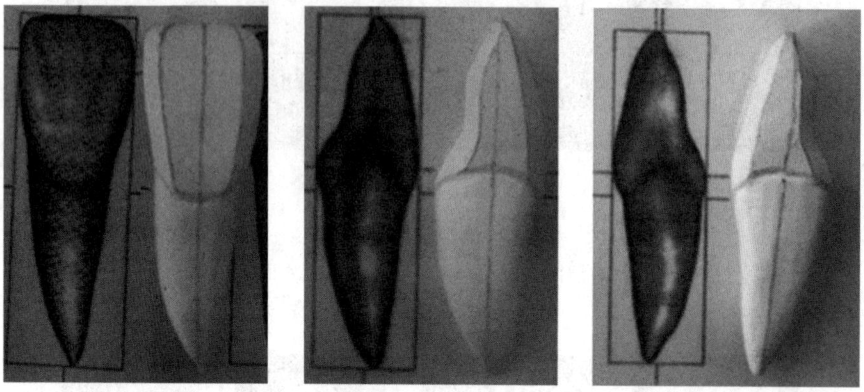

A　　B　　C

图 2-44　唇面牙根成形后

A. 唇面；B. 近中面；C. 远中面。

2）唇面牙冠的成形。①形成颈缘突度：颈缘突度即从近远中面到唇面近颈缘部分的弧度，在形成颈缘突度时，必须参照浮雕图，并观察浮雕图近颈缘部分的弧度，进而完成石膏的去除。②唇中三分之一的成形：形成近远中缘，同时注意修整近远中面唇 1/3 的形态。由于唇面较平坦，尤其是唇中 1/3 与切 1/3 部分，因此在完成唇面颈缘突度后，需去除唇面 1/3 部分石膏，使唇面中 1/3 较平坦状态，且与唇面颈 1/3 相连续。

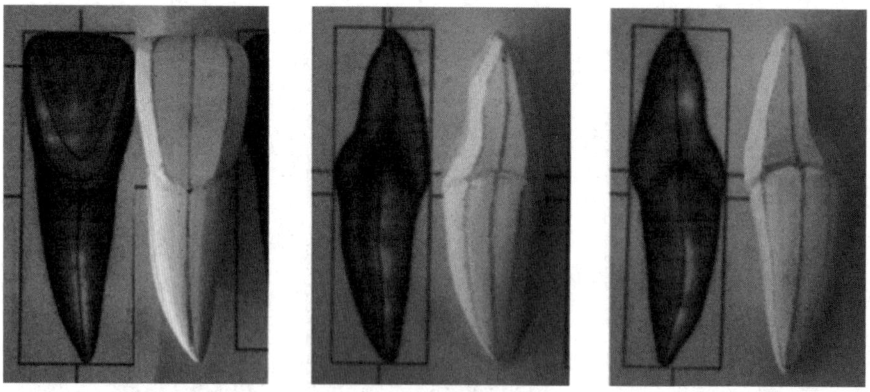

A　　B　　C

图 2-45　唇面成形前

A. 唇面；B. 近中面；C. 远中面。

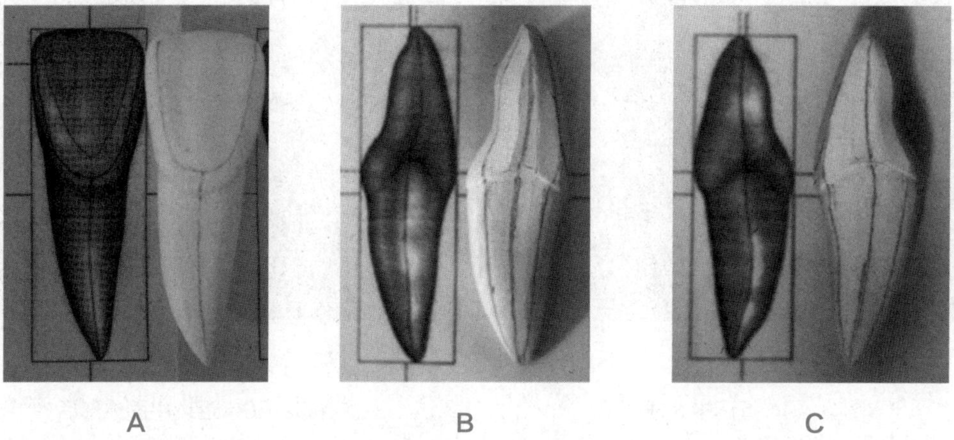

图 2-46　唇面成形后

A. 唇面；B. 近中面；C. 远中面。

（3）步骤三：舌面的成形（图 2-47、图 2-48）。

1）舌面牙根的成形：方法参考唇面牙根的成形。

注意：舌面牙根较隆突。

2）舌窝的成形：①参考浮雕图，在浮雕图上画出舌面最突出部分的连线，这个最突出部分的连线实际也是舌面近远中边缘嵴与舌隆突最突出部分的连线和切嵴的连线，我们称之为外侧线。转移上述最突出部分的连线至石膏牙相应的位置，外侧线的外侧去除相应的石膏，形成近远中边缘嵴的近远中斜面部分，同时注意修整近远中面舌 1/3 的形态。②参考浮雕图，发现上颌中切牙舌面除最突出部分的连线外，还有最凹陷的部分的连线，我们称之为内侧面，描绘并去除两内侧线之间的石膏，形成舌窝部分。③去除外侧线与内侧线之间多余的石膏，形成近远中边缘嵴的舌窝斜面部分。

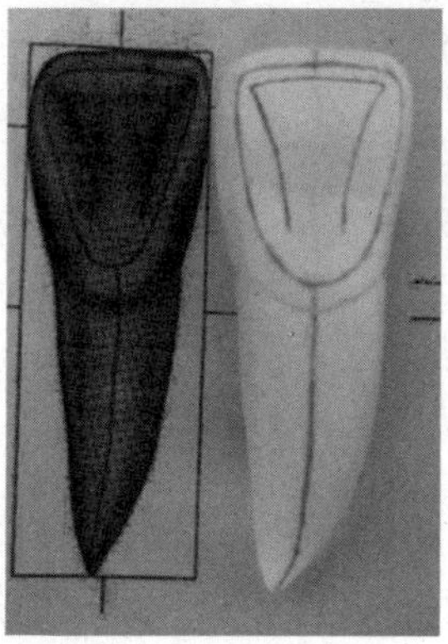

图 2-47　舌面成形前

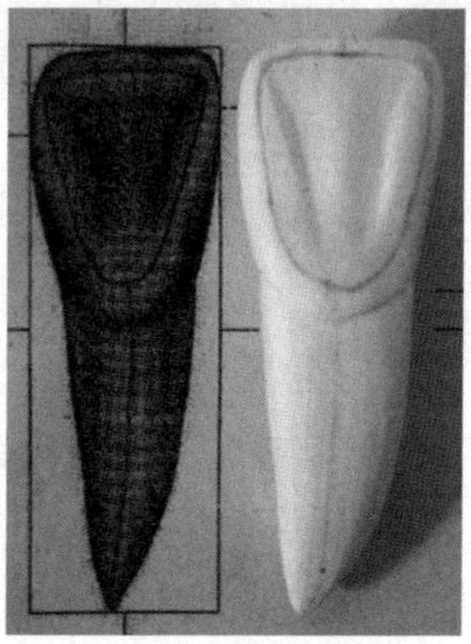

图 2-48　舌面成形后

（4）步骤四：近、远中面的成形。

参考浮雕图，描绘出浮雕图上近远中面的最突出部分的连线。根据浮雕图上近远中面上最突出部分两侧斜面的特点，在石膏牙上去除多余的石膏，形成近远中面的形态。注意：近远中面的接触区的形态特点（图 2-49、图 2-50）。

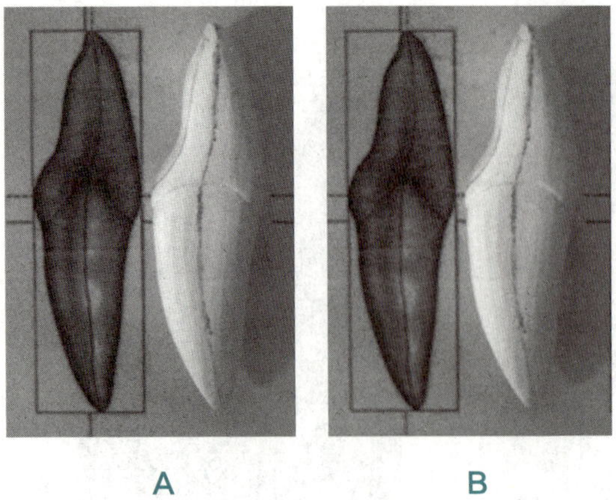

图 2-49 近远中面成形前

A. 近中面；B. 远中面。

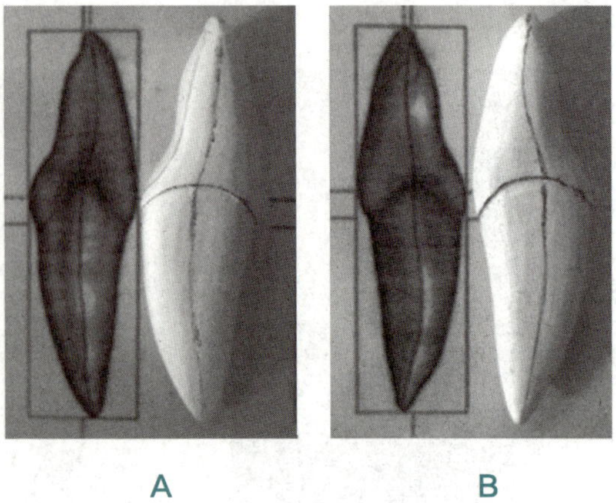

图 2-50 近远中面成形后

A. 近中面；B. 远中面。

（5）步骤五：切缘的成形（图 2-51、图 2-52）。

1）参考浮雕图，描绘切缘形态，注意切缘的厚度。

2）切削成形切缘形态，参考浮雕图对各轴面切 1/3 的形态进行修整。

注意：上颌中切牙的切缘有一定的厚度，呈鸟翅形的结构，在成形切缘时一定要注意切缘观唇舌面的特点，并适当地进行修整。

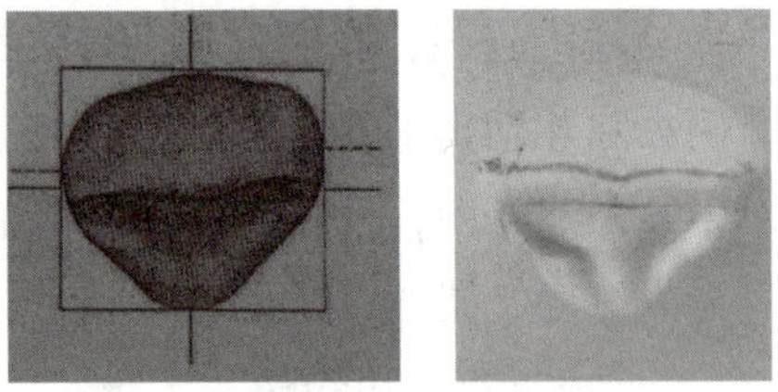

图 2-51 描绘切缘

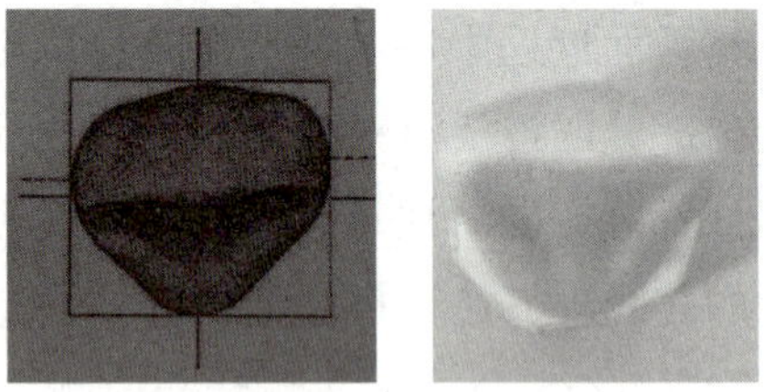

图 2-52 切缘成形后

5. 三倍大右上颌中切牙雕刻——精雕完成（图 2-53）

（1）步骤一：唇面发育沟的修整。

仔细观察右上颌中切牙唇面浮雕图上两条发育沟的形态和位置，在石膏牙相应的位置用红蓝铅笔进行准确的描绘，用雕刻刀进行修整。

注意：唇面发育沟是牙在生长发育过程中形成的浅沟，所以该发育沟与唇面的融合度非常高，发育沟两侧的斜面斜度非常大，且衔接自然。

（2）步骤二：轴面颈缘线的修整。

再次准确的修整颈缘线，用雕刻刀在颈缘线上下进行切削，以使牙冠和牙根衔接自然。

注意：上颌中切牙的牙颈线为连续的圆缓的曲线。

（3）步骤三：修饰牙体表面。

在四面成形的基础上，用雕刻刀采用执笔式从根尖或从切端对牙体表面进行润饰，力求牙根表面光滑，牙根的近中面较远中面大，近中面牙根有较为明显的纵行隆突，牙根唇面宽于舌面，唇面相对较平坦，舌面窄小圆凸。

（4）步骤四：牙体表面流畅性的检查。

检查石膏牙各轴面的外形高点、邻接点、凹凸衔接的自然程度。

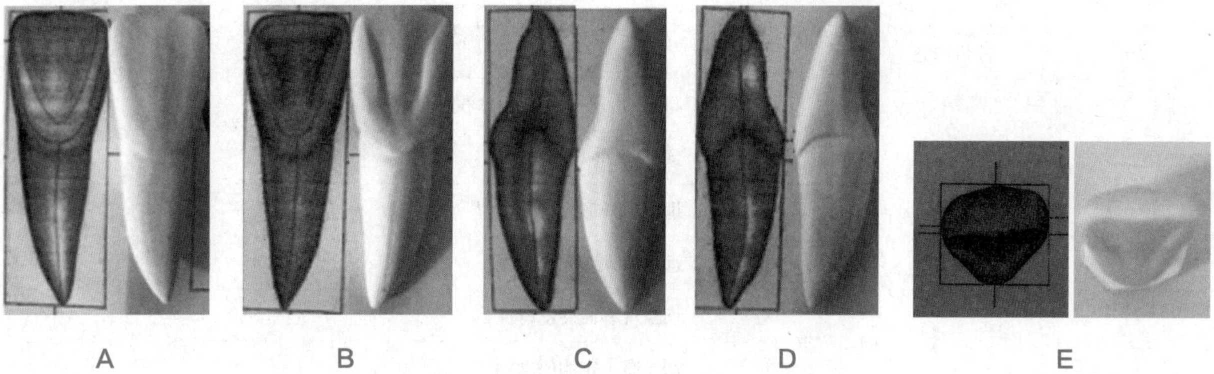

图 2-53　放大三倍右上颌中切牙雕刻完成图
A. 唇面；B. 舌面；C. 近中面；D. 远中面；E. 切缘。

四、任务评价

表 2-9　右上颌中切牙石膏牙雕刻评价标准

序号	评价内容	分值	评价要点
1	雕刻数据	3	冠宽
		3	冠厚
		3	冠根长
2	唇面	3	唇面轮廓形态
		3	近远中径与切颈径比
		3	唇面外形高点位于颈 1/3
		3	发育沟的位置形态
		3	唇面的牙根呈锥体形较舌面平坦
3	舌面	3	舌面轮廓形态
		3	舌隆突的形态位置
		3	舌面较唇面小
		4	舌窝的大小及形态
		3	舌面的牙根呈锥体形较圆突
4	近中面	3	近中面的形态似三角形
		3	唇舌径与切颈径比
		3	近中面观唇面的弧度
		3	近中面观舌面的弧度
		3	近中面观舌隆突的突度
		3	近中面的外形高点位置
		3	近中面牙根唇舌径大于近远中径

续 表

序号	评价内容	分值	评价要点
5	远中面	3	与近中面形态相似但体积小且圆突
		3	颈部凹陷
		3	远中面外形高点的位置
		3	远中面颈缘线更圆缓
6	切缘	3	切缘观唇面突度特性
		3	切缘有一定的厚度
		3	切缘观鸟翅形的结构
		3	切缘位于牙体长轴的唇侧
7	整体情况	3	牙体各面表面光滑、线条流畅
		4	牙体各部比例协调
8	操作规范	3	个人防护方法
		5	工具的使用
总分（100）			

▶任务拓展

放大三倍右上颌侧切牙雕刻

在牙体修复的实际工作场景中，精准掌握各类牙体形态特点至关重要。切牙组作为前牙的关键组合，除大家熟悉的上颌中切牙外，还包括上颌侧切牙、下颌中切牙以及下颌侧切牙，且各个牙位均左右对称分布，各有一颗。

此前，同学们已深入学习了最具典型性的上颌中切牙雕刻知识与技巧，然而，在日常实践操作里，上颌侧切牙的形态恢复也非常重要。为切实强化同学们在本学习任务中对切牙组不同牙位形态雕刻的全方位理解，提升实操动手能力，同时着力培养大家的自我探究精神，现布置如下实践任务。

请同学们灵活运用之前所学的放大三倍右上颌中切牙雕刻方法及详细步骤，紧密结合提供的右上颌侧切牙线图（图 2-54）、浮雕图（图 2-55）及多面体图（图 2-56），并依据表 2-10 中精准的三倍大上颌侧切牙数据，雕刻出一颗放大三倍的右上颌侧切牙。在完成雕刻作品后，总结归纳上颌中切牙与上颌侧切牙在形态方面存在的显著差异，通过对比分析深化对两种牙齿形态特点的认知，为未来应对复杂多变的口腔修复工作筑牢坚实基础。

表 2-10　上颌侧切牙的比例规格　　单位：mm

测量项目	一倍大	三倍大
牙冠长	9.6	28.8
牙冠宽	6.9	20.7
牙冠厚	6.1	18.3
牙颈宽	6.3	21.0
牙颈厚	6.2	18.9
牙根长	11.3	33.9
牙全长	21.8	65.4

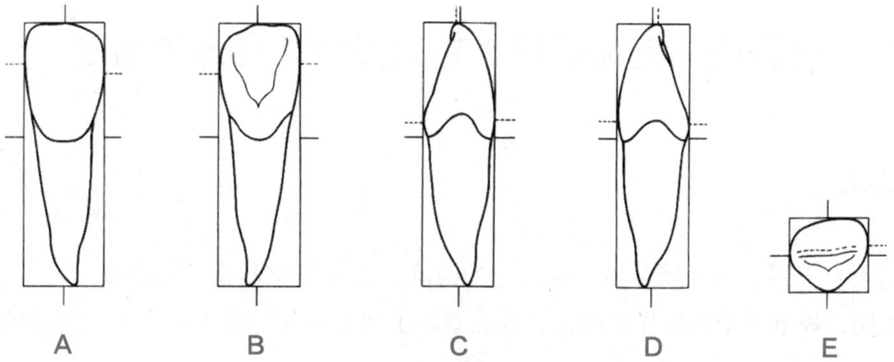

图 2-54　右上颌侧切牙线图

A. 唇面；B. 舌面；C. 近中面；D. 远中面；E. 切缘。

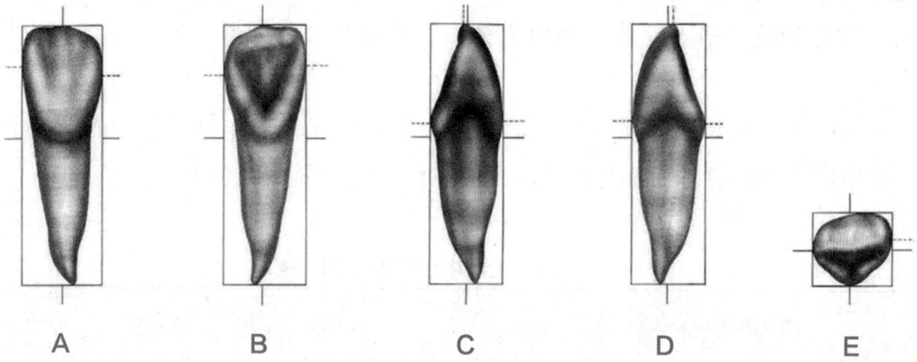

图 2-55　右上颌侧切牙浮雕图

A. 唇面；B. 舌面；C. 近中面；D. 远中面；E. 切缘。

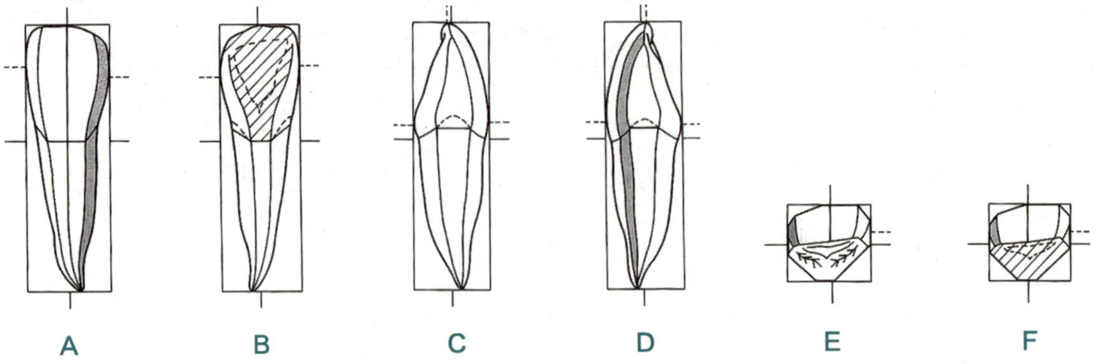

图 2-56　右上颌侧切牙多面体图

A. 唇面；B. 舌面；C. 近中面；D. 远中面；E. 𬌗面多面体；F. 外形多面体。

视频：完成等倍大右上中切牙雕刻

任务四　完成等倍大右上颌中切牙牙体雕刻

一、任务导入

完成三倍大右上颌中切牙雕刻后，在规定的时间内按照等倍石膏牙雕刻模型、数据、线图、多面体图、浮雕图，规范安全的操作基础上，在石膏块上完成一颗等倍大右上颌中切牙雕刻。

二、任务分析

要完成这个任务，需对右上颌中切牙的形态熟练掌握，并能准确地描绘等倍大右上颌中切牙线图，等倍大牙体雕刻较三倍大牙体雕刻更为精细、难度较大，因此，要求学习者操作更为严谨、认真。

等倍大右上颌中切牙雕刻是指按照 1 : 1 右上颌中切牙数据（表 2-11）进行的上颌中切牙牙体雕刻。注意，上颌中切牙的任意一面都是不是单纯的平面，而是复杂的多面体。

表 2-11　上颌中切牙的比例规格　　单位：mm

测量项目	等倍大
牙冠长	11.7
牙冠宽	8.6
牙冠厚	7.2

续 表

测量项目	等倍大
牙颈宽	7.0
牙颈厚	6.0
牙根长	12.1
牙全长	23.8

三、任务实施

（一）实训器材的准备

右上颌中切牙线图、等倍大右上颌中切牙雕刻模型 1 套、石膏块（15mm×15mm×55mm）、石膏切刀、雕刻刀、绘图铅笔、红蓝铅笔、游标卡尺、直尺、毛刷、储水盆、橡胶垫板等。

（二）等倍大右上颌中切牙雕刻

1. 等倍大右上颌中切牙雕刻——石膏框架成形

（1）步骤一：绘制框架及标志线、切削框架成形。用游标卡尺测量等倍大右上颌中切牙雕刻模型的冠长、冠宽、冠厚、根长。在石膏块上，用游标卡尺轻轻刻出各面的冠根分界线和中轴线，绘制牙体外形框架（图 2-57）。用石膏切刀切掉框线以外的石膏，先修整平行的两侧，再修整另外两侧，四周应平整（图 2-58）。

要求：雕刻等倍大右上颌中切牙的牙体总长是冠长加根长的总和。

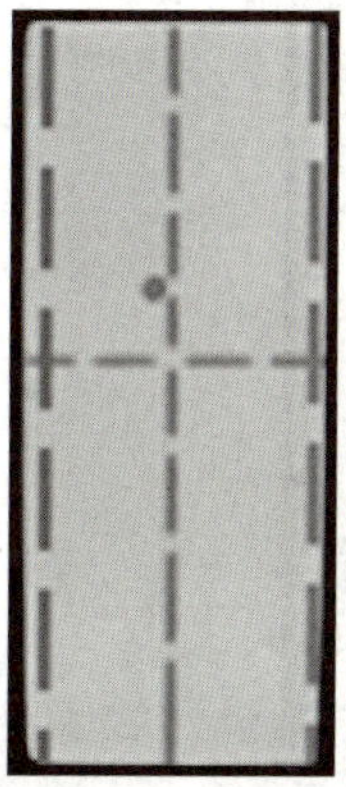

图 2-57 绘制框架

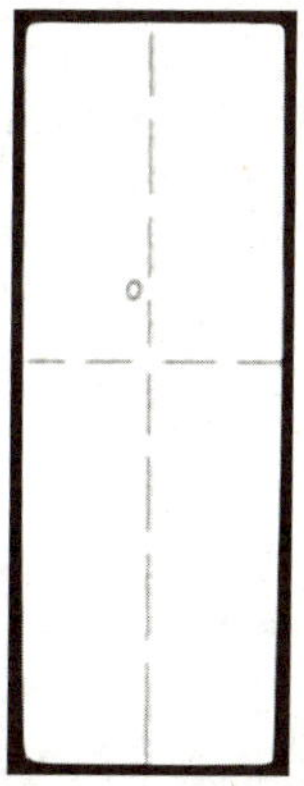

图 2-58 切削框架成形

（2）步骤二：确定基准面。参照模型和牙线图确定唇面、舌面、近中面、远中面和切缘面。

2. 等倍大右上颌中切牙雕刻——二面体成形

（1）步骤一：描绘唇舌面外形。参照等倍大右上颌中切牙雕刻模型和右上颌中切牙线图，将模型唇舌面与石膏块重合，在石膏块的唇舌面标出切缘的位置，将所测牙颈宽数据转移到石膏块上，参照右上颌中切牙雕刻模型的唇舌面轮廓外形，描绘出唇舌面的牙体外形线（图 2-59）。

要求：转移的参照点要准确，唇舌面的牙体外形线应为细线且线条流畅。

（2）步骤二：唇舌面切削成形。用石膏切刀沿唇舌面边缘线上下推拉切削，形成唇舌面外形（图 2-60）。

要求：不得损坏外形高点的突度，恰好切到线，不要切掉线，轴面外形轮廓需与右上颌中切牙线图一致。

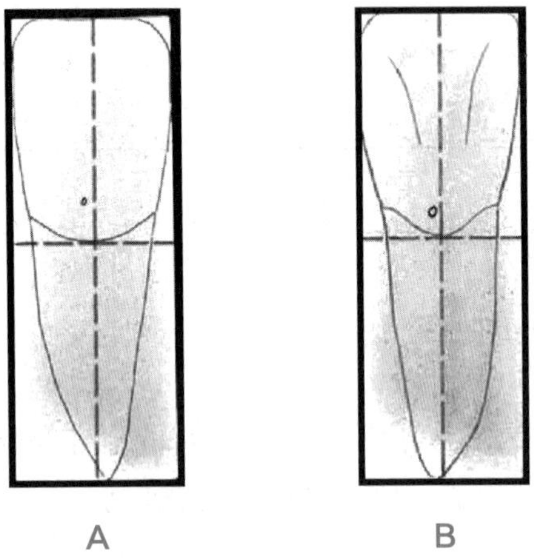

图 2-59　描绘唇舌面外形
A. 唇面；B. 舌面。

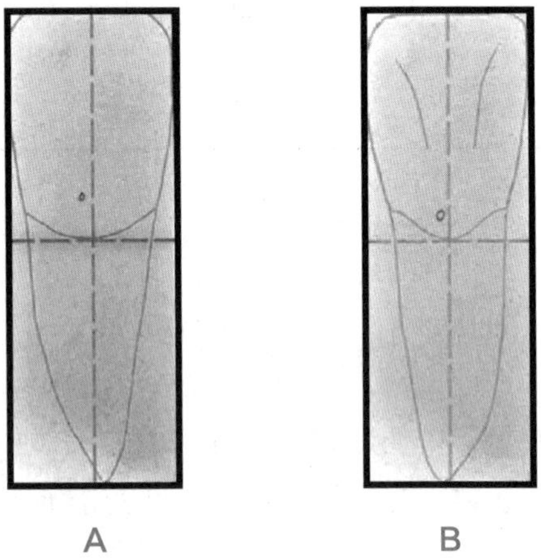

图 2-60　二面体成形
A. 唇面；B. 舌面。

3. 等倍大右上颌中切牙雕刻——四面体成形

（1）步骤一：描绘近远中面外形。参照等倍大右上颌中切牙雕刻模型和右上颌中切牙线图，将模型近中面、远中面与石膏块重合，在石膏块的近远中面标出切缘的位置，将所测牙颈厚数据转移到石膏块上，参照右上颌中切牙模型的近远中轮廓外形，描绘近远中面的牙体外形线（图 2-61）。

要求：同二面体描绘。

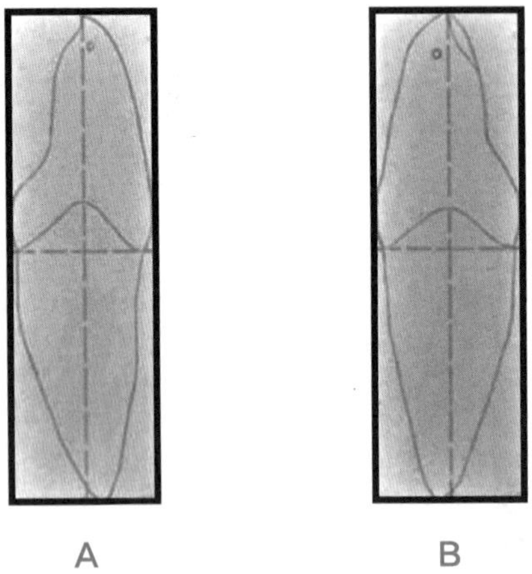

图 2-61　描绘近远中面外形
A. 近中面；B. 远中面。

（2）步骤二：近远中面切削成形。用石膏切刀沿近远中边缘线上下推拉切削，形成近远中面外形（图 2-62）。

要求：同二面体成形。

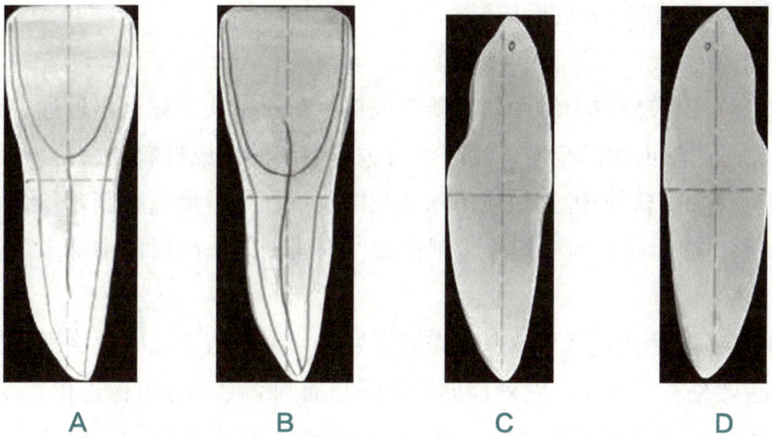

图 2-62　四面体成形

A. 唇面；B. 舌面；C. 近中面；D. 远中面。

4. 等倍大右上颌中切牙雕刻——多面体成形

（1）步骤一：正确描绘多面体的各个轴面。参照右上颌中切牙雕刻模型切端面观，在石膏块上画出多面体外形的边缘线与中轴线的角度，各个轴面最突出部分的连线，冠根分界线与外形高点之间的连线（图 2-63）。

要求：尽可能使多面体边缘线与右上颌中切牙线图相一致。

（2）步骤二：切削多面体。按照多面体边缘线切削各斜面，最终形成多面体（图 2-64）。

要求：切削多面体时，不得损坏唇侧牙颈突度。

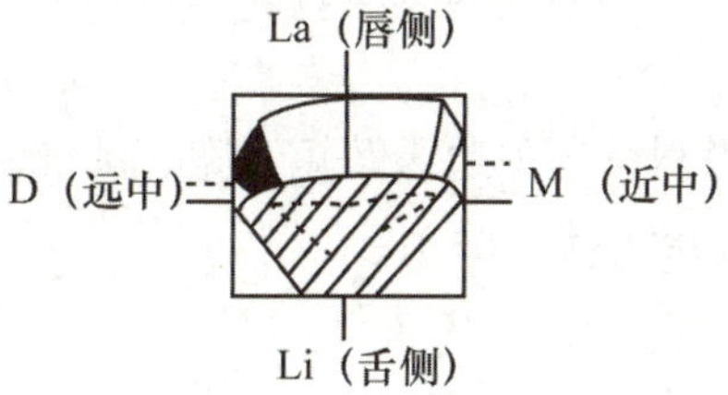

图 2-63　切端面与多面体位置关系参照图

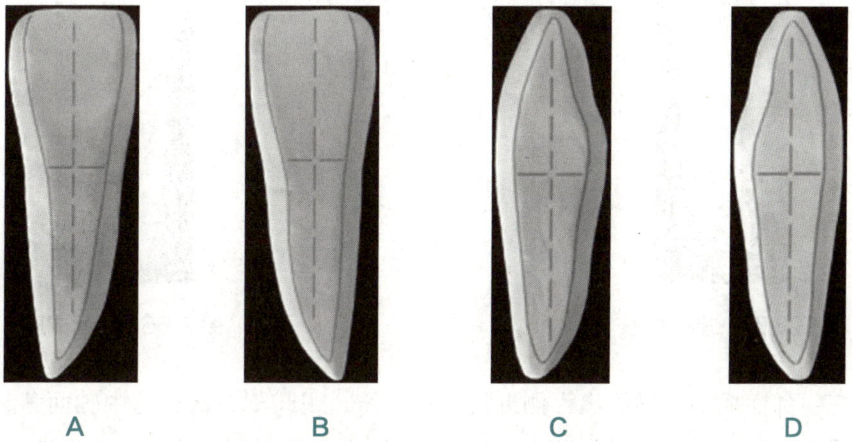

图 2-64　多面体成形

A. 唇面；B. 舌面；C. 近中面；D. 远中面。

5. 等倍大右上颌中切牙雕刻——四面成形

（1）步骤一：唇面成形。

1）唇面近远中缘成形：参照右上颌中切牙雕刻模型，在石膏块上标记出近远中缘的位置。从切缘面观察近唇轴面角、远唇轴面角的角度，用雕刻刀进行切削，形成近唇轴面角、远唇轴面角。

2）唇侧颈部成形：标记出唇面近远中线角和牙颈部狭窄部分，形成唇侧牙颈线。

3）唇面中 1/3 成形：参照右上颌中切牙雕刻模型，用雕刻刀修整唇面中部多余的石膏，使之平坦，与唇侧颈部流畅连接。

4）唇面发育沟成形：在距离近远中缘约 1/4 冠宽处，分别沿与近远中边缘平行的方向用铅笔描绘出 2 条发育沟，注意雕刻不宜太深，发育沟的凹陷需与周围突出部分流畅连接。

要求：从唇面观察，近中切角近似直角，远中切角圆钝，近中缘和切缘较直，远中缘略突。从切缘面观察，近唇轴面角锐利，远唇轴面角圆钝，近唇轴面角高于远唇轴面角（图 2-65）。

（2）步骤二：舌面成形。

1）舌面近远中边缘嵴成形：参照右上颌中切牙雕刻模型，在石膏块舌面描绘近远中边缘嵴的内侧边缘线。用雕刻刀沿该边缘线刻出沟，使舌侧近远中边缘嵴有一定的高度。参照模型近远中边缘嵴的高度、边缘嵴的长度和宽度雕刻近远中边缘嵴。

2）舌侧切缘成形：参照右上颌中切牙雕刻模型在石膏块舌面描绘切缘形态。用雕刻刀从舌侧切削，使其与舌窝、舌侧近远中边缘嵴流畅连接。

3）舌窝成形：参照模型用铅笔描绘出舌窝的位置和形态，用雕刻刀雕出凹形舌窝。

4）舌隆突和牙根成形：参照模型，用铅笔描绘出舌隆突的形态，在舌隆突根方的左右两侧各画一条直线，沿该线切割多余的石膏。从切缘面观察舌隆突，正确形成舌隆突的形态，并与牙根流畅连接。

要求：近中边缘嵴长、窄、锐利，远中边缘嵴短、宽、圆钝，舌隆突与舌侧近远中边缘嵴及近远中牙颈线流畅连接，舌窝不宜太深（图 2-66）。

图 2-65 唇面成形

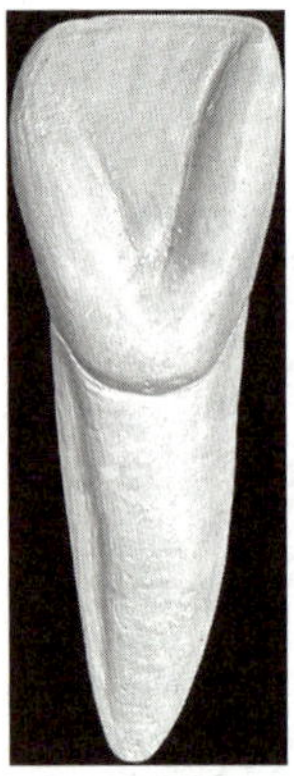

图 2-66 舌面成形

（3）步骤三：邻面成形。描绘出舌侧近远中边缘嵴，用雕刻刀从近远中轴面角起，沿外形高点下方由唇侧向舌侧平直内收，直到舌侧近远中边缘嵴附近，牙根需与牙冠流畅连接（图 2-67）。

6. 等倍大右上颌中切牙雕刻——切端成形 从切端面观察，与右上颌中切牙雕刻模型比较，进一步调整唇舌面外形。

需注意切端的厚度，调整切端外形（图 2-68）。

7. 等倍大右上颌中切牙雕刻——牙颈线成形　参照模型，用铅笔在石膏块各面描绘出颈曲线，然后用雕刻刀与石膏块牙冠表面成 45°角进行牙颈线的雕刻，调整牙冠与牙根的形态。

要求：近中颈曲度大于远中颈曲度，唇侧牙颈线不得低于舌侧。颈线各处的宽度、深度需协调一致，流畅连接。

8. 等倍大右上颌中切牙雕刻——精修完成　参照模型，检查各部分尺寸，精修完成（图 2-69）。

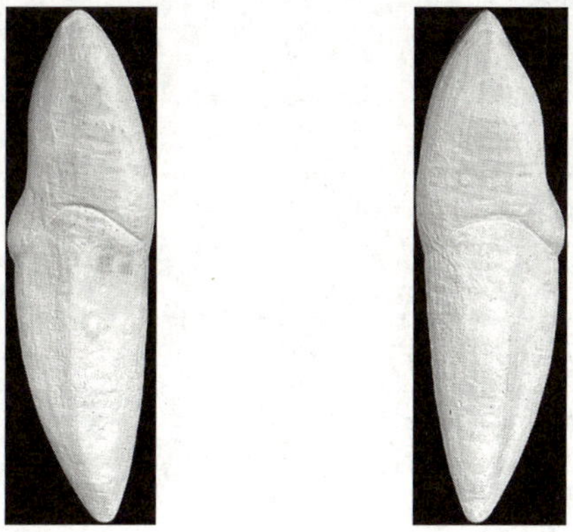

A　　B

图 2-67　邻面成形

A. 近中面成形；B. 远中面成形。

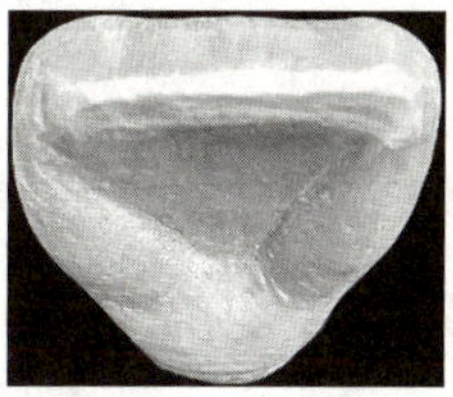

图 2-68　切端成形

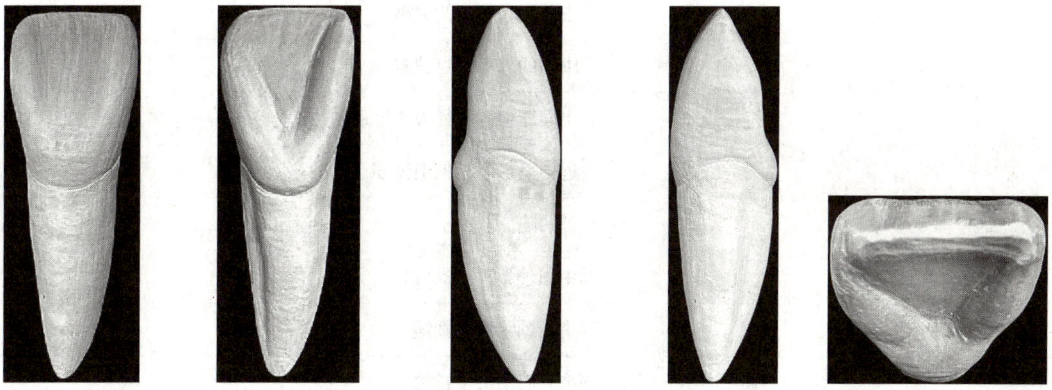

A　　B　　C　　D　　E

图 2-69　精修完成

A. 唇面；B. 舌面；C. 近中面；D. 远中面；E. 切端面。

四、任务评价

表 2-12　右上颌中切牙石膏牙雕刻评价标准

序号	评价内容	分值	评价要点
1	雕刻数据	3	冠宽
		3	冠厚
		3	冠根长

续　表

序号	评价内容	分值	评价要点
2	唇面	3	唇面轮廓形态
		3	近远中径与切颈径比
		3	唇面外形高点位于颈 1/3
		3	发育沟的位置形态
		3	唇面的牙根较舌面平坦
3	舌面	3	舌面轮廓形态
		3	舌隆突的形态位置
		3	舌面较唇面小
		4	舌窝的大小及形态
		3	舌面的牙根呈锥体形较圆突
4	近中面	3	近中面的形态似三角形
		3	唇舌径与切颈径比
		3	近中面观唇面的弧度
		3	近中面观舌面的弧度
		3	近中面观舌隆突的突度
		3	近中面的外形高点位置
		3	近中面牙根唇舌径大于近远中径
5	远中面	3	与近中面形态相似但体积小且圆突
		3	颈部凹陷
		3	远中面外形高点的位置
		3	远中面颈缘线更圆缓
6	切缘面	3	切缘观唇面突度特性
		3	切缘有一定的厚度
		3	切缘观鸟翅形的结构
		3	切缘位于牙体长轴的唇侧
7	整体情况	3	牙体各面表面光滑、线条流畅
		4	牙体各部比例协调
8	操作规范	3	个人防护方法
		5	工具的使用
总分（100）			

▶任务拓展

上颌中切牙的比例关系

上颌中切牙位于面部中线两侧，其高度、宽度以及与邻牙的比例关系，会影响面部的整体比例。

“牙体比例 = 宽度 / 高度，上颌中切牙的牙体比例约为 80%，下颌中切牙的牙体比例约为 60%”。这一比例在口腔美学中具有重要意义，当修复或正畸治疗涉及中切牙时，医生会尽量使中切牙的形态符合这一比例，以达到更好的美观效果。如果中切牙的比例偏离较大，可能会导致牙齿看起来过长、过短、过宽或过窄，影响面部整体的美观与协调。

“两上颌中切牙：两颧突宽度约为 1∶6.5”，是一种面部比例关系。这一比例在美学评估和口腔殆面相关领域有一定的参考价值，它反映了面部中央牙齿宽度与两侧颧突宽度之间的相对尺寸关系。符合这一比例时，面部可能呈现出较为协调、美观的视觉效果，有助于维持面部整体的平衡与和谐。如果比例偏离较大，可能会影响面部的美观程度，比如两上颌中切牙过宽或两颧突过窄，会使面部看起来不协调。

“两上颌中切牙：两下颌中切牙约为 1.5∶1”，则体现了上下颌中切牙之间的宽度比例关系，对于判断上下牙弓及前牙区的美观和协调程度有重要参考价值。在口腔修复、正畸等治疗中，遵循这些比例关系有助于恢复或塑造更自然、美观的面部及牙列形态，提升患者的面部美观度和口腔功能。

任务五　完成牙列中等倍大右上颌中切牙滴蜡塑形

视频：完成牙列中等倍大右上颌中切牙蜡塑形

一、任务导入

上颌中切牙在食物咀嚼过程中发挥着至关重要的作用，它们位于上颌骨的最前端，是口腔中最早萌发的牙齿之一。这些牙齿不仅在咀嚼时负责切割食物，还对发音清晰、美观以及引导下颌运动等方面起着关键作用。上颌中切牙的形态和位置对于发音的准确性至关重要，因此在语言交流中扮演着不可或缺的角色。同时，它们还参与前牙的引导功能，在下颌运动时，下颌前牙沿着上颌前牙的舌侧边缘嵴滑动，确保磨牙仅轻微接触或仅个别牙齿接触，从而减少后牙的磨损，保护整个牙颌系统的健康。

通过蜡滴塑形的方式完成牙齿形态，既是进一步掌握牙体形态特征的有效途径，也能提高牙科修复和美容的精确度，改善牙齿的外观和功能。在本任务中，将深入实践中切牙的滴蜡塑形技巧。通过亲手操作，对中切牙的结构有更深刻的理解，并在精益求精的工匠精神指引下，提升自己的专业技能，为未来的牙科医疗工作打下坚实基础。

二、任务分析

完成这个任务要熟知上颌中切牙的形态和功能，学会控制蜡的温度及滴塑的方法流程。

1. 右上颌中切牙形态，详见本项目任务一。

2. 中切牙在牙尖交错𬌗、前伸运动、侧方运动时的对位关系、覆𬌗覆盖及功能。

（1）牙尖交错𬌗（ICO）：在牙尖交错位时，上颌中切牙的舌侧边缘嵴应与下颌中切牙及下颌侧切牙的近中切缘接触。这种接触方式使得下颌在咀嚼运动中能够平稳移动，避免牙齿间的干扰（图 2-70、图 2-71）。

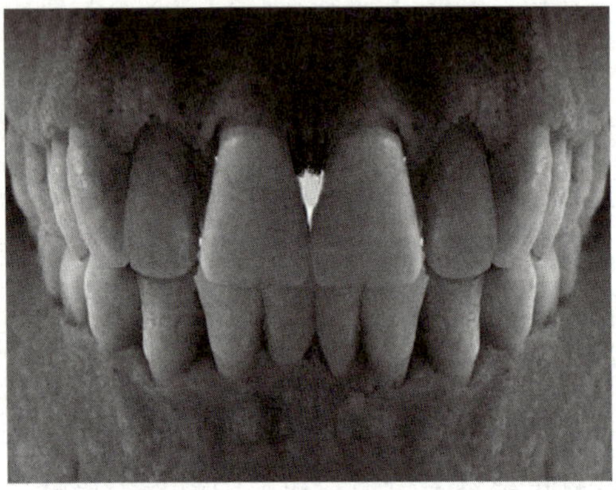

图 2-70　正常牙尖交错𬌗正面

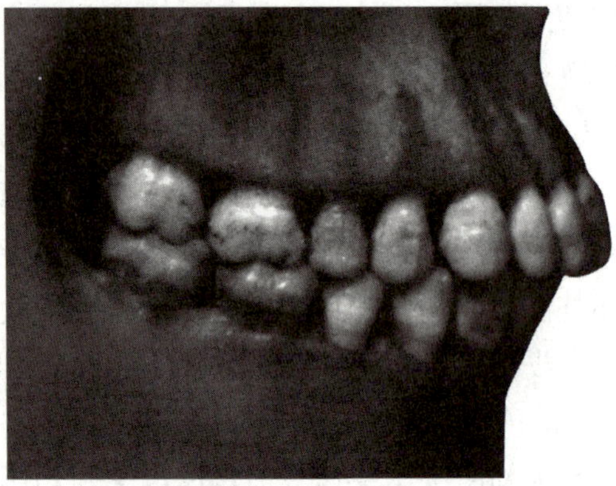

图 2-71　正常牙尖交错𬌗侧面

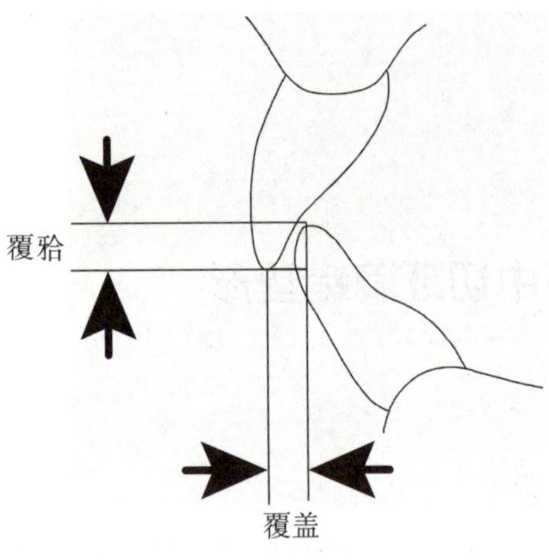

图 2-72　前牙覆𬌗覆盖关系

（2）前伸运动：当下颌进行前伸运动并达到对刃咬合时，下颌前牙沿着上颌前牙舌侧边缘嵴滑行，其轨迹应与颞下颌关节结节后斜面的弧度相似。这一过程确保了下颌运动的顺畅，并减轻后牙的磨损。

（3）侧方运动：在侧向运动时，上颌中切牙的导向功能更为重要。上颌中切牙的舌侧边缘嵴应与下颌中切牙及侧切牙的相应部位接触，而下颌的其他牙齿则可能不接触或轻度接触。

（4）覆𬌗：牙尖交错𬌗时上颌牙盖过下颌牙唇、颊面的垂直距离。

（5）覆盖：牙尖交错𬌗时上颌牙盖过下颌牙的水平距离（图 2-72）。

3. 上颌中切牙代型（牙体预备）要求

（1）切斜面：去除切端石膏（牙体组织）量 1.5 ～ 2.0mm，将切端与牙体长轴呈 45°的舌斜面。

（2）唇面：均匀去除唇面石膏（牙体组织）1.0 ～ 1.5mm 石膏（牙体组织）。

（3）舌面：沿舌面解剖外形均匀去除唇面石膏（牙体组织）1.0 ～ 1.5mm。

（4）邻面：沿牙邻面颊舌向潜行性磨除，不断矫正磨除方向，直至预备出足够的间隙。磨切时应注意邻面预备方向与就位道一致，2 个邻面轴壁方向相互平行或向切端聚合 2°～ 5°。

（5）肩台：往龈下 0.5mm 处将唇、邻、舌面牙颈部预备成宽度约 1mm 的 90°或 135°肩台（不可残留无机釉）。

（6）代型制作外形轮廓应与原中切牙近似，前伸与侧方运动均没有𬌗干扰，保证咬合时，牙齿与各个方向不会早接触，影响咀嚼和切咬食物。在实际修复运用中去除石膏（牙体组织）的量可根据患者牙体颜色、所选择修复材料等进行调整。

4. 上颌中切牙牙体滴塑的操作流程　上颌中切牙滴塑操作流程见图 2-73。

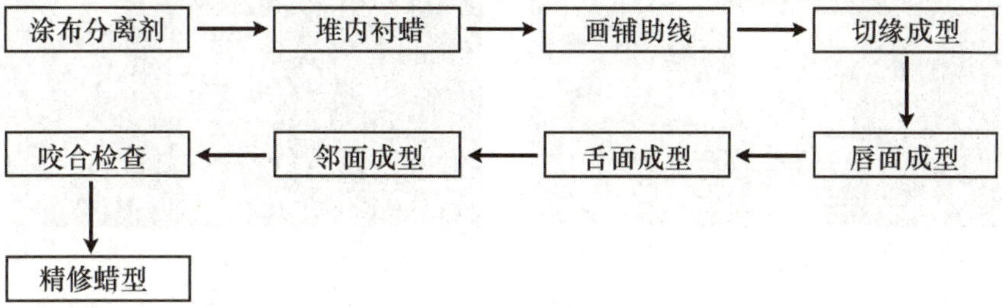

图 2-73　上颌中切牙操作流程

三、任务实施

（一）实训器材的准备

右上颌中切牙牙体预备完成代型、滴蜡器、蜡、熔蜡器、标记笔、直尺、软毛刷、雕刻刀等。

（二）右上颌中切牙滴蜡塑形

1. 右上颌中切牙滴蜡塑形——涂分离剂　在上颌中切牙预备体表面均匀涂布一层分离剂，达过颈缘线 2mm 以下，多余部分可用吸水纸除去（图 2-74）。

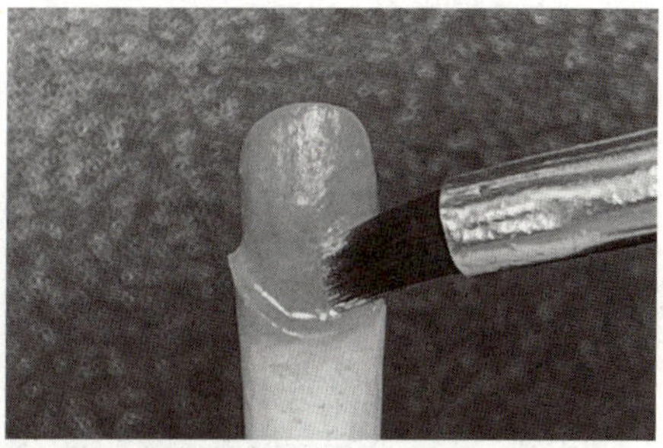

图 2-74　涂布分离剂

2. 右上颌中切牙滴蜡塑形——堆内衬蜡　分离剂干燥后，画出代型颈缘线。手持代型，切端朝下，用加热好的滴蜡器蘸取适量内衬蜡，厚度约为 0.3mm，从颈缘根方 1mm 处向切端纵向移动加蜡，重复数次，直至内衬蜡均匀覆盖整个牙体预备的区域（图 2-75、图 2-76）。注意：加第二刀蜡时应覆盖前一刀蜡宽度的 1/2，以保证蜡衔接良好。内衬蜡的主要作用是有利于冠和代型的密合，同时也因为内衬蜡的黏度大、脆性小，有利于脱模。

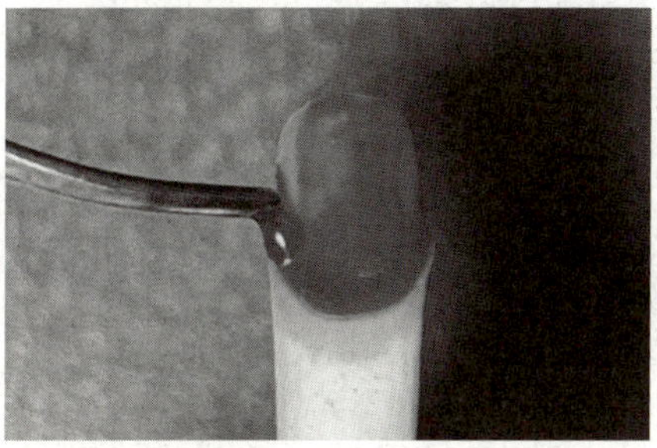

图 2-75　堆内衬蜡

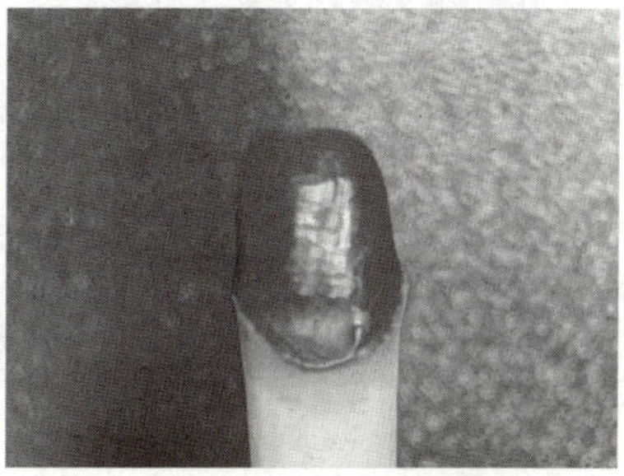

图 2-76　完成堆内衬蜡

3. 右上颌中切牙滴蜡塑形——画辅助线　使用铅笔分别绘制参照牙和制作牙的唇舌面颈曲线顶

点与切缘中点的连线，以及邻面颈曲线顶点与切角的连线，作为辅助线，以帮助确定近远中切角的位置（图 2-77、图 2-78）。

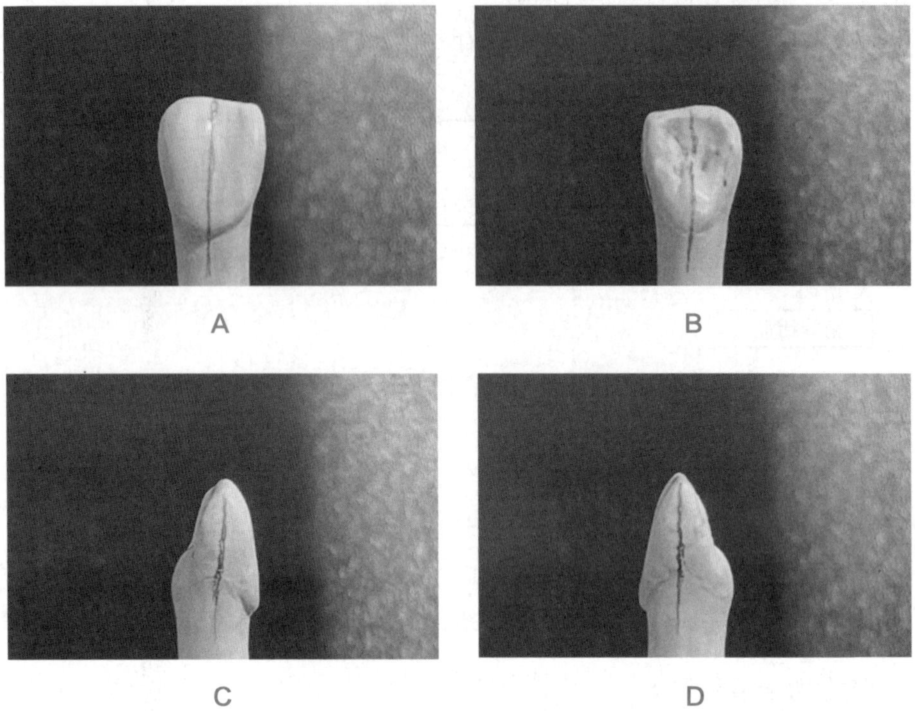

图 2-77　对照牙参照线

A. 唇面；B. 舌面；C. 近中邻面；D. 远中邻面。

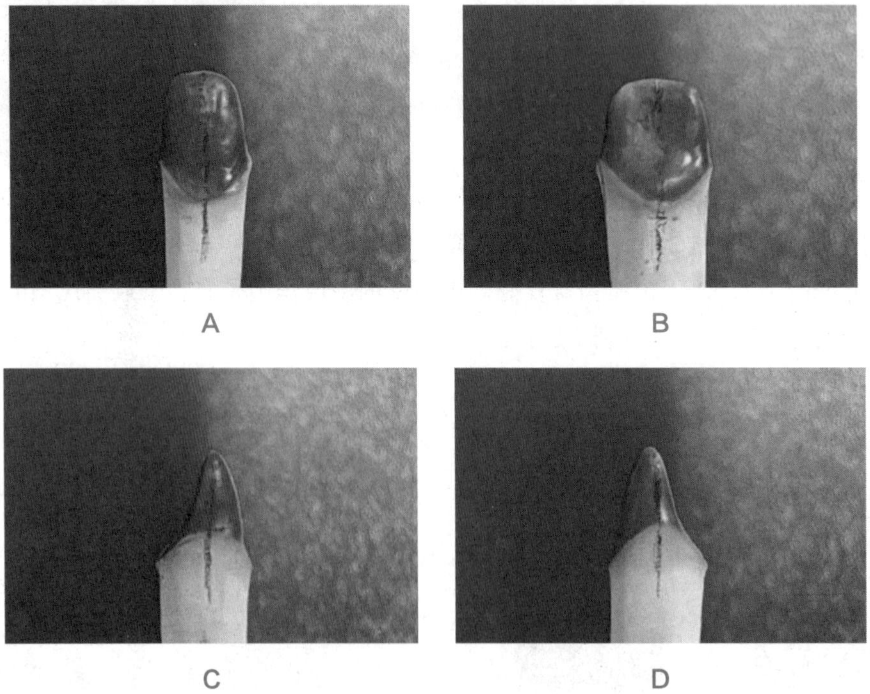

图 2-78　塑形牙参照线

A. 唇面；B. 舌面；C. 近中邻面；D. 远中邻面。

4. 右上颌中切牙滴蜡塑形——切缘塑形

（1）步骤一：确定切缘中点。先测量参照牙切缘中点到颈缘的高度（图 2-79），然后在制作牙的唇面辅助线上，从切缘处垂直向上堆积蜡，形成蜡柱。蜡柱的顶端到颈曲线的顶点的距离应与参照牙相同（图 2-80）。

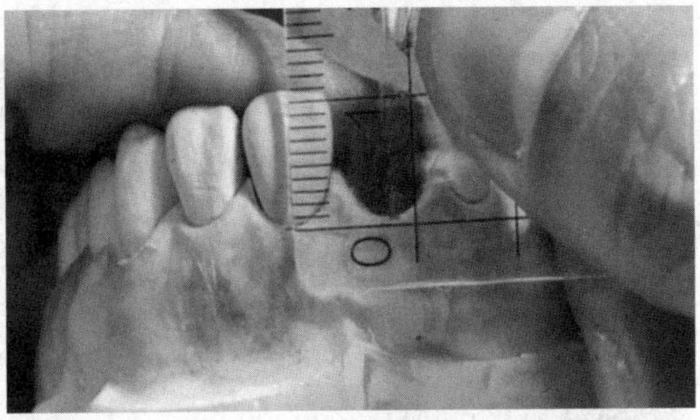

图 2-79 测量参照牙切缘中点到颈缘高度

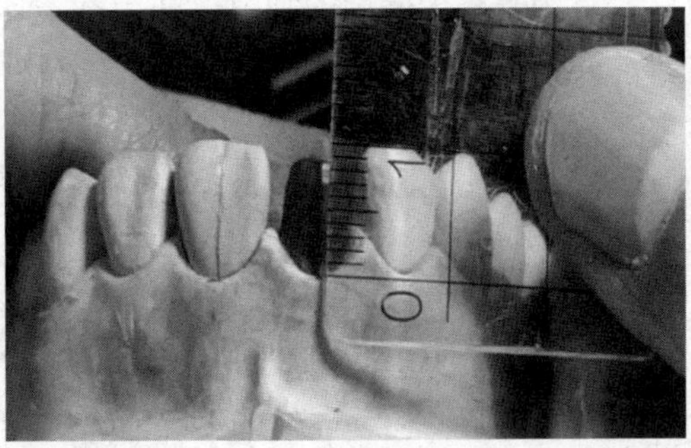

图 2-80 参照对照牙形成蜡柱

（2）步骤二：确定近、远中切角的位置。两个切角蜡柱的方向均是向切端方向，且蜡柱还向近中，从邻面观察，蜡柱位于辅助线的延长线上，而远中切角蜡柱还向远中并略偏舌侧，从邻面观察，蜡柱位于辅助线舌侧。测量参照牙切缘中点到近、远中切角的距离，以及近、远中切角到颈曲线顶点的距离，使制作牙近、远中切角的位置与参照牙一致（图 2-81）。

注意：近中切角稍高于远中角，远中切角较近中切角略偏舌侧。

（3）步骤三：形成切缘。用蜡连接近、远中切角和切缘中点的蜡柱（图 2-82），形成切缘，在确保切缘轮廓与参照牙相符后，进行细致的修整。在修整过程中，需细致观察蜡的堆积情况，避免出现过厚或过薄的现象，确保切缘的流畅与自然。

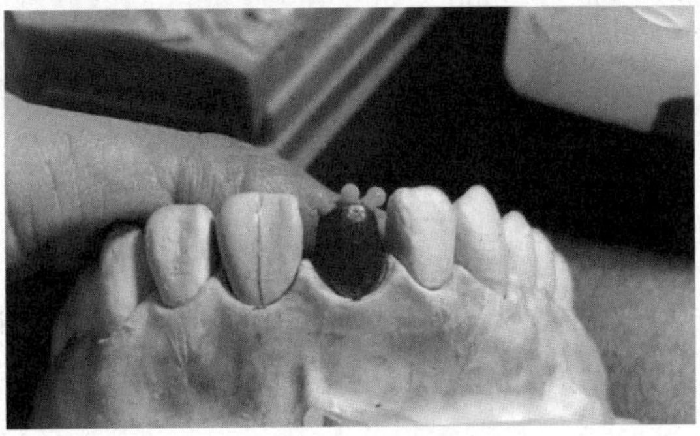

图 2-81 确定近、远中切角形成蜡柱

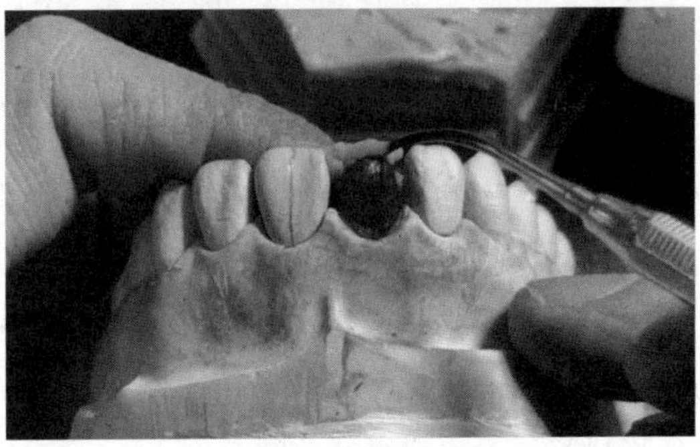

图 2-82 蜡连接近、远中切角和切缘中点的蜡柱

5. 右上颌中切牙滴蜡塑形——唇面塑形

（1）步骤一：重塑唇面外形高点。测量参考牙外形高点位置（颈 1/3 处 – 颈嵴），在制作牙上做标记，沿着颈曲线方向加蜡，高度以标记线为准（图 2-83）。从切端观察，唇面的近中曲率应大于远中，因此在外形高点的近中部分多加一些蜡，以增加近中部分的曲率。

（2）步骤二：形成近、远中缘。用铅笔在参考牙上画出近、远中缘，观察近、远中缘形态及曲率特征。连接近远中切角与颈部的蜡形，形成近远中缘（图 2-84）。

注意：近中缘长且直，远中缘短且突；远中缘曲率大于近中缘曲率。

（3）步骤三：形成唇面切端部分。唇面切端部分向舌侧回收。用标记笔画出唇面切 1/3 标记线，并用直尺测量高度，然后在制作牙上做标记。先在标记处水平堆一蜡条，然后从蜡条向切缘方向堆蜡（图 2-85），雕刻刀修整形成切 1/3 的形态。

（4）步骤四：完成唇面形态。在确保切 1/3 形态流畅后，继续对唇面中部进行精细雕刻，完成颈嵴、发育沟等整个唇面的细节，并与参考牙保持一致（图 2-86）。

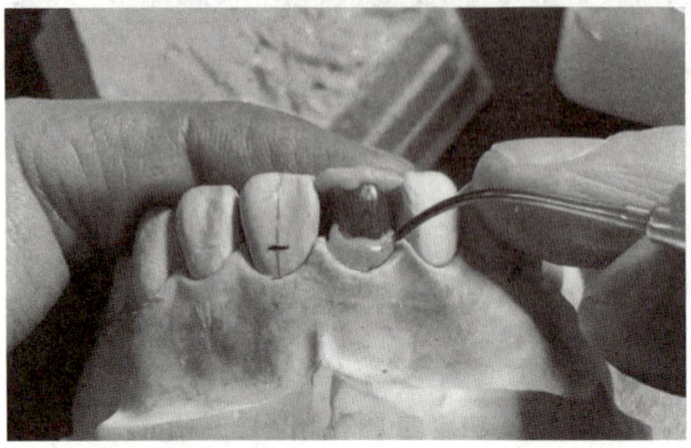

图 2-83　沿着颈曲线方向加蜡

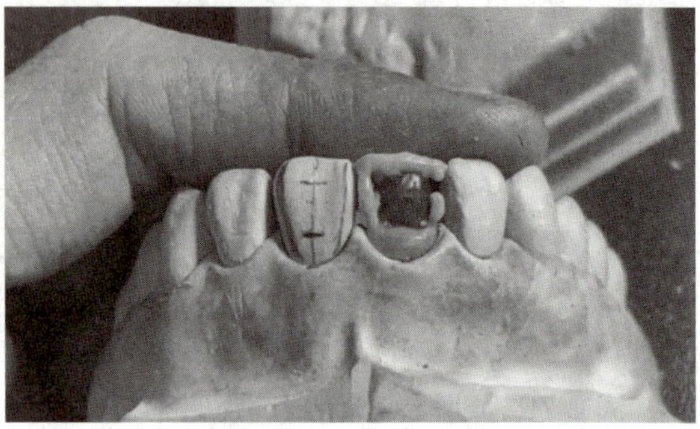

图 2-84　形成近远中缘

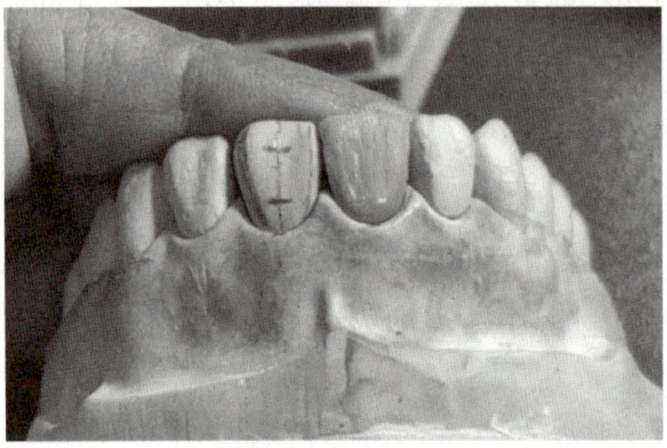

图 2-85　初步形成唇面

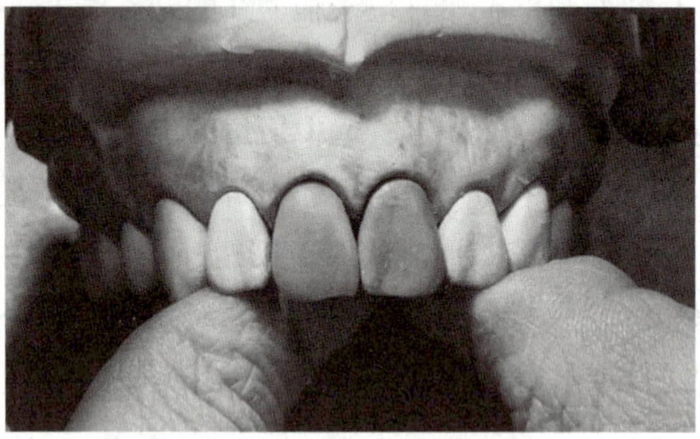

图 2-86　雕刻刀修整完成唇面形态

6. 右上颌中切牙滴蜡塑形——舌面塑形

（1）步骤一：塑造舌隆突。标记参照牙舌隆突的最高点，测量其与颈缘的距离，并在制作牙上做相应标记。用蜡刀蘸蜡在颈部加蜡，形成半月形的舌隆突（图 2-87）。

（2）步骤二：塑造近、远中边缘嵴。在参照牙的近、远中边缘嵴上画线，观察其形态特点。近中边缘嵴较长且直，略窄；远中边缘嵴较短且圆突，比近中边缘嵴略宽。用蜡连接近远中切角与舌隆突，形成近、远中边缘嵴（图 2-88）。

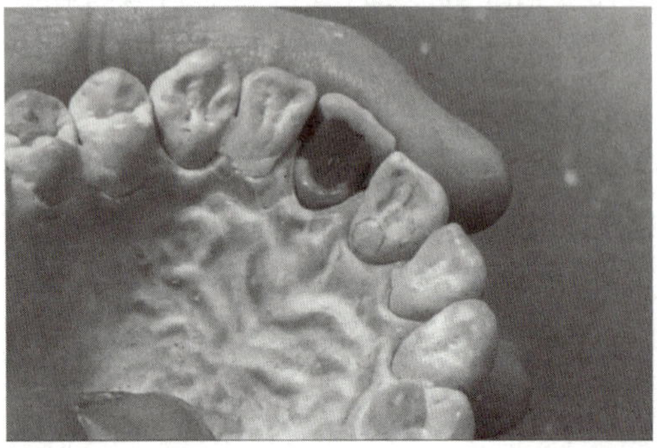

图 2-87　塑造舌隆突

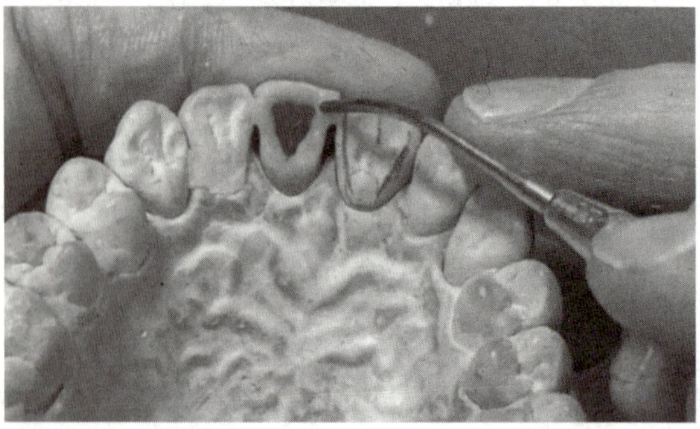

图 2-88　形成近、远中边缘嵴

（3）步骤三：塑造切嵴。在切缘舌侧，沿水平方向堆蜡，形成切嵴，中间稍厚，两侧较薄。与下颌切牙的切缘共同行使切割功能。

（4）步骤四：完成舌面形态。在舌面框架内薄薄堆一层蜡，并用雕刻刀刮平，形成舌窝（图2-89）。

7．右上颌中切牙滴蜡塑形——邻面塑形　在两个邻面框架内堆蜡，形成邻面，近远中邻面外高点均在切1/3，近中面靠近切角，远中面离切角稍远，须在这两处多加蜡，形成两个面的外形高点，并确保邻面蜡型与相邻牙的邻接关系相匹配，以保持牙列的协调与均衡（图2-90）。

8．右上颌中切牙滴蜡塑形——咬合检查　代型复位至䍤架，检查牙尖交错位时上颌中切牙与对䍤牙的咬合接触点是否正确。在䍤上模仿下颌前伸运动，进一步检查中切牙导向形成的轨迹。

9．右上颌中切牙滴蜡塑形——精修　用雕刻刀去颈缘以上2mm的雕刻蜡，取出和代入冠，在颈缘处加2mm的颈缘蜡，使颈部与冠颈缘线完全贴合。精修、抛光，完成最终形态（图2-91）。

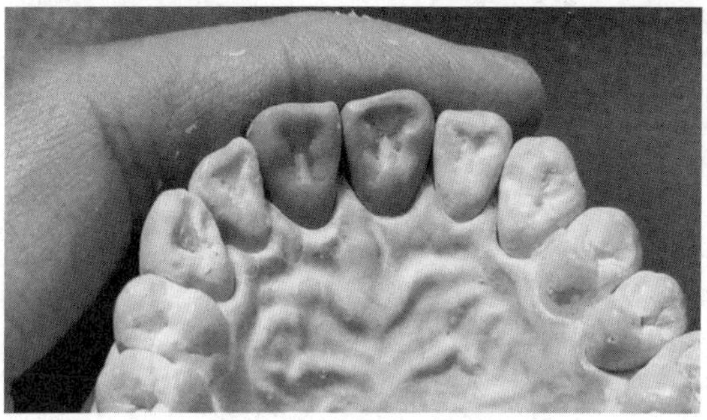

图2-89　完成舌面形态

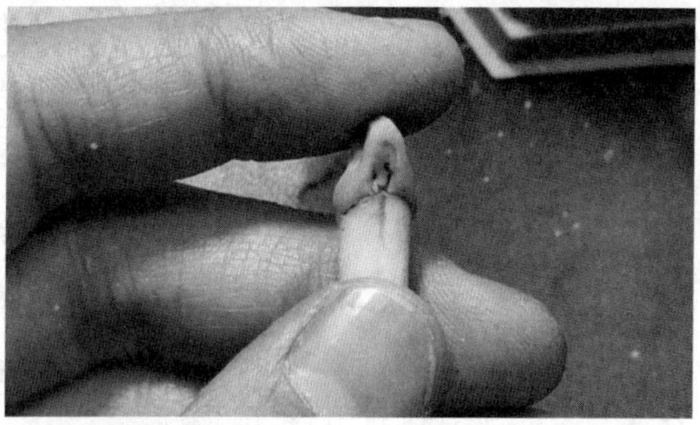

图2-90　堆塑邻面

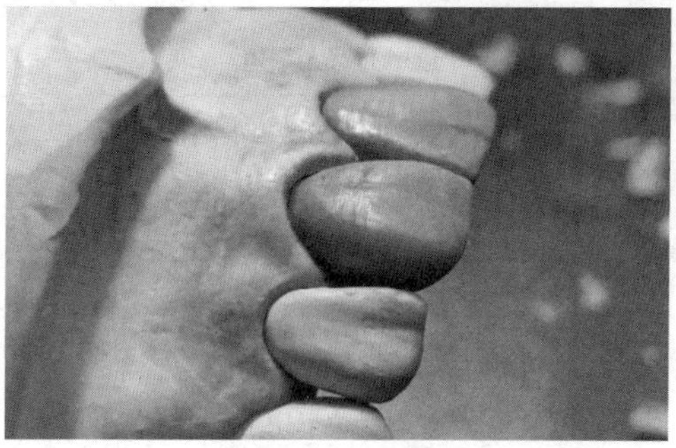

图2-91　精修完成

四、任务评价

表2-13　右上颌中切牙蜡型滴塑评价标准

序号	评价内容	分值	评价要点
1	体积	3	切颈径
		3	近远中径
		3	唇舌径

续 表

序号	评价内容	分值	评价要点
2	唇面	3	外形似梯形
		3	切缘长于颈缘
		3	颈 1/3 颈嵴（外高）
2	唇面	3	近远中切角度特征明显
		3	发育沟位置
3	舌面	3	小于唇面
		3	三条嵴似“V”形
		3	切嵴宽度及角度
		3	外形高点在颈 1/3 舌隆突
		3	舌隆突偏远中
4	近中面	3	近似三角形
		3	唇缘弧度
		3	舌缘弧度
		3	颈部凹陷
		3	唇舌径与切龈径比例
		3	舌隆突突度
		4	近中面宽大平坦
		4	接触区位于切 1/3 近切角
5	远中面	4	远中面较近中窄小圆突
		3	颈缘弧度
		3	颈部略凹
		4	接触区位于切 1/3 远切角
6	切端	3	观切端唇面曲度特征
		3	切嵴位于牙长轴唇侧
7	整体情况	3	牙体各面光亮
		3	整体协调美观
8	咬合检查	3	覆𬌗、覆盖合适
		2	前伸运动时无𬌗干扰
9	操作规范	2	个人防护方法
		2	工具的使用
总分（100）			

▶任务拓展

右上颌中切牙贴面的蜡型制作

中切牙各面的蜡型滴塑通过学习和训练相信已经有所掌握，接下来请试试右上颌中切牙贴面的蜡型制作。

（一）操作步骤

1. 模型准备与设计确认

（1）检查右上颌中切牙石膏模型完整性。

（2）用铅笔标记贴面覆盖范围（唇面、切端及邻面）。

（3）确认边缘线位置（通常位于釉质层，龈缘 0.5mm 以上）。

2. 涂布分离剂

（1）用毛笔均匀涂布模型分离剂。

（2）吹干至形成透明薄膜。

3. 滴塑唇面基底

（1）用滴蜡器沿颈缘 1/3 开始分层滴蜡。

（2）控制厚度：颈缘 0.3mm →中部 0.5mm →切端过渡区。

（3）形成流畅的“U”形弧形外展隙。

4. 唇面形态雕刻

（1）用 #7 蜡刀雕刻近远中发育沟。

（2）塑造唇面三个生理性凸度（颈嵴、中嵴、切嵴）。

（3）模拟牙体近中微突的视觉特征。

5. 切端半透明处理

（1）切端 1/3 处追加透明蜡（厚度 0.8 ～ 1.0mm）。

（2）制作 45° 斜面过渡。

（3）用热蜡勺营造“乳光”效果。

6. 邻面精修

（1）保留 0.2mm 邻间隙。

（2）接触点定位于切 1/3 近中区。

（3）用球钻修整邻面边缘线。

7. 最终校准

（1）用 20μm 厚度测量尺检测各区域。

（2）检查咬合：前伸 / 侧方运动无干扰。

（3）边缘线抛光：蜡铲 45° 斜面修整。

（二）质检要点

1. 透光性　切端可见渐变半透明层。
2. 表面纹理　保留轻微橘皮样质感。
3. 龈缘形态　与游离龈保持 0.5mm 生理间隙。

—• 考试知识点总结 •—

—• 项目小结 •—

—• 协和云课堂……　拓展练习及参考答案 •—

（李少华　石　震　牛月月）

项目三　尖牙形态与功能

教学课件

项目目标

素质目标

（1）树立实事求是的科学态度，养成精益求精的工匠精神。

（2）通过学习与实践积累，提升对空间布局进行合理规划的构图素质。

（3）强化尖牙对维持面型重要性的认知，树立保留尖牙的主动意识。

知识目标

（1）掌握：尖牙类牙体解剖形态；右上颌尖牙线图特征与描绘、石膏与蜡型牙体雕刻方法和步骤。

（2）熟悉：尖牙类牙体解剖功能；石膏牙、蜡型牙雕刻工具的使用方法。

（3）了解：上、下颌尖牙形态上的区别；右上颌尖牙描绘、雕刻及滴塑的评价标准。

能力目标

（1）通过专业学习与实操训练，能熟练阐述尖类牙齿的解剖形态及生理功能。

（2）通过形态学知识积累与绘图练习，能准确、熟练描绘出右上颌尖牙线图。

（3）能规范、熟练完成右上颌尖牙三倍大、等倍大石膏牙雕刻；完成等倍大蜡型滴塑。

案例导入

【案例】

患者，男性，72岁。因口内多颗牙齿缺失导致进食不便，要求镶牙。经检查发现，口内仅余留上、下、左、右4颗尖牙，且未见龋坏及松动，牙周状况良好。根据以上检查情况，口腔修复医生拟利用4颗尖牙作为基牙，为患者进行可摘局部义齿修复治疗。义齿试戴完成后，患者对其修复效果较为满意，这是因为尖牙位于口角区，可以支撑其面部的外形，对维持正常的面容具有非常重要的意义。因此，患者进行义齿修复后，面部形态相对较饱满，显得较为年轻。

【问题】

1. 尖牙的主要形态特征有哪些?
2. 尖牙为什么不容易发生龋坏?

微课:描述尖牙表面解剖标志及功能

任务一　描述尖牙表面解剖标志及功能

一、任务导入

通过对尖牙表面解剖标志的学习，进一步掌握牙体形态及其与功能的联系，从而为后续牙体雕刻练习打下坚实基础，为制作出符合患者要求的修复体提供必要保障。

二、任务分析

尖牙位于口腔前部，口角处，又称前牙，它的形态和功能密切相关，要想雕刻出完美的牙齿，首先要熟练掌握尖牙的表面解剖标志和功能。

尖牙介于切牙和前磨牙之间，包括上颌尖牙及下颌尖牙共4颗，上颌尖牙体积总体大于下颌尖牙。因切端相对切牙来说有一明显而突出的牙尖，故名尖牙，也称犬牙或虎牙，有刺穿、撕裂食物的作用。其轮廓清楚，为恒牙中最长的牙。其唇面唇轴嵴较突出，牙根粗壮，对支撑双侧口角起着重要作用，特别是上颌尖牙，如缺失或位置异常，都可使鼻唇沟塌陷、变形、影响面部美观。它通常是口内保留时间最长的牙，能为固定义齿或活动义齿提供良好的支持作用。

尖牙还有一个特殊的功能，即引导下颌运动。当下颌做侧方运动时上颌尖牙的舌面起引导作用。也就是说，只有工作侧的上、下尖牙接触，其余牙齿都脱离咬合，下颌运动顺畅，无干扰，并保护后牙，使其避免受力，这种现象被称为尖牙导向（canine guidance），也有人把尖牙称为前方颌关节。

（一）上颌尖牙

上颌尖牙：体积宽大，牙冠唇舌径明显大于近远中径，颈1/3近颈部处最厚，是全口牙中牙体和牙根最长的牙。

1. 牙冠

（1）唇面：牙冠外形为五边形，牙冠长度大于牙冠宽度，牙尖偏近中，近中牙尖嵴短，远中牙尖嵴长。近中缘较平直，略有凹陷，远中缘圆突凹陷较明显，牙颈部的近远中径显著变窄。唇面明显突出，中部有唇轴嵴，该嵴将唇面分为近中唇斜面和远中唇斜面。唇面有3个生长叶，两条发育沟。近远中斜缘在牙尖顶处相交近似90°。唇面外形高点在中1/3与颈1/3交界处的唇轴嵴上，略偏向近中（图 3-1）。

（2）舌面：牙冠外形为菱形，近中边缘嵴窄且长，远中边缘嵴较宽且短。舌隆突显著，略偏远中，为舌侧外形高点。边缘嵴与舌隆突衔接处有斜切迹。由牙尖至舌面隆突有舌轴嵴，其两侧有较短的副嵴，远中副嵴比近中副嵴大而显著（图 3-2）。下颌做侧方运动时，上颌尖牙舌侧导向面较平直，可以使下颌快速下降，后牙脱离咬合，从而保护后牙不受侧向力损伤。

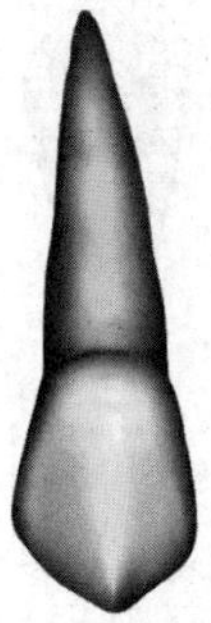

图 3-1 右上颌尖牙唇面

图 3-2 右上颌尖牙舌面

（3）邻面：外形为三角形，邻面观牙尖偏向唇侧，近中面宽大平坦，远中面狭小圆突，从远中面可以看到远中副嵴。近中面外形高点较远中面外形高点更近牙尖且更偏向唇侧（图 3-3）。

（4）切端：牙尖由 4 个斜面组成，其中远中唇斜面大于近中唇斜面，远中舌斜面大于近中舌斜面。近中唇侧轴面角较锐，远中唇侧轴面角较圆钝，唇缘远中向舌侧方向倾斜（图 3-4）。

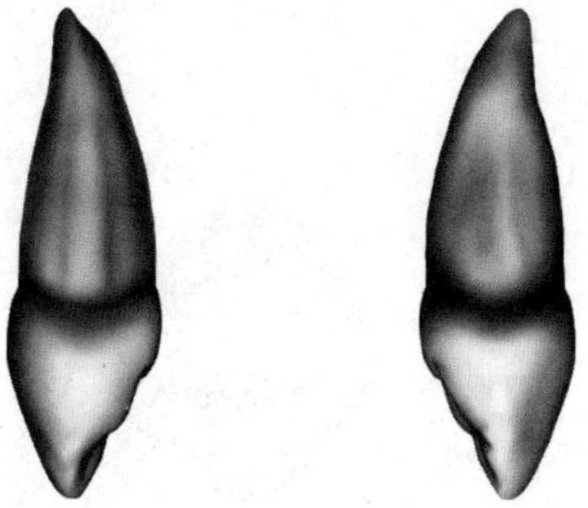

A B

图 3-3 右上颌尖牙邻面

A. 近中面；B. 远中面。

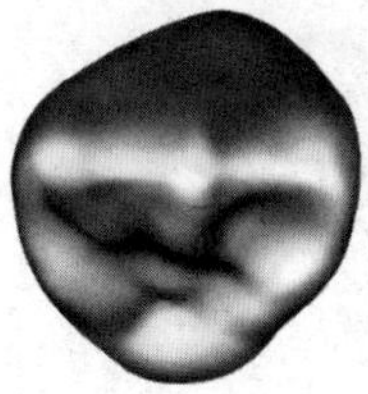

图 3-4 右上颌尖牙切缘

2. 牙根 粗壮的单根，是全口牙中最长者，一般根长明显大于冠长，最长者约为冠长的 2 倍。牙根唇舌径大于近远中径，近远中根面有浅的纵向凹陷，近中面的中央部有向根尖方向的嵴隆起。根颈 1/3 处横剖面为卵圆三角形，根尖段偏远中。

3. 牙颈 唇舌面牙颈线凸向根方。近远中面牙颈线凸向冠方，且近中颈曲度大于远中颈曲度。

（二）下颌尖牙

下颌尖牙与上颌尖牙形态相似，较上颌尖牙窄而薄，牙体显得细长。

1．牙冠

（1）唇面：外形似五边形，牙冠细长，牙尖偏向近中，近远中斜缘相交大于90°。近中缘平直，且与近中根面近乎直线移行，远中缘较近中缘短而圆突。唇轴嵴及发育沟不如上颌尖牙明显（图3-5）。

（2）舌面：外形为菱形，舌窝浅，舌轴嵴不如上颌尖牙明显，偶见远中副嵴（约占50%）（图3-6）。

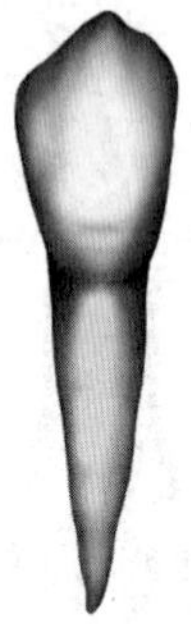

图3-5　右下颌尖牙唇面

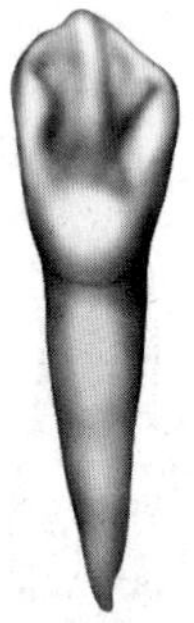

图3-6　右下颌尖牙舌面

（3）邻面：外形似三角形，唇舌径小于上颌尖牙。近中面较大且平坦，在牙颈部有浅的凹陷，远中面较小且圆突。牙尖顶在牙体长轴上。近远中面外形高点均在切1/3，近中面外形高点比远中面外形高点更近牙尖（图3-7）。

（4）切端：近中轴面角锐利，远中轴面角圆钝，近中缘与远中缘的长度差小于上颌尖牙。远中唇侧轴面角比近中唇侧轴面角更偏向舌侧，唇缘远中向舌侧方向倾斜比上颌尖牙更显著（图3-8）。

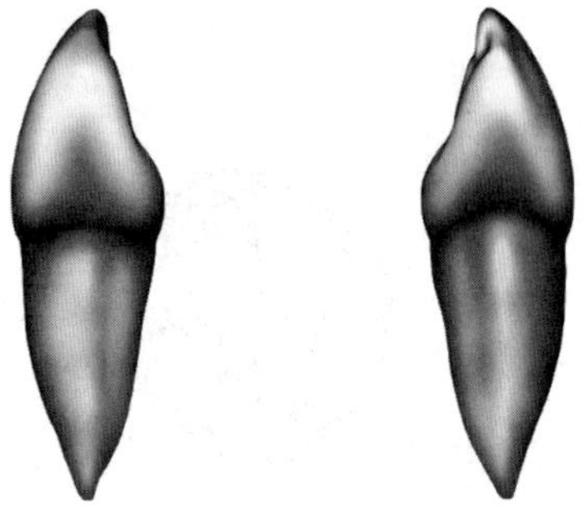

A　　B

图3-7　右下颌尖牙邻面

A. 近中面；B. 远中面。

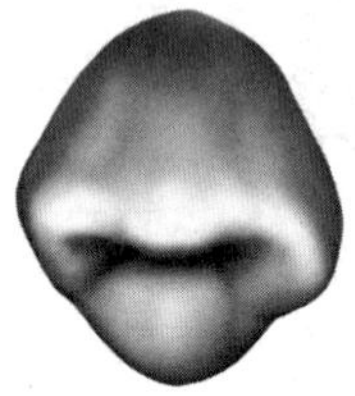

图3-8　右下颌尖牙切缘

2．牙根　单根，扁圆而细长，近远中根面上有较浅的纵向凹陷。近中根面与牙冠近中面几乎在同一平面上，根颈1/3处横切面为扁圆形，根尖段偏远中。

3．牙颈　唇舌面牙颈线凸向根方。近远中面牙颈线凸向冠方，且近中颈曲度大于远中颈曲度。

三、任务实施

根据所学知识，在空格处填写解剖标志名称（图3-9）。

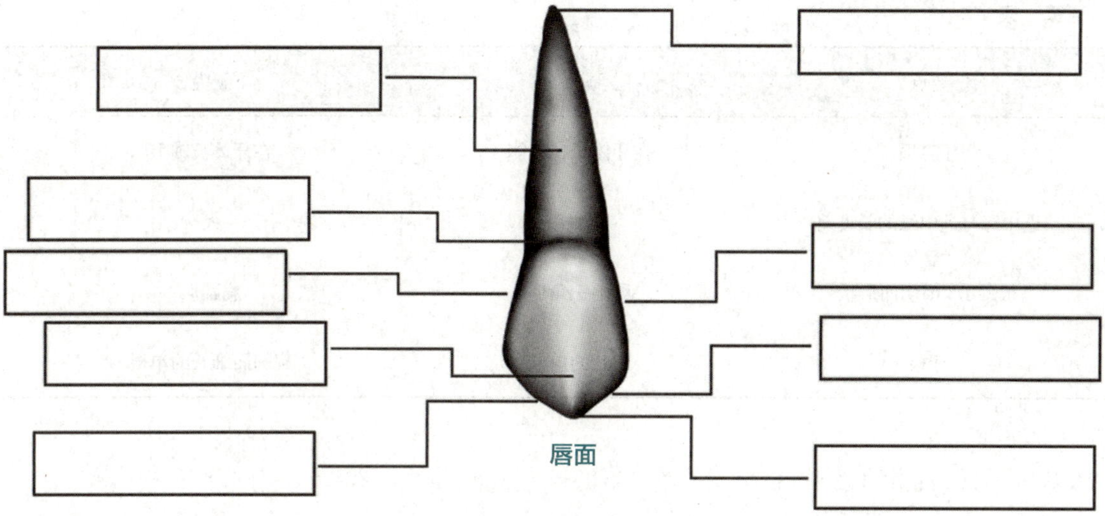

图 3-9　右上颌尖牙唇面

四、任务评价

上颌尖牙牙体解剖形态描述评价见表 3-1。

表 3-1　上颌尖牙牙体解剖形态描述评价表

评价内容	分值	部位		评价要点
上颌尖牙	20	牙冠	唇面	知识要点概括详尽正确
	20		舌面	
	20		邻面	
	20		切端	
	10	牙根		
	10	牙颈		
总分（100）				

▶任务拓展

上颌尖牙和下颌尖牙的区别见表 3-2。

表 3-2　上颌尖牙和下颌尖牙的区别

要点	上颌尖牙	下颌尖牙
体积	大	小
近远中斜缘	相交近似 90°	相交大于 90°

续　表

要点	上颌尖牙	下颌尖牙
牙尖顶	在牙体长轴唇侧	在牙体长轴上
近中缘与远中缘的长度差	小	大
根颈 1/3 横切面形状	卵圆三角形	扁圆形
牙根	粗壮的单根	扁圆而细长的单根

任务二　完成右上颌尖牙形态描绘

一、任务导入

对尖牙形态描绘的练习，是进一步掌握牙体形态特征的有效途径，也能为牙体雕刻打下基础。前期已学习过右上颌中切牙牙体线图，和本次学习的右上颌尖牙形态有一定的相似性，然而，右上颌尖牙有明显、粗壮的牙尖，唇、舌面有明显的轴嵴，因此，本次课要求在学习中切牙的基础上，熟练掌握右上颌尖牙轴面图和切端图的线图特征（图 3-10，表 3-3）。

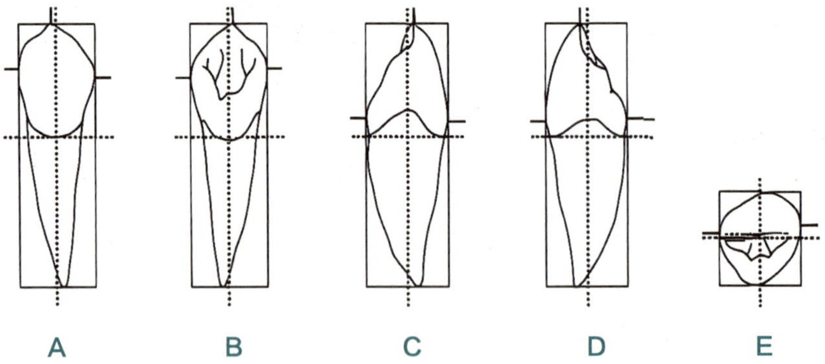

图 3-10　右上颌尖牙牙体线图

A. 唇面；B. 舌面；C. 近中面；D. 远中面；E. 切端。

表 3-3　上颌尖牙的比例规格　　单位：mm

测量项目	一倍大	二倍大	三倍大
牙冠长	11.0	22.0	33.0

续　表

测量项目	一倍大	二倍大	三倍大
牙冠宽	7.9	15.8	23.7
牙冠厚	8.2	16.4	24.6
牙颈宽	5.7	11.4	17.1
牙颈厚	7.7	15.4	23.1
牙根长	14.2	28.4	42.6
牙全长	25.2	50.4	75.6

二、任务分析

要完成右上颌尖牙牙体线图描绘这个任务，首先要读懂尖牙牙体线图，其次要掌握一定的绘图方法。详述如下。

1．右上颌尖牙唇面、舌面线图认知要点见图 3-11。上颌尖牙唇面、舌面比例或形态特点见表 3-4。

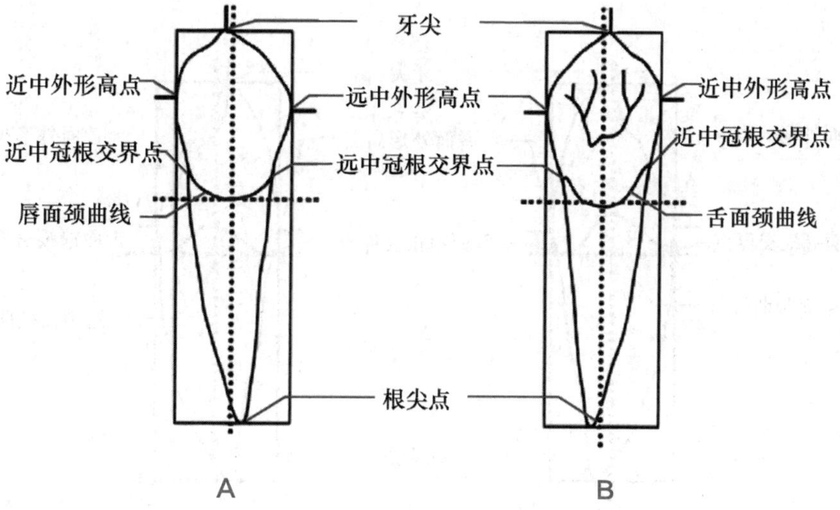

图 3-11　唇、舌面线图

A. 唇面；B. 舌面。

注意：舌面有舌窝和边缘嵴结构，因此需要用曲线指示以和唇面区别。

表 3-4　上颌尖牙唇面、舌面比例或形态特点

测量指标及特征点	比例或形态特点
冠长 / 冠宽	4 : 3

续 表

测量指标及特征点	比例或形态特点
冠长 / 根长	1∶1.7
牙尖	牙尖顶略偏近中，到近中面边框的距离约为冠宽的 1/2；牙尖成角约为 90°
近中外形高点	切 1/3，距切缘边框的距离约为冠长的 2/5
远中外形高点	切 1/3，距切缘边框的距离约为冠长的 1/2
唇面颈曲线	凸向下，最凸点在中线上，颈曲度为冠长的 1/6
舌面颈曲线	凸向下，最凸点在中线上，颈曲度为冠长的 1/5
近中冠根交界点	距近中边框的距离约为冠宽的 1/8
远中冠根交界点	较近中稍低、距远中边框的距离约为冠宽的 1/6
根尖点	偏远中，距远中边框的距离是冠宽的 2/5

2．右上颌尖牙近中面、远中面线图认知要点见图 3-12。上颌尖牙近中、远中面比例或形态特点见表 3-5。

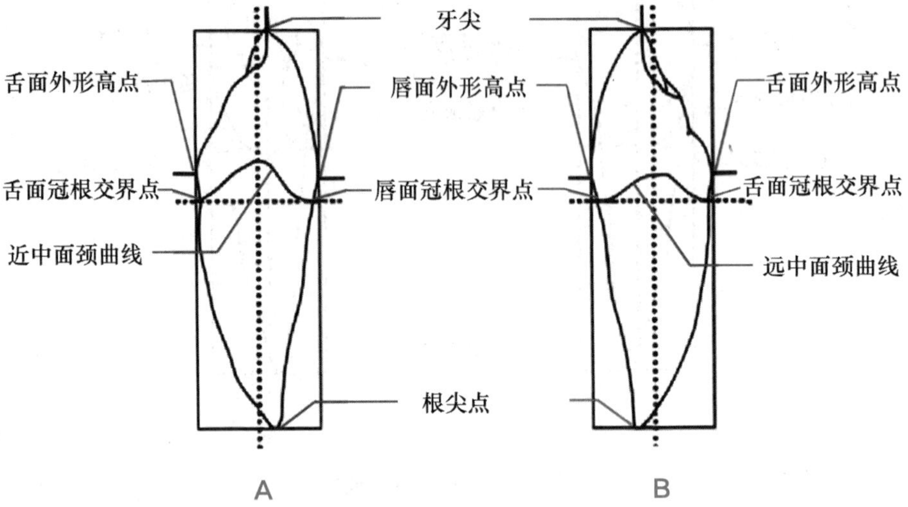

图 3-12　近中、远中面线图
A. 近中面；B. 远中面。

注意：近中面线图舌侧约切 1/4 可见两条曲线，这是因为看到了牙冠舌面的舌轴嵴，实则靠近舌面边框的为舌轴嵴牙体线图，靠近唇面边框的为近中边缘嵴牙体线图；远中面线图舌侧约切 1/3 可见三条曲线，这是因为除了看到牙冠舌面的舌轴嵴，还有自远中看到了较高的近中边缘嵴，实则三条曲线由上到下依次为舌轴嵴牙体线图、近中边缘嵴牙体线图和远中边缘嵴牙体线图。

表 3-5　上颌尖牙近中、远中面比例或形态特点

测量指标及特征点	比例或形态特点
冠长 / 冠厚	5∶4
冠长 / 根长	1∶1.7
牙尖	中线唇侧，距唇面边框的距离约为冠厚的 2/5
近中面颈曲线	最凸点位于中线唇侧，颈曲度约为冠长的 1/4
远中面颈曲线	最凸点位于中线舌侧，颈曲度较近中略小，约为冠长的 1/6
唇面外形高点	颈 1/3，距颈缘边框的距离约为冠长的 1/8
舌面外形高点	颈 1/3，距颈缘边框的距离约为冠长的 1/7
唇面冠根交界点	接近唇面边框
舌面冠根交界点	接近舌面边框
根尖点	偏唇侧，距唇面边框的距离约为冠厚的 2/5

3．右上颌尖牙切端线图认知要点见图 3-13。上颌尖牙切端比例或形态特点见表 3-6。

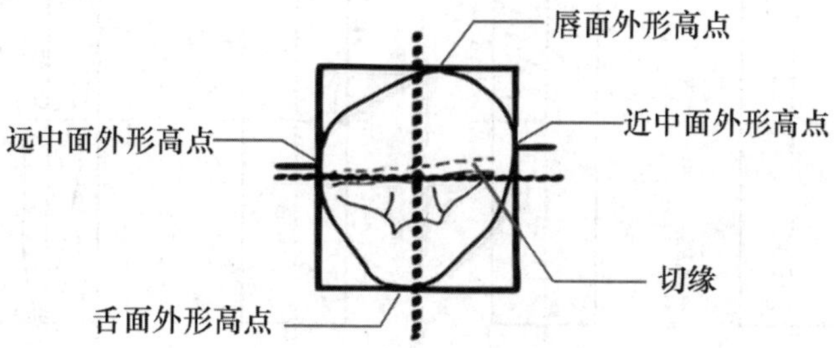

图 3-13　切端线图

表 3-6　上颌尖牙切端比例或形态特点

测量指标及特征点	比例或形态特点
冠宽 / 冠厚	约 1∶1，冠厚略大
切缘	中线唇侧，成翅形
唇面外形高点	中线稍近中，距近中边框的距离约为冠宽的 2/5
舌面外形高点	中线上，略偏远中
近中面外形高点	中线唇侧，距唇面边框的距离约为冠厚的 1/3
远中面外形高点	中线唇侧，较近中偏舌，到唇面边框的距离约为冠厚的 1/2

三、任务实施

（一）实训器材的准备

右上颌尖牙牙体模型、右上颌尖牙 2 倍大牙体线图、直尺、HB 铅笔、橡皮擦、素描纸、透明硫酸纸等。

（二）右上颌尖牙线图绘制

1. 右上颌尖牙唇面、舌面线图绘制（以唇面为例，图 3-14）

（1）步骤一：绘制线框及中线和冠根分界线。①描绘唇面线图的宽度和长度，形成线框；②标记近远中的中线和冠根分界线。

重点：①冠宽和冠长之比约 3∶4；②冠长和根长之比约 1∶1.7。

（2）步骤二：确定关键点。①牙尖点；②近中外形高点；③远中外形高点；④近中冠根分界线；⑤远中冠根分界线；⑥牙颈线最低点；⑦根尖点。

重点：①近中外形高点近切缘，远中外形高点低于近中外形高点；②根尖点在中线稍远中。

（3）步骤三：绘制弧线。仔细观察牙齿线条走向，以步骤二提示的关键点绘制短弧线。

重点：使以上参照点成为弧线最突出的中心点。

（4）步骤四：绘制其余线条。绘制弧线以外的牙体线条，完成牙体线图绘制。

重点：①近、远中斜缘在牙尖顶处相交近 90°；②牙颈线条内收较中切牙多。

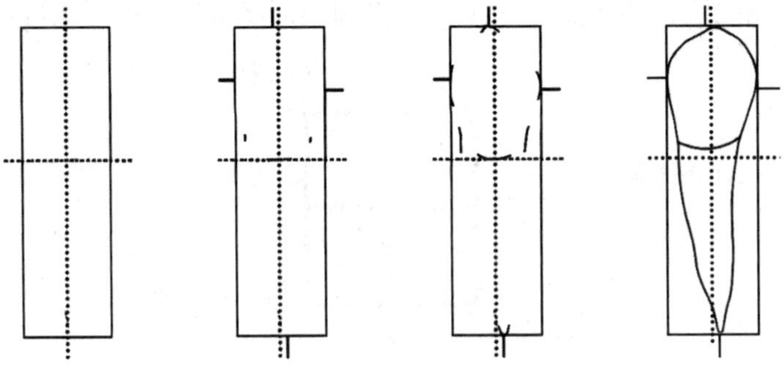

图 3-14　右上颌尖牙唇面线图

2. 右上颌尖牙近中面、远中面线图绘制（以近中面为例，图 3-15）

（1）步骤一：绘制线框、中线和冠根分界线。①描绘近中面线图的宽度和长度，形成线框；②标记唇舌冠厚的中线和冠根分界线。

重点：①冠长和冠厚之比约 5∶4；②冠长和根长之比约 1∶1.7。

（2）步骤二：确定关键点。①牙尖；②唇面外形高点；③舌面外形高点；④唇侧冠根分界线；⑤舌侧冠根分界线；⑥牙颈线最高点；⑦根尖点。

重点：①舌侧外形高点稍高于唇侧外形高点；②牙尖、根尖点在中线唇侧；③牙颈线最高点在中线上。

（3）步骤三：绘制弧线。仔细观察牙齿线条走向，以步骤二提示的关键点绘制短弧线。

重点：使以上参照点成为弧线最突出的中心点。

（4）步骤四：绘制其余线条。绘制弧线以外的牙体线条，完成牙体线图绘制。

重点：①唇侧外形高点至根尖点几成直线；②牙颈线条内收。

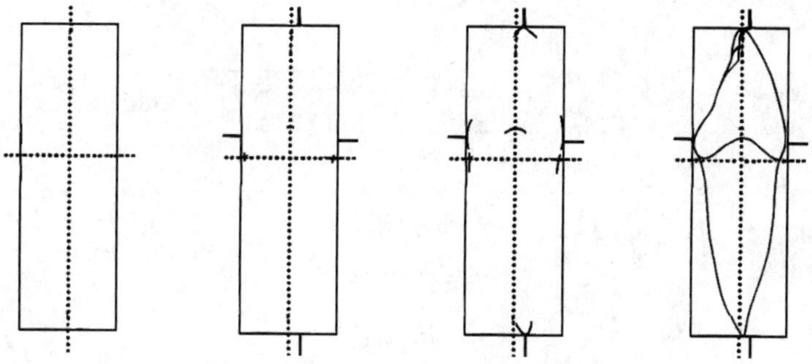

图 3-15　右上颌尖牙近中面线图

3. 右上颌尖牙切端线图绘制（图 3-16）

（1）步骤一：绘制线框及中线。①描绘𬌗面图的宽度和厚度，形成线框；②标记冠宽和冠厚的中线。

重点：①冠宽比冠厚约 1∶1，冠厚略大；②注意区分近中面和远中面。

（2）步骤二：确定关键点。①唇侧外形高点；②舌侧外形高点；③近中外形高点；④远中外形高点；⑤切缘。

重点：①根据前面所学知识点准确定位关键点；②注意切缘在中线唇侧，呈翅形。

（3）步骤三：绘制弧线。仔细观察牙齿线条走向，以步骤二提示的关键点绘制短弧线。

重点：使以上参照点成为弧线最突出的中心点。

（4）步骤四：绘制其余线条。①绘制轴面外形高点线；②切缘；③绘制近远中边缘嵴。

重点：仔细观察四个轴面角留白的形状和大小，进一步观察𬌗切端线图。

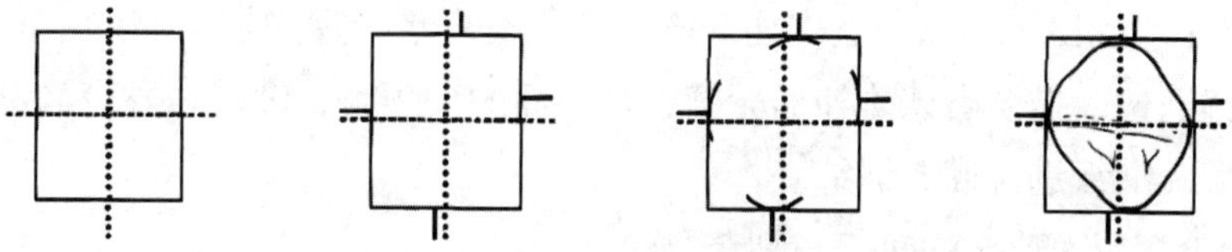

图 3-16　右上颌尖牙𬌗面线图

四、任务评价

上颌尖牙牙体线图各面形态描绘的评价标准见表 3-7。

表 3-7　上颌尖牙牙体线图评价标准

序号	评价内容	分值	评价要点
1	唇、舌面线图绘制	10	比例适当
		10	关键点位置准确
		5	线条平滑顺畅
		5	整体形态良好
2	近、远中面线图绘制	10	比例适当
		10	关键点位置准确
		5	线条平滑顺畅
		5	整体形态良好

续 表

序号	评价内容	分值	评价要点
3	切端 线图绘制	10	比例适当
		10	关键点位置准确
		5	线条平滑顺畅
		5	整体形态良好
4	操作规范	5	仪容仪表
		5	个人防护
总分（100）			

▶任务拓展

尖牙唇面形态的轮廓与细节描绘

（一）上颌尖牙唇面形态的轮廓与细节描绘

1. 唇面形态　牙冠外形为五边形，牙冠长度大于牙冠宽度，牙尖偏向近中。近中牙尖嵴短，远中牙尖嵴长。中部有唇轴嵴，唇面有 3 个生长叶，两条发育沟介于 3 个生长叶之间。近、远中斜缘在牙尖顶处相交近似 90°（图 3-17A）。

2. 描绘方法　找出牙尖点、近中切缘与近中面交界点、远中切缘与远中面交界点、牙颈部最低点等关键部位，描绘出牙体外形轮廓，其唇面的牙颈嵴、轴嵴、发育沟也可进行描绘。

也可用透明硫酸纸进行描摹训练。

（二）下颌尖牙唇面形态的轮廓与细节描绘

1. 唇面形态　外形似五边形，牙冠细长，牙尖偏向近中，两斜缘交角大于 90°。近中缘平直，且与近中根面近于直线移行，远中缘较近中缘短且圆突。唇轴嵴及发育沟不如上颌尖牙明显，牙颈线凸向根方（图 3-17B）。

下颌尖牙与上颌尖牙形态相似，较上颌尖牙窄而薄，牙体显得细长。

2. 描绘方法　同上颌尖牙。

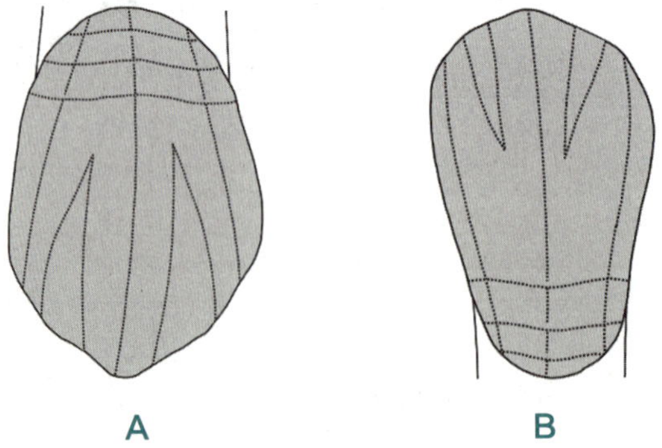

图 3-17　尖牙唇面形态

A. 上颌尖牙唇面；B. 下颌尖牙唇面。

任务三 完成三倍大右上颌尖牙雕刻

视频：完成三倍大右上颌尖牙牙体雕刻

一、任务导入

对上颌尖牙的雕刻练习，是掌握牙体形态特征的有效途径，有助于形成牙体形态的三维立体图像，为后续的专业课程打下形态学基础。按照放大三倍石膏牙雕刻要求，运用本节课的雕刻方法在石膏块上完成一颗三倍大右上颌尖牙雕刻。

二、任务分析

要完成这个任务，需熟练掌握右上颌尖牙的形态特点，准确将三倍大右上颌尖牙线图描绘至石膏上，正确使用雕刻工具，从而顺利完成牙体雕刻。

三倍大右上颌尖牙数据见表3-8。注意，在三倍大右上颌尖牙绘图及雕刻过程中，任意一面都不是单纯的平面，而是复杂的多个平面，在学习过程中，要有一定的空间思维能力。

表3-8 上颌尖牙的比例规格

单位：mm

测量项目	一倍大	三倍大
牙冠长	11.0	33.0
牙冠宽	7.9	23.7
牙冠厚	8.2	24.6
牙颈宽	5.7	17.1
牙颈厚	7.7	23.1
牙根长	14.2	42.6
牙全长	25.2	75.6

三、任务实施

（一）实训器材的准备

77mm×25mm×25mm石膏块、三倍大右上颌尖牙数据表（表3-8）、三倍大右上颌尖牙线图（图3-18）、三倍大右上颌尖牙浮雕图（图3-19）、三倍大右上颌尖牙多面体线图（图3-20）石膏切刀、雕刻刀、直尺、红蓝铅笔、储水盆、橡胶垫板等。

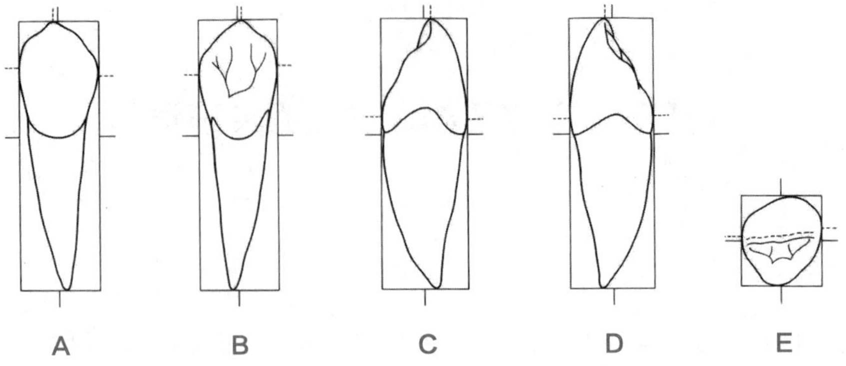

图 3-18　右上颌尖牙线图

A. 唇面；B. 舌面；C. 近中面；D. 远中面；E. 舌面多面体；F. 外形多面体。

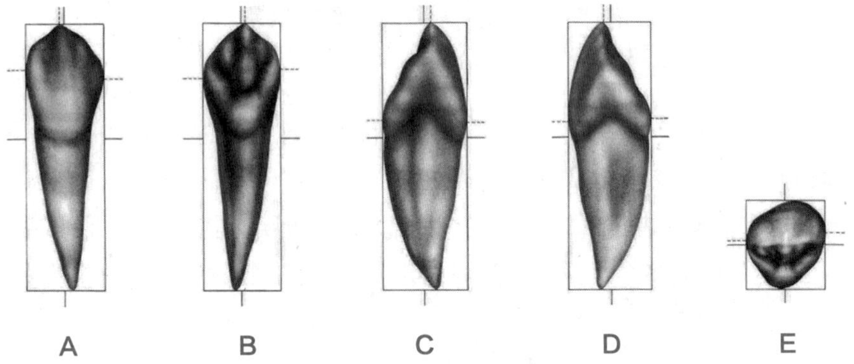

图 3-19　右上颌尖牙浮雕图

A. 唇面；B. 舌面；C. 近中面；D. 远中面；E. 舌面多面体；F. 外形多面体。

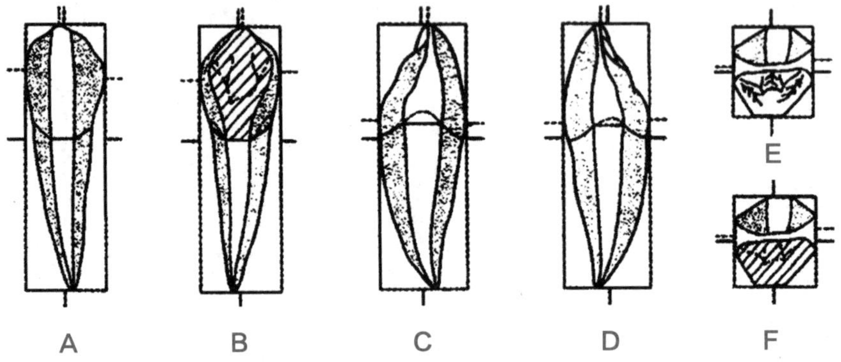

图 3-20　右上颌尖牙多面体图

A. 唇面；B. 舌面；C. 近中面；D. 远中面；E. 舌面多面体；F. 外形多面体。

（二）三倍大右上颌尖牙雕刻

1．三倍大右上颌尖牙雕刻——二面体的形成

（1）步骤一：标记石膏块的中线（图 3-21）。

用游标卡尺或者直尺测量出石膏块的宽度，用红蓝铅笔标记出石膏块的中线。

注意：红蓝铅笔不能太粗，可将笔芯直径削至 0.5mm 粗细。

（2）步骤二：转移数据（图 3-22）。

根据放大三倍右上颌尖牙数据，在石膏块上标记出冠长、冠厚、根长。根据右上颌尖牙线图在石膏块上标记出牙尖顶点、唇面外形高点、舌面外形高点和牙根根尖位置。

注意：准确的数据是关键。

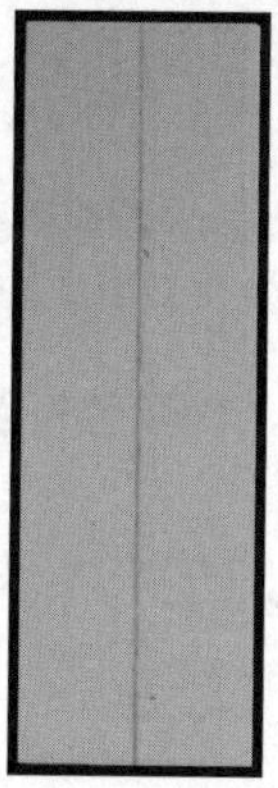

图 3-21　标记中线

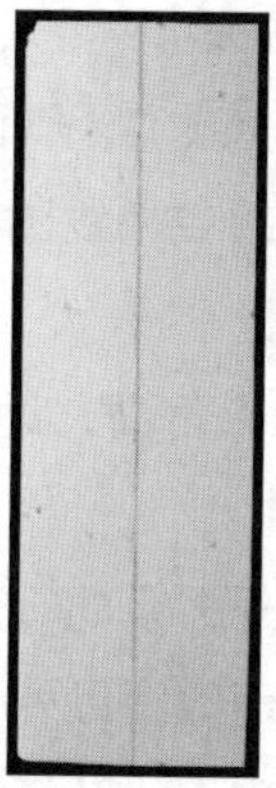

图 3-22　转移数据

（3）步骤三：描绘右上颌尖牙近中面初步形态（图 3-23）。

用红蓝铅笔根据右上颌尖牙线图的形态特点，用圆缓的曲线在石膏块上描绘出右上颌尖牙近中面的线图。

注意：上颌尖牙的牙尖位于牙体长轴的唇侧。除规定的点外，可以多标记几个点，那样可能会更加准确。

（4）步骤四：去除线外多余的石膏（图 3-24）。

用石膏切刀去除近远中面线图以外多余石膏，二面体形成。

注意：去除石膏时切削至线条标记处，但是要保留线条。

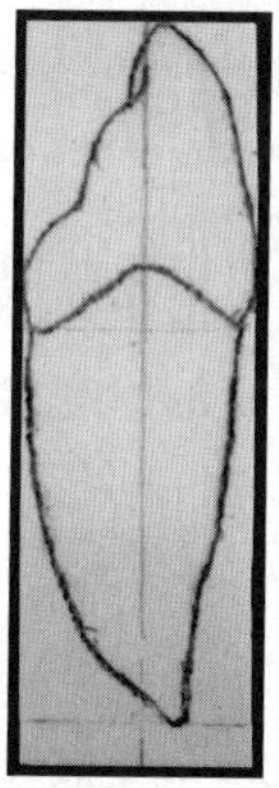

图 3-23　近中面线图

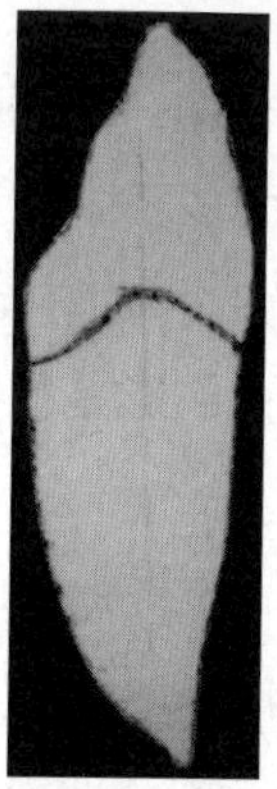

图 3-24　二面体形成图

2. 三倍大右上颌尖牙雕刻——四面体的形成

（1）步骤一：标记石膏块的中线。

用游标卡尺或者直尺测量出石膏块的宽度，用红蓝铅笔标记出石膏块的中线。

注意：红蓝铅笔不能太粗。

（2）步骤二：转移数据。

根据放大三倍右上颌尖牙数据，在石膏块上标出冠长、冠宽、根长。根据右上颌尖牙线图在石膏块上标记出牙尖顶点，近中面外形高点、远中面外形高点、近远中面颈部最凹陷点和牙根根尖位置。

注意：准确的数据是关键。

（3）步骤三：描绘右上颌尖牙唇面初步形态（图 3-25）。

用红蓝铅笔根据右上颌尖牙线图的形态特点，用圆缓的曲线在石膏块上描绘出右上颌尖牙唇面的线图。

注意：上颌尖牙的近尖角高，远尖角低，牙尖偏向近中。除规定的点外，可以多标记几个点，那样可能会更加准确。

（4）步骤四：去除线外多余的石膏（图 3-26）。

用石膏切刀去除唇舌面线图以外多余石膏，四面体形成。

注意：去除石膏时切削至线条标记处，但是要保留线条。

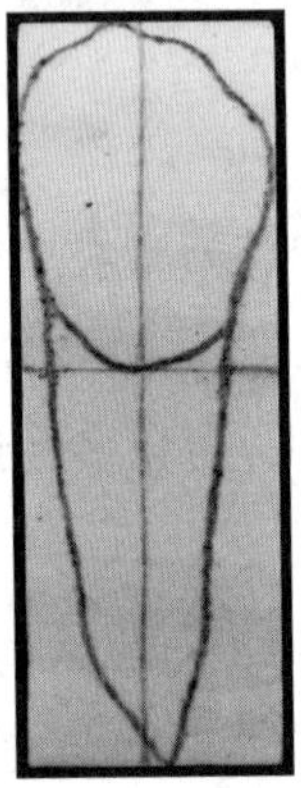

图 3-25　唇面描绘图

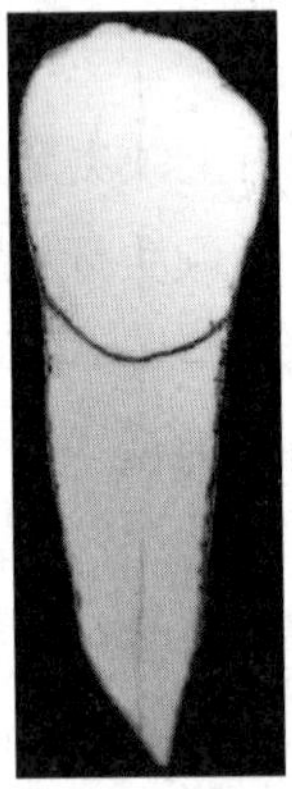

图 3-26　四面体形成图

3. 三倍大右上颌尖牙雕刻——多面体的形成（图 3-27、图 3-28）

（1）步骤一：形成唇面多面体。

参考放大三倍右上颌尖牙多面体线图，在石膏牙唇面上描绘出多面体图形，根据阴影部分的深浅去除多余的石膏。唇面的阴影是去除石膏的面积，而去除石膏的厚度取决于近远中面的阴影部分的深浅。

注意：切削多面体时，不得损坏唇侧牙颈突度。

（2）步骤二：形成舌面多面体。

参考放大三倍右上颌尖牙多面体线图，在石膏牙舌面上描绘出多面体图形，根据阴影部分的深浅去除多余的石膏。注意：舌面去除石膏的面积取决于舌面阴影部分的面积，而去除石膏的厚度取决于近远中面的阴影部分的深浅。

（3）步骤三：形成近远中面多面体。

参考放大三倍右上颌尖牙多面体线图，在石膏牙近远中面上描绘出多面体图形，根据阴影部分的深浅去除多余的石膏。

注意：在完成唇舌轴面角的过程中，近远中面的石膏去除已经完成。

（4）步骤四：形成切端多面体。

参考放大三倍右上颌尖牙多面体线图，在石膏牙切端面上描绘出多面体图形，根据阴影部分的深浅去除多余的石膏。

注意：上颌尖牙的近切角较高，远切角较低。

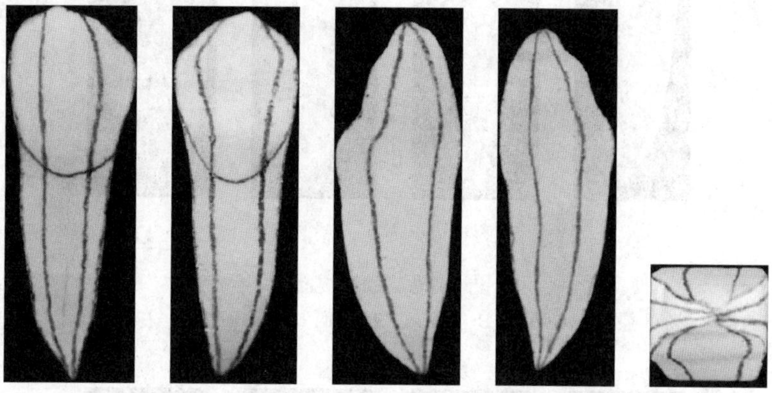

图 3-27　多面体描绘图

A. 唇面；B. 舌面；C. 近中面；D. 远中面；E. 切缘。

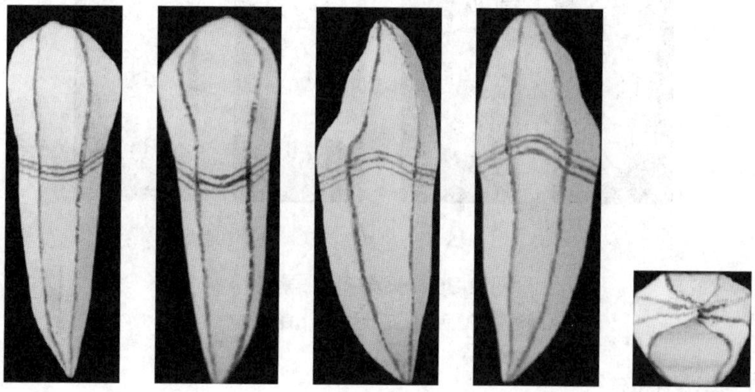

图 3-28　多面体切削完成图

A. 唇面；B. 舌面；C. 近中面；D. 远中面；E. 切缘。

4. 三倍大右上颌尖牙雕刻——四面成形

（1）步骤一：颈缘线的成形（图 3-29、图 3-30）。

1）描绘勾勒牙颈线：在石膏棒上描绘牙颈线，检查合格后，用雕刻刀将牙颈线勾勒一周，注意深度适宜。

2）形成台阶：在牙颈线上方 1mm 处画线，用雕刻刀沿该线从根方向冠方顺着牙颈线方向轻轻切割，形成浅的台阶。

3）消除台阶：在牙颈线上方 1mm 处画线，用雕刻刀沿该线从冠方向根方顺着牙颈线方向轻轻消除台阶。

4）形成牙颈线：用雕刻刀轻轻勾勒出清晰地牙颈线。

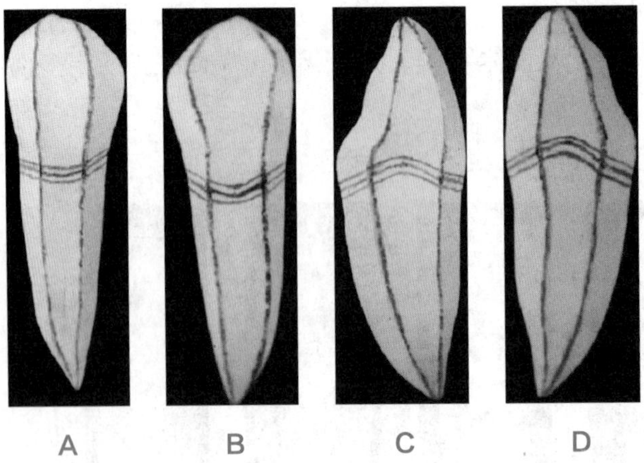

图 3-29 颈缘线图

A. 唇面；B. 舌面；C. 近中面；D. 远中面。

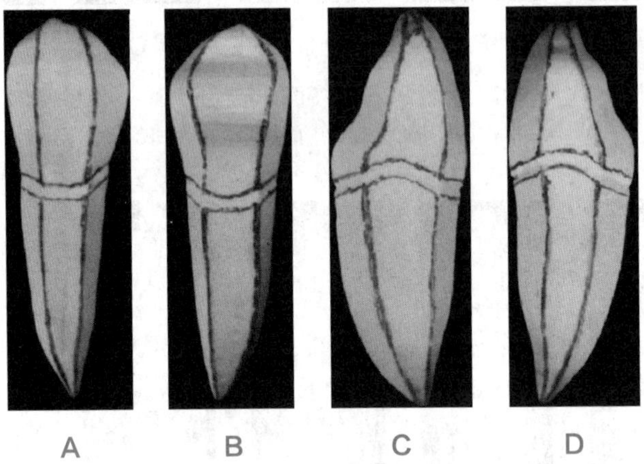

图 3-30 颈缘初步成形后

A. 唇面；B. 舌面；C. 近中面；D. 远中面。

（2）步骤二：唇面的成形。

1）唇面牙根的成形（图 3-31、图 3-32）。参照浮雕图在石膏牙唇面牙根处描绘出唇面的最突出部分的连线，在牙根的近远中面描绘出近远中面的最突出部分的连线，根据最突出部分的斜面特点，也就是唇面牙根的形态结构特点，用石膏切刀采用横握式和直握式对唇面牙根进行大体形态的成形。

注意：唇面牙根较圆突。

2）唇面牙冠的成形。①形成颈缘突度：颈缘突度即从近远中面到唇面近颈缘部分的弧度，在形成颈缘突度时，必须参照浮雕图，并观察浮雕图近颈缘部的弧度，完成石膏的去除。②唇面轴嵴的形成：上颌尖牙的唇面有较为明显的唇轴嵴，参考浮雕图，描绘唇面最突出部分的连线，观察轴嵴两侧斜面的形态特点，并用雕刻刀仔细去除多余的石膏（图 3-33、图 3-34）。

（3）步骤三：舌面的成形（图 3-35、图 3-36）。

1）舌面牙根的成形（方法参考唇面牙根的成形）。

注意：舌面牙根较隆突。

2）舌窝的成形：①参考浮雕图，在浮雕图上画出舌面最突出部分的连线，这个最突出部分的连线实际也是舌面近远中边缘嵴与舌隆突的连线和切嵴的连线，我们称之为外侧线。转移上述最突出部分的连线至石膏牙相应的位置，外侧线的外侧去除相应的石膏，形成近远中边缘嵴的近远中斜面部分，同时注意修整近远中面舌 1/3 的形态。②参考浮雕图，发现上颌尖牙舌面除最突出部分的连线外，还有最凹陷的部分的连线，我们称之为内侧面，描绘并去除两内侧线之间的石膏，形成舌窝部分。③去除外侧线与内侧线之间多余的石膏，形成近远中边缘嵴的舌窝面部分。

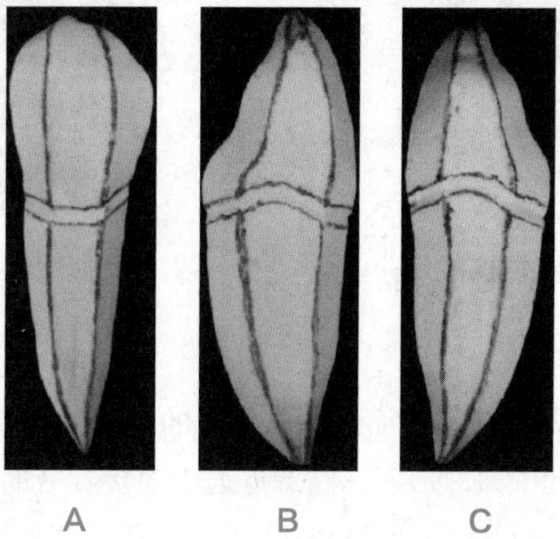

图 3-31　唇面牙根成形前

A. 唇面；B. 近中面；C. 远中面。

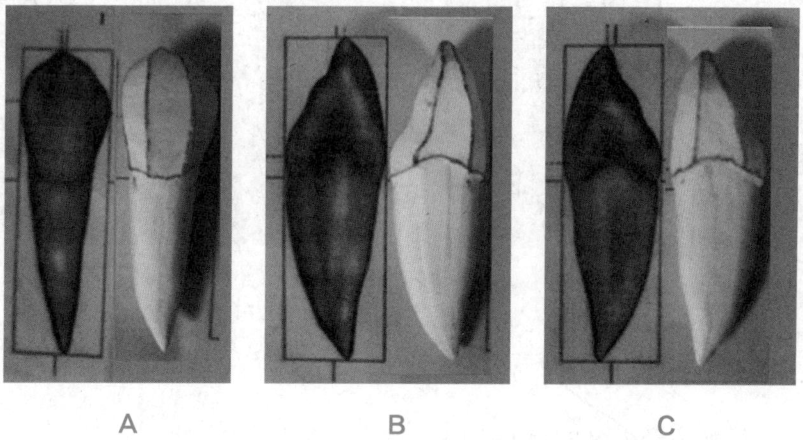

图 3-32　唇面牙根成形后

A. 唇面；B. 近中面；C. 远中面。

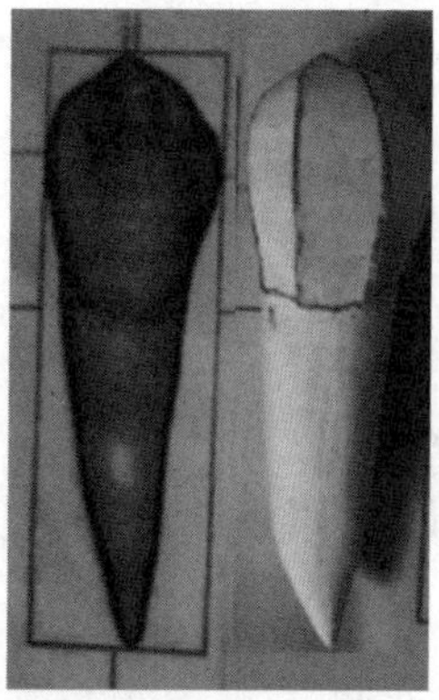

图 3-33　唇面成形前

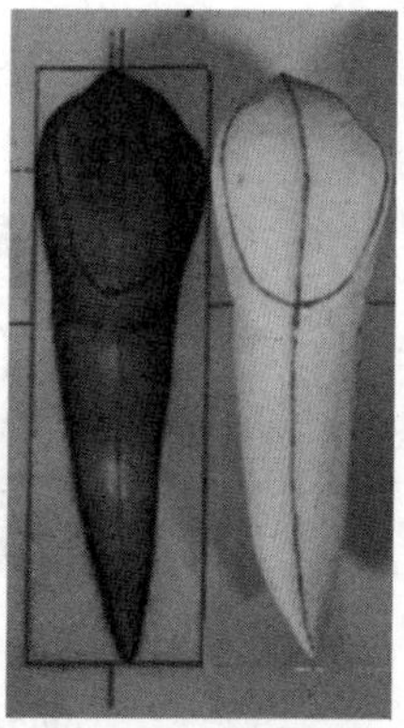

图 3-34　唇面成形后

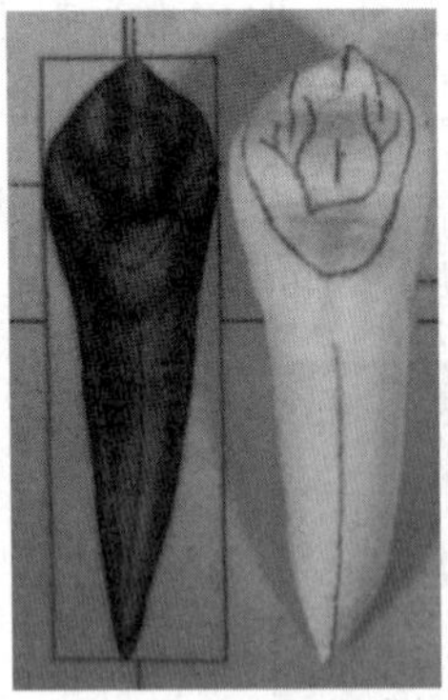

图 3-35 舌面成形前

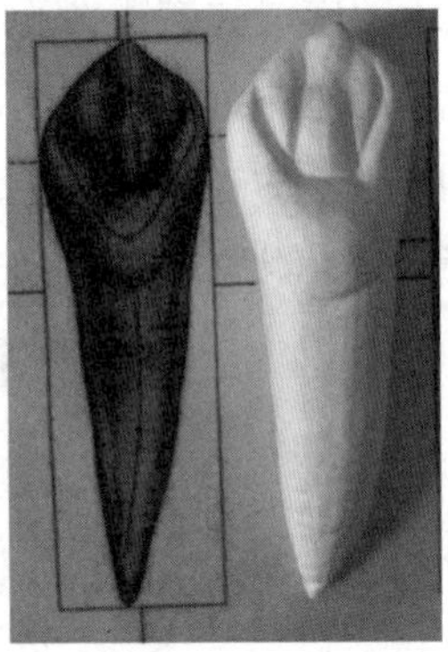

图 3-36 舌面成形后

（4）步骤四：近远中面的成形。

参考浮雕图，描绘出浮雕图上近远中面最突出部分的连线。根据浮雕图上斜面的特点，在石膏牙上去除多余的石膏，形成近远中面的形态，注意近远中面接触区的形态特点（图 3-37、图 3-38）。

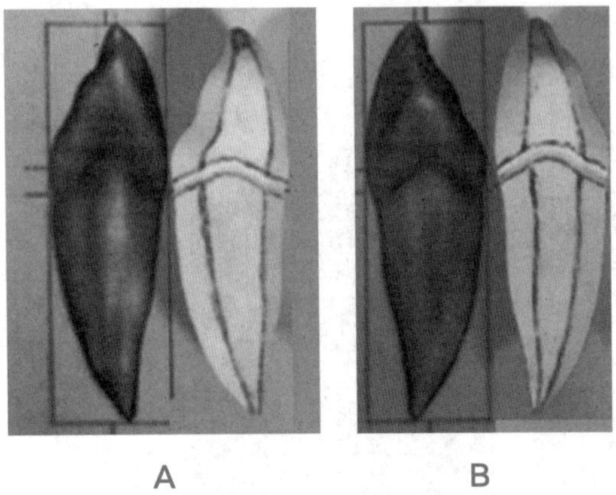

图 3-37 近远中面成形前

A. 近中面；B. 远中面。

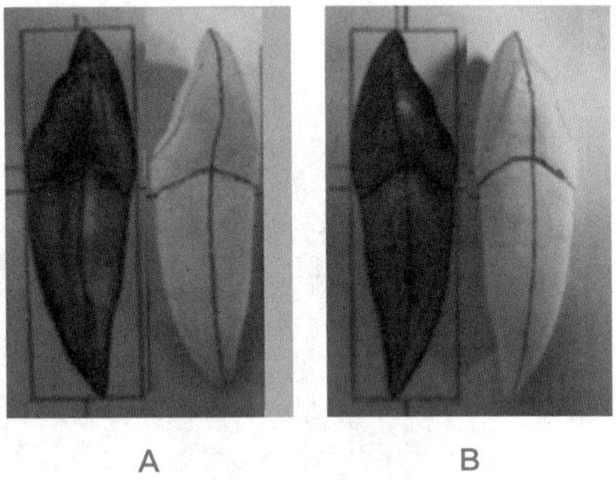

图 3-38 近远中面成形后

A. 近中面；B. 远中面。

（5）步骤五：切缘的成形（图 3-39）。

1）参考浮雕图，描绘切缘形态，注意切缘的厚度。

2）切缘形态切削成形，根据浮雕图对各轴面切 1/3 的形态进行修整。

注意：上颌尖牙的切缘有一定的厚度，在成形切缘时一定注意切缘观唇舌面的特点，并适当地进行修整。

图 3-39 切缘形成前后对比

A. 切缘成形前；B. 切缘成形后。

5. 三倍大右上颌尖牙雕刻——精雕完成（图 3-40）

（1）步骤一：唇面发育沟的修整。

仔细观察右上颌尖牙唇面浮雕图上两条发育沟的形态和位置，在石膏牙相应的位置用红蓝铅笔进行准确的描绘，用雕刻刀进行修整。

注意：唇面发育沟是牙在生长发育过程中形成的浅沟，所以该发育沟与唇面的融合度非常高，发育沟两侧的斜面斜度非常大。

（2）步骤二：轴面颈缘线的修整。

再次准确的修整颈缘线，用雕刻刀在颈缘线上下进行切削，以使牙冠和牙根衔接自然。

注意：上颌尖牙的颈缘线为连续的圆缓的曲线。

（3）步骤三：修饰牙体表面。

在四面成形的基础上，用雕刻刀采用执笔式从根尖或从切端对牙体表面进行润饰，力求牙根表面光滑，牙根的近中面较远中面大，近中面牙根有较为明显的纵行隆突牙根唇面宽于舌面，唇面相对较平坦，舌面窄小圆凸。

（4）步骤四：牙体表面流畅性的检查。

检查石膏牙各轴面的外形高点、邻接点、凹凸衔接的自然程度。

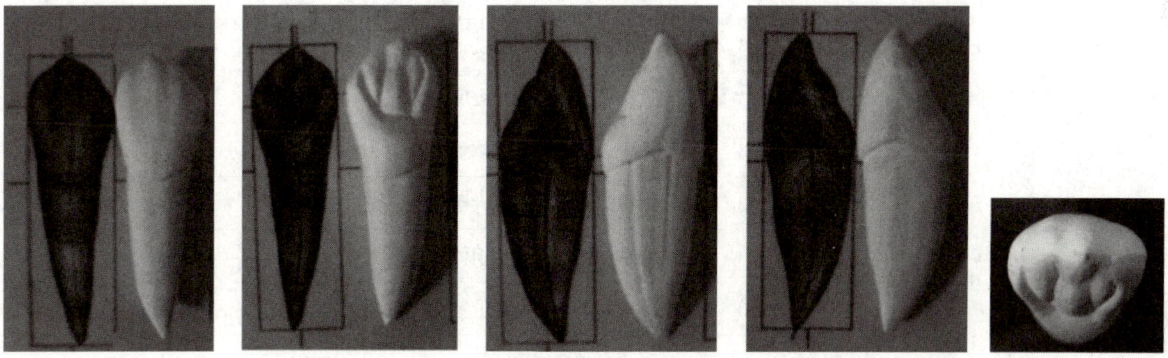

A B C D E

图 3-40 雕刻完成图

A. 唇面；B. 舌面；C. 近中面；D. 远中面；E. 切端。

四、任务评价

表 3-9 右上颌尖牙石膏牙雕刻评价标准

序号	评价内容	分值	评价要点
1	雕刻数据	3	冠宽
		3	冠厚
		3	冠根长
2	唇面	3	唇面轮廓形态
		3	近远中径与切颈径比
		3	唇面外形高点位于颈 1/3

续　表

序号	评价内容	分值	评价要点
2	唇面	3	发育沟的位置、形态
		3	唇面轴嵴的位置及形态
		3	唇面的牙根呈锥体形，唇面较圆突
3	舌面	3	舌面轮廓形态
		3	舌隆突的形态、位置
		3	舌面较唇面小
		4	舌窝的大小及形态
		2	舌窝内轴嵴的位置及形态
		3	舌面的牙根呈锥体形，较圆突
4	近中面	3	近中面的形态似三角形
		3	唇舌径与切颈径比
		2	近中面观唇面的弧度
		3	近中面观舌面的弧度
		3	近中面观舌隆突的突度
		3	近中面的外形高点位置
		3	近中面牙根唇舌径大于近远中径
5	远中面	3	与近中面形态相似但体积小且圆突
		3	远中面外形高点的位置
		2	远中面颈缘线更圆缓
6	切缘	3	切缘观唇面突度特性
		3	切缘有一定的厚度
		3	牙尖偏向近中
		3	切缘位于牙体长轴的唇侧
7	整体情况	3	牙体各面表面光滑、线条流畅
		4	牙体各部分比例协调
8	操作规范	3	个人防护方法
		5	工具的使用
总分（100）			

▶任务拓展

放大三倍右下颌尖牙雕刻

在牙体修复的实际工作场景中，精准掌握各类牙体形态特点至关重要。尖牙组作为前牙的关键组合，除大家熟悉的上颌尖牙外，还包括下颌尖牙，且各个牙位均左右对称分布，各有一颗。

此前，同学们已深入学习了最具典型性的上颌尖牙雕刻知识与技巧，然而，在日常实践操作里，下颌尖牙的形态恢复也非常重要。为切实强化同学们在本学习任务中对尖牙组不同牙位形态雕刻的全方位理解，提升实操动手能力，同时着力培养大家的自我探究精神，现布置如下实践任务。

请同学们灵活运用之前所学的放大三倍右上颌尖牙雕刻方法及详细步骤，紧密结合提供的右下颌尖牙线图（图 3-41）、浮雕图（图 3-42）及多面体图（图 3-43），并依据表 3-10 中精准的三倍大下颌尖牙数据，雕刻出一颗放大三倍的右下颌尖牙。在完成雕刻作品后，总结归纳上颌尖牙与下颌尖牙在形态方面存在的显著差异，通过对比分析深化对两种牙齿形态特点的认知，为未来应对复杂多变的口腔修复工作筑牢坚实基础。

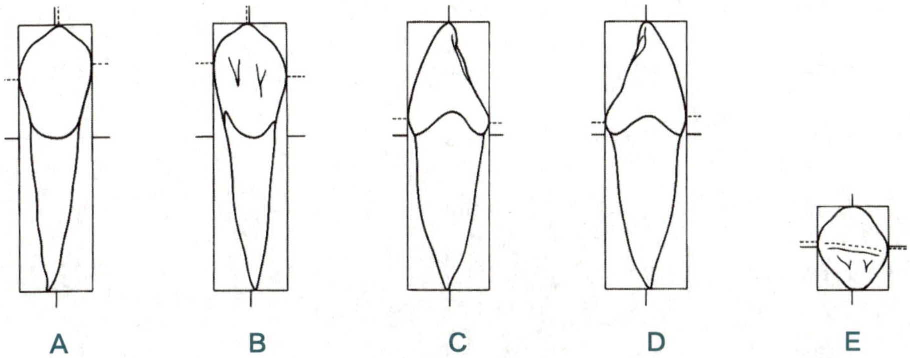

图 3-41　右下颌尖牙线图

A. 唇面；B. 舌面；C. 近中面；D. 远中面；E. 切缘。

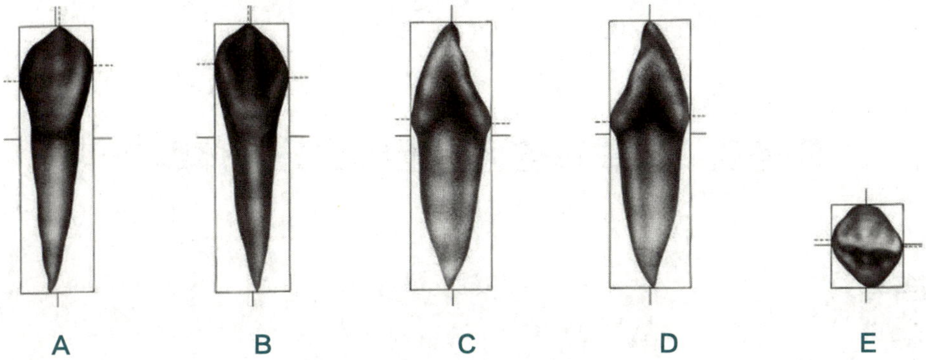

图 3-42　右下颌尖牙浮雕图

A. 唇面；B. 舌面；C. 近中面；D. 远中面；E. 切缘。

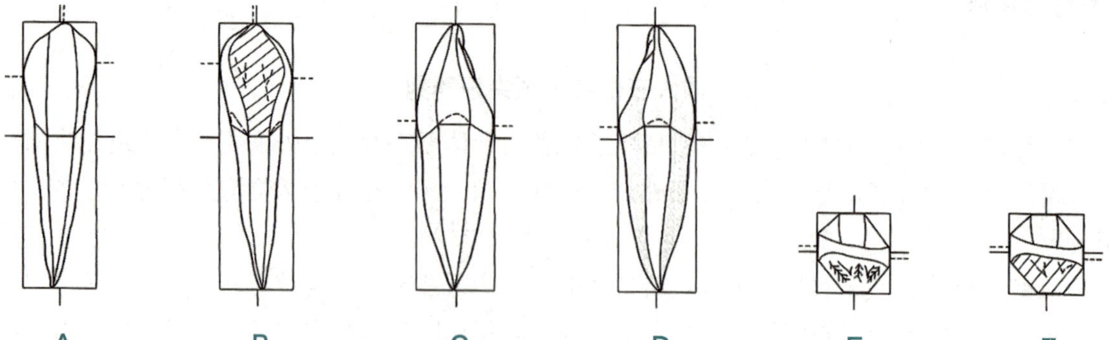

图 3-43　右下颌尖牙多面体图

A. 唇面；B. 舌面；C. 近中面；D. 远中面；E. 舌面多面体；F. 外形多面体。

表 3-10　下颌尖牙的比例规格

单位：mm

测量项目	一倍大	三倍大
牙冠长	10.3	30.9
牙冠宽	6.7	20.1
牙冠厚	7.6	22.8
牙颈宽	6.3	21.0
牙颈厚	6.2	18.9
牙根长	13.6	40.8
牙全长	23.8	71.4

任务四　完成等倍大右上颌尖牙牙体雕刻

一、任务导入

完成三倍大右上颌尖牙雕刻后，在规定的时间内按照等倍石膏牙雕刻模型、数据、线图、多面体图、浮雕图，规范安全的操作基础上，在石膏块上完成一颗等倍大右上颌尖牙雕刻。

二、任务分析

要完成这个任务，需对右上颌尖牙的形态熟练掌握，并能准确地描绘等倍大右上颌尖牙线图，等倍大牙体雕刻较三倍大牙体雕刻更为精细、难度较大，因此，要求学习者操作更为严谨、认真。

等倍大右上颌尖牙雕刻是指按照 1∶1 右上颌尖牙数据（表 3-11）进行的上颌尖牙牙体雕刻。注意，上颌尖牙的任意一面都是不是单纯的平面，而是复杂的多面体。

表 3-11　上颌尖牙的比例规格　　单位：mm

测量项目	一倍大
牙冠长	11.0
牙冠宽	7.9
牙冠厚	8.2
牙颈宽	5.7
牙颈厚	7.7
牙根长	14.2
牙全长	25.2

三、任务实施

（一）实训器材的准备

右上颌尖牙线图、等倍大右上颌尖牙雕刻模型 1 套、石膏块（15mm×15mm×55mm）、石膏切刀、雕刻刀、绘图铅笔、红蓝铅笔、游标卡尺、直尺、毛刷、储水盆、橡胶垫板等。

（二）等倍大右上颌尖牙雕刻

1. 等倍大右上颌尖牙雕刻——石膏框架成形

（1）步骤一：绘制框架及标志线、切削框架成形。用游标卡尺测量等倍大右上颌尖牙雕刻模型的冠长、冠宽、冠厚、根长，在石膏块上，用游标卡尺轻轻刻出各面的冠根分界线和中轴线，绘制牙体外形框架（图 3-44）。用石膏切刀切掉框线以外的石膏，先修整平行的两侧，再修整另外两侧，四周应平整（图 3-45）。

要求：雕刻等倍大右上颌尖牙的牙体总长是冠长加根长的总和。

（2）步骤二：确定基准面。参照模型和牙线图确定唇面、舌面、近中面、远中面和切缘面。

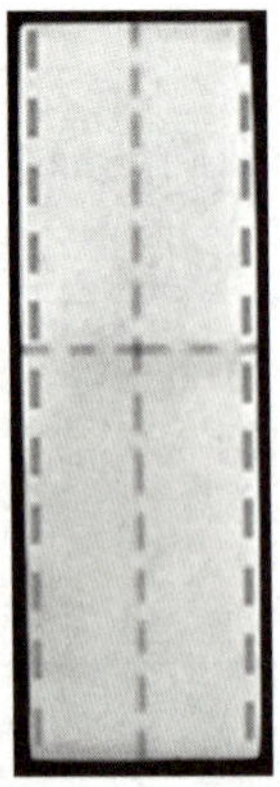

图 3-44　绘制框架

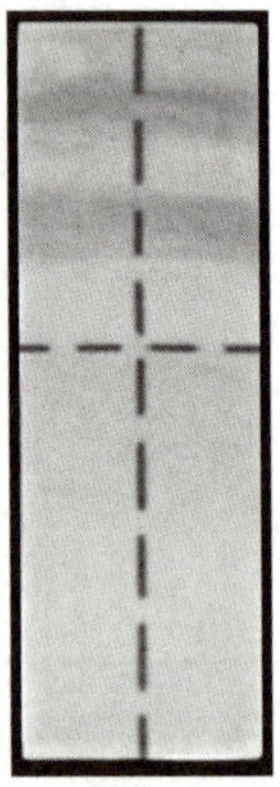

图 3-45　切削框架成形

2. 等倍大右上颌尖牙雕刻——二面体成形

（1）步骤一：描绘唇舌面外形。参照等倍大右上颌尖牙雕刻模型和右上颌尖牙线图，将模型唇舌面与石膏块重合，在石膏块的唇舌面标出牙尖顶的位置，将所测牙颈宽数据转移到石膏块上，参照右上颌尖牙雕刻模型的唇舌面轮廓外形，描绘出唇舌面的牙体外形线（图 3-46）。

要求：转移的参照点要准确，唇舌面的牙体外形线应为细线且线条流畅。

（2）步骤二：唇舌面切削成形。用石膏切刀沿唇舌面边缘线上下推拉切削，形成唇舌面外形（图 3-47）。

要求：不得损坏外形高点的突度，恰好切到线，不要切掉线，轴面外形轮廓需与右上颌尖牙线图一致。

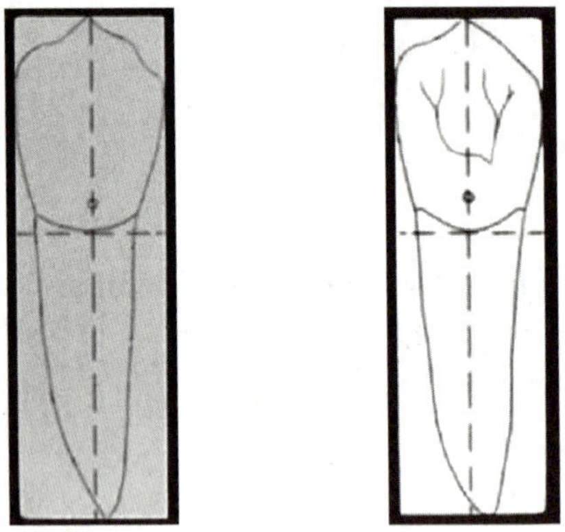

A　　B

图 3-46　描绘唇舌面外形

A. 唇面；B. 舌面。

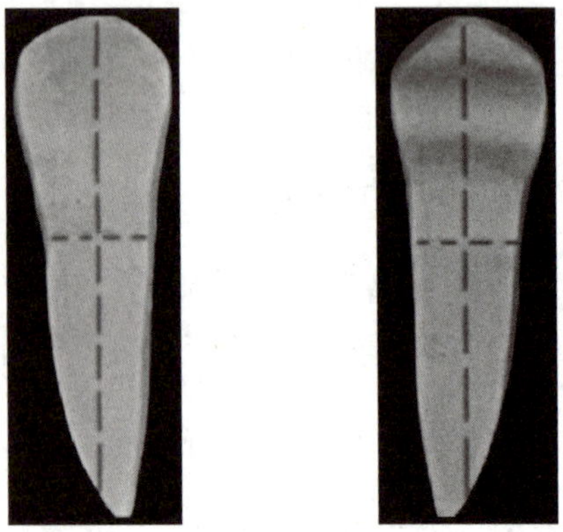

A　　B

图 3-47　二面体成形

A. 唇面；B. 舌面。

3. 等倍大右上颌尖牙雕刻——四面体成形

（1）步骤一：描绘近远中面外形。参照等倍大右上颌尖牙雕刻模型和右上颌尖牙线图，将模型近中面、远中面与石膏块重合，在石膏块的近远中面标出牙尖顶的位置，将所测牙颈厚数据转移到石膏块上，参照右上颌尖牙模型的近远中轮廓外形，描绘近远中面的牙体外形线（图 3-48）。

要求：同二面体描绘。

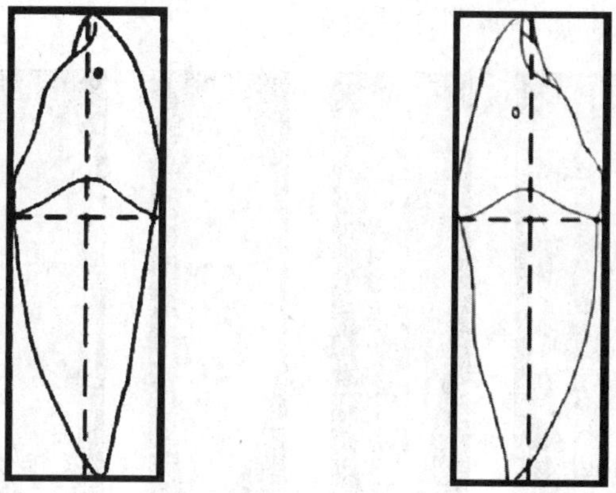

图 3-48　描绘近远中面外形

A. 近中面；B. 远中面。

（2）步骤二：近远中面切削成形。用石膏切刀沿近远中边缘线上下推拉切削，形成近远中面外形（图 3-49）。

要求：同二面体成形。

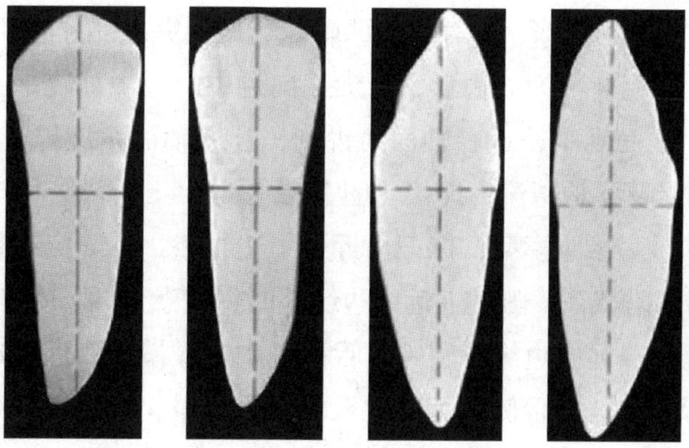

图 3-49　四面体成形

A. 唇面；B. 舌面；C. 近中面；D. 远中面。

4．等倍大右上颌尖牙雕刻——多面体成形

（1）步骤一：正确描绘多面体的各个轴面。参照右上颌尖牙雕刻模型切端面观，在石膏块上画出多面体外形的边缘线与中轴线的角度，各个轴面最突出部分的连线，冠根分界线与外形高点之间的连线（图 3-50）。

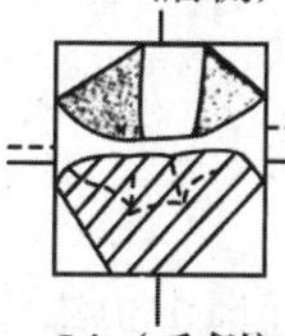

图 3-50　切端面与多面体的位置关系参照图

（2）步骤二：切削多面体。按照多面体边缘线切削各斜面，最终形成多面体（图 3-51）。

要求：切削多面体时，不得损坏唇侧牙颈突度。

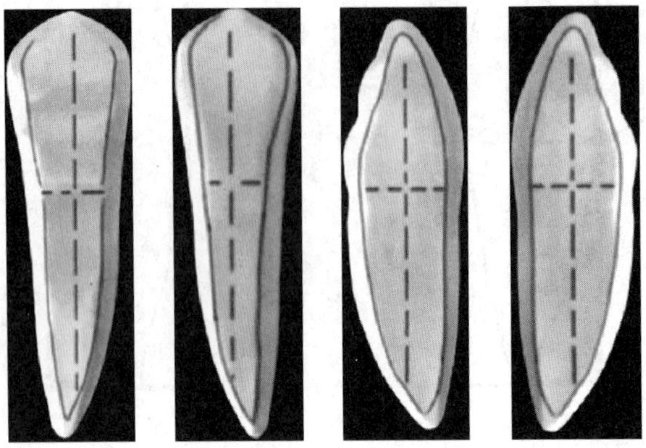

A　　B　　C　　D

图 3-51　多面体成形

A. 唇面；B. 舌面；C. 近中面；D. 远中面。

5. 等倍大右上颌尖牙雕刻——四面成形

（1）步骤一：唇面成形。参照模型，修整唇面外形。注意近中缘与远中缘外展的角度不同，与近中斜缘和远中斜缘形成的角度也不同，近远中外形高点到牙颈部处略微内收。参照模型在唇面描绘出 2 条发育沟，注意不宜雕刻太深，发育沟的凹陷需与周围突出部分流畅连接。

要求：从唇面观察，牙冠外形为五边形，牙尖偏向近中。近中缘较平直，略有凹陷，远中缘圆突，凹陷较明显。从牙尖顶面观察，近唇轴面角锐利，远唇轴面角圆钝，唇侧近中缘高于远中缘。唇侧近远中缘需与唇侧颈缘及唇轴嵴流畅连接（图 3-52）。

（2）步骤二：舌面成形。参照模型，标记出近远中边缘嵴、舌隆突、舌轴嵴和舌窝的位置。用雕刻刀修整，形成舌窝的凹陷特征。雕刻近远中边缘嵴时，注意走向、宽度和高度。

要求：近中边缘嵴锐利，远中边缘嵴圆钝，舌面近中边缘嵴窄，远中边缘嵴略宽，舌侧近中边缘嵴高于远中边缘嵴。舌隆突需与舌侧近远中边缘嵴及舌轴嵴、近远中牙颈线流畅连接；舌窝不宜过深（图 3-53）。

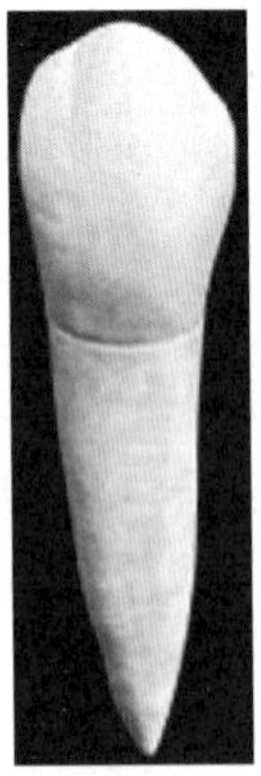

图 3-52　唇面成形

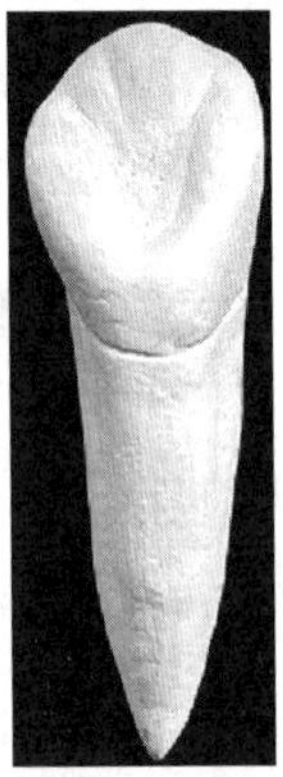

图 3-53　舌面成形

（3）步骤三：邻面成形。描绘出舌侧近远中边缘嵴，用雕刻刀从近远中轴面角起，沿外形高点下方由唇侧向舌侧平直内收，直到舌侧近远中边缘嵴附近，牙根需与牙冠流畅连接（图 3-54）。

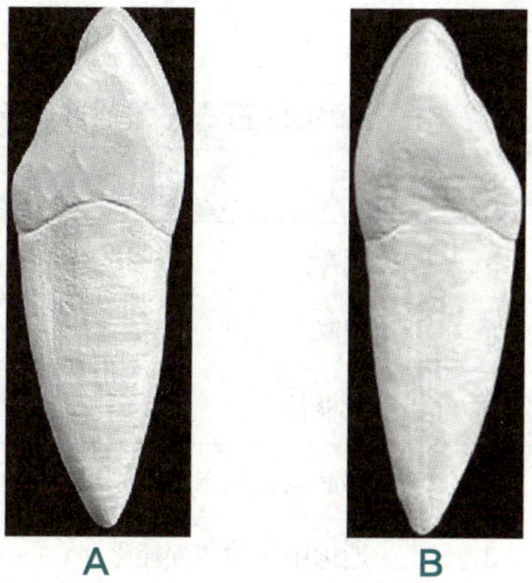

图 3-54 邻面成形

A. 近中面；B. 远中面。

6. 等倍大右上颌尖牙雕刻——切端成形 从切端面观察，与模型牙比较，进一步调整唇、舌面外形。需注意牙尖的厚度，调整牙尖嵴的外形（图 3-55）。

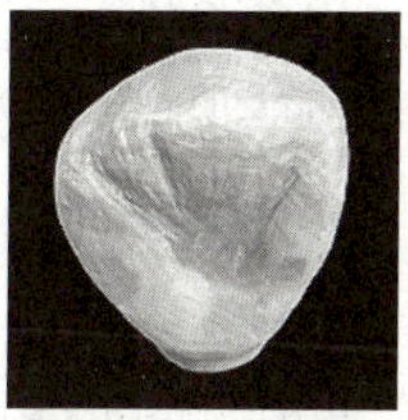

图 3-55 切端成形

7. 等倍大右上颌尖牙雕刻——牙颈线成形 参照模型，用铅笔在石膏块各面描绘出颈曲线，然后用雕刻刀与石膏块牙冠表面成 45°角进行牙颈线的雕刻，调整牙冠与牙根的形态。

要求：近中颈曲度大于远中颈曲度，唇侧牙颈线不得低于舌侧。颈线各处的宽度、深度需协调一致，流畅连接。

8. 等倍大右上颌尖牙雕刻——精修完成 对照模型，检查各部分尺寸，精修完成（图 3-56）。

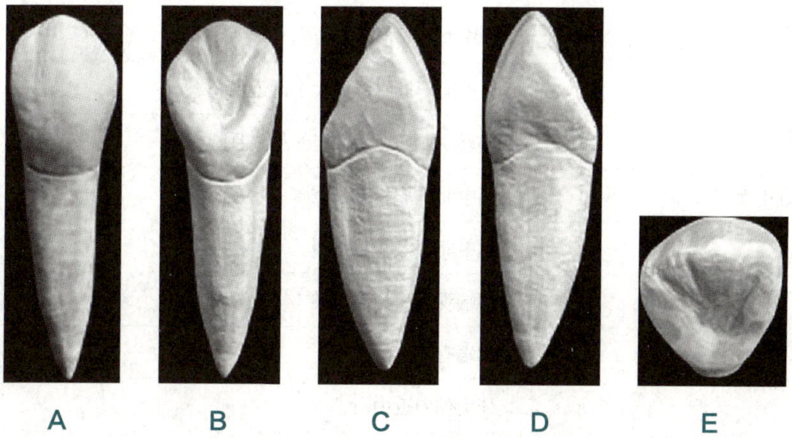

图 3-56 精修完成

A. 唇面；B. 舌面；C. 近中面；D. 远中面；E. 切端。

四、任务评价

表 3-12　右上颌尖牙石膏牙雕刻评价标准

序号	评价内容	分值	评价要点
1	雕刻数据	3	冠宽
		3	冠厚
		3	冠根长
2	唇面	3	唇面轮廓形态
		3	近远中径与切颈径比
		3	唇面外形高点位于颈 1/3
		3	发育沟的位置、形态
		3	唇面轴嵴的位置及形态
		3	唇面的牙根呈锥体形，唇面较圆突
3	舌面	3	舌面轮廓形态
		3	舌隆突的形态、位置
		3	舌面较唇面小
		4	舌窝的大小及形态
		2	舌窝内轴嵴的位置及形态
		3	舌面的牙根呈锥体形较圆突
4	近中面	3	近中面的形态似三角形
		3	唇舌径与切颈径比
		2	近中面观唇面的弧度
		3	近中面观舌面的弧度
		3	近中面观舌隆突的突度
		3	近中面的外形高点位置
		3	近中面牙根唇舌径大于近远中径
5	远中面	3	与近中面形态相似但体积小且圆突
		3	远中面外形高点的位置
		2	远中面颈缘线更圆缓
6	切端面	3	切端观唇面突度特性
		3	切端有一定的厚度
		3	牙尖偏向近中
		3	牙尖顶位于牙体长轴的唇侧

续 表

序号	评价内容	分值	评价要点
7	整体情况	3	牙体各面表面光滑线、条流畅
		4	牙体各部比例协调
8	操作规范	3	个人防护方法
		5	工具的使用
总分（100）			

▶任务拓展

尖牙导向

1. 尖牙导向　是指下颌进行侧方运动时，仅尖牙接触并引导运动轨迹，其他牙齿（如前牙或后牙）不参与咬合。这种引导作用确保下颌运动的流畅性和咬合稳定性。尖牙导向确保下颌运动的精确性和协调性，依赖尖牙的斜面形态与牙周支持。

2. 尖牙导向功能　①提供平滑的侧方运动路径，避免其他牙齿的干扰；②在咀嚼时减少非功能性接触，防止牙齿过度磨损。

3. 尖牙导向局限性　①若尖牙牙周条件差或形态异常，可能导致咬合不稳定；②部分患者可能更适合“组牙功能𬌗”。

总之，应根据患者牙列状况、𬌗力分布及美观需求，选择尖牙保护𬌗、组牙功能𬌗或其他咬合模式。

任务五　完成牙列中等倍大右上颌尖牙滴蜡塑形

视频：完成牙列中等倍大右上颌尖牙滴蜡塑形

一、任务导入

尖牙位于口角牙弓转折的位置，发挥着切割、穿透和撕裂食物，运动导向及支撑口角等重要功能。尖牙的导向功能主要是指在下颌做侧方运动时，下颌尖牙的远中唇斜面可以沿着上颌尖牙近中舌斜面向侧下滑行，运动的过程中只有工作侧的上、下颌尖牙接触，其余牙齿都脱离咬合，这样可以减轻后牙的磨耗，从而保护牙颌系统的健康。在口腔医学教学与实践中，深入理解尖牙的形态与功能对于保护口腔健康至关重要，同时口腔健康和美学方面，尖牙的健康状态对于维持面部轮廓和微笑美观也至关重要。因此，在进行口腔修复或正畸治疗时，应充分考虑尖牙的保护和功能恢复。

二、任务分析

完成这个任务要掌握上颌尖牙的形态特点，包括其牙冠的长度、宽度，牙尖的形态和位置等，这将有助于我们在滴蜡塑形时更准确地捕捉其外形。其次，掌握尖牙的功能特性，如其在咀嚼过程中的作用，以及它在口腔中的位置和与其他牙齿的相互关系，这对于我们塑造出既美观又实用的尖牙模型至关重要。在滴蜡过程中，温度的控制是关键。蜡的温度过高会导致其流动性过强，难以塑形；温度过低则会使蜡变得过硬，不易操作。因此，需要反复练习，以掌握最佳的蜡温。同时，滴塑的方法流程也需要熟练掌握，包括如何滴蜡、如何塑造、如何修整等步骤，每一步都需要细致入微，以确保最终塑造出的尖牙模型符合实际要求。

通过反复练习和不断改进，我们可以逐渐提高自己在滴蜡塑形方面的技能水平，为未来的口腔修复或正畸治疗打下坚实的基础。

1. 右上颌尖牙形态 详见本项目任务一。

2. 尖牙的功能

（1）尖牙位于口角处，牙冠较直，且唇颈嵴、唇轴嵴突出，牙根粗壮，故对支撑口角维持面部的丰满度有重要作用。特别是上颌尖牙缺失或错位萌出，都可使鼻唇沟塌陷或变形而影响美观。

（2）尖牙保护𬌗：以尖牙作支撑，对其他牙齿起到保护作用。特点：正中关系𬌗与正中𬌗协调；侧方咬合运动时，工作侧只有尖牙保持接触，非工作侧牙齿不接触；在做前伸咬合运动时，上下颌前牙切缘相对接触，后牙不接触。

（3）尖牙的有利条件：①尖牙具有适合制导的舌面窝，可导致𬌗力趋于轴向；②根长且粗大，支持力强；③尖牙位居牙弓前部，在咀嚼时构成第Ⅲ类杠杆，能抵御较大的咀嚼力；④牙周膜感受器丰富，对刺激敏感，能及时调整反应。

3. 上颌尖牙代型要求

（1）牙尖：分别于牙尖顶和近、远中斜缘均匀去除石膏（牙体组织）1.5～2.0mm。

（2）唇面：均匀去除唇面石膏（牙体组织）1.0～1.5mm 石膏（牙体组织）。

（3）舌面：沿舌面解剖外形均匀去除唇面石膏（牙体组织）1.0～1.5mm。

（4）邻面：沿牙邻面颊舌向潜行性磨除，不断矫正磨除方向，直至预备出足够的间隙。磨切时应注意邻面预备方向与就位道一致，2 个邻面轴壁方向相互平行或向切端聚合 2°～5°。

（5）肩台：用雕刻刀往龈下 0.5mm 处将唇、邻、舌面牙颈部预备成宽度约 1mm 的 90°或 135°肩台（不可残留无机釉）。

（6）代型外形轮廓与尖牙近似，前伸与侧方运动均没有𬌗干扰，保证咬合时，牙齿与各个方向不会早接触，影响咀嚼和切咬食物。在实际修复运用中去除石膏（牙体组织）的量可根据患者牙体颜色、所选择修复材料等进行调整。

4. 上颌尖牙牙体滴塑的操作流程　上颌尖牙滴塑操作流程见图 3-57。

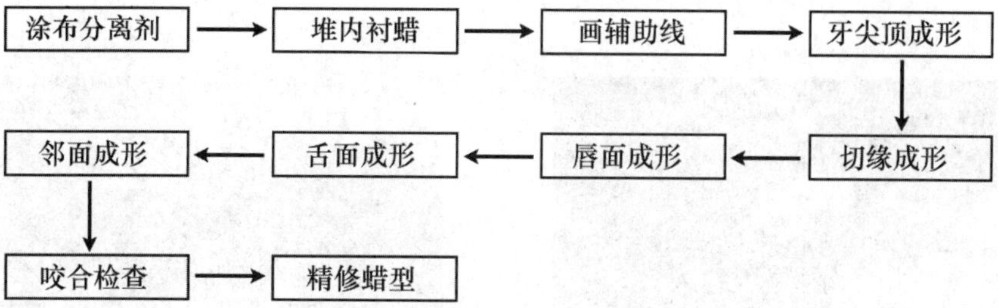

图 3-57　上颌尖牙滴塑操作流程

三、任务实施

（一）实训器材的准备

右上颌尖牙牙体预备完成代型、滴蜡器、蜡、熔蜡器、标记笔、直尺、软毛刷、雕刻刀等。

（二）右上颌尖牙滴蜡塑形

1. 右上颌尖牙滴蜡塑形——涂分离剂　在上颌尖牙预备体表面均匀涂布一层分离剂，达过颈缘线 2mm 以下，多余部分可用吸水纸除去（图 2-74）。

2. 右上颌尖牙滴蜡塑形——堆内衬蜡　分离剂干燥后，画出代型颈缘线。手持代型，切端朝下，用加热好的滴蜡器蘸取适量内衬蜡，厚度约为 0.3mm，从颈缘根方 1mm 处向切端纵向移动加蜡，重复数次，直至内衬蜡均匀覆盖整个牙体预备的区域（图 2-75、图 2-76）。

注意：加第二刀蜡时应覆盖前一刀蜡宽度的 1/2，以保证蜡衔接良好。内衬蜡的主要作用是有利于冠和代型的密合，同时也因为内衬蜡的黏度大、脆性小，有利于脱模。

3. 右上颌尖牙滴蜡塑形——画辅助线　用标记笔分别画出唇面颈曲线顶点和牙尖顶的连线、邻面颈曲线顶点和切角的连线，帮助确定牙尖顶、近、远中切角的位置。

4. 右上颌尖牙滴蜡塑形——牙尖顶成形　测量参照牙的牙尖顶到唇面颈曲线顶点的距离，确定制作牙尖顶的高度。尖牙牙尖顶偏近中，用电蜡刀蘸取雕刻蜡，在代型切缘所画辅助线的位置堆蜡，形成蜡柱。测量蜡柱顶端到颈曲线顶点的距离，应与参照牙一致（图 3-58）。

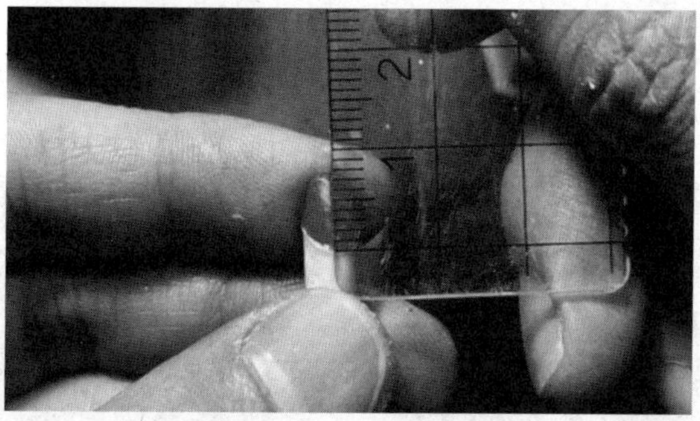

图 3-58　堆塑牙尖蜡柱

5. 右上颌尖牙滴蜡塑形——切缘塑形

（1）步骤一：形成近、远中切角。分别测量近、远中切角与牙尖顶、邻面颈曲线顶点的距离，确定切角的位置，与参照牙一致（图 3-59）。

（2）步骤二：形成近、远中斜缘。近中斜缘短，远中斜缘长，两斜缘在牙尖顶处相交成 90°角（图 3-60）。

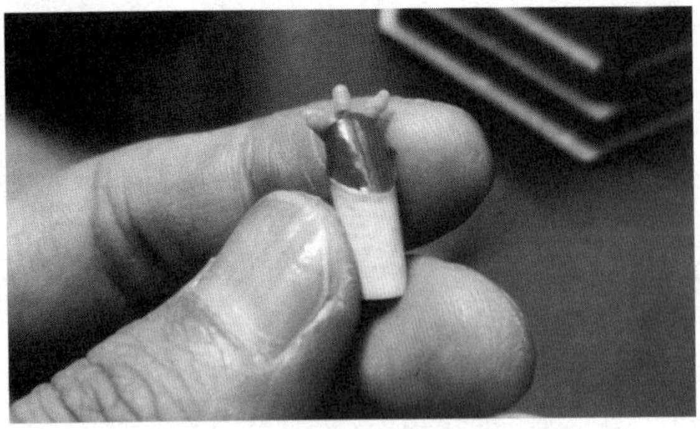

图 3-59　形成近、远中切角

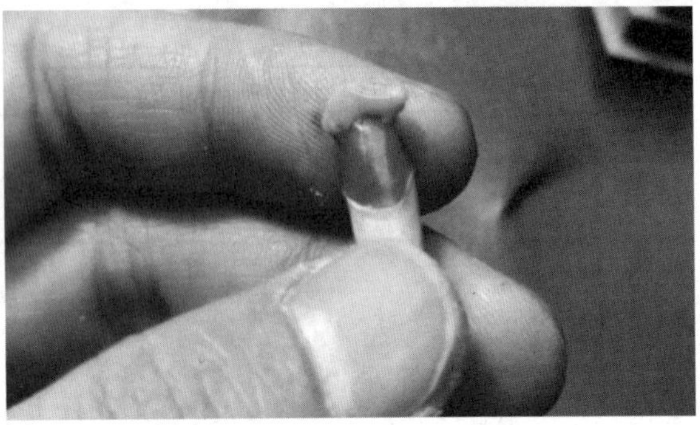

图 3-60　形成近、远中斜缘

6. 右上颌尖牙滴蜡塑形——唇面塑形

（1）步骤一：形成唇面颈部外形高点。

（2）步骤二：形成近、远中缘。近、远中缘构成尖牙的唇面轮廓，决定着牙齿视觉上的大小。近中缘曲率小于远中缘曲率（图 3-61）。

（3）步骤三：形成唇轴嵴。用雕刻蜡连接颈部外形高点与牙尖顶，形成唇轴嵴。唇轴嵴的中部稍向近中弯曲，呈弓形（图 3-62）。

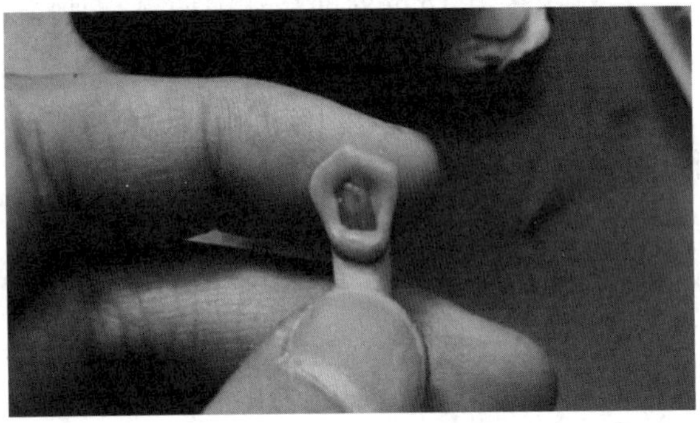

图 3-61　形成近、远中缘

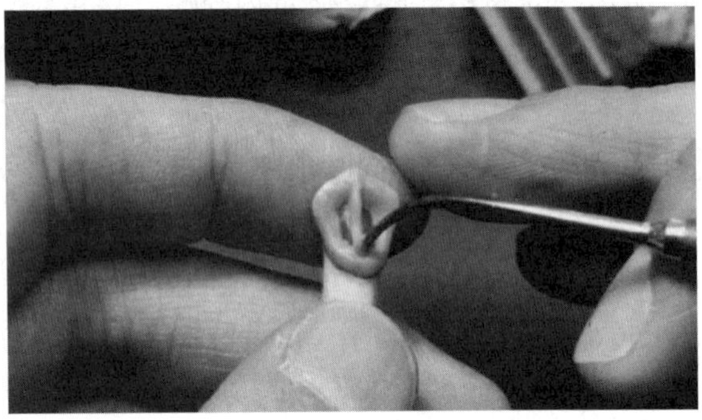

图 3-62　形成唇轴嵴

（4）步骤四：形成近、远中唇斜面。近中唇斜面小而突，远中唇斜面大而平，在远中颈部有一浅的凹陷（图 3-63）。

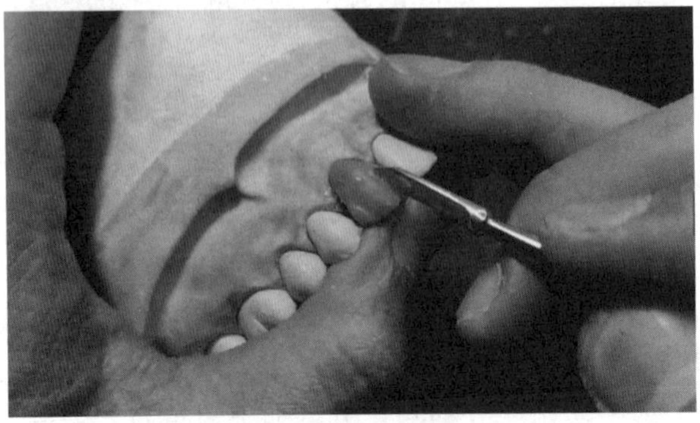

图 3-63　形成近、远中唇斜面

7. 右上颌尖牙滴蜡塑形——舌面塑形

（1）步骤一：形成舌隆突（图 3-64）。

（2）步骤二：形成近、远中边缘嵴。近、远中边缘嵴分别与对㕮牙形成咬合接触。近中边缘嵴长而直，远中边缘嵴粗短，且曲率较大（图 3-65）。

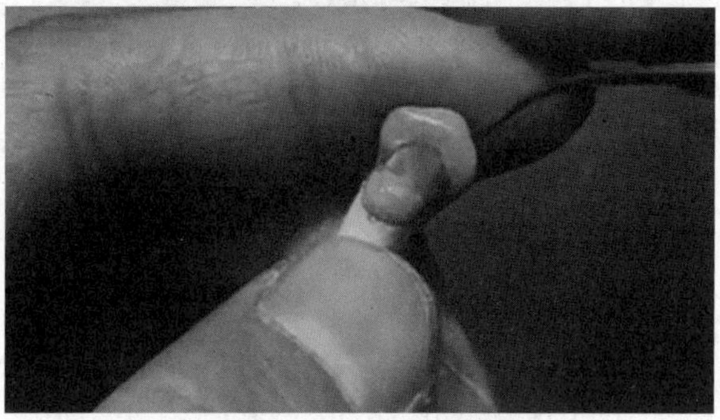

图 3-64　形成舌隆突

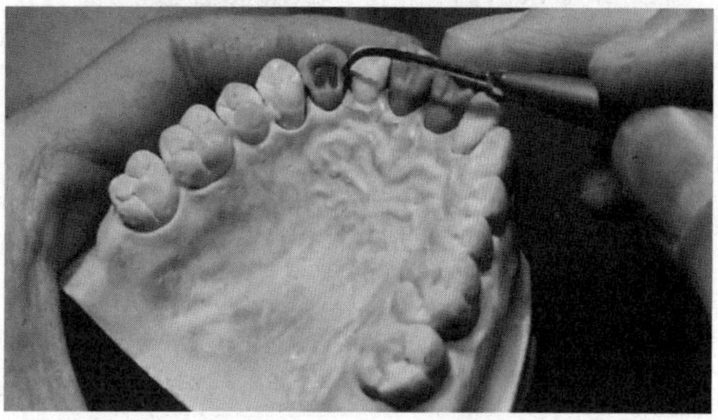

图 3-65　形成近、远中边缘嵴

（3）步骤三：形成舌轴嵴。用电蜡刀蘸取雕刻蜡从牙尖顶向舌隆突方向堆蜡，形成舌轴峭，把舌窝分为近中舌窝和远中舌窝（图 3-66）。

（4）步骤四：形成切嵴。用加热的滴蜡器蘸取雕刻蜡，在近中斜缘舌侧从近中切角开始，向远中斜向牙尖顶堆蜡，形成近中牙尖嵴。同样方法形成远中牙尖嵴。近、远中牙尖嵴相交于牙尖顶形成切嵴。

（5）步骤五：完成舌面形态。在舌面框架内填蜡，完成舌面形态。上颌尖牙舌窝不如上颌中切牙内凹明显，这使尖牙呈明显的尖锥状，适合于穿透食物。

8. 右上颌尖牙滴蜡塑形——邻面塑形　在邻面框架内，堆雕刻蜡填充。近中面平直，外形高点距切角较近；远中面稍圆突，外形高点切角相远。

9. 右上颌尖牙滴蜡塑形——咬合检查　代型复位至㕮架，检查咬合关系，下颌尖牙的远中牙尖嵴咬合于上颌尖牙的近中边缘嵴，下颌第一前磨牙颊尖的近中牙尖嵴咬合于上颌尖牙的远中边缘嵴（图 3-67）。

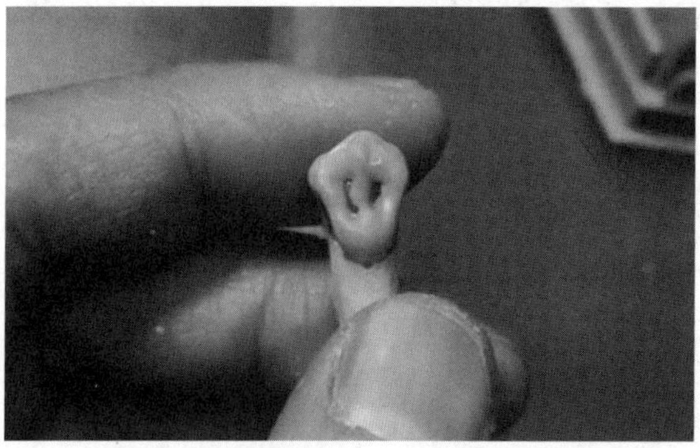

图 3-66　形成舌轴嵴

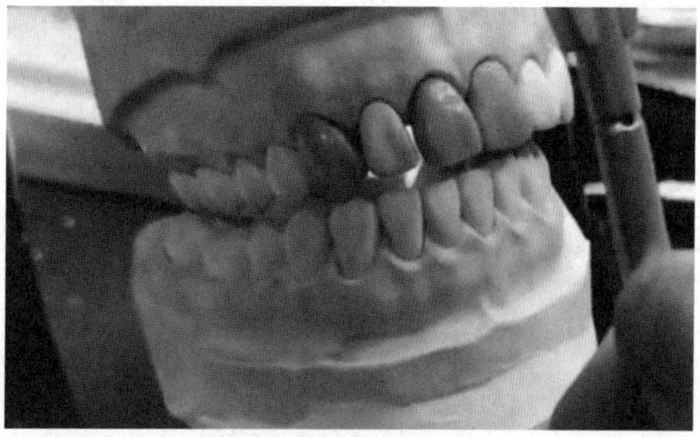

图 3-67　咬合检查

10. 右上颌尖牙滴蜡塑形——精修　用雕刻刀修整蜡型，用手帕轻轻擦拭表面（图 3-68、图 3-69）。

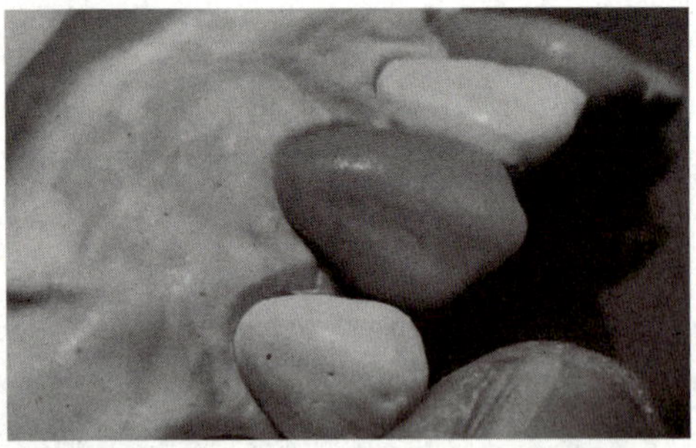

图 3-68　精修完成——唇面

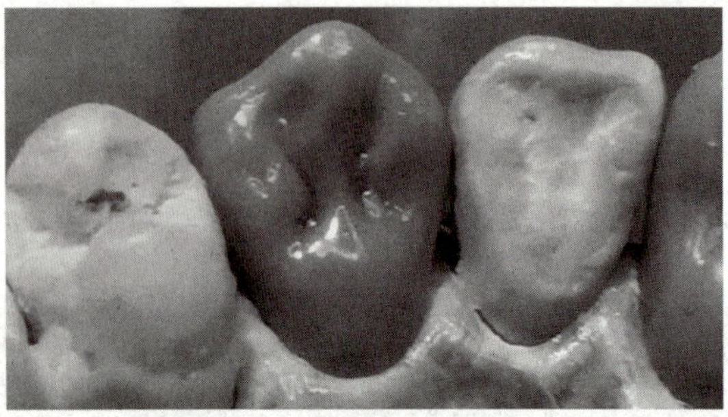

图 3-69　精修完成——舌面

四、任务评价

表 3-13　右上颌尖牙蜡型滴塑评价标准

序号	评价内容	分值	评价要点
1	体积	3	切颈径
		3	近远中径
		3	唇舌径
2	唇面	2	外形似圆五边形
		3	近中斜缘短于远中斜缘
		3	近中缘长于远中缘
		3	颈 1/3 与中 1/3 交界颈嵴（外高）
		2	唇轴嵴位置
		2	发育沟位置
3	舌面	3	似唇面且小于唇面
		3	两条牙尖嵴、两条边缘嵴
		3	舌轴嵴位置
		3	外形高点在颈 1/3 舌隆突
		3	舌隆突偏远中
4	近中面	3	近似三角形
		3	唇缘弧度
		3	舌缘弧度
		3	颈部凹陷
		3	唇舌径与切龈径比例
		3	舌隆突突度
		4	近中面宽大平坦
		4	接触区位于切 1/3 近切角

续　表

序号	评价内容	分值	评价要点
5	远中面	4	远中面较近中窄小圆突
		3	颈缘弧度
		3	颈部略凹
		4	接触区位于切 1/3 远切角
6	切端	3	观切端唇面曲度特征
		3	切嵴位于牙长轴唇侧
7	整体情况	3	牙体各面光亮
		3	整体协调美观
8	咬合检查	3	殆接触
		2	无殆干扰
9	操作规范	2	个人防护方法
		2	工具的使用
总分（100）			

▶任务拓展

尖牙保护殆对其他牙齿的保护作用

下颌进行侧向咬合运动时，工作侧只有上下颌尖牙保持接触，非工作侧牙齿不接触。尖牙保护殆在咀嚼过程中能够有效分散殆力，保护其他牙齿免受过大压力的影响。在形成上颌尖牙与下颌尖牙及第一前磨牙的接触关系时，可以用红蜡将这两处接触点加高，一直到与下颌尖牙的远中牙尖嵴和下颌第一前磨牙的近中牙尖嵴形成咬合接触，并修整接触点外形。

考试知识点总结

项目小结

协和云课堂……　拓展练习及参考答案

（李少华　黄　蓉　周子善）

教学课件

项目四　前磨牙形态与功能

项目目标

素质目标

（1）具备精益求精的工匠精神，以严谨务实的作风对待专业学习与实践。

（2）具备扎实的空间重构素质，拥有一定的思辨意识。

（3）前磨牙𬌗面窝沟深且密集，食物残渣易滞留致龋坏，要树立较强的防龋意识。

知识目标

（1）掌握：前磨牙类牙体解剖形态；右上、下颌第一前磨牙线图特征与描绘及石膏与蜡型牙体雕刻方法、步骤。

（2）熟悉：前磨牙类牙体解剖功能；石膏牙、蜡型牙雕刻工具的使用方法。

（3）了解：各前磨牙形态上的区别；右上、下颌第一前磨牙的描绘、雕刻及滴塑的评价标准。

能力目标

（1）经过系统的牙体解剖学研习与实践训练，能熟练剖析前磨牙类牙齿的形态特点及生理功能。

（2）能规范、独立、准确描绘出右上、下颌第一前磨牙线图。

（3）能规范、独立、熟练完成右上、下颌第一前磨牙三倍大、等倍大石膏牙雕刻；完成等倍大蜡型滴塑。

案例导入

【案例】

患者，男，46岁。右上颌第一前磨牙因严重龋坏无法保留而拔除，现需进行固定义齿修复。在制作修复体之前，需要先制作右上颌第一前磨牙的蜡型。口腔检查情况：患者口腔卫生状况良好，邻牙无明显松动，对颌牙列完整。通过口腔模型和X光片可知，拔牙窝愈合良好，缺牙区牙槽骨高度和宽度适宜。右侧上颌第二磨牙和第一前磨牙形态正常，可为蜡型制作提供参考。

【问题】

1. 右上颌第一前磨牙的主要形态特征有哪些?
2. 在进行右上颌第一前磨牙蜡型制作时应注意哪些问题?
3. 在进行上、下颌前磨牙形态雕塑时有何异同?

任务一 描述前磨牙表面解剖标志及功能

微课:描述前磨牙表面解剖标志及功能

一、任务导入

通过对前磨牙表面解剖标志的学习，进一步掌握牙体形态及其功能的联系，从而为后续牙体雕刻练习打下坚实基础，为制作出符合患者要求的修复体提供必要保障。

二、任务分析

前磨牙位于口角之后，又称后牙，其形态和功能密切相关，要想雕刻出完美的牙齿，首先要熟练掌握切牙的表面解剖标志和功能。

前磨牙介于尖牙和磨牙之间，又称为双尖牙（下颌第二磨牙偶见三个牙尖的情况），具有辅助尖牙撕裂食物、辅助磨牙磨细食物的作用，共 8 颗，包括上颌第一前磨牙、上颌第二前磨牙、下颌第一前磨牙、下颌第二前磨牙。上颌前磨牙牙冠体积大于下颌前磨牙牙冠体积，其中上颌第一前磨牙大于上颌第二前磨牙，下颌第一前磨牙小于下颌第二前磨牙。

后牙与前牙在形态上最主要的区别是后牙具有咬合平面，这是咀嚼活动的主要功能部位。后牙的边缘嵴将食物局限于𬌗面，咀嚼时对颌牙的牙尖与牙窝相对，沟与嵴相合，起到杵臼的作用，以捣碎和磨细食物。

（一）上颌第一前磨牙

上颌第一前磨牙是前磨牙中体积最大者，牙冠轮廓较显著，颊舌径大于近远中径。

1. 牙冠

（1）颊面：牙冠外形呈五边形，牙冠高度大于宽度，颊尖略偏远中，牙尖近中斜缘长，远中斜缘短。颊面有颊轴嵴，近中缘较远中缘略长，颊尖两侧各有一条发育沟。牙颈部的近远中径显著变窄，冠根连接处远中缘较平直，近中缘圆突且有凹陷。颊面外形高点位于颈 1/3 的颈嵴上（图 4-1）。

（2）舌面：外形呈五边形，舌尖偏近中。近中缘及远中缘与邻面的界限不明显。外形高点位于舌面中 1/3 略偏近中（图 4-2）。

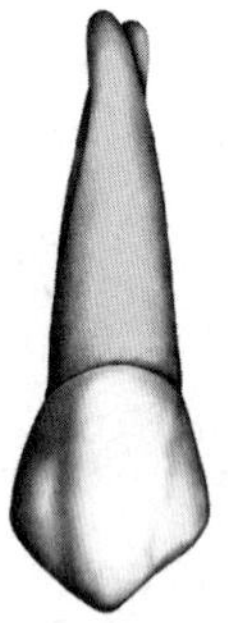

图 4-1　右上颌第一前磨牙颊面

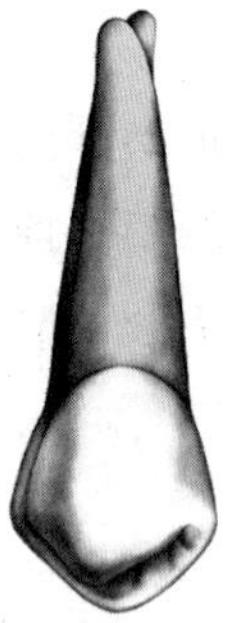

图 4-2　右上颌第一前磨牙舌面

（3）邻面：外形呈四边形，颊尖高于舌尖，颊舌尖落差显著。颊缘呈 W 形。远中面宽大平坦，近中面狭小圆突，近中边缘嵴较高，远中边缘嵴略低，近中沟跨过近中边缘嵴达近中面。近、远中外形高点均靠近𬌗缘（图 4-3）。

（4）𬌗面：𬌗面外形呈六边形，可看见两个牙尖，分别为颊尖和舌尖，其中颊尖宽度大于舌尖宽度，高度也大于舌尖，且颊尖锐利，舌尖相对圆钝。远中颊侧轴面角较近中锐利，远中边缘嵴较近中边缘嵴长且清晰。因近中边缘嵴高于远中边缘嵴，故近中窝较远中窝深，中央沟与牙体中轴一致，近远中窝位于中轴上，在近中边缘嵴内侧有近中结节。𬌗面有副沟，可增加𬌗面粗糙度，提高咀嚼效率（图 4-4）。当尖牙牙周状况不佳时，上颌第一前磨牙颊尖三角嵴近中斜面可和尖牙共同承担侧方咬合的导向功能。

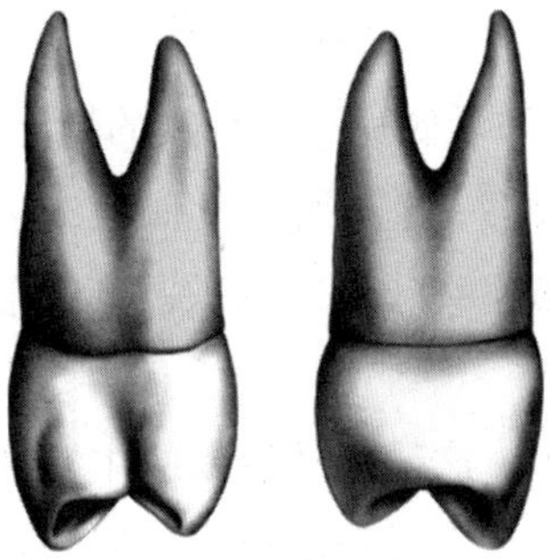

A　　B

图 4-3　右上颌第一前磨牙邻面

A. 近中面；B. 远中面。

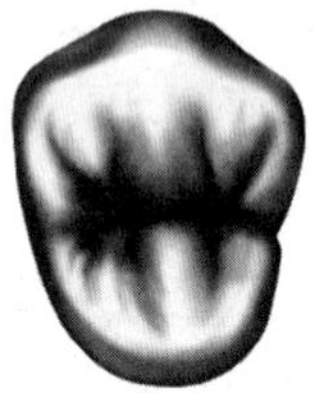

图 4-4　右上颌第一前磨牙𬌗面

2. 牙根　呈扁圆形，牙根多数在根中或根尖 1/3 处分为颊侧和舌侧两个牙根，其中颊根比舌根长，根尖均偏向远中，且略向内聚。

3. 牙颈　颊舌侧牙颈线曲度较平，稍凸向根方。近远中面牙颈线稍凸向𬌗方。

（二）上颌第二前磨牙

上颌第二前磨牙与上颌第一前磨牙形态相似，但体积稍小。

1. 牙冠

（1）颊面：牙冠外形呈五边形，牙冠小且圆突，发育沟和轴嵴较上颌第一前磨牙略显不明显。颊尖略偏向近中。近中缘平直，远中缘圆突（图 4-5）。

（2）舌面：外形与唇面相似，嵴和沟不明显，与邻面的交界线不明显。舌尖在牙冠中部略偏向近中（图 4-6）。

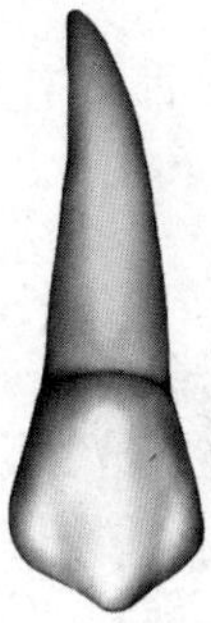

图 4-5　右上颌第二前磨牙颊

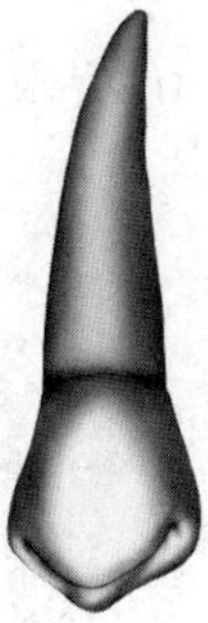

图 4-6　右上颌第二前磨牙舌

（3）邻面：外形呈四边形，近中面大于远中面，近中面较宽且平直，远中面较小且圆突（图 4-7）。颊侧缘与舌侧缘近似与牙体中轴平行。颊舌尖高度的差距小于上颌第一前磨牙。近中边缘嵴高于远中边缘嵴。牙冠与牙根的中轴一致，大体通过中央沟的位置。近、远中外形高点均位于𬌗 1/3 处，近中面外形高点更偏颊侧且更近𬌗缘。

（4）𬌗面：外形呈椭圆形，发育沟呈 H 形，近中边缘嵴比远中边缘嵴长。远中窝比近中窝略偏向舌侧，位置较低且深。两窝比上颌第一前磨牙更接近，故中央沟较短。颊舌侧、近远中方向比第一前磨牙对称。嵴和沟均不如第一前磨牙显著，副嵴呈放射状。远中颊侧轴面角比近中颊侧轴面角弯曲度大且更靠近舌侧（图 4-8）。

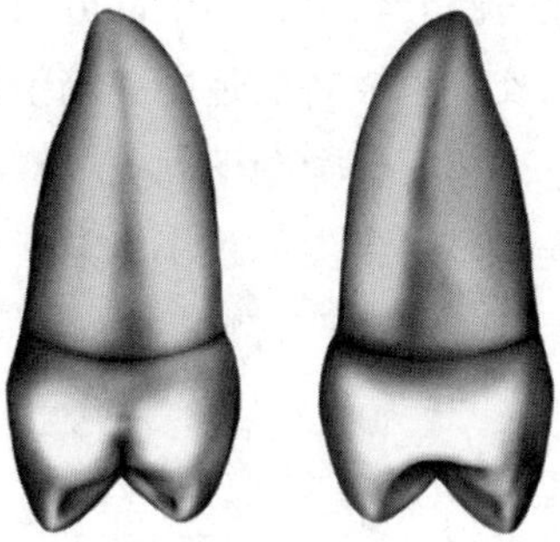

图 4-7　右上颌第二前磨牙邻
A. 近中面；B. 远中面。

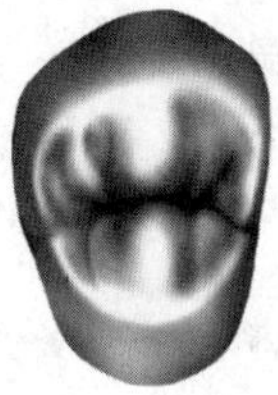

图 4-8　右上颌第二前磨牙𬌗

2. 牙根　多为扁圆形单根，近远中根面有少许凹陷，根尖段钝而弯，偏向远中。根颈 1/3 处横切面为长椭圆形。

3. 牙颈　颊舌侧牙颈线曲度较平直，稍凸向根方。近远中面牙颈线稍凸向𬌗方，且近中颈曲度大于远中颈曲度。

（三）下颌第一前磨牙

下颌第一前磨牙是前磨牙中体积最小者，其颊舌径与近远中径相近，牙冠较为方圆。

1. 牙冠

（1）颊面：外形呈五边形，颊尖略偏向近中。近中缘平直，远中缘圆突。外形高点位于颊面颈 1/3 处（图 4-9）。

（2）舌面：与邻面的界限不明显，舌尖低，偏向近中。外形高点在舌面中 1/3 处（图 4-10）。

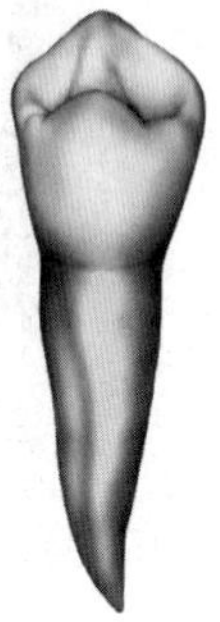

图 4-9　右下颌第一前磨牙颊面

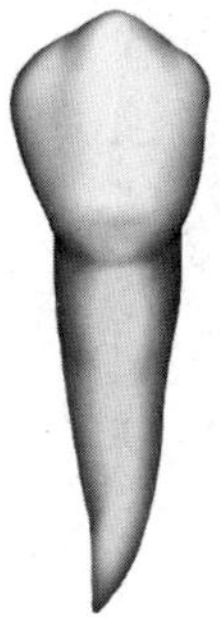

图 4-10　右下颌第一前磨牙舌面

（3）邻面：外形呈四边形，舌尖顶较低，颊舌牙尖的连线明显向舌侧倾斜，该倾斜度大于下颌第二前磨牙。颊尖顶约在颊舌径的中央位置。牙冠的颊侧缘从颈 1/3 处明显向舌侧倾斜。下颌第一前磨牙是牙冠避让现象最明显的牙齿，牙冠向舌侧倾斜较大，有利于𬌗力的轴向传导。近中面较宽且平直，远中面较小且圆突，近中边缘嵴高于远中边缘嵴。近远中外形高点均位于𬌗 1/3 处，近中面外形高点更接近𬌗缘且更偏颊侧（图 4-11）。

（4）𬌗面：外形呈卵圆形，近中颊侧轴面角锐利，远中颊侧轴面角圆钝。可看见两个牙尖，颊尖和舌尖。颊尖在颊舌径的中央位置，体积较大。颊尖三角嵴与舌尖三角嵴相连，形成横嵴，是下颌第一前磨牙的重要解剖标志。横嵴将𬌗面分成两部分，近中部分较窄，远中部分较宽。远中窝比近中窝靠近舌侧，位置较低且深。由于上颌第一前磨牙舌尖咬合于横嵴的远中，当下颌后退时，横嵴被上颌第一前磨牙舌尖阻挡，从而可以阻止下颌过度后退，从而保护颞下颌关节双板区免受髁突的压迫。颊尖的三角嵴显著，并带有副嵴，其中远中副嵴较明显。舌尖体积小，与颊尖相比更偏向近中。中央沟偏向舌侧，远中颊侧轴面角向远中的弯曲度较大且更靠近舌侧（图 4-12）。

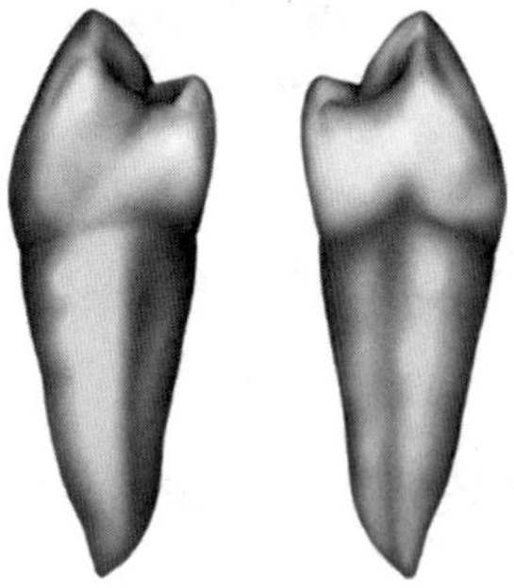

A　　B

图 4-11　右下颌第一前磨牙邻面

A. 近中面；B. 远中面。

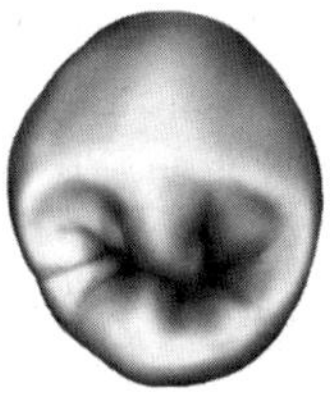

图 4-12　右下颌第一前磨牙𬌗面

2. 牙根　为扁而细长的单根，颊侧比舌侧宽，近中面的根尖段常有分叉痕迹，根颈 1/3 处横切面为扁椭圆形，根尖略偏向远中。

3. 牙颈　颊舌侧牙颈线较平直，稍凸向根方。近远中面牙颈线稍凸向𬌗方，且近中颈曲度大于远中颈曲度。

（四）下颌第二前磨牙

下颌第二前磨牙较下颌第一前磨牙体积稍大。

1. 牙冠

（1）颊面：外形呈五边形，颊尖偏近中。近中缘平直，远中缘圆突。颊面通常较少有嵴和沟。外形高点位于颊面颈 1/3 处（图 4-13）。

（2）舌面：外形呈方形，比下颌第一前磨牙宽。当牙体只有 2 个牙尖时，颊、舌两侧各一个牙尖，且颊侧牙尖稍大于舌侧牙尖，颊、舌牙尖均偏向近中。当有 3 个牙尖时，颊侧有一个牙尖，舌侧有近中舌尖和远中舌尖两个牙尖，其中近中舌尖大于远中舌尖，且两舌尖之间有舌沟，此时舌面宽于颊面（图 4-14）。

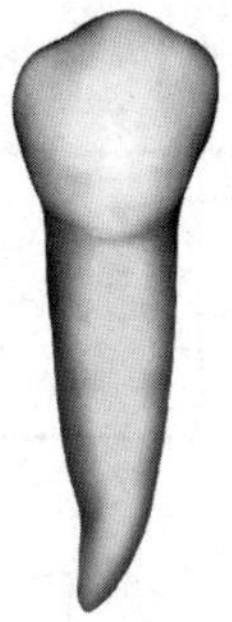

图 4-13　右下颌第二前磨牙颊面

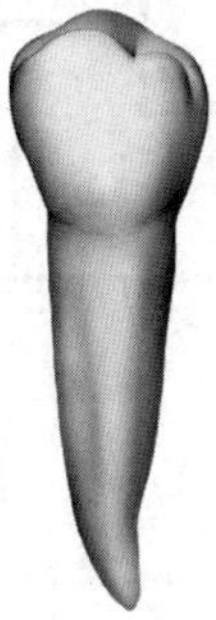

图 4-14　右下颌第二前磨牙舌面

（3）邻面：𬌗缘呈宽大的 M 形，略向舌侧倾斜。颊侧缘颈 1/3 处为外形高点，舌侧缘近𬌗 1/3 处为外形高点。近中面较宽且平直，远中面较小且圆突。颊舌尖的高度差距小于下颌第一前磨牙。牙冠中轴向舌侧倾斜，倾斜程度小于下颌第一前磨牙。近远中外形高点均偏颊侧，近中面外形高点更近𬌗缘。邻面接触区在𬌗 1/3 偏颊侧（图 4-15）。

（4）𬌗面：外形呈方圆形（三尖型）或椭圆形（两尖型）。颊舌径与近远中径均大于下颌第一前磨牙。当有 2 个牙尖时，颊侧和舌侧各有 1 个牙尖，均偏近中。发育沟多呈 H 形或 U 形。当有 3 个牙尖时，牙尖由大到小依次为颊尖、近中舌尖、远中舌尖，且发育沟多呈 Y 形。远中边缘嵴比近中边缘嵴显著，远中窝比近中窝靠近舌侧，位置较低且深。中央沟偏向舌侧，但与下颌第一前磨牙相比不显著（图 4-16）。

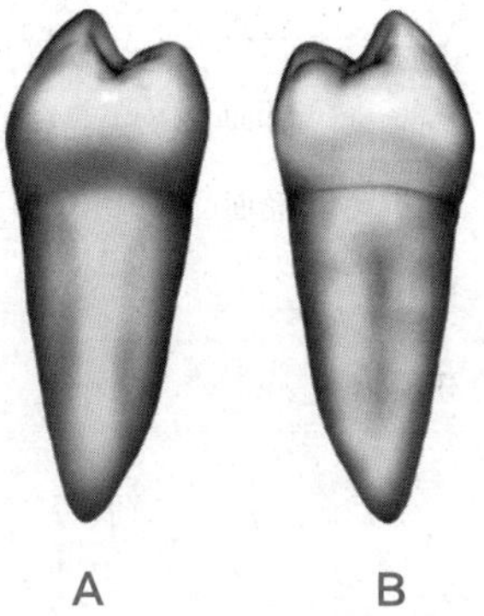

图 4-15　右下颌第二前磨牙邻面
A. 近中面；B. 远中面。

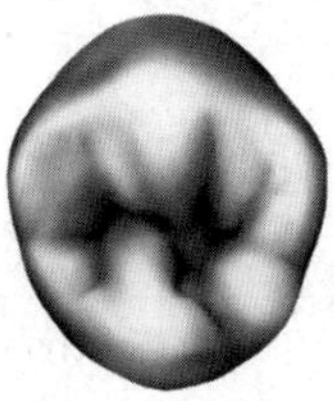

图 4-16　右下颌第二前磨牙𬌗面

2. 牙根　呈扁圆形的单根，近中根面无分叉痕迹，根尖段偏远中。

3. 牙颈　颊舌侧牙颈线较平直，舌侧牙颈线的位置高于颊侧，稍凸向根方。近远中面牙颈线稍凸向𬌗方，且近中颈曲度大于远中颈曲度。

三、任务实施

根据所学知识，在空格处填写解剖标志名称（图 4-17）。

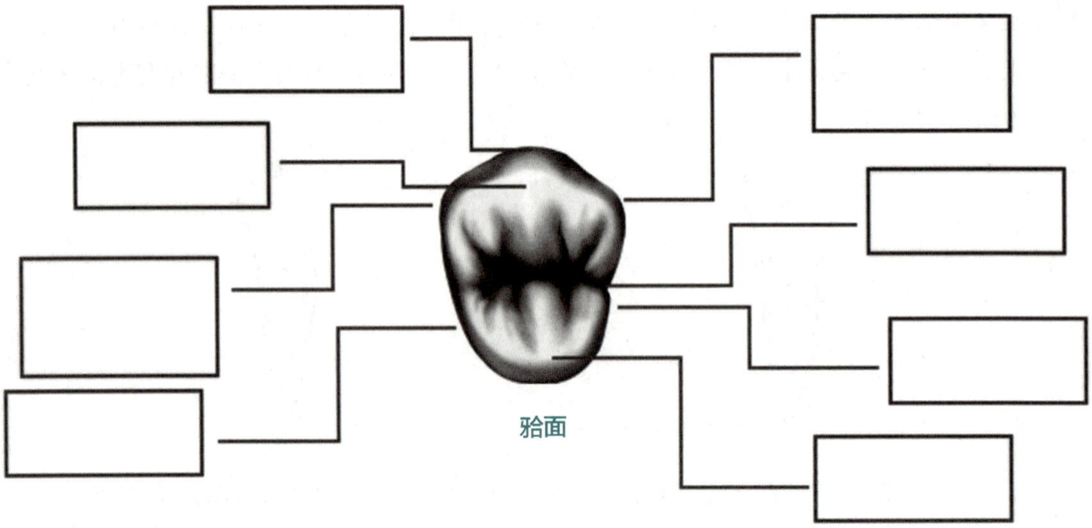

图 4-17　右上颌第一前磨牙𬌗面

四、任务评价

上颌第一前磨牙牙体形态描述的评价标准见表 4-1。

表 4-1　上颌第一前磨牙牙体解剖形态描述评价表

序号	评价内容	分值	部位		评价要点
1	上颌第一前磨牙	20	牙冠	颊面	知识要点概括详尽正确
		20		舌面	
		20		邻面	
		20		𬌗面	
		10	牙根		
		10	牙颈		
总分（100）					

▶任务拓展

安氏分类法

安氏分类法是目前应用最广的错㕮畸形分类方法，根据磨牙关系的不同，可分为安氏一类、二类和三类。

（一）安氏一类

1. 磨牙关系　上颌第一恒磨牙的近中颊尖正对下颌第一恒磨牙近中颊沟。磨牙为中性关系。

2. 常见症状　牙列拥挤、上牙弓前突、双颌前突、牙齿错位等。

3. 矫正思路　牙齿前突、牙列拥挤的，大多需拔牙内收，排齐牙齿。

（二）安氏二类

磨牙关系：上颌第一恒磨牙的近中颊尖位于下颌第一、二前磨牙之间，磨牙是远中关系。可分为二类一分类和二类二分类。

1. 二类一分类

（1）常见症状：牙列拥挤，前牙深覆㕮深覆盖、下颌后缩。

（2）矫正思路：根据覆盖严重程度，可以推磨牙向后，也可以拔牙矫正。

2. 二类二分类

（1）常见症状：内倾型深覆㕮，牙弓较狭窄，上牙向里扣，下颌处于后退。

（2）矫正思路：推磨牙向后，压低上下前牙、升高后牙以打开咬合，扩弓恢复牙弓宽度。

（三）安氏三类

1. 磨牙关系　上颌第一恒磨牙的近中颊尖咬合在下颌第一恒磨牙的远中颊沟内，磨牙是近中关系。

2. 常见症状　前牙对刃、反㕮或开㕮、上颌后缩或下颌前突等。

3. 矫正思路　具体如下所示。

（1）反㕮

1）乳牙期：佩戴活动矫治器，利用舌簧的力量来解除反㕮。避免拔牙，对儿童生长发育影响较小。

2）恒牙期：需要拔牙、使用牵引力调整牙齿位置等；情况严重的，还要结合正颌。

（2）开㕮：通过㕮垫来升高咬合或利用支抗钉压低后牙，再配合矫治器来建立正常的覆盖覆㕮。

任务二　完成右上颌第一前磨牙形态描绘

一、任务导入

对右上颌第一前磨牙牙体形态描绘的练习，是进一步掌握牙体形态特征的有效途径，也能为牙体雕刻打下基础。图 4-18 示右上颌第一前磨牙牙体线图，表 4-2 示右上颌第一前磨牙牙体的比例规格。根据图、表所示，正确绘制右上颌第一前磨牙各面牙体线图。

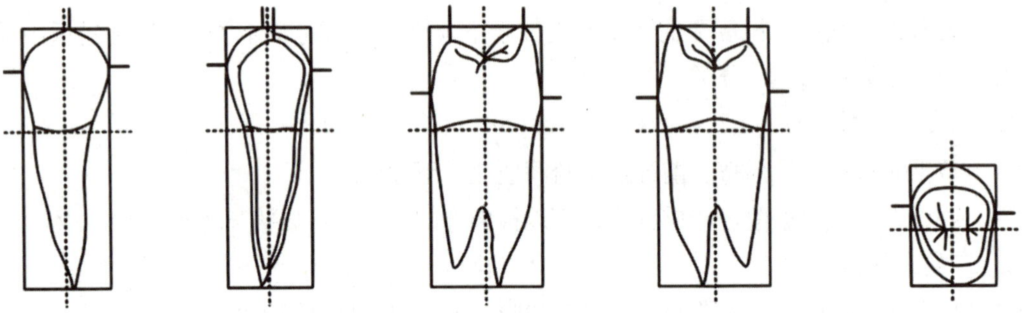

A　　B　　C　　D　　E

图 4-18　右上颌第一前磨牙牙体线图

A. 颊面；B. 舌面；C. 近中面；D. 远中面；E. 㓻面。

表 4-2　上颌第一前磨牙牙体的比例规格　　单位：mm

测量项目	一倍大	二倍大	三倍大
牙冠长	8.5	17.0	25.5
牙冠宽	7.2	14.4	21.6
牙冠厚	9.5	19.0	28.5
牙颈宽	4.9	9.8	14.7
牙颈厚	8.4	16.8	25.2
牙根长	12.1	24.2	36.3
牙全长	20.5	41.0	61.5

二、任务分析

完成右上颌第一前磨牙解剖形态的数字化设计，须熟练掌握该牙的形态特征，而对牙体线图的描绘是快速学习牙体特征的有效方法。

1．右上颌第一前磨牙颊面、舌面线图认知要点见图 4-19。上颌第一前磨牙颊面、舌面比例或形态特点见表 4-3。

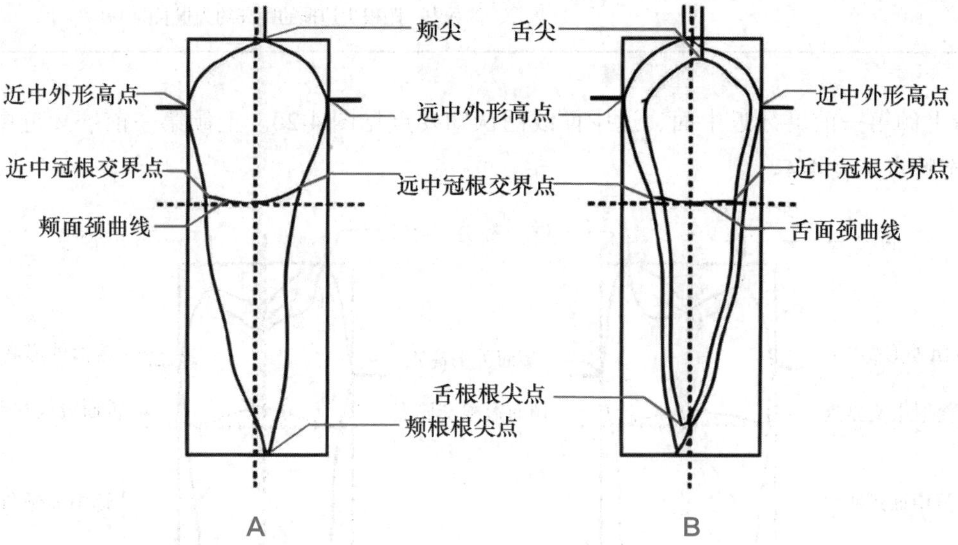

图 4-19 颊、舌面线图

A. 颊面；B. 舌面。

注意：舌面线图外层为颊面外形轮廓，内层为舌面外形轮廓。

表 4-3 上颌第一前磨牙颊、舌面比例或形态特点

测量指标及特征点	比例或形态特点
冠长 / 冠宽	约 1.2 : 1
冠长 / 根长	约 1 : 1.4
颊尖	略偏远中，到远中面边框的距离约为冠宽的 2/5
舌尖	略偏近中，到近中面边框的距离约为冠宽的 1/3
近中𬌗面角	较钝，与边框线留白稍多
远中𬌗面角	稍锐，与边框线留白少于近中
近中外形高点	𬌗 1/3，距𬌗面边框的距离约为冠长的 2/5
远中外形高点	𬌗 1/3，距𬌗面边框的距离约为冠长的 1/3
近中冠根交界点	距近中边框的距离约为冠宽的 1/8

续 表

测量指标及特征点	比例或形态特点
远中冠根交界点	较近中稍高、距远中边框的距离约为冠宽的 1/5
颊根根尖点	偏远中，距远中边框的距离约为冠宽的 2/5
舌根根尖点	偏远中，距根尖边框的距离约为根长的 1/9

2. 右上颌第一前磨牙近中面、远中面线图认知要点见图 4-20。上颌第一前磨牙近中、远中面比例或形态特点见表 4-4。

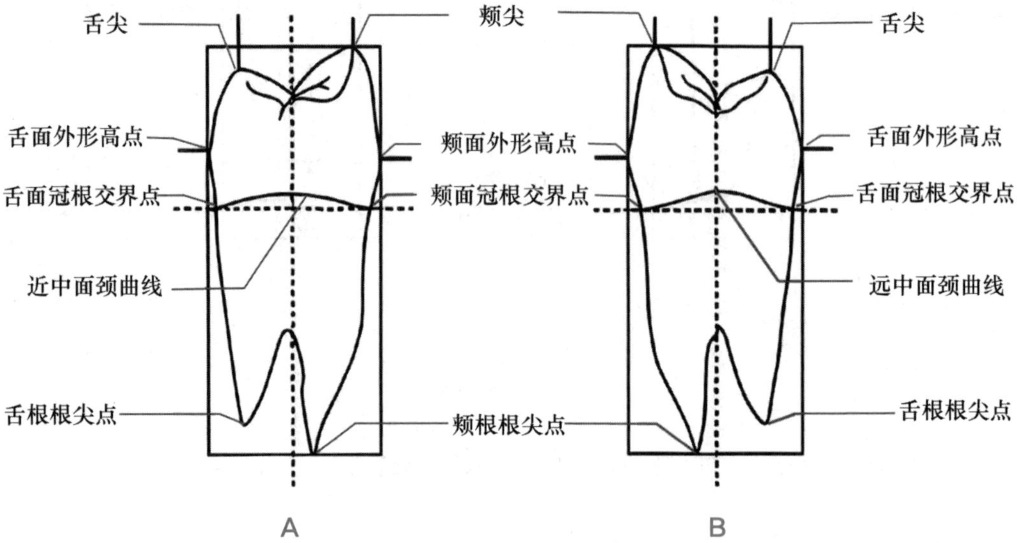

图 4-20　近中、远中面线图
A. 近中面；B. 远中面。

表 4-4　上颌第一前磨牙近中、远中面比例或形态特点

测量指标及特征点	比例或形态特点
冠长 / 冠厚	约 1∶1.1，冠厚略大
冠长 / 根长	约 1∶1.4
颊尖	中线颊侧，距颊面边框的距离约为冠厚的 1/7
舌尖	中线舌侧，距舌面边框的距离约为冠厚的 1/6，距牙𬌗面边框的距离约为冠长的 1/7
颊𬌗面角	较锐，与边框线留白少
舌𬌗面角	稍钝，与边框线留白较颊侧多
近中面颈曲线	最凸点位于中线舌侧，颈曲度约为冠长的 1/10

续　表

测量指标及特征点	比例或形态特点
远中面颈曲线	最凸点位于中线舌侧，颈曲度较近中略大，约为冠长的 1/10
颊面外形高点	颈 1/3，距颈缘边框的距离约为冠长的 1/3
舌面外形高点	中 1/3，距颈缘边框的距离约为冠长的 1/3
颊面冠根交界点	接近颊面边框
舌面冠根交界点	接近舌面边框，与边框线留白较颊侧少
颊根根尖点	中线颊侧，距颊面边框的距离约为冠厚的 2/5
舌根根尖点	中线舌侧，距根尖边框的距离约为根长的 1/9，距舌面边框的距离约为冠厚的 1/5

3. 右上颌第一前磨牙𬌗面线图认知要点见图 4-21。上颌第一前磨牙𬌗面比例或形态特点见表 4-5。

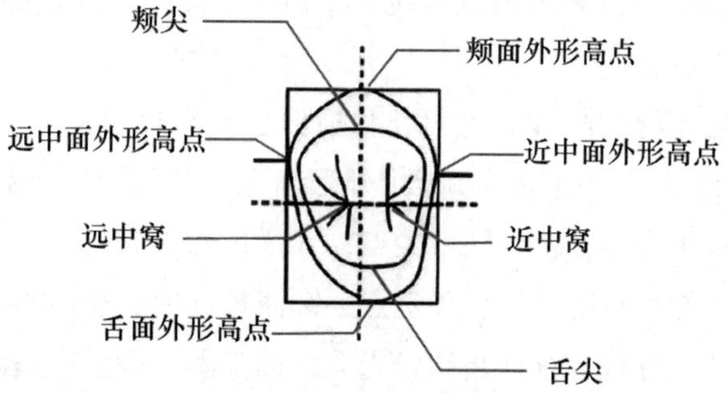

图 4-21　𬌗面线图

表 4-5　上颌第一前磨牙𬌗面比例或形态特点

测量指标及特征点	比例或形态特点
冠宽 / 冠厚	约 1∶1.3，冠厚略大
颊面外形高点	中线处
舌面外形高点	近中线，略偏近中
近中面外形高点	中线颊侧，距颊面边框的距离是冠厚的 2/5
远中面外形高点	中线颊侧，较近中稍偏颊，距颊面边框距离是冠厚的 1/3
颊尖	略偏远中，距颊面边框的距离是冠厚的 1/5
舌尖	略偏近中，距舌面边框的距离是冠厚的 1/6

续 表

测量指标及特征点	比例或形态特点
近中窝	距近中面边框的距离是冠宽的 1/3，距舌面边框的距离是冠厚的 1/2
远中窝	距远中面边框的距离是冠宽的 2/5，距舌面边框的距离是冠厚的 1/2

三、任务实施

（一）实训器材的准备

右上颌第一前磨牙牙体模型、右上颌第一前磨牙三倍大牙体线图、直尺、HB 铅笔、橡皮擦、素描纸、透明硫酸纸等。

（二）右上颌第一前磨牙线图绘制

1. 右上颌第一前磨牙颊面、舌面线图绘制（以颊面为例，图 4-22）

（1）步骤一：绘制线框及中线和冠根分界线。①描绘颊面线图的宽度和长度，形成线框；②标记近远中的中线和冠根分界线。

重点：①冠长和冠宽之比约 1.2∶1；②冠长和根长之比约 1∶1.4。

（2）步骤二：确定关键点。①颊尖；②近中外形高点；③远中外形高点；④近中冠根分界点；⑤远中冠根分界点；⑥颊根根尖点；⑦舌根根尖点；⑧牙颈线最低点。

重点：①根据前面所学知识点准确定位关键点；②注意近中、远中的细微区别。

（3）步骤三：绘制弧线。仔细观察牙齿线条走向，以步骤二提示的关键点绘制短弧线。

重点：使以上参照点成为弧线最突出的中心点。

（4）步骤四：绘制其余线条。绘制弧线以外的牙体线条，完成牙体线图绘制。

重点：①近中殆面角较钝，与边框线留白稍多，远中殆面角较锐，与边框线留白少于近中。②远中牙颈部较近中牙颈部留白多。

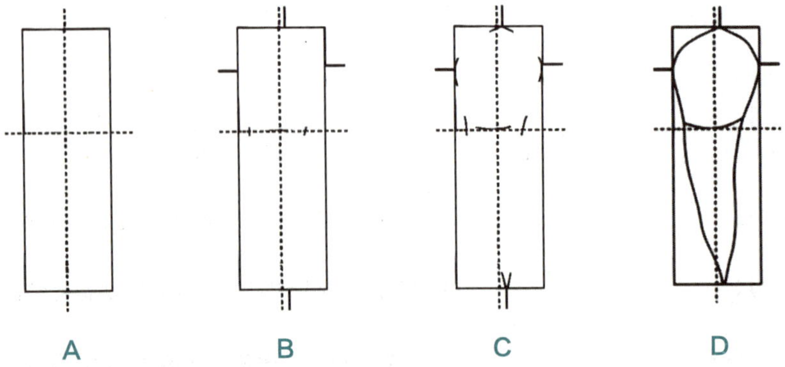

图 4-22　右上颌第一前磨牙颊面线图

2. 右上颌第一前磨牙近中面、远中面线图绘制（以近中面为例，图 4-23）

（1）步骤一：绘制线框及中线和冠根分界线。①描绘近中面线图的宽度和长度，形成线框；②标记颊舌冠厚的中线和冠根分界线。

重点：①冠长 / 冠厚约 1∶1.1，冠厚略大；②冠长和根长之比约 1∶1.4。

（2）步骤二：确定关键。①颊尖；②舌尖；③颊侧外形高点；④舌侧外形高点；⑤颊侧冠根分界线；⑥舌侧冠根分界线；⑦根尖点；⑧牙颈线最高点。

重点：①根据前面所学知识点准确定位关键点；②注意颊侧、舌侧定点的细微区别。

（3）步骤三：绘制弧线。仔细观察牙齿线条走向，以步骤二提示的关键点绘制短弧线。

重点：使以上参照点成为弧线最突出的中心点。

（4）步骤四：绘制其余线条。绘制弧线以外的牙体线条，完成牙体线图绘制。

重点：①殆面最低点位于近远中向中线上；②牙颈线凸向殆方。

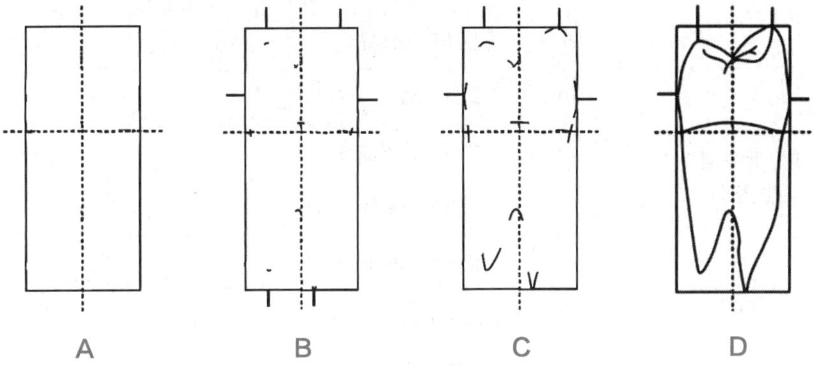

图 4-23　右上颌第一前磨牙近中面线图

3. 右上颌第一前磨牙殆面线图绘制（图 4-24）

（1）步骤一：绘制线框及中线。①描绘殆面图的宽度和厚度，形成线框；②标记冠宽和冠厚的中线。

重点：冠宽 / 冠厚约 1∶1.3，冠厚略大。

（2）步骤二：确定关键点。①颊侧外形高点；②舌侧外形高点；③近中外形高点；④远中外形高点；⑤颊尖；⑥舌尖；⑦近中窝；⑧远中窝。

重点：①根据前面所学知识点准确定位关键点；②注意近中窝和远中窝的位置。

（3）步骤三：绘制弧线。仔细观察牙齿线条走向，以步骤二提示的关键点绘制短弧线。

重点：使以上参照点成为弧线最突出的中心点。

（4）步骤四：绘制其余线条。①绘制轴面外形高点线；②绘制颊、舌、近中、远中边缘嵴；③绘制中央沟、发育沟、副沟。

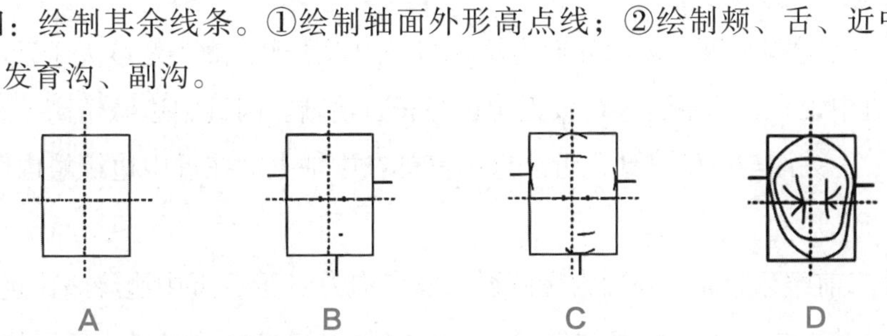

图 4-24　右上颌第一前磨牙殆面线图

重点：可以仔细观察四个轴面角留白的位置、形状和大小，进一步观察殆面线图。

四、任务评价

上颌第一前磨牙牙体线图各面形态描绘的评价标准见表 4-6。

表 4-6　上颌第一前磨牙牙体线图评价标准

序号	评价内容	分值	评价要点
1	颊、舌面线图绘制	10	比例适当
		10	关键点位置准确
		5	线条平滑顺畅
		5	整体形态良好
2	近、远中面线图绘制	10	比例适当
		10	关键点位置准确
		5	线条平滑顺畅
		5	整体形态良好
3	殆面线图绘制	10	比例适当
		10	关键点位置准确
		5	线条平滑顺畅
		5	整体形态良好
4	操作规范	5	仪容仪表
		5	个人防护
总分（100）			

▶任务拓展

上颌前磨牙的殆面描绘训练

（一）上颌前磨牙殆面形态

1. 上颌第一前磨牙殆面　殆面外形为轮廓明显的六边形，颊尖宽度大于舌尖宽度。远中颊侧轴面角较近中锐利，远中边缘嵴较近中边缘长且清晰。因近中边缘嵴高于远中，故近中窝较远中窝深，中央沟与中轴一致，近、远中窝都在中轴上，在近中边缘嵴内侧有显著的近中结节（图 4-25A）。

2. 上颌第二前磨牙殆面　外形为椭圆形，发育沟为 H 形，近中边缘嵴比远中边缘嵴长。远中窝比近中窝略偏向舌侧，位置较低且深。两窝比上颌第一前磨牙接近，故中央沟较短。

颊、舌侧及近、远中较第一前磨牙对称。三角嵴和沟均比第一前磨牙显著，副嵴呈放射状。远中颊侧轴面角比近中颊侧轴面角弯曲度大且更靠近舌侧（图 4-25B）。

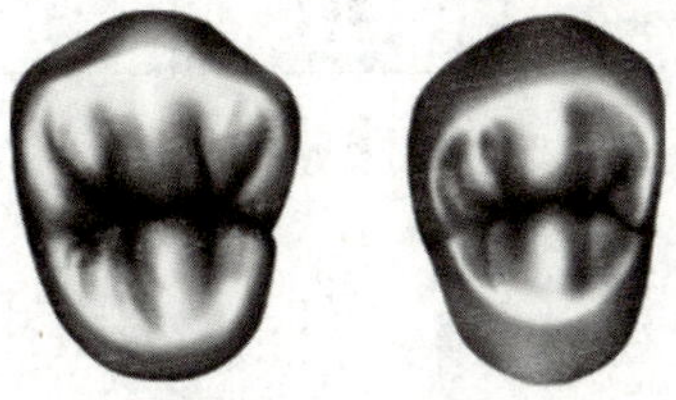

图 4-25　上颌前磨牙𬌗面形态

A. 上颌第一前磨牙；B. 上颌第二前磨牙。

（二）上颌前磨牙𬌗面形态描绘

描绘方法：找出牙尖点、邻面与颊面交界点，邻面与舌面交界点、𬌗面点隙等关键部位，描绘出牙体外形轮廓，其𬌗面的发育沟、中央沟、三角嵴，轴面的颊轴嵴、舌轴嵴等也可进行描绘。要特别注意比对上颌第一前磨牙与上颌第二前磨牙的形态区别，两者形成的邻接位置、外展隙等。也可用透明硫酸纸进行描摹训练。

任务三　完成三倍大右上颌第一前磨牙牙体雕刻

视频：完成三倍大右上颌第一前磨牙牙体雕刻

一、任务导入

对上颌第一前磨牙的雕刻练习，是掌握牙体形态特征的有效途径，有助于在脑海中形成牙体形态的三维立体成像，为后续的专业课程打下形态学基础。按照放大三倍的石膏牙雕刻数据、线图、多面体图、浮雕图，运用本节课的雕刻方法，在石膏块上完成一颗三倍大的右上颌第一前磨牙雕刻。

二、任务分析

完成这个任务，必须在能正确描绘放大三倍右上颌第一前磨牙的基础上，熟练掌握右上颌第一前磨牙的形态基础。放大三倍右上颌第一前磨牙雕刻是指将等倍大上颌第一前磨牙放大三倍后进行的石膏牙雕刻，具体数据见表 4-7。上颌第一前磨牙的线图、浮雕图已在上颌第一前磨牙描绘章节里详细介绍（详见项目四中任务二）。上颌第一前磨牙多面体图指的是上颌第一前磨牙的任意一面都不是单纯的平面，而是复杂的多个平面。

表 4-7　上颌第一前磨牙的比例规格

单位：mm

测量项目	一倍大	三倍大
牙冠长	8.5	25.5
牙冠宽	7.2	21.6
牙冠厚	9.5	28.5
牙颈宽	4.9	14.7
牙颈厚	8.4	25.2
牙根长	12.1	36.3
牙全长	20.5	61.5

三、任务实施

（一）实训器材的准备

58mm× 32mm× 35mm 石膏块、三倍大右上颌第一前磨牙数据表（表 4-7）、三倍大右上颌第一前磨牙线图（图 4-26）、三倍大右上颌第一前磨牙浮雕图（图 4-27）、三倍大右上颌第一前磨牙多面体线图（图 4-28）、石膏切刀、雕刻刀、直尺、红蓝铅笔、储水盆、橡胶垫板等。

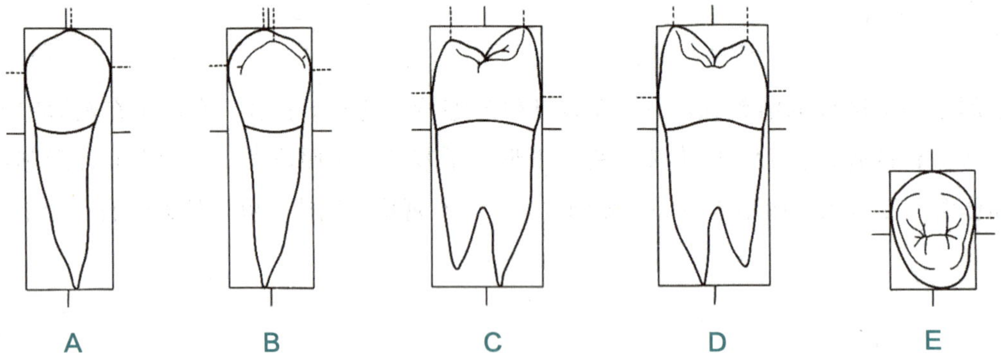

图 4-26　右上颌第一前磨牙线图

A. 颊面；B. 舌面；C. 近中面；D 远中面；E.殆面。

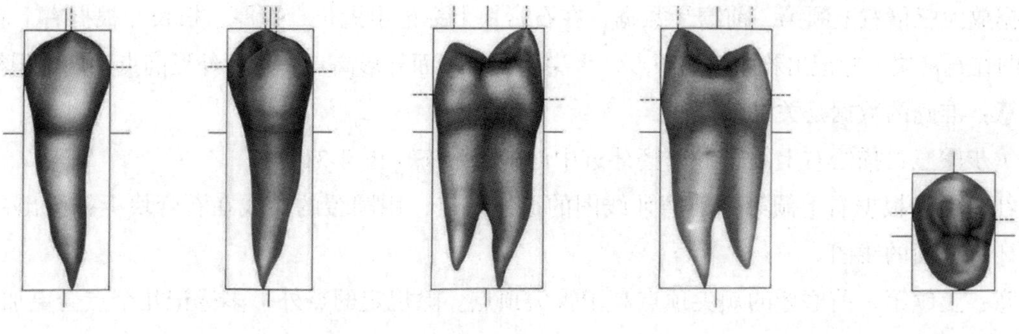

图 4-27　右上颌第一前磨牙浮雕图
A. 颊面；B. 舌面；C. 近中面；D 远中面；E.𬌗面。

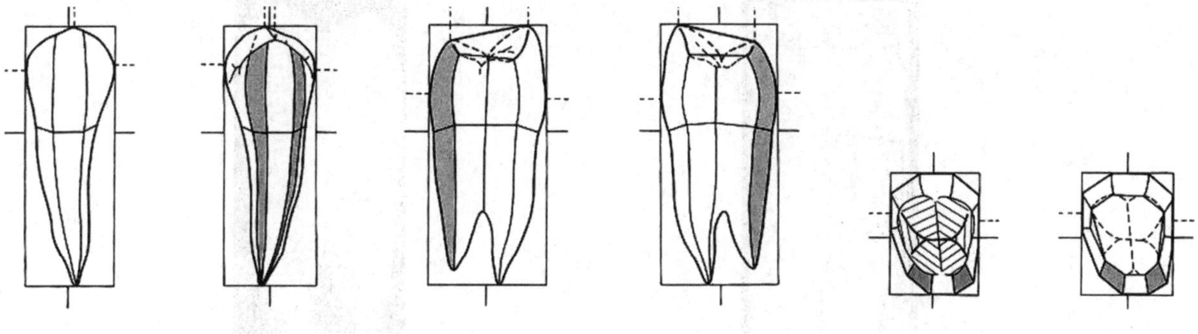

图 4-28　右上颌第一前磨牙多面体图
A. 颊面；B. 舌面；C. 近中面；D 远中面；E.面多面体；F. 外形多面体。

（二）三倍大右上颌第一前磨牙雕刻步骤

1. 三倍大右上颌第一前磨牙雕刻——二面体的形成

（1）步骤一：标记石膏块的中线（图 4-29）。

用游标卡尺或者直尺测量出石膏块的宽度，用红蓝铅笔标记出石膏块的中线。

注意：红蓝铅笔不能太粗，可将笔芯直径削至 0.5mm 粗细。

（2）步骤二：转移数据（图 4-30）。

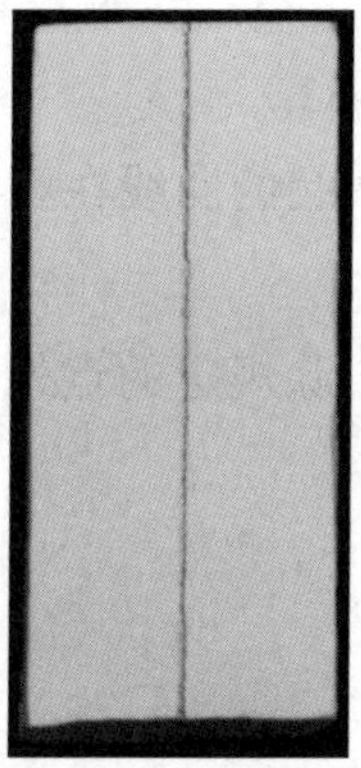

图 4-29　标记中线

图 4-30　转移数据

根据放大三倍右上颌第一前磨牙数据，在石膏块上标记出冠长、冠厚、根长。根据右上颌第一前磨牙线图在石膏块上标记出𬌗面颊尖顶点、舌尖顶点、颊面外形高点、舌面外形高点和两牙根根尖点。

注意：准确的数据是关键。

（3）步骤三：描绘右上颌第一前磨牙近中面初步形态（图 4-31）。

用红蓝铅笔根据右上颌第一前磨牙线图的形态特点，用圆缓的曲线在石膏块上描绘出右上颌第一前磨牙近中面的线图。

注意：上颌第一前磨牙的颊尖顶点高于舌尖顶点。除规定的点外，多标记几个点会更加准确。

（4）步骤四：去除线外多余的石膏（图 4-32）。

用石膏切刀去除近远中面线图以外多余石膏，二面体形成。

注意：去除石膏时切削至线条标记处，但是要保留线条。

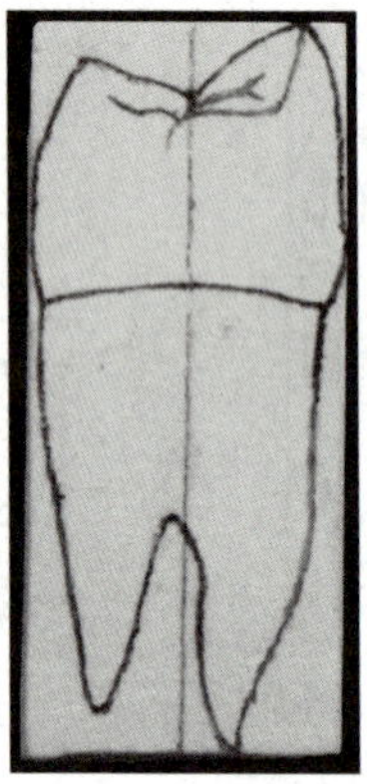

图 4-31　近中面描绘图

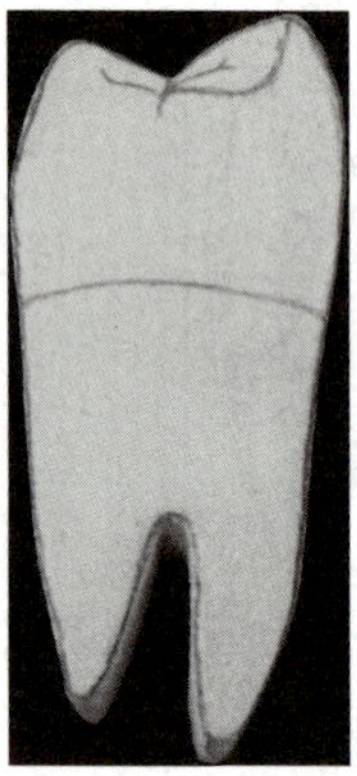

图 4-32　二面体形成图

2. 三倍大右上颌第一前磨牙雕刻——四面体的形成

（1）步骤一：标记石膏块的中线。

用游标卡尺或者直尺测量出石膏块的宽度，用红蓝铅笔标记出石膏块的中线。

（2）步骤二：转移数据。

根据放大三倍右上颌第一前磨牙数据，在石膏块上标记出冠长、冠宽、根长。根据右上颌第一前磨牙线图在石膏块上标记出近中面外形高点、远中面外形高点、颊尖顶点、舌尖顶点、近远中面颈部最凹陷点和牙根根尖位置。

注意：准确的数据是关键。

（3）步骤三：描绘右上颌第一前磨牙颊面初步形态（图 4-33）。

用红蓝铅笔根据右上颌第一前磨牙线图的形态特点，用圆缓的曲线在石膏块上描绘出右上颌第一前磨牙颊面的线图。

注意：上颌第一前磨牙的颊尖高大锐利，舌尖矮小圆钝。除规定的点外，多标记几个点会更加准确。

（4）步骤四：去除线外多余的石膏（图 4-34）。

用石膏切刀去除颊舌面线图以外多余石膏，四面体形成。

注意：去除石膏时切削至线条标记处，但是要保留线条。

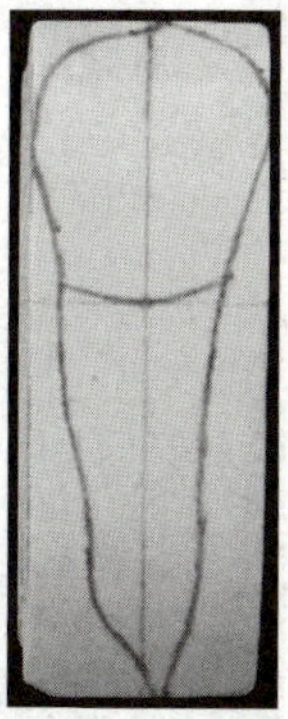

图 4-33　颊面描绘图

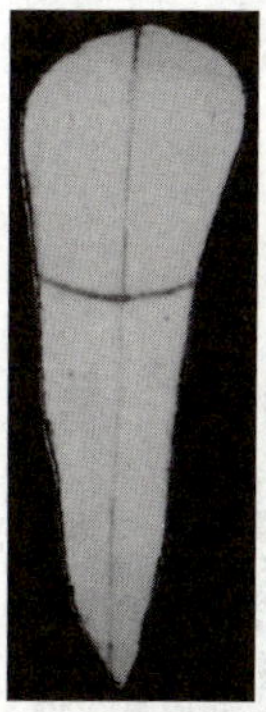

图 4-34　四面体形成图

3. 三倍大右上颌第一前磨牙雕刻——多面体的形成

（1）步骤一：形成颊面多面体。

参考多面体线图，在石膏牙颊面上描绘出多面体图形，根据阴影部分的深浅去除多余的石膏。

注意：颊面的阴影是去除石膏的面积，而去除石膏的厚度取决于近远中面阴影部分的深浅。切削多面体时，不得损坏颊侧牙颈突度。

（2）步骤二：形成舌面多面体。

参考多面体线图，在石膏牙舌面上描绘出多面体图形，根据阴影部分的深浅去除多余的石膏。

注意：舌面去除石膏的面积取决于舌面阴影部分的面积，而去除石膏的厚度取决于近远中面阴影部分的深浅。

（3）步骤三：形成近远中面多面体。

参考多面体线图，在石膏牙近远中面上描绘出多面体图形，根据阴影部分的深浅去除多余的石膏。

注意：在完成颊舌轴面角的过程中，近远中面的石膏去除已经完成。

（4）步骤四：形成𬌗面多面体。

参考多面体线图，在石膏牙𬌗面上描绘出多面体图形，根据阴影部分的深浅去除多余的石膏（图 4-35、图 4-36）。

注意：上颌第一前磨牙的𬌗面颊尖高大锐利，舌尖矮小圆钝。

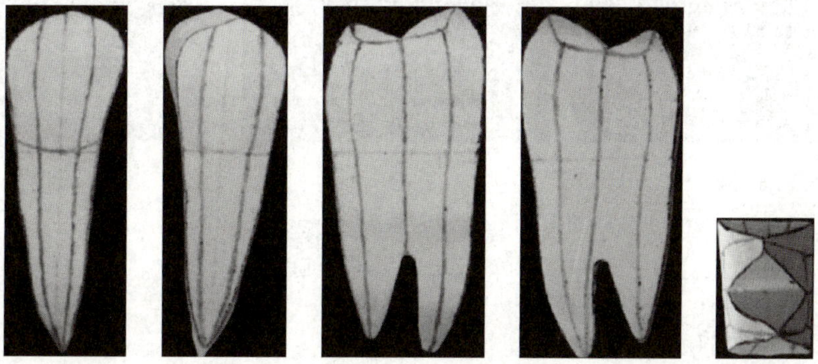

A　B　C　D　E

图 4-35　描绘多面体图形

A. 颊面；B. 舌面；C. 近中面；D 远中面；E.𬌗面。

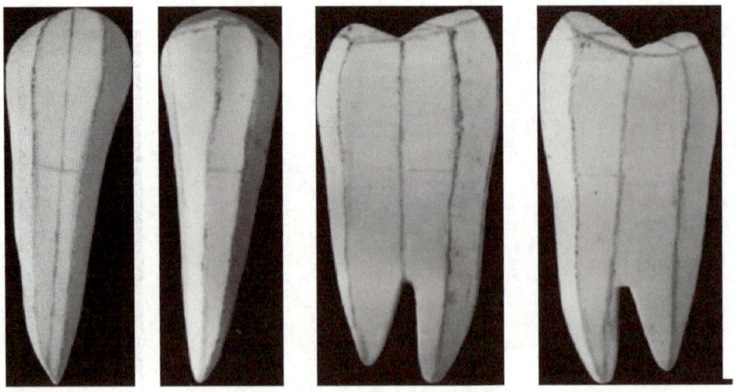

图 4-36 多面体切削完成

A. 颊面；B. 舌面；C. 近中面；D 远中面。

4. 三倍大右上颌第一前磨牙雕刻——四面成形

（1）步骤一：颈缘线的成形（图 4-37）。

1）描绘勾勒牙颈线。在石膏棒上描绘牙颈线，检查合格后，用雕刻刀将牙颈线勾勒一周，注意深度适宜。

2）形成台阶。在牙颈线下方 1mm 处画线，用雕刻刀沿该线从根方向冠方顺着牙颈线方向轻轻切割，形成浅台阶。

3）消除台阶。在牙颈线上方 1mm 处画线，用雕刻刀沿该线从冠方向根方顺着牙颈线方向轻轻消除台阶。

4）形成牙颈线：用雕刻刀轻轻勾勒出清晰地牙颈线。

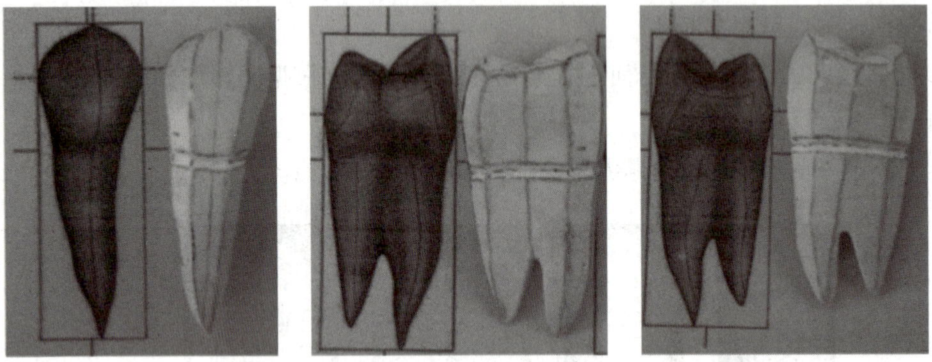

图 4-37 成形颈缘线

A. 颊面；B. 近中面；C. 远中面。

（2）步骤二：颊面的成形。

1）颊面牙根的成形。参照浮雕图在石膏牙颊面牙根处描绘出颊面最突出部分的连线，在牙根的近远中面描绘出最突出部分的连线。根据最突出部分的斜面特点，即颊面牙根的形态结构特点，用石膏切刀时，采用横握式和直握式对颊面牙根进行大体形态的成形处理（图 4-38）。

注意：上颌第一前磨牙是双根牙，注意牙根分叉位置的形态。

2）颊面牙冠的成形。①形成颈缘突度：颈缘突度即从近远中面到颊面近颈缘部分的弧度。在形成颈缘突度时，必须参照浮雕图，并观察浮雕图近颈缘部分的弧度，完成石膏的去除。②颊轴嵴的成形：上颌第一前磨牙的颊面有较为明显的颊轴嵴，把颊面分成了两个斜面。在颊面描绘出颊轴嵴的形态，并按照浮雕图形成两侧的斜面。③颊面近远中缘的成形：参考浮雕图，描绘上颌第一前磨牙近远中缘的形态，并转移到石膏牙相应的位置。结合近远中面和近颊侧斜面的特点，形成颊面近远中缘的形态（图 4-39）。

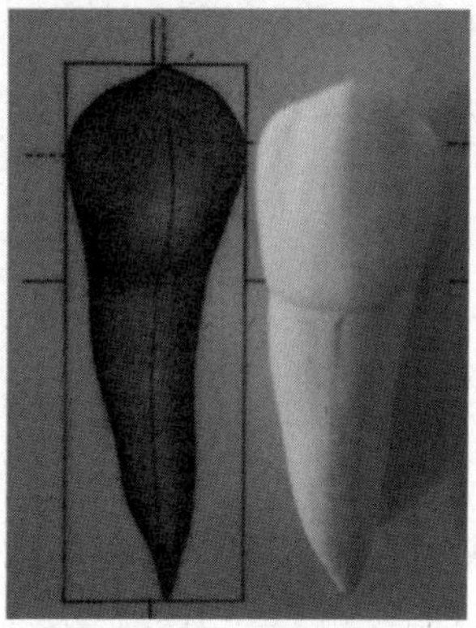

图 4-38　颊面成形后

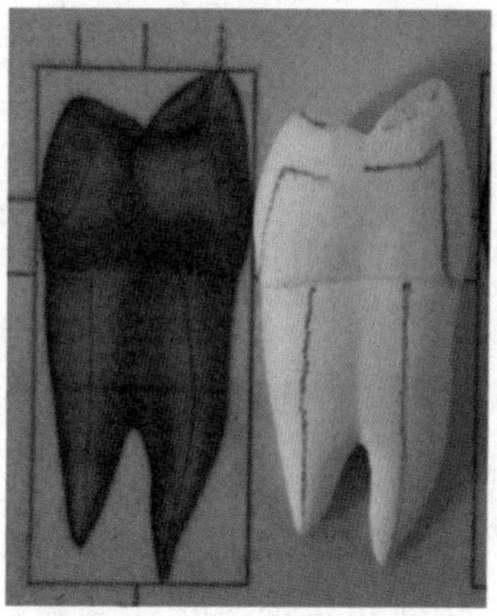

图 4-39　近中面成形后

（3）步骤三：舌面的成形。

1）舌面牙根的成形。方法参考颊面牙根的成形。

2）舌面较为圆突，外形高点在中 1/3 处。根据浮雕图描绘出舌面最突出部分的连线，在该线上下去除多余的石膏。

注意：舌面牙根较窄且隆突。

（4）步骤四：近远中面的成形。

参考浮雕图，描绘出浮雕图上近远中面最突出部分的连线，根据浮雕图上斜面的特点，在石膏牙上去除多余的石膏，形成近远中面的形态，注意近远中面接触区的形态特点。

（5）步骤五：𬌗面的成形（图 4-40、图 4-41）。

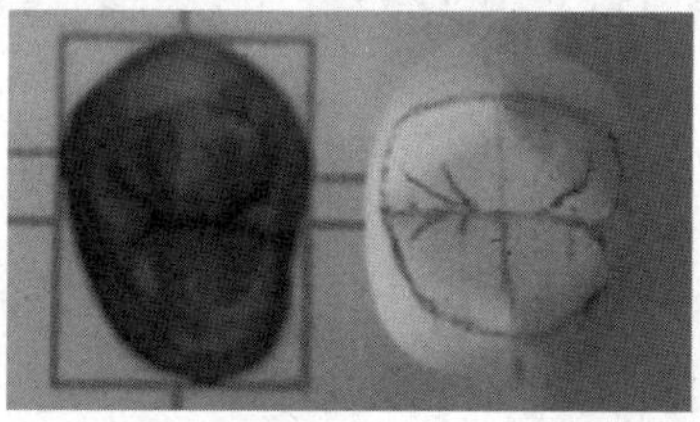

图 4-40　𬌗面成形前

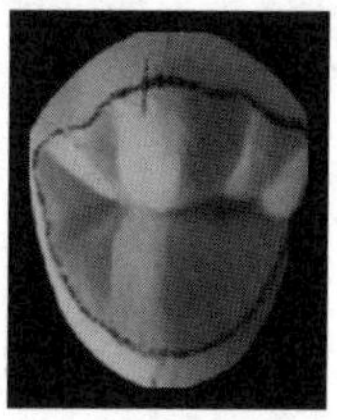

图 4-41　𬌗面成形后

1）修整𬌗缘外侧轴面𬌗 1/3 形态。参考浮雕图，在浮雕图上画出𬌗面最突出部分的连线，这个最突出部分的连线实际也是𬌗面边缘嵴的连线。转移上述最突出部分的连线至石膏牙相应的位置，去除最突出部分连线外侧相应的石膏，形成牙冠轴面𬌗 1/3 部分，同时注意修整轴面𬌗 1/3 的形态。

2）初步形成𬌗面窝底部。参考浮雕图，上颌第一前磨牙𬌗面有中央窝，中央窝两侧有近中窝和远中窝，把浮雕图上窝的位置转移到石膏牙相应的位置，用雕刻刀在窝的位置转动两下，去除少量石膏，形成一个小窝。

3）形成殆面三角嵴的形态。把浮雕图上的牙尖三角嵴转移到石膏块上，用雕刻刀沿窝向三角嵴做斜面。

4）形成发育沟、副沟。参考浮雕图，根据发育沟的形态与位置形成发育沟、副沟。

5. 三倍大右上颌第一前磨牙雕刻——精雕完成

（1）步骤一：颊面发育沟的修整。

仔细观察右上颌第一前磨牙颊面浮雕图上两条发育沟的形态和位置，在石膏牙相应的位置用红蓝铅笔进行准确的描绘，用雕刻刀进行修整。

注意：颊面发育沟是牙在生长发育过程中形成的浅沟，所以该发育沟与唇面的融合度非常高，发育沟两侧斜面的斜度大且衔接自然。

（2）步骤二：轴面颈缘线的修整。

再次准确的修整颈缘线，用雕刻刀在颈缘线上下进行切削，以使牙冠和牙根衔接自然。

注意：上颌第一前磨牙的颈像线为连续的、圆缓的曲线。

（3）步骤三：修饰牙体表面。

在四面成形的基础上，用雕刻刀采用执笔式从根尖或从牙尖顶对牙体表面进行润饰，力求牙根表面光滑，上颌第一前磨牙的牙根有两个，均为扁根，近中根较长且粗，远中根较短且较细。牙根的近远中面均有纵行凹陷，牙根分叉较靠近根尖 1/3。

（4）步骤四：牙体表面流畅性的检查。

检查石膏牙各轴面的外形高点、邻接点、凹凸衔接的自然程度（图 4-42）。

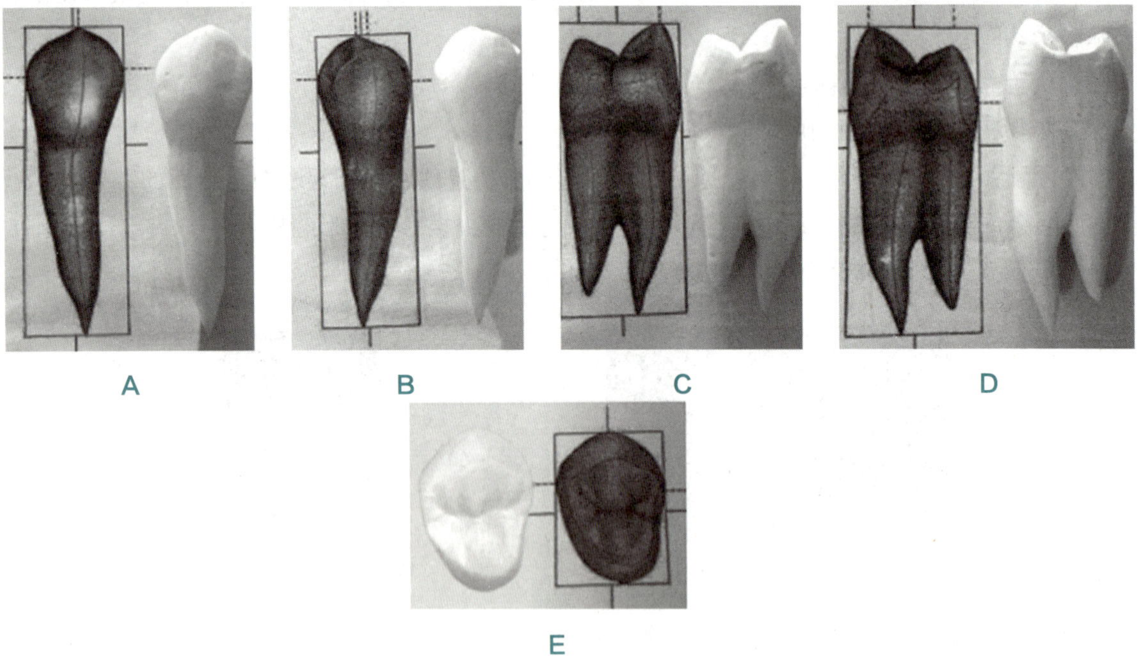

图 4-42　放大三倍右上颌第一前磨牙雕刻完成后

A. 颊面；B. 舌面；C. 近中面；D 远中面；E. 殆面。

四、任务评价

上颌第一前磨牙石膏牙雕刻的评价标准见表 4-8。

表 4-8 上颌第一前磨牙石膏牙雕刻评价标准

序号	评价内容	分值	评价要点
1	雕刻数据	4	冠宽
		4	冠厚
		4	冠根长
2	颊面	3	颊面轮廓形态
		3	近远中径与殆颈径比
		3	颊面外形高点位于颈 1/3
		3	发育沟的位置形态
		3	颊面的牙根呈锥体形较舌面平坦
		3	颊尖偏向远中
3	舌面	3	舌面轮廓形态
		3	舌面较颊面小
		3	舌面的牙根呈锥体形较圆突
		3	舌尖偏向近中
4	近中面	3	近中面的轮廓形态
		3	颊舌径与殆颈径比
		3	近中面观颊面的弧度
		3	近中面观舌面的弧度
		3	近中面的外形高点位置
		3	近中面牙根颊舌径大于近远中径
5	远中面	3	与近中面形态相似但体积小且圆突
		3	颈部凹陷
		3	远中面外形高点的位置
		3	远中面颈缘线更圆缓
6	殆面	3	殆缘的位置形态
		3	发育沟的位置形态
		3	窝的位置形态
		3	三角嵴的位置形态

续 表

序号	评价内容	分值	评价要点
7	整体情况	3	牙体各面表面光滑、线条流畅
		5	牙体各部比例协调
8	操作规范	3	个人防护方法
		5	工具的使用
总分（100）			

▶任务拓展

放大三倍右上颌第二前磨牙雕刻

在牙体修复的实际工作中，精准掌握各类牙体形态特点至关重要。上颌前磨牙组作为上颌后牙的关键组合，除常规的上颌第一前磨牙外，还包括上颌第二前磨牙，且各牙位均呈左右对称分布，左右各有一颗。

此前，同学们已深入学习了最具典型性的上颌第一前磨牙雕刻知识与技巧，然而，在日常实践操作里，上颌第二前磨牙的形态恢复也同样重要。为切实强化同学们在本次学习任务中前磨牙组不同牙位形态雕刻的全方位理解，提升实操动手能力，并着力培养自我探究精神，现布置如下实践任务。

请同学们灵活运用前面所学的放大三倍右上颌第一前磨牙雕刻方法及详细步骤，紧密结合提供的右上颌第二前磨牙线图（图 4-43）、浮雕图（图 4-44）及多面体图（图 4-45），并依据表 4-9 中精准的三倍大右上颌第二前磨牙数据，雕刻出一颗放大三倍右上颌第二前磨牙。在完成雕刻作品后，总结归纳上颌第一前磨牙与上颌第二前磨牙在形态方面存在的显著差异，通过对比分析深化对两种牙齿形态特点的认知，为未来应对复杂多变的口腔修复工作筑牢坚实基础。

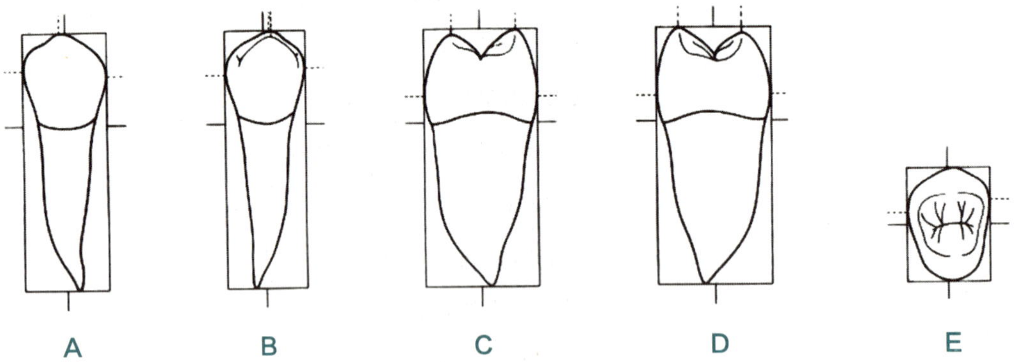

图 4-43　右上颌第二前磨牙线图

A. 颊面；B. 舌面；C. 近中面；D 远中面；E. 殆面。

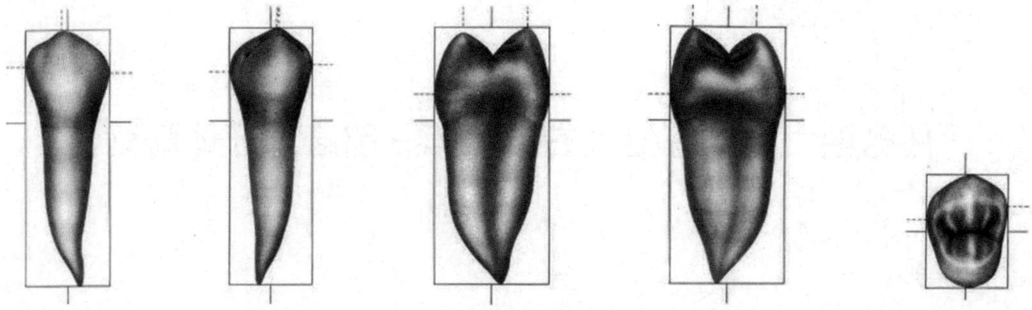

图 4-44　右上颌第二前磨牙浮雕图

A. 颊面；B. 舌面；C. 近中面；D 远中面；E.𬌗面。

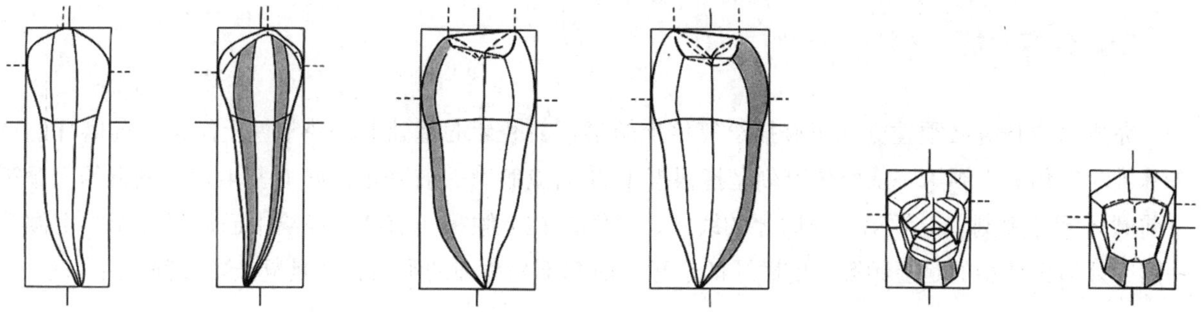

图 4-45　右上颌第二前磨牙多面体图

A. 颊面；B. 舌面；C. 近中面；D 远中面；E.𬌗面多面体；F. 外形多面体。

表 4-9　上颌第二前磨牙的比例规格

单位：mm

测量项目	一倍大	三倍大
牙冠长	7.6	22.8
牙冠宽	6.9	20.7
牙冠厚	9.3	27.9
牙颈宽	6.3	21.0
牙颈厚	6.2	18.9
牙根长	13.1	29.3
牙全长	20.7	62.1

任务四 完成等倍大右上颌第一前磨牙牙体雕刻

一、任务导入

完成三倍大右上颌第一前磨牙雕刻后，在规定的时间内，按照等倍石膏牙雕刻模型、数据、线图、多面体图、浮雕图，在规范安全的操作基础上，于石膏块上完成一颗等倍大右上颌第一前磨牙雕刻。

二、任务分析

完成这个任务必须建立在正确描绘等倍上颌第一前磨牙的基础上，并掌握上颌第一前磨牙的形态基础。等倍右上颌第一前磨牙雕刻是指根据 1∶1 右上颌第一前磨牙数据（表 4-10）进行的上颌第一前磨牙牙体雕刻。上颌第一前磨牙的线图、浮雕图在上颌第一前磨牙描绘中已详细介绍。上颌第一前磨牙多面体指的是上颌第一前磨牙的任意一面都不是单纯的平面，而是复杂的多面。

表 4-10 上颌第一前磨牙的比例规格

单位：mm

测量项目	一倍大
牙冠长	8.5
牙冠宽	7.2
牙冠厚	9.5
牙颈宽	4.9
牙颈厚	8.4
牙根长	12.1
牙全长	20.5

三、任务实施

（一）实训器材的准备

右上颌第一前磨牙线图、等倍大右上颌第一前磨牙雕刻模型 1 套、石膏块（15mm×15mm×55mm）、石膏切刀、雕刻刀、绘图铅笔、红蓝铅笔、游标卡尺、直尺、毛刷、储水盆、橡胶垫板等。

（二）等倍大右上颌第一前磨牙雕刻步骤

1. 等倍大右上颌第一前磨牙雕刻——石膏框架成形

（1）步骤一：绘制框架及标志线、切削框架成形。

用游标卡尺测量等倍大右上颌第一前磨牙雕刻模型的冠长、冠宽、冠厚、根长。在石膏块上，用游标卡尺轻轻刻出各面的冠根分界线和中轴线，绘制牙体外形框架（图 4-46）。用石膏切刀切掉框线以外的石膏，先修整平行的两侧，再修整另外两侧，四周应平整（图 4-47）。

要求：雕刻等倍大右上颌第一前磨牙的牙体总长是冠长加根长的总和。

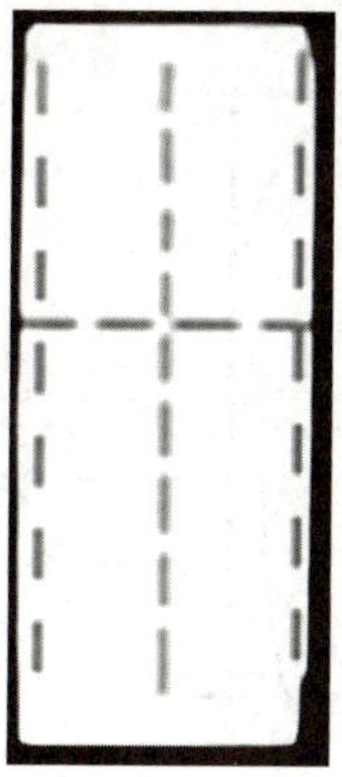

图 4-46　绘制框架

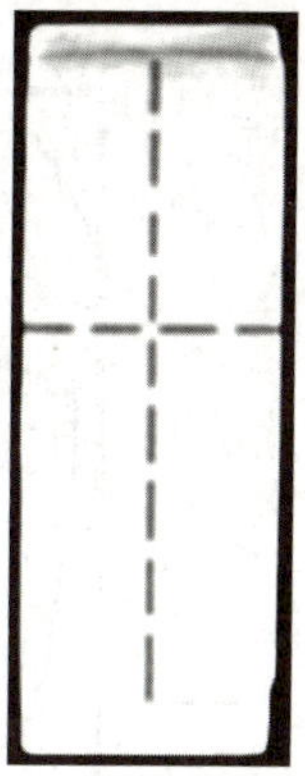

图 4-47　绘制框架舌面

（2）步骤二：确定基准面。

参照模型和牙体线图确定颊面、舌面、近中面和远中面。

2. 等倍大右上颌第一前磨牙雕刻——二面体成形

（1）步骤一：描绘颊舌面外形。

参照等倍大右上颌第一前磨牙雕刻模型和右上颌第一前磨牙线图，将模型颊、舌面与石膏块重合，在石膏块的颊、舌面标出牙尖顶的位置，将所测牙颈宽度数据转移到石膏块上，参照右上颌第一前磨牙雕刻模型的颊、舌面轮廓外形，描绘出颊、舌面的牙体外形线（图 4-48）。

要求：转移的参照点要准确，颊舌面的牙体外形线应为细线且线条流畅。

（2）步骤二：颊舌面切削成形。

用石膏切刀沿颊舌面边缘线上下推拉切削，形成颊舌面外形（图 4-49）。

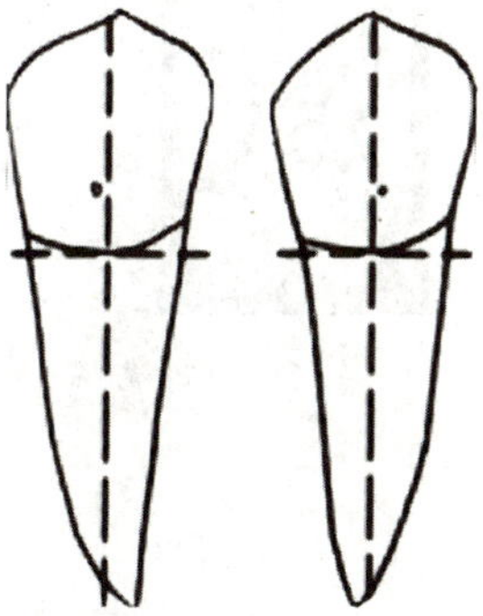

A　B

图 4-48　描绘颊舌面外形

A. 颊面；B. 舌面。

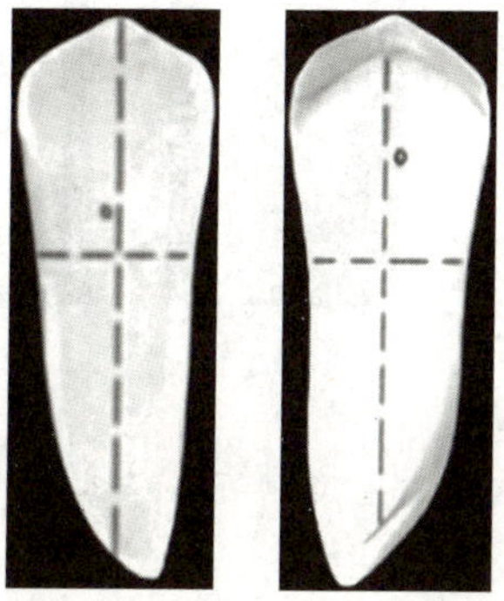

A　B

图 4-49　二面体成形

A. 颊面；B. 舌面。

要求：不得损坏外形高点的突度，恰好切到线，不能切掉线，轴面外形轮廓需与右上颌第一前磨牙线图一致。

3. 等倍大右上颌第一前磨牙雕刻——四面体成形

（1）步骤一：描绘近远中面外形。

参照等倍大右上颌第一前磨牙雕刻模型和右上颌第一前磨牙线图，将模型近中面、远中面与石膏块重合，在石膏块的近远中面标出牙尖顶的位置。将所测牙颈厚度数据转移到石膏块上，参照右上颌第一前磨牙模型的近远中轮廓外形，描绘近远中面的牙体外形线（图 4-50）。

要求：同二面体描绘。

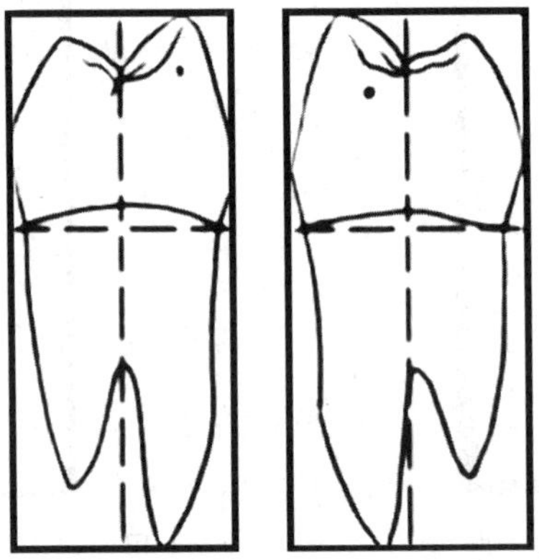

A B

图 4-50 描绘近远中面外形

A. 近中面；B. 远中面。

（2）步骤二：近远中面切削成形。

用石膏切刀沿近远中边缘线上下推拉切削，形成近远中面外形（图 4-51）。

要求：同二面体成形。

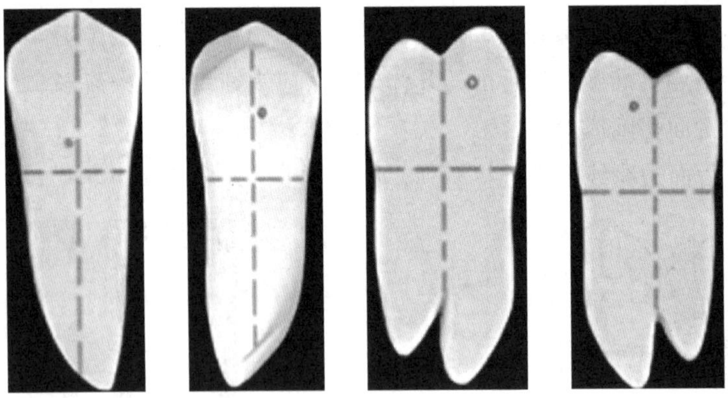

A B C D

图 4-51 四面体成形

A. 颊面；B. 舌面；C. 近中面；D. 远中面。

4. 等倍大右上颌第一前磨牙雕刻——多面体成形

（1）步骤一：正确描绘多面体各个轴面。

参照右上颌第一前磨牙雕刻模型𬌗面观，在石膏块上画出多面体外形的边缘线与中轴线的角度，各个轴面最突出部分的连线，冠根分界线与外形高点之间的连线（图 4-52）。

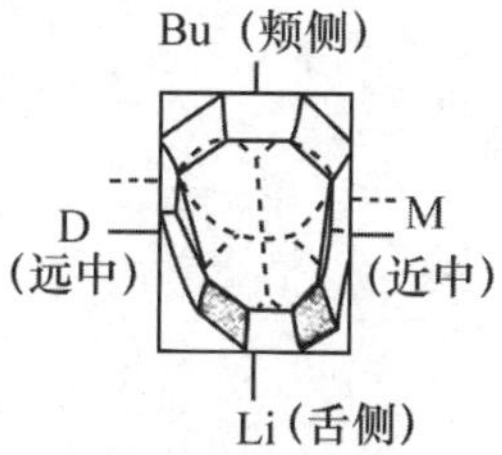

图 4-52　𬌗面与多面体的位置关系参照图

要求：尽可能使多面体边缘线与右上颌第一前磨牙线图相一致。

（2）步骤二：切削多面体。

按照多面体边缘线切削各斜面，最终形成多面体（图 4-53）。

要求：切削多面体时，不得损坏颊侧牙颈突度。

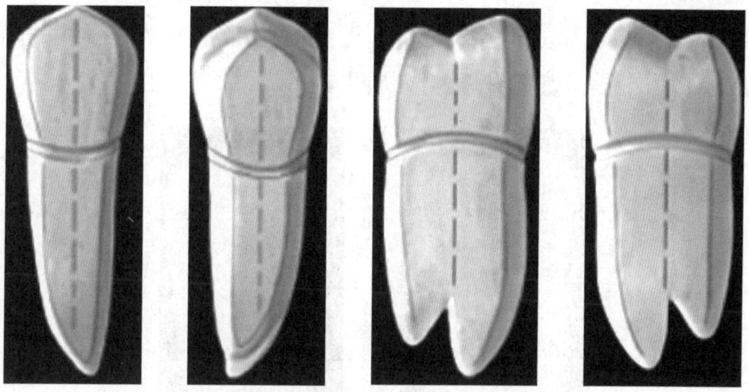

图 4-53　多面体成形

A. 颊面；B. 舌面；C. 近中面；D. 远中面。

5. 等倍大右上颌第一前磨牙雕刻——四面成形

（1）步骤一：颊面成形。

1）颊面近远中缘、近远中斜缘和颊轴嵴成形。参照右上颌第一前磨牙雕刻模型，在石膏块上标记出近远中缘、近远中斜缘和颊轴嵴的位置。用雕刻刀进行切削，形成近远中 2 个斜面和颊轴嵴，颊侧近远中缘要与颊侧颈缘、颊轴嵴流畅连接。

2）颈部及牙根成形。标记出颊面近远中线角和牙颈部狭窄部分，形成颊侧牙颈线。

3）颊面发育沟成形。在颊面近远中颊斜面上，分别沿与近远中边缘平行的方向用铅笔描绘出 2 条发育沟，注意雕刻不宜太深，发育沟的凹陷需与周围突出部分流畅连接（图 4-54）。

要求：从颊面观察，牙冠外形为五边形，颊尖偏向远中，舌尖偏向近中，近中斜缘长于远中斜缘，近中缘平直，远中缘圆突，近中缘稍长于远中缘。

（2）步骤二：舌面成形。

1）舌面近远中边缘、近远中斜缘和舌轴嵴成形。各边缘界限不明显（图 4-55）。

2）颈部及牙根成形。参照右上颌第一前磨牙雕刻模型进行切削，颈部与牙根流畅连接。

3）近舌轴面角和远舌轴面角成形。参照模型，远舌轴面角大于近舌轴面角。

要求：颊根较粗，舌根较细，颊尖高于舌尖。

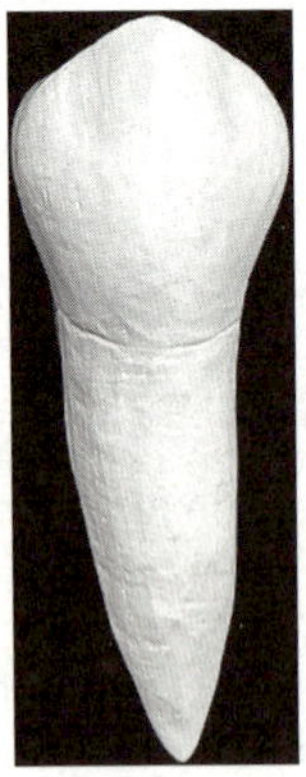

图 4-54　颊面成形

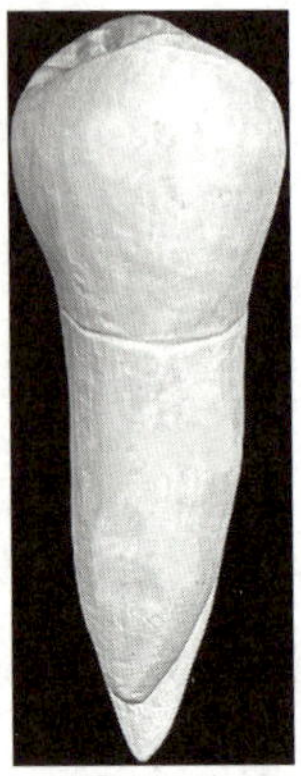

图 4-55　舌面成形

（3）步骤三：邻面成形。

参照近远中面外形，用雕刻刀切削多余石膏，近中面颈部有明显的线性凹陷，用雕刻刀的刀腹和刀勺形成凹陷。近远中面外形高点都靠近𬌗缘（图 4-56）。

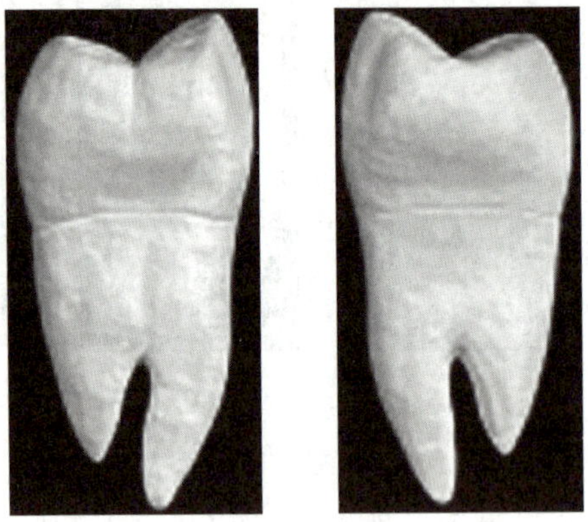

A　　B

图 4-56　邻面成形

A. 近中面；B. 远中面。

6. 等倍大右上颌第一前磨牙雕刻——𬌗面成形

（1）步骤一：三角嵴和边缘嵴成形。

参照模型，描绘出三角嵴和边缘嵴的走行，并确定颊舌面牙尖顶点的位置，然后将这些标记正确转移到石膏牙上。用雕刻刀沿三角嵴标记线的近远中方向进行切削，形成带曲度的 2 个斜面，用雕刻刀沿边缘嵴标记线去除该线以外多余的石膏。

要求：三角嵴和边缘嵴的走向均为弧线，远颊轴面角较近颊轴面角小，远中边缘嵴长于近中边缘嵴。雕刻三角嵴时，注意牙尖的斜度。

（2）步骤二：近远中窝、中央沟及近中沟成形。

参照模型，描绘出近中窝和远中窝的位置，用雕刻刀的刀尖分别沿近中窝的近中、远中窝的远中勾勒形成近、远中窝，近中窝略深于远中窝。然后用雕刻刀形成中央沟，近、远中窝都在中央沟所在的直线上，将中央沟顺势延伸到近中，形成近中沟。

要求：中央沟不宜过深，近中沟跨过近中边缘嵴并与近中面的凹陷自然连接。

（3）步骤三：副沟及副三角嵴成形。

参照模型，描绘出副沟的走向，用雕刻刀的刀尖轻轻勾勒副沟，注意副沟的长度和弧度。副沟的形成有助于确定副三角嵴的位置，副沟从近远中窝起源，在颊尖上向牙尖嵴方向走行，并与牙尖嵴上的副三角嵴流畅连接。

要求：副沟的位置、走向与三角嵴、副三角嵴的位置形态协调。颊侧牙尖嵴上突出的部分为副三角嵴的起源处。

（4）步骤四：𬌗面的成形。

用小雕刻刀或刀勺润饰𬌗面，检查各部分的曲线走向是否自然流畅，应尽可能与模型一致，生动地体现𬌗面的形态特征（图 4-57）。

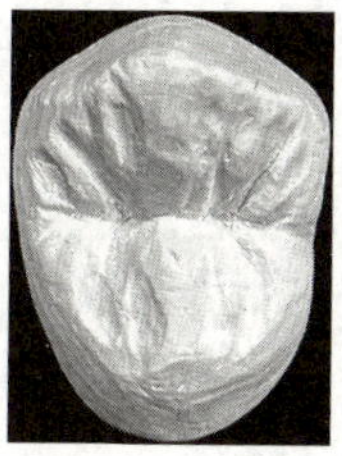

图 4-57　𬌗面成形

7. 等倍大右上颌第一前磨牙雕刻——牙颈线成形　参照模型，用铅笔在石膏块各面描绘出颈曲线，再以雕刻刀与石膏块牙冠表面成 45°角进行牙颈线的雕刻，从而调整牙冠与牙根的形态。

要求：近中颈曲度大于远中颈曲度。颈线各处的宽度、深度需协调一致，连接流畅。

8. 等倍大右上颌第一前磨牙雕刻——精修完成　参照模型，检查各部分尺寸，精修完成（图 4-58）。

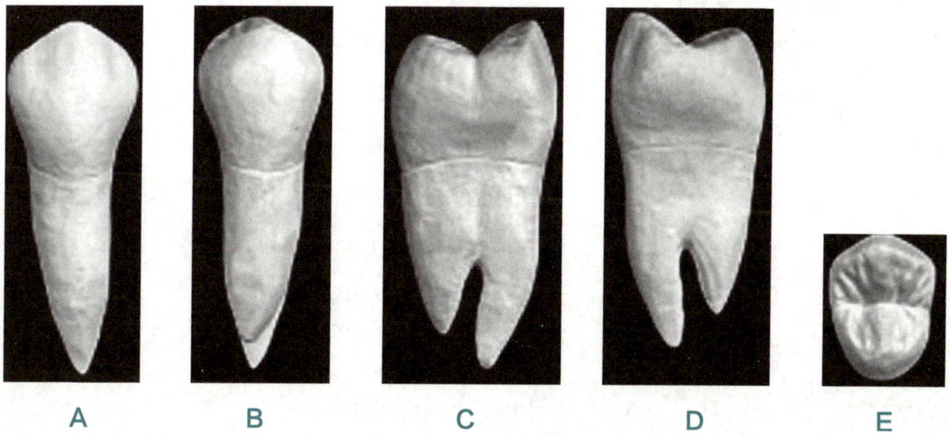

图 4-58　精修完成

A. 颊面；B. 舌面；C. 近中面；D. 远中面；E. 𬌗面。

四、任务评价

等倍上颌第一前磨牙石膏牙雕刻的评价标准见表 4-11。

表 4-11　等倍上颌第一前磨牙石膏牙雕刻评价标准

序号	评价内容	分值	评价要点
1	雕刻数据	4	冠宽
		4	冠厚
		4	冠根长

续 表

序号	评价内容	分值	评价要点
2	颊面	3	颊面轮廓形态
		3	近远中径与船颈径比
		3	颊面外形高点位于颈 1/3
		3	发育沟的位置形态
		3	颊面的牙根呈锥体形较舌面平坦
		3	颊尖偏向远中
3	舌面	3	舌面轮廓形态
		3	舌面较唇面小
		3	舌面的牙根呈锥体形较圆突
		3	舌尖偏向近中
4	近中面	3	近中面的轮廓形态
		3	近中面颊舌径与船颈径比
		3	近中面观颊面的弧度
		3	近中面观舌面的弧度
		3	近中面的外形高点位置
		3	近中面牙根颊舌径大于近远中径
5	远中面	3	与近中面形态相似但体积小且圆突
		3	颈部凹陷
		3	远中面外形高点的位置
		3	远中面颈缘线更圆缓
6	船面	3	船缘的位置形态
		3	发育沟的位置形态
		3	窝的位置形态
		3	三角嵴的位置形态
7	整体情况	3	牙体各面表面光滑、线条流畅
		5	牙体各部比例协调
8	操作规范	3	个人防护方法
		5	工具的使用
总分（100）			

▶任务拓展

上颌前磨牙的功能

1．辅助咀嚼与研磨食物　上颌前磨牙的牙冠形态介于尖牙和磨牙之间，兼具撕裂食物（类似尖牙）和初步研磨食物（类似磨牙）的功能。在咀嚼过程中，上颌前磨牙与下颌前磨牙形成咬合接触，将大块食物切割成更小的碎片，为后续磨牙的精细研磨做准备。

2．维持牙列稳定与咬合关系　前磨牙是牙弓的重要组成部分，帮助分散咬合力，防止个别牙齿因过度负荷而受损。缺失前磨牙可能导致邻牙倾斜、对颌牙伸长或牙列间隙异常，从而影响咬合平衡和面部美观。

3．支撑面部结构与咬肌功能　前磨牙的牙根位于上颌骨中，对维持面中部高度和轮廓有一定支撑作用。其存在有助于咬肌的正常收缩与功能协调。

4．正畸治疗中的关键作用　在牙齿矫正中，前磨牙常被选择拔除以提供间隙，解决牙列拥挤或前突出问题。因其位置适中，拔除后对咀嚼功能影响较小，且便于调整咬合关系。

任务五　完成牙列中等倍大右上颌第一前磨牙滴蜡塑形

视频：完成牙列中等倍大右上颌第一前磨牙滴塑

一、任务导入

前磨牙又称为双尖牙，处于尖牙和第一磨牙之间，一共有 8 颗，前磨牙的牙尖和边缘嵴可以与尖牙配合，将食物初步撕裂成较小的块状。前磨牙的这种功能对于食物的进一步咀嚼和消化至关重要。同时前磨牙的咬合关系可以引导下颌在咀嚼和说话时的运动方向，保证下颌运动的协调性和稳定性，前磨牙还承担着辅助语言发音的任务。在正确的发音中，空气通过口腔的流动需要前磨牙的精确配合。上述内容表明，良好的前磨牙形态和功能对于清晰的语音和良好的发音至关重要。因此，在完成滴蜡塑形的过程中，同学们不仅需要理解这些理论知识，更要进行实践操作。

二、任务分析

完成这个任务要熟知上颌第一前磨牙的形态和功能，学会控制蜡的温度及滴塑的方法和流程。

1．右上颌第一前磨牙形态　详见本项目任务一。

2．牙尖的分布规律

（1）上颌牙尖分布规律：上颌第一磨牙远中颊尖和对侧第一前磨牙颊尖连线通过该前磨牙舌尖；上颌第一磨牙远中颊尖与对侧第二前磨牙颊尖的连线则通过该前磨牙舌尖；上颌侧切牙近中切角与同侧第二磨牙中央窝连线通过两个前磨牙的舌尖；上颌尖牙牙尖与同侧第二磨牙近中舌尖连线通过该侧第一磨牙近中舌尖；非功能尖以及功能尖的横向和纵向距离几乎是相等的。

（2）下颌牙尖分布规律：下颌第一、二磨牙颊侧外展隙顶点与对侧第一前磨牙颊尖连线通过该前磨牙舌尖；下颌第一、二磨牙颊侧外展隙顶点与对侧第二前磨牙颊尖连线通过该前磨牙舌尖，如果该牙舌侧为双牙尖，则连线通过其近远中舌尖之间的舌沟；下颌第一磨牙远中颊尖与对侧第一前磨牙颊尖连线通过该磨牙的近中舌尖；各后牙牙尖间距离几乎相等。

3. 前磨牙的𬌗面接触

牙尖交错𬌗时，上颌前磨牙的舌尖与下颌同名前磨牙的远中窝区域接触，下颌前磨牙的颊尖与上颌前磨牙边缘嵴区域接触。特别需要指出的是，后牙的颊、舌尖功能有所不同。上颌后牙舌尖和下颌后牙颊尖对于咬合高度具有决定性意义，通常称为支持尖或功能尖；而上颌后牙颊尖和下颌后牙舌尖主要承担引导下颌运动的功能，称为引导尖或者非功能尖（图 4-59）。上颌后牙舌尖、下颌后牙颊尖的连线分别构成一条平滑的曲线，且分别与对颌的中央窝连线相吻合。这种吻合是保证咀嚼运动顺畅协调的关键，同时也能保证咀嚼效率最大化并维护口腔组织的长期健康。

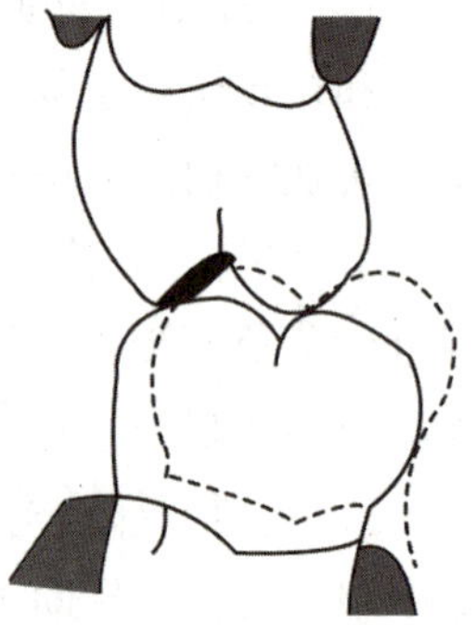

图 4-59　咬合引导

牙尖交错𬌗时，上、下颌牙的𬌗面接触关系，可以有尖与窝之间、尖与三角嵴之间以及尖与边缘嵴之间多种并存的咬合接触形式。正常人理想咬合接触点约为 138 个，多数位于牙尖斜面和三角嵴，少数位于窝底以及边缘嵴区域。无论在支持尖还是在引导尖，对于咬合高度有决定意义的接触被称为正中止接触（图 4-60、图 4-61），其中稳定的正中止接触为三点接触。在颊舌向上的 a、b、c 三个点的接触中，为了达到稳定的咬合，b 点接触至关重要。如 a-b-c、a-b、b-c 接触均可获得颊舌向稳定。

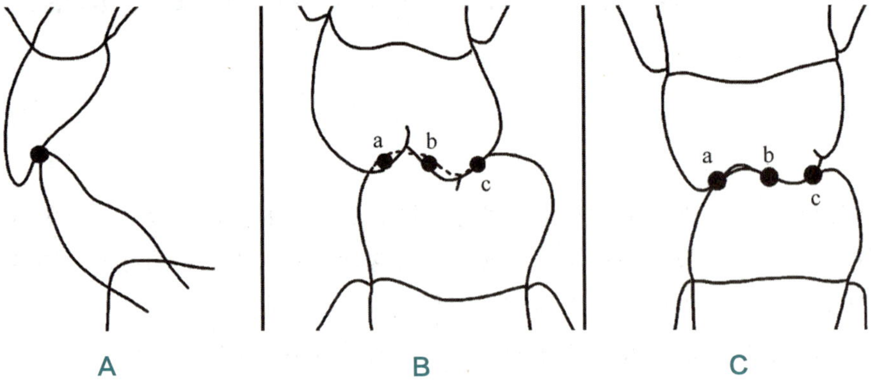

图 4-60　正中止接触

A. 前牙正中止接触（矢状面观）；B. 后牙正中止接触（矢状面观）；C. 后牙正中止接触（冠状面观）。

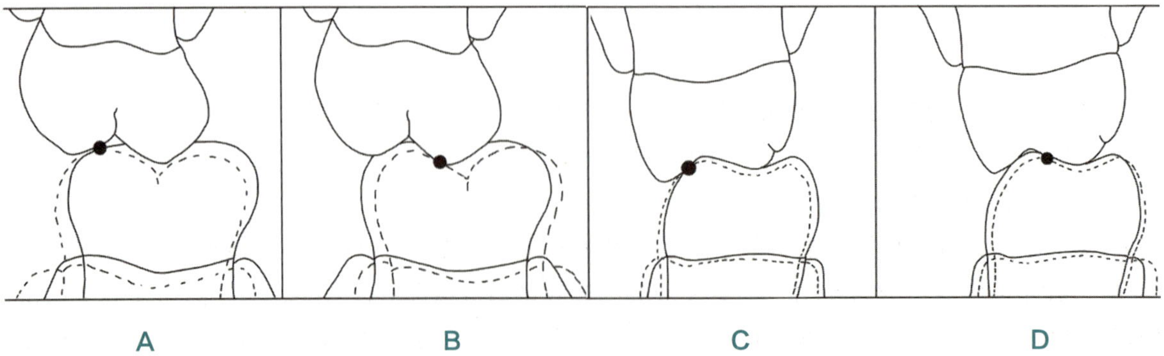

图 4-61　后牙咬合接触前、后止点

A. 后止接触（矢状面观）；B. 前止接触（矢状面观）；C. 颊止接触（冠状面观）；D. 舌止接触（冠状面观）。

4. 上颌第一前磨牙代型要求

（1）𬌗面：用铅笔在离右上第一前磨牙𬌗面 1.5 ～ 2.0mm 处画一条标志线或做定深沟，沿标志线或沟的深度均匀去除石膏（牙体组织）。

（2）邻面：沿牙邻面颊舌向潜行性磨除，不断矫正磨除方向，直至预备出足够的间隙。磨切时应注意邻面预备方向与就位道一致，4 个邻面轴壁方向相互平行或向切端聚合 2°～ 5°。

（3）颊面：均匀去除颊面 1.0 ～ 1.5mm 石膏（牙体组织）

（4）舌面：沿舌面解剖外形均匀去除舌面 1.0 ～ 1.5mm 石膏（牙体组织）。

（5）肩台：宽度 1.0 ～ 1.2mm，90°圆钝内角肩台或 135°浅凹形，根据修复体固位、牙冠𬌗龈高度、缺损或充填物与牙龈的位置关系、美观等因素，颈缘位置可设计为①平齐龈缘；②龈缘线以上；③龈缘线以下 0.5mm，边缘应连续一致、平滑，无锐边。

（6）代型制作外形轮廓应与原第一前磨牙近似，侧方运动均没有𬌗干扰，保证咬合时，牙齿与各个方向不会接触，影响咀嚼。在实际修复运用中去除石膏（牙体组织）的量可根据患者牙体颜色、所选择修复材料等进行调整。

5. 牙体滴塑的操作流程 牙体滴塑操作流程见图 4-62。

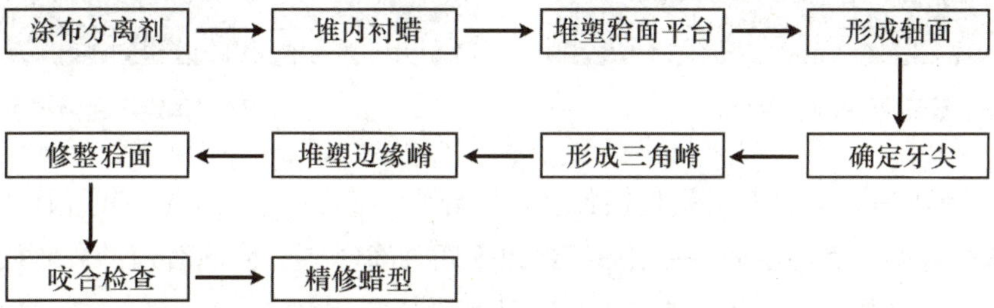

图 4-62 上颌第一前磨牙牙体滴塑操作流程

三、任务实施

（一）实训器材的准备

右上颌第一前磨牙牙体预备完成代型、滴蜡器、蜡、熔蜡器、标记笔、直尺、软毛刷、雕刻刀等。

（二）右上颌第一前磨牙滴蜡塑形步骤

1. 右上颌第一前磨牙滴蜡塑形——涂布分离剂 在右上颌第一前磨牙预备体表面均匀涂布一层分离剂，达颈缘线 2mm 以下，多余部分可用吸水纸除去。

2. 右上颌第一前磨牙滴蜡塑形——堆内衬蜡 分离剂干燥后，画出代型颈缘线。手持代型，切端朝下，用加热好的滴蜡器蘸取适量内衬蜡，厚度约为 0.3mm，从颈缘根方 1mm 处向切端纵向移动加蜡，重复数次，直至内衬蜡均匀覆盖整个牙体预备的区域。注意：加第二刀蜡时应覆盖前一刀蜡宽度的 1/2，以保证蜡衔接良好。内衬蜡的主要作用是有利于牙冠和代型的紧密贴合，同时也因为内衬蜡的黏度大、脆性小，有利于脱模。

3. 右上颌第一前磨牙滴蜡塑形——对照对颌牙工作模画咬合标志线 确定工作模型的完整性后，

取牙尖交错位。用红蓝铅笔分别在上下颌石膏模型的中线、尖牙、第二磨牙处画咬合标志线，以便在操作过程中随时检查咬合关系。磨牙雕塑中，用𬌗架利用定𬌗关系更正确。

4. 右上颌第一前磨牙滴蜡塑形——堆塑𬌗面平台

（1）步骤一：确定平台颊、舌径宽度。用直尺测量参照牙的颊舌径，分别在颊、舌面中点处水平向外堆蜡形成蜡锥（图 4-63）。

（2）步骤二：确定平台近、远中径宽度。用直尺测量参照牙的近远中径，分别在堆制牙近远中面中点处水平向外堆蜡形成蜡锥（图 4-64）。

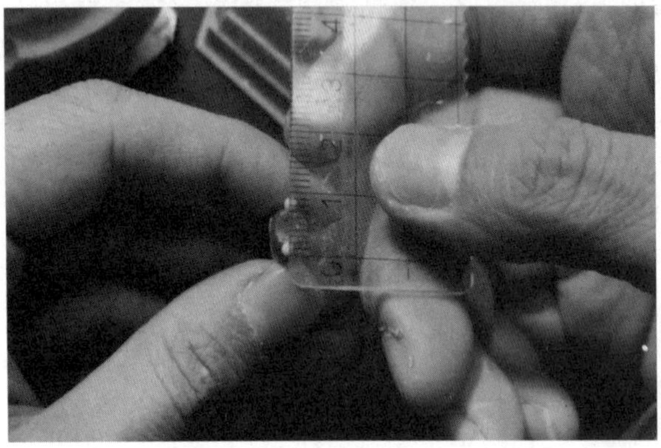

图 4-63　确定平台颊、舌径

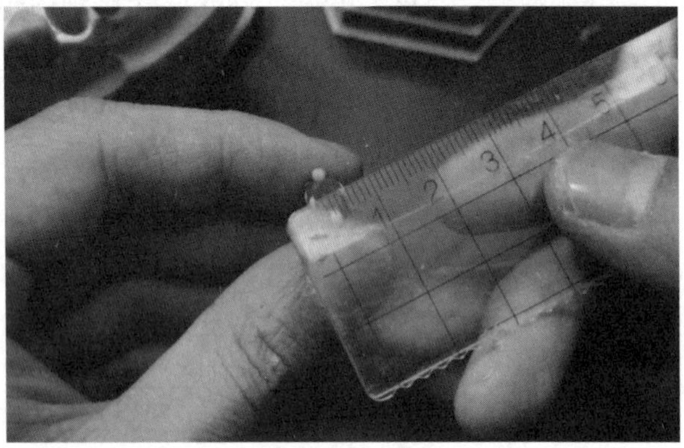

图 4-64　确定平台近、远中径

（3）步骤三：形成平台。用蜡分别连接各个面的蜡锥，形成一个大小适宜的𬌗面平台（图 4-65）。

5. 右上颌第一前磨牙滴蜡塑形——恢复平台以下四轴面形态　在颊面颈 1/3 处堆蜡形成颊颈嵴。在近、远中位置纵向堆蜡，形成平台颊面近、远中缘，靠近颈部时，蜡条趋向颊面中线，使颈部明显收缩。纵向连接颊颈嵴与平台颊缘中点，隆起的蜡条形成颊轴嵴（图 4-66）。在轴嵴近、远中堆蜡形成近、远中斜面，完成平台颊面形态。同样方法堆蜡恢复舌面及邻面形态。用雕刻刀修整蜡型表面，完成平台。

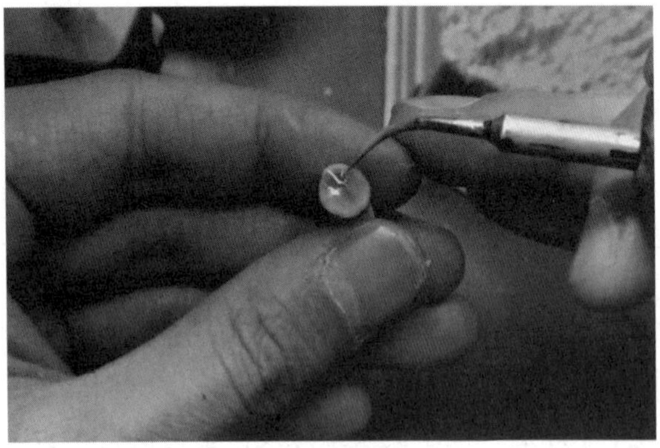

图 4-65　形成平台

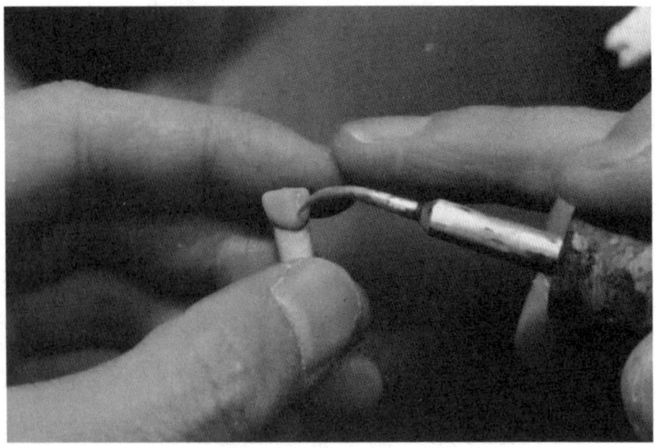

图 4-66　恢复平台以下颊面

6. 右上颌第一前磨牙滴蜡塑形——确定牙尖位置

（1）步骤一：画出标记线，确定各牙尖区域。𬌗面有中央沟，由于颊尖稍大于舌尖，故中央沟稍偏向舌侧，用标记笔画出中央沟的位置。中央沟把𬌗面分为颊、舌两个牙尖区域，画出颊、舌尖三角嵴的走行方向（图 4-67）。

（2）步骤二：确定牙尖顶位置形成蜡锥。非功能尖及功能尖的横向和纵向距离几乎都是相等的，通过测量对侧及后牙牙列，确定颊尖的位置，并在𬌗面平台颊侧堆制蜡锥形成颊尖的牙尖顶（图 4-68）；上颌第一磨牙远中颊尖和对侧第一前磨牙颊尖连线通过该前磨牙舌尖，上颌第一前磨牙舌尖对应下颌第一前磨牙远中边缘嵴，也可扩展到该牙远中窝处，𬌗架闭合。依据标记线及同名（对照）牙模型𬌗关系，𬌗面平台颊侧堆制蜡锥形成颊尖（图 4-69）和舌尖的牙尖顶。

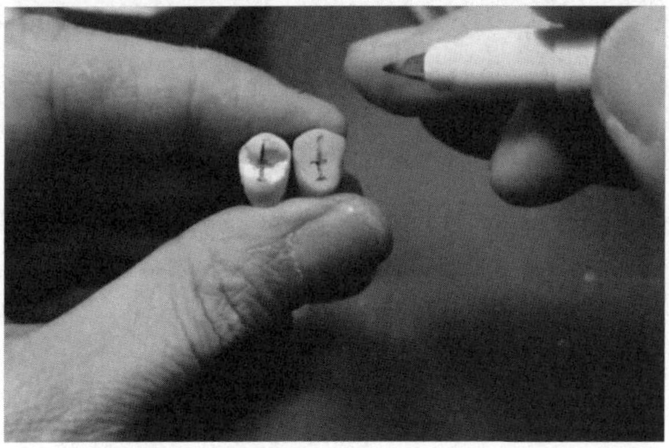

图 4-67 画出标记线，确定各牙尖区域

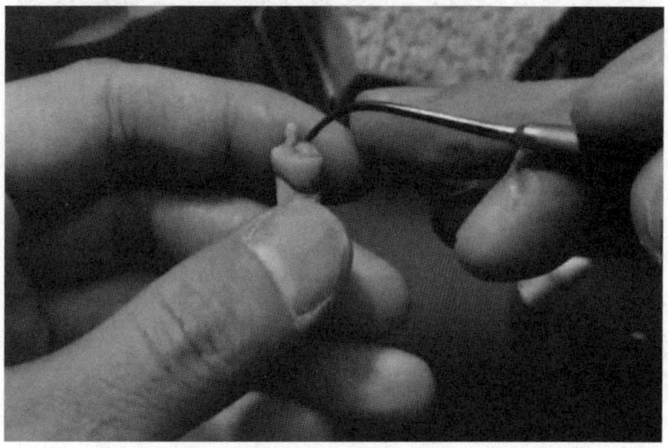

图 4-68 形成牙尖蜡锥

7. 右上颌第一前磨牙滴蜡塑形——形成三角嵴 电蜡刀蘸取雕刻蜡，由牙尖顶开始，向舌侧稍偏近中方向堆蜡，止于中央沟。参照牙堆制三角嵴的形态，靠近中央沟处较宽，两牙尖的三角嵴以适当的角度在𬌗面中央相会，颊尖的舌三角嵴走向应与对颌第一前磨牙的远中牙尖嵴为咬合接触。前伸、侧向运动时不产生𬌗干扰（图 4-70）。

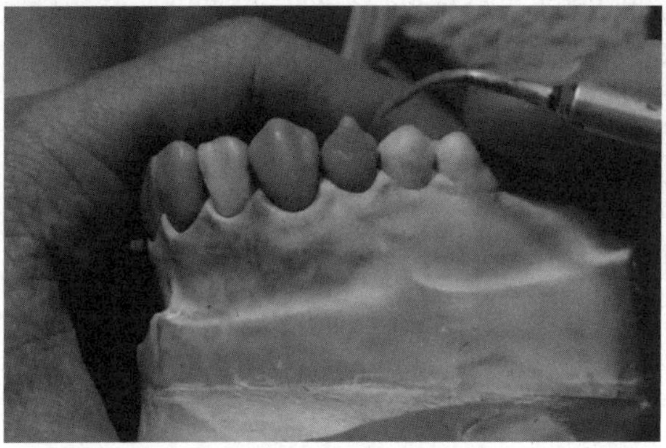

图 4-69 形成颊尖牙尖顶

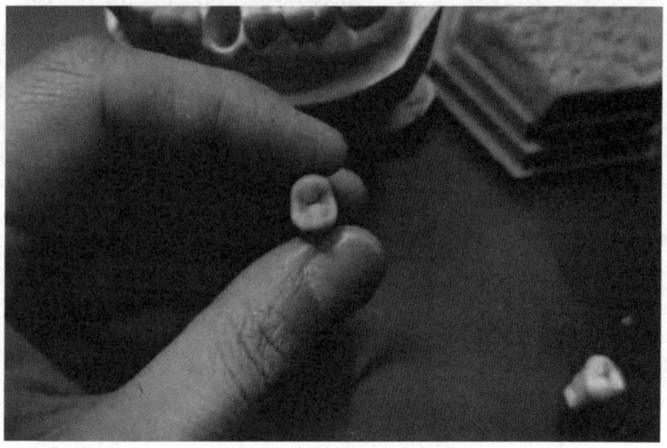

图 4-70 形成三角嵴

8. 右上颌第一前磨牙滴蜡塑形——形成近、远中牙尖嵴及边缘嵴 由牙尖顶分别向近、远中堆蜡形成近、远中牙尖嵴，要求既有功能性咬合，又无𬌗干扰。然后转向舌侧，与舌尖相连，形成近、远中边缘嵴（图 4-71），使近、远中边缘嵴在近、远中沟处形成凹陷。

注意：分别从颊面和𬌗面观察点角的位置，与参照牙一致。在颊面和邻面堆蜡，完成轴面 1/3 的形态塑造。

9. 右上颌第一前磨牙滴蜡塑形——𬌗面修整（图 4-72）

（1）步骤一：形成中央窝及近远中点隙。当颊舌两尖及近远中𬌗边缘嵴形成后，用滴蜡器加蜡布满殆面剩余部分的同时形成中央沟及近远中点隙。

（2）步骤二：修饰及形成副沟。用滴蜡器加蜡形成小的副沟及嵴，同时对殆面进行整体修饰，使各个部位达到完美、和谐及统一。亦可用塑形器械对殆面的副沟及嵴进行塑形。

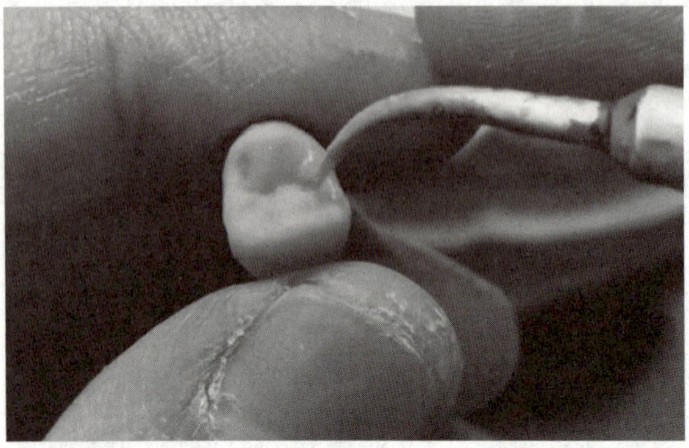
图 4-71　形成近远中边缘嵴

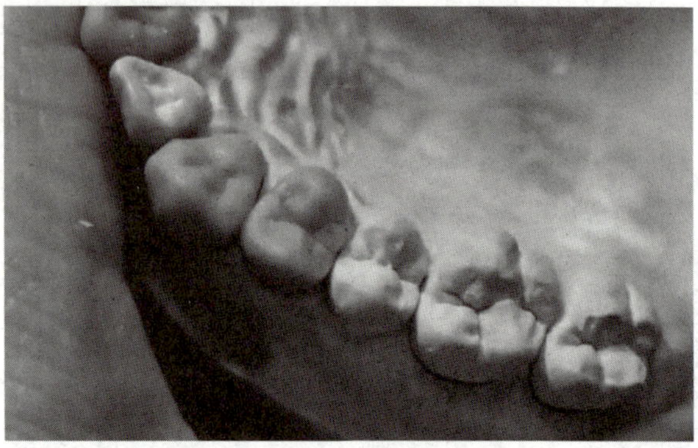
图 4-72　殆面修整，形成主、副沟

10. 右上颌第一前磨牙滴蜡塑形——咬合检查　代型复位至殆架，检查殆关系即上颌第一前磨牙舌尖对应下颌第一前磨牙远中边缘嵴，也可扩展到该牙远中窝处，下颌第一前磨牙颊尖对应上颌第一前磨牙近中边缘嵴。

11. 右上颌第一前磨牙滴蜡塑形——精修蜡型　用雕刻刀修整颊尖形态，用丝巾轻轻擦拭表面，完成最终蜡型（图 4-73、图 4-74）。

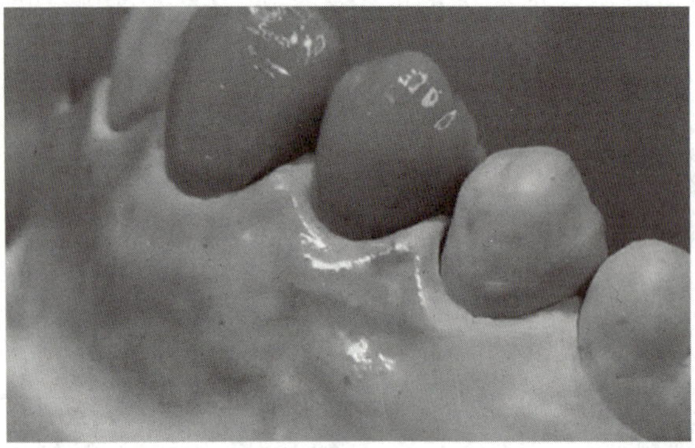
图 4-73　颊面精修完成

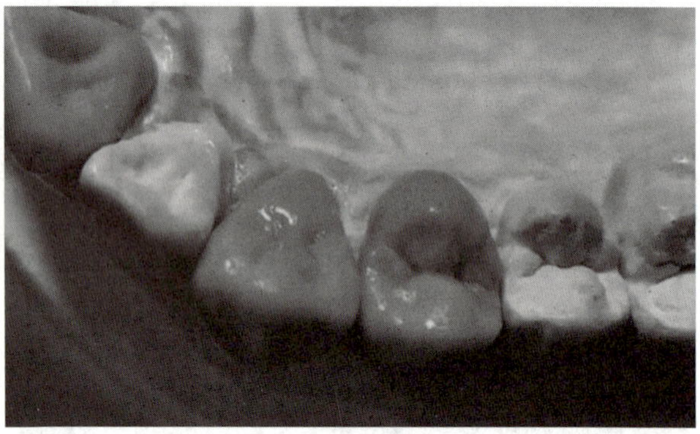
图 4-74　殆面精修完成

四、任务评价

上颌第一前磨牙蜡型滴塑的评价标准见表 4-12。

表 4-12　上颌第一前磨牙蜡型滴塑评价标准

序号	评价内容	分值	评价要点
1	体积	4	颊舌径
		4	近远中径
		4	殆颈径

续 表

<table>
<tr><th>序号</th><th>评价内容</th><th>分值</th><th colspan="2">评价要点</th></tr>
<tr><td rowspan="7">2</td><td rowspan="7">颊面</td><td>3</td><td colspan="2">似尖牙</td></tr>
<tr><td>3</td><td colspan="2">颊颈嵴位于颈 1/3</td></tr>
<tr><td>3</td><td colspan="2">牙尖偏近中</td></tr>
<tr><td>3</td><td colspan="2">颈部缩窄</td></tr>
<tr><td>3</td><td colspan="2">颊轴嵴位置</td></tr>
<tr><td>2</td><td colspan="2">近中斜缘短、远中斜缘长</td></tr>
<tr><td>3</td><td colspan="2">发育沟位置</td></tr>
<tr><td rowspan="4">3</td><td rowspan="4">舌面</td><td>2</td><td colspan="2">窄小且圆突</td></tr>
<tr><td>3</td><td colspan="2">与近、远中面交界不明显</td></tr>
<tr><td>3</td><td colspan="2">舌尖偏近中</td></tr>
<tr><td>4</td><td colspan="2">外形高点在中 1/3</td></tr>
<tr><td rowspan="6">4</td><td rowspan="6">近中面</td><td>3</td><td colspan="2">不规则四边形</td></tr>
<tr><td>2</td><td colspan="2">颊舌径与𬌗颈径比例</td></tr>
<tr><td>4</td><td colspan="2">支持尖与引导尖比例</td></tr>
<tr><td>2</td><td colspan="2">近中面大而平</td></tr>
<tr><td>1</td><td colspan="2">颈部略凹</td></tr>
<tr><td>2</td><td colspan="2">接触区位置</td></tr>
<tr><td rowspan="3">5</td><td rowspan="3">远中面</td><td>3</td><td colspan="2">小于近中面</td></tr>
<tr><td>1</td><td colspan="2">颈部略凹</td></tr>
<tr><td>2</td><td colspan="2">接触区位置</td></tr>
<tr><td rowspan="8">6</td><td rowspan="8">𬌗面</td><td>3</td><td colspan="2">显著六边形</td></tr>
<tr><td>3</td><td colspan="2">颊舌径与近远中径比例</td></tr>
<tr><td>4</td><td colspan="2">颊尖与舌尖比例（1∶2）</td></tr>
<tr><td>2</td><td rowspan="2">中央沟位置</td><td>近远中径的 1/2</td></tr>
<tr><td>2</td><td>低于近、远中边缘嵴</td></tr>
<tr><td>4</td><td colspan="2">𬌗面横嵴</td></tr>
<tr><td>2</td><td rowspan="2">近、远中边缘嵴</td><td>高度</td></tr>
<tr><td>2</td><td>宽度</td></tr>
<tr><td rowspan="2">7</td><td rowspan="2">咬合检查</td><td>3</td><td colspan="2">符合𬌗关系，无𬌗干扰</td></tr>
<tr><td>3</td><td colspan="2">尖窝接触合适</td></tr>
<tr><td rowspan="2">8</td><td rowspan="2">整体情况</td><td>2</td><td colspan="2">牙体各部分光滑</td></tr>
<tr><td>2</td><td colspan="2">整体协调</td></tr>
</table>

续 表

序号	评价内容	分值	评价要点
9	操作规范	2	个人防护方法
		2	工具的使用
总分（100）			

▶任务拓展

上颌第一前磨牙嵌体蜡型的制作

患者，男，48 岁。右上颌第一前磨牙𬌗面因深龋导致中央窝及近中边缘嵴缺损，咀嚼时食物嵌塞，偶有冷热敏感。检查：𬌗面中央窝及近中边缘嵴缺损范围约 3mm × 4mm，未累及牙髓，远中边缘嵴完整，颊舌尖形态部分缺失，邻面接触正常。影像学表现：龋损深度未达髓腔，根尖周无异常，牙周膜间隙正常。

请结合以上病例，为患者制作合适的嵌体蜡型。

（一）修复要求

1. 通过嵌体修复恢复𬌗面形态与咬合功能，消除敏感症状。

2. 重建中央窝及边缘嵴，防止食物滞留。

3. 确保嵌体与牙体边缘密合，避免微渗漏。

（二）具体操作流程

1. 牙体预备与代型处理

（1）窝洞设计：根据缺损范围设计Ⅱ类嵌体洞型，洞缘避开咬合接触区，洞壁外展 6°～10°，洞底平坦。在代型上用定深钻标记窝洞深度（1.5～2.0mm），沿洞缘线均匀磨除石膏，形成清晰洞形轮廓。

（2）边缘处理：预备 90° 圆钝肩台，宽度 0.8～1.0mm，位于龈上 0.5mm，确保边缘连续无锐角。

2. 嵌体蜡型滴塑核心步骤

（1）基底蜡填充：涂布分离剂后，用低黏度内衬蜡均匀覆盖窝洞底部及侧壁，厚度 0.2mm，确保与洞壁密合。

（2）牙尖恢复：参照对侧同名牙，堆塑颊尖三角嵴（长而锐利）和舌尖三角嵴（短而圆钝），中央沟稍偏向舌侧。

（3）边缘嵴修复：沿近中缺损区堆蜡形成近中边缘嵴，高度与远中边缘嵴对称，与邻牙形成正常接触。

（4）窝沟雕刻：用精细雕刻刀刻画中央窝及近、远中点隙，副沟走向与天然牙纹理一致。

（5）邻面修整：检查邻面接触区，堆蜡调整颊舌径，确保接触点位于颊 1/3 近𬌗缘处，探针通过时有轻微阻力。

3. 功能与密合性验证

（1）咬合调整：蜡型复位至𬌗架，检查正中颌时颊舌尖与对颌牙尖窝接触，侧方运动无颌干扰。

（2）用咬合纸标记早接触点，雕刻刀微量修整牙尖斜面。

（3）边缘密合测试：用放大镜观察蜡型与代型肩台衔接处，确保无缝隙，必要时局部加蜡填补。

（三）评价标准

上颌第一前磨牙嵌体蜡型的评价标准见表 4-13。

表 4-13 上颌第一前磨牙嵌体蜡型评价标准

评价维度	分值	具体要求
形态准确性	25	颊舌尖比例协调（颊尖占殆面 2/3），中央沟位置正确，边缘嵴高度与天然牙一致
功能适配性	20	正中颌三点接触（颊尖顶、舌尖顶、中央窝），侧方运动无早接触
边缘密合度	25	蜡型与代型肩台无缝隙，边缘连续光滑，探针划过无卡顿
美学细节	20	窝沟纹理清晰自然，表面光泽模拟牙釉质，无蜡瘤或毛边
操作规范性	10	窝洞预备符合设计原则，工具使用规范，代型无过度磨耗或损伤
总分（100）		

任务六　完成右下颌第一前磨牙形态描绘

一、任务导入

对右下颌第一前磨牙形态描绘的练习，进一步掌握牙体形态特征，也能为牙体雕刻打下基础。图 4-75 示右下颌第一前磨牙牙体线图，表 4-14 示右下颌第一前磨牙牙体数据。根据图、表所示，正确绘制右下颌第一前磨牙各面牙体线图，并注意和右上颌第一前磨牙形态的区别。

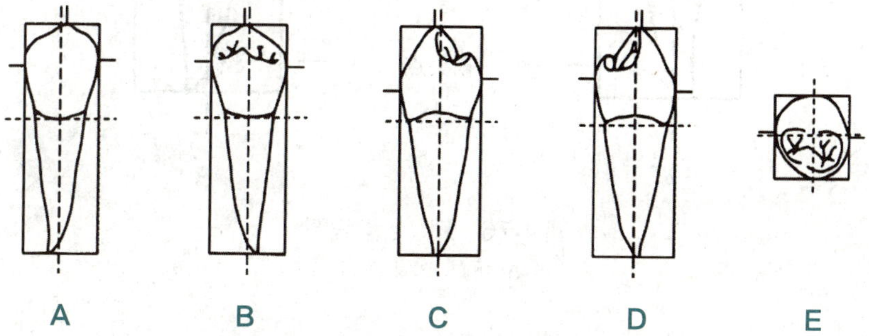

图 4-75　右下颌第一前磨牙牙体线图

A. 颊面；B. 舌面；C. 近中面；D. 远中面；E. 殆面。

表 4-14　下颌第一前磨牙的比例规格

单位：mm

测量项目	一倍大	二倍大	三倍大
牙冠长	8.7	17.4	26.1
牙冠宽	7.1	14.2	21.3
牙冠厚	7.9	15.8	23.7
牙颈宽	4.9	9.8	14.7
牙颈厚	6.9	13.8	20.7
牙根长	12.3	24.6	36.9
牙全长	20.9	41.8	62.7

二、任务分析

技师要想制作符合要求的义齿，使患者形成正常的覆盖，就应熟悉下颌第一前磨牙形态。下颌第一前磨牙的特征之一是冠骀 2/3 部分向舌倾，并且需要通过牙体绘图、雕刻等方法熟练掌握牙体形态特征。

1．右下颌第一前磨牙颊面、舌面线图认知要点见图 4-76。下颌第一前磨牙颊面、舌面比例或形态特点见表 4-15。

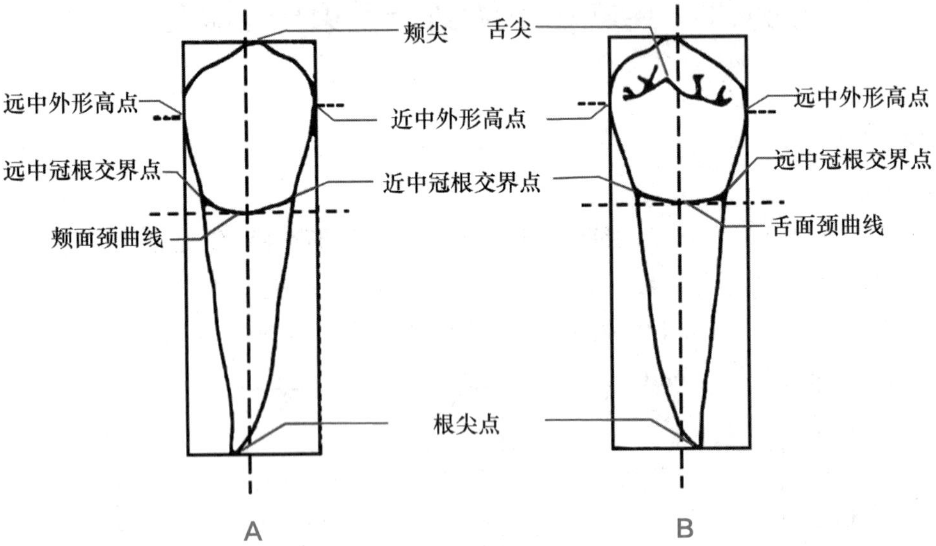

图 4-76　颊、舌面线图

A. 颊面；B. 舌面。

表 4-15 下颌第一前磨牙颊面、舌面比例或形态特点

测量指标及特征点	比例或形态特点
冠长 / 冠宽	约 6 : 5
冠长 / 根长	约 3 : 4
颊尖	略偏近中
舌尖	较颊尖更偏近中，距殆面边框的距离是冠长的 1/4
近中殆面角	稍锐，与边框线留白少
远中殆面角	较钝，与边框线留白多于近中
近中外形高点	殆 1/3，距殆面边框的距离是冠长的 1/3
远中外形高点	中 1/3，距殆面边框的距离是冠长的 1/2
近中冠根交界点	较远中更近中线，留白较远中稍多
远中冠根交界点	距远中边框的距离约为冠宽的 1/6
根尖点	距远中边框的距离是冠宽的 1/3

2. 右下颌第一前磨牙近中面、远中面线图认知要点见图 4-77。下颌第一前磨牙近中面、远中面比例或形态特点见表 4-16。

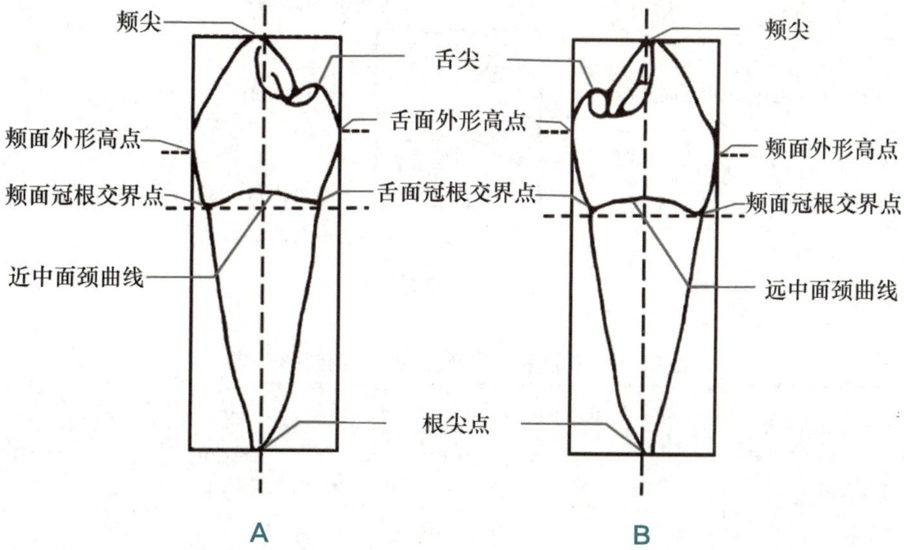

图 4-77 近中、远中面线图

A. 近中面；B. 远中面。

表 4-16　下颌第一前磨牙近中、远中面比例或形态特点

测量指标及特征点	比例或形态特点
冠长 / 冠厚	约 11∶10，冠长略大
冠长 / 根长	约 3∶4
颊尖	距颊面边框的距离是冠厚的 1/2，略偏颊侧
舌尖	距舌面边框的距离是冠厚的 1/6
颊𬌗面角	稍钝，与边框线留白较舌侧多
舌𬌗面角	较锐，与边框线留白少
颊面外形高点	颈 1/3，距颈缘边框的距离是冠长的 1/3
舌面外形高点	中 1/3，距颈缘边框的距离是冠长的 1/2
颊侧冠根交界点	距颊面边框距离是冠厚的 1/8
舌侧冠根交界点	距舌面边框距离是冠厚的 1/6
根尖点	近中线，稍偏颊侧

3．右下颌第一前磨牙𬌗面线图认知要点见图 4-78。下颌第一前磨牙𬌗面比例或形态特点见表 4-17。

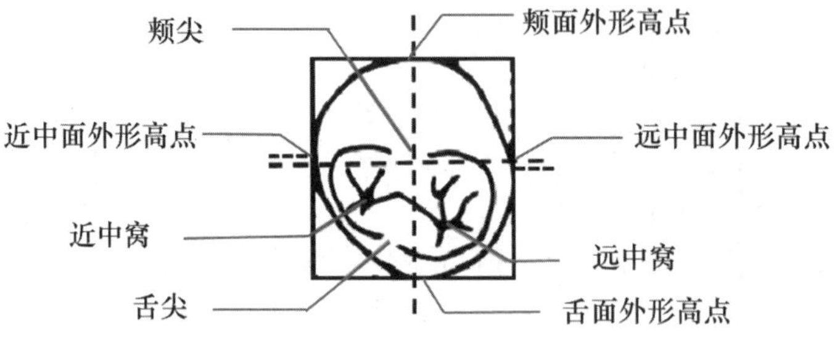

图 4-78　𬌗面线图

表 4-17　下颌第一前磨牙𬌗面比例或形态特点

测量指标及特征点	比例或形态特点
冠宽 / 冠厚	约 1∶1，冠厚略大
颊面外形高点	中线处
舌面外形高点	近中线，略偏远中

续 表

测量指标及特征点	比例或形态特点
近中面外形高点	近中线，略偏颊侧
远中面外形高点	近中线，略偏舌侧
颊尖	略偏近中 距颊面边框的距离是冠厚的 1/2，略偏颊侧
舌尖	距舌面边框的距离是冠厚的 1/6 较颊尖更偏近中，距𬌗面边框的距离是冠长的 1/4
远中舌尖	距远中面边框的距离是冠宽的 1/4，略偏中线 距舌面边框的距离是冠厚的 1/6
近中窝	距近中面边框的距离是冠宽的 1/4，距舌面边框的距离是冠厚的 1/3
远中窝	距远中面边框的距离是冠宽的 1/3，距舌面边框的距离是冠厚的 1/4

三、任务实施

（一）实训器材的准备

右下颌第一前磨牙牙体模型、右下颌第一前磨牙三倍大牙体线图、直尺、HB 铅笔、橡皮擦、素描纸、透明硫酸纸等。

（二）右下颌第一前磨牙线图绘制

1. 右下颌第一前磨牙颊面、舌面线图绘制（以颊面为例，图 4-79）

（1）步骤一：绘制线框及中线和冠根分界线。①描绘颊面线图的宽度和长度，形成线框；②标记近远中冠宽的中线和冠根分界线。

重点：①冠长和冠宽之比约 6∶5；②冠长和根长之比约 3∶4。

（2）步骤二：确定关键点。①颊尖；②近中外形高点；③远中外形高点；④近中冠根分界点；⑤远中冠根分界点；⑥根尖点；⑦牙颈线最低点。

重点：①根据前面所学知识点准确定位关键点；②注意近中、远中的细微区别。

（3）步骤三：绘制弧线。仔细观察牙齿线条走向，以步骤二提示的关键点绘制短弧线。

重点：使以上参照点成为弧线最突出的中心点。

（4）步骤四：绘制其余线条。绘制弧线以外的牙体线条，完成牙体线图绘制。

重点：①近中𬌗面角稍锐，与边框线留白少；远中𬌗面角较钝，与边框线留白多于近中。②近中牙颈部较远中牙颈部留白稍多。

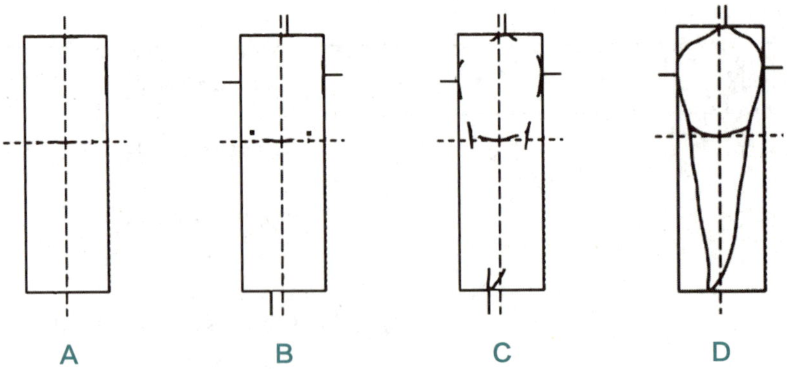

图 4-79 右下颌第一前磨牙颊面线图

2. 右下颌第一前磨牙近中面、远中面线图绘制（以近中面为例，图 4-80）

（1）步骤一：绘制线框及中线和冠根分界线。①描绘近中面线图的宽度和长度，形成线框；②标记颊舌冠厚的中线和冠根分界线。

重点：①约 11 ∶ 10，冠长略大；②冠长和根长之比约 3 ∶ 4。

（2）步骤二：确定关键点。①颊尖；②舌尖；③颊侧外形高点；④舌侧外形高点；⑤颊侧冠根分界线；⑥舌侧冠根分界线；⑦根尖点；⑧牙颈线最高点。

重点：①根据前面所学知识点准确定位关键点；②注意颊侧、舌侧定点的细微区别。

（3）步骤三：绘制弧线。仔细观察牙齿线条走向，以步骤二提示的关键点绘制短弧线。

重点：使以上参照点成为弧线最突出的中心点。

（4）步骤四：绘制其余线条。绘制弧线以外的牙体线条，完成牙体线图绘制。

重点：①冠𬌗 2/3 舌倾较大；②牙颈线凸向𬌗方。

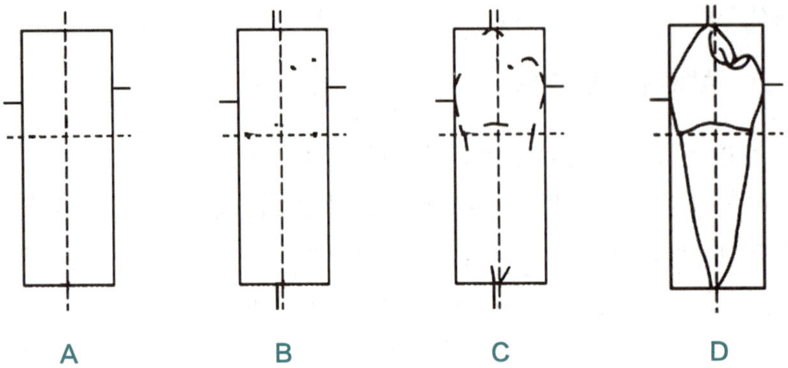

图 4-80 右下颌第一前磨近中面线图

3. 右下颌第一前磨牙𬌗面线图绘制（图 4-81）

（1）步骤一：绘制线框及中线。①描绘𬌗面图的宽度和厚度，形成线框；②标记冠宽和冠厚的中线。

重点：①冠宽比冠厚约 1 ∶ 1，冠厚略大；②注意和上颌第一前磨牙区分。

（2）步骤二：确定关键点。①颊侧外形高点；②舌侧外形高点；③近中外形高点；④远中外形高点；⑤颊尖；⑥舌尖；⑦近中窝；⑧远中窝。

重点：①根据前面所学知识点准确定位关键点；②注意近中窝和远中窝的位置。

（3）步骤三：绘制弧线。仔细观察牙齿线条走向，以步骤二提示的关键点绘制短弧线。

重点：使以上参照点成为弧线最突出的中心点。

（4）步骤四：绘制其余线条。①绘制轴面外形高点线；②绘制颊、舌、近中、远中边缘嵴；③绘制中央沟、发育沟、副沟。

重点：可以仔细观察四个轴面角留白的位置、形状和大小，进一步观察殆面线图。

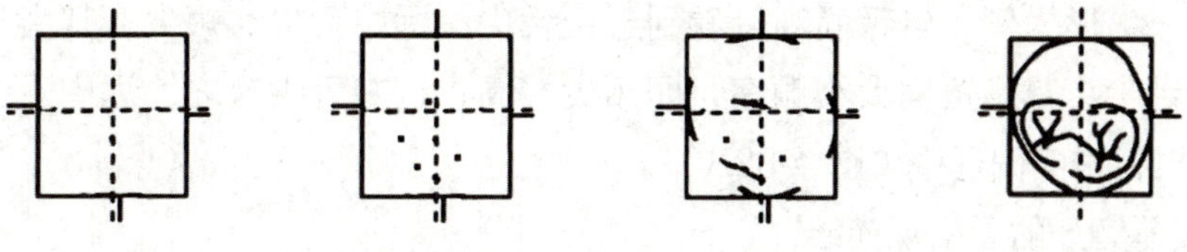

图 4-81　右下颌第一前磨殆面线图

四、任务评价

下颌第一前磨牙牙体线图各面形态描绘的评价标准见表 4-18。

表 4-18　下颌第一前磨牙牙体线图评价标准

序号	评价内容	分值	评价要点
1	颊、舌面线图绘制	10	比例适当
		10	关键点位置准确
		5	线条平滑顺畅
		5	整体形态良好
2	近、远中面线图绘制	10	比例适当
		10	关键点位置准确
		5	线条平滑顺畅
		5	整体形态良好
3	殆面线图绘制	10	比例适当
		10	关键点位置准确
		5	线条平滑顺畅
		5	整体形态良好
4	操作规范	5	仪容仪表
		5	个人防护
总分（100）			

▶任务拓展

下颌前磨牙的舌面观描绘训练

（一）下颌前磨牙舌面观形态

1. 下颌第一前磨牙舌面观　舌面与邻面的界限不明显，舌尖低，偏向近中，牙颈线较平直，略凸向根尖，外形高点在舌面中 1/3 处。自舌面观可看到较矮的舌尖和较高的颊尖，舌尖较小，与颊尖相比更偏向近中；牙根为扁而细长的单根，颊侧较舌侧宽（图 4-82A）。

2. 下颌第二前磨牙舌面观　舌面外形为方形，比下颌第一前磨牙宽。当牙体只有 2 个牙尖时，舌尖略偏向近中。当牙体有 3 个牙尖时，近中舌尖大于远中舌尖。牙颈线较平直，略向尖凸弯。以三尖形为例，自舌面观可看到近中舌尖、远中舌尖、颊尖，其大小为颊尖 > 近中舌尖 > 远中舌尖，其高矮同大小顺序，即颊尖最高，近中舌尖次之，远中舌尖最低。牙根呈扁圆形的单根，根尖偏远中（图 4-82B）。

（二）下颌前磨牙的舌面观描绘

描绘方法：找出牙尖点、舌面与近中面交界点、舌面与远中面交界点、根尖点、两牙邻接处等关键部位，描绘出牙体外形轮廓，其𬌗面的发育沟、三角嵴、舌轴嵴、舌沟等也可进行描绘。要特别注意比对下颌第一前磨牙与下颌第二前磨牙的形态区别、两者形成的邻接位置、外展隙等内容。也可用透明硫酸纸进行描摹训练。

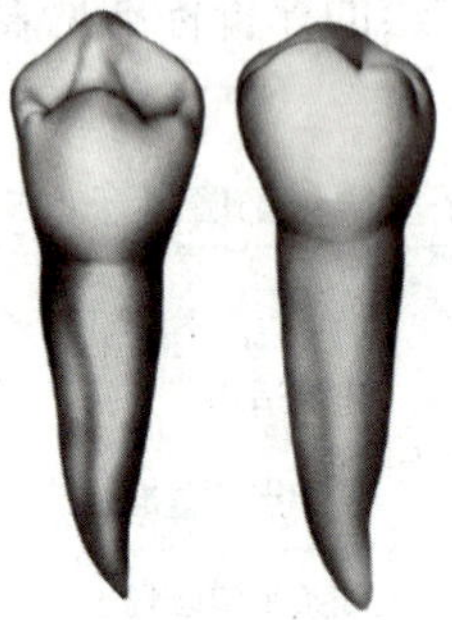

A　　B

图 4-82　下颌前磨牙舌面观形态

A. 下颌第一前磨牙；B. 下颌第二前磨牙。

任务七　完成三倍大右下颌第一前磨牙牙体雕刻

一、任务导入

对下颌第一前磨牙的雕刻练习，是掌握牙体形态特征的有效途径，有助于在脑海中形成牙体的三维立体成像，为后续的专业课程打下形态学基础。按照放大三倍石膏牙雕刻数据、线图、多面体图、浮雕图，运用本节课的雕刻方法在石膏块上完成一颗三倍大右下颌第一前磨牙雕刻。

二、任务分析

完成这个任务，要在能正确描绘放大三倍右下颌第一前磨牙的基础上，熟练掌握右下颌第一前磨牙的形态基础。放大三倍右下颌第一前磨牙雕刻是把等倍大下颌第一前磨牙放大三倍进行的石膏牙雕刻，具体数据见表 4-19。下颌第一前磨牙的线图、浮雕图已在下颌第一前磨牙描绘章节里详细介绍（详见项目四、任务六）。下颌第一前磨牙多面体图指的是下颌第一前磨牙的任意一面都不是单纯的平面，而是复杂的多个平面。

表 4-19　下颌第一前磨牙的比例规格

单位：mm

测量项目	一倍大	三倍大
牙冠长	8.7	26.1
牙冠宽	7.1	21.3
牙冠厚	7.9	23.7
牙颈宽	4.9	14.7
牙颈厚	6.9	20.7
牙根长	12.3	36.9
牙全长	20.9	62.7

三、任务实施

（一）实训器材的准备

58mm×32mm×35mm 石膏块、三倍大右下颌第一前磨牙数据表（表 4-19）、三倍大右下颌第一前磨牙线图（图 4-83）、三倍大右下颌第一前磨牙浮雕图（图 4-84）、三倍大右下颌第一前磨牙多面体线图（图 4-85）、石膏切刀、雕刻刀、直尺、红蓝铅笔、储水盆、橡胶垫板等。

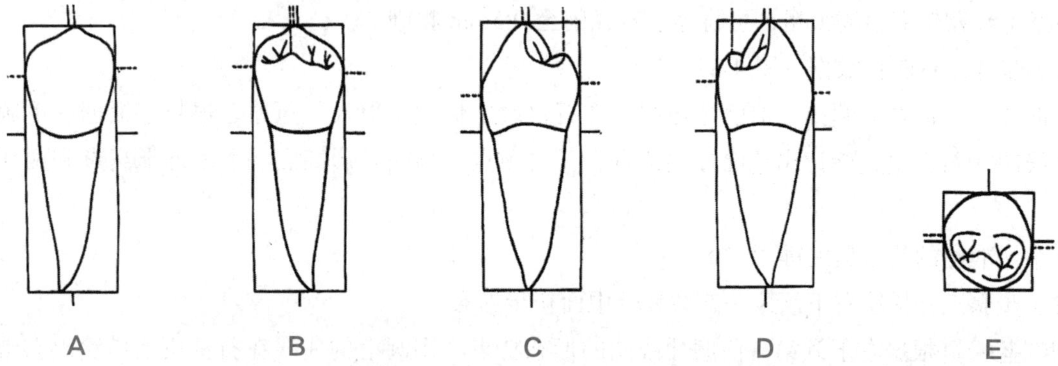

图 4-83　右下颌第一前磨牙线图

A. 颊面；B. 舌面；C. 近中面；D 远中面；E.𬌗面。

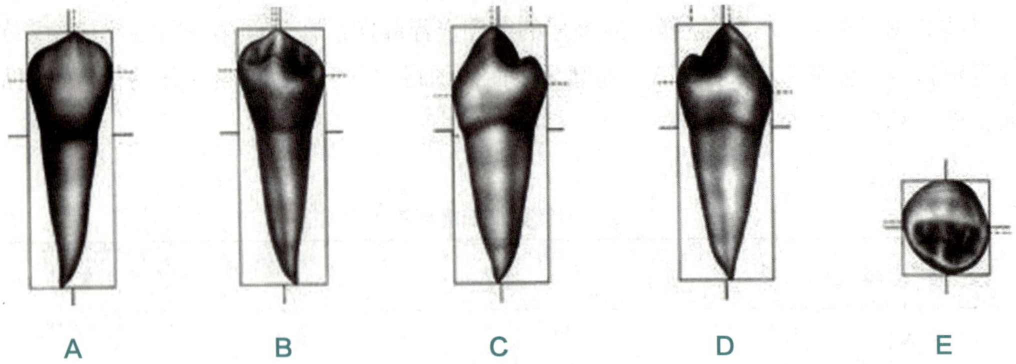

图 4-84　右下颌第一前磨牙浮雕图

A. 颊面；B. 舌面；C. 近中面；D 远中面；E.𬌗面。

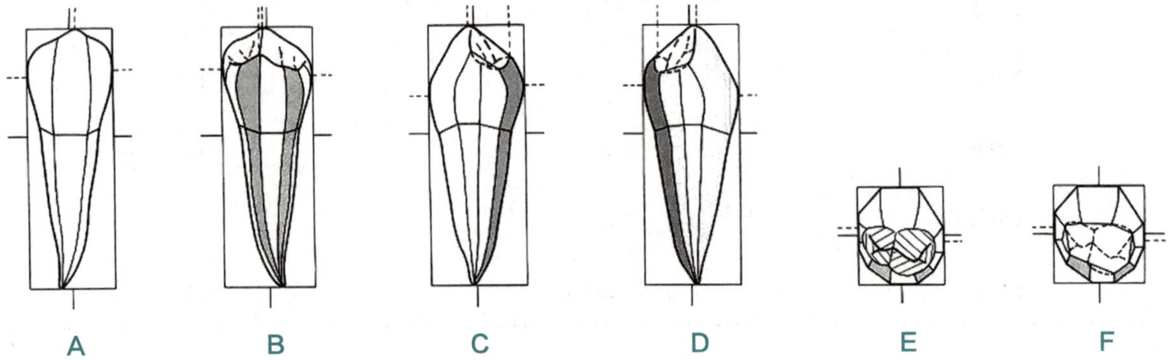

图 4-85　右下颌第一前磨牙多面体线图

A. 颊面；B. 舌面；C. 近中面；D 远中面；E.𬌗面多面体；F.外形多面体。

（二）三倍大右下颌第一前磨牙雕刻步骤

1. 三倍大右下颌第一前磨牙雕刻——二面体的形成

（1）步骤一：标记石膏块的中线（图 4-86）。

用游标卡尺或者直尺测量出石膏块的宽度，用红蓝铅笔标记出石膏块的中线。

注意：红蓝铅笔不能太粗，可将笔芯直径削至 0.5mm 粗细。

（2）步骤二：转移数据（图 4-87）。

根据放大三倍右下颌第一前磨牙数据，在石膏块上标记出冠长、冠厚、根长。根据右下颌第一前磨牙线图在石膏块上标记出𬌗面颊尖顶点、舌尖顶点、颊面外形高点、舌面外形高点和两牙根根尖点。

注意：准确的数据是关键。

（3）步骤三：描绘右下颌第一前磨牙近中面初步形态。

用红蓝铅笔根据右下颌第一前磨牙线图的形态特点，用圆滑的曲线在石膏块上描绘出右下颌第一前磨牙近中面的线图（图 4-88）。

注意：下颌第一前磨牙的颊尖顶点高于舌尖顶点。除规定的点外，多标记几个点更加准确。

（4）步骤四：去除线外多余的石膏。

用石膏切刀去除近远中面线图以外多余石膏，二面体形成（图 4-89）。

注意：去除石膏时切削至线条标记处，但是要保留线条。

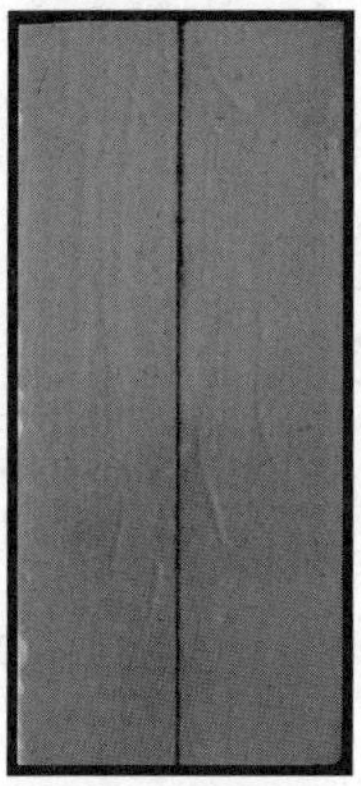

图 4-86　标记中线

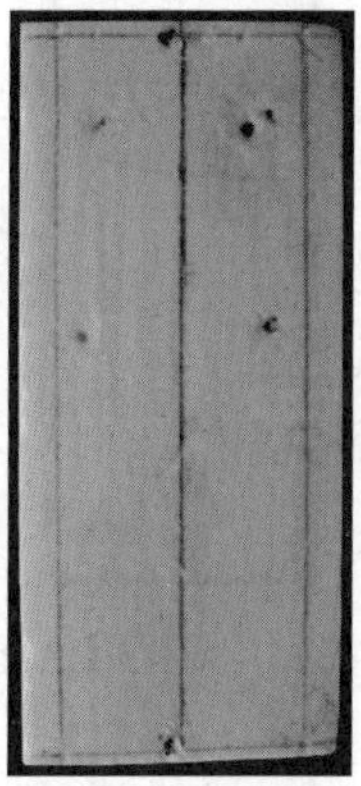

图 4-87　转移数据

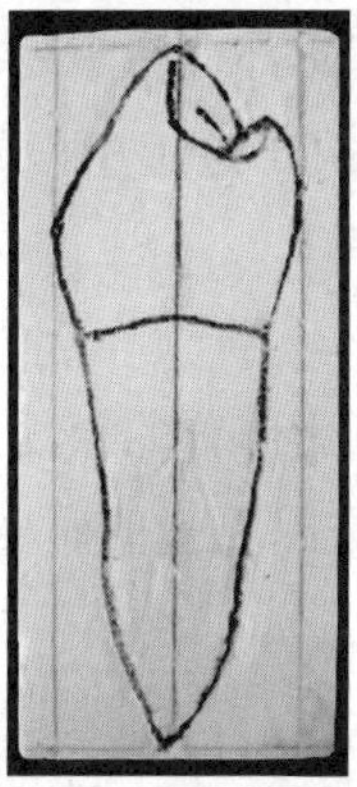

图 4-88　近中面描绘图

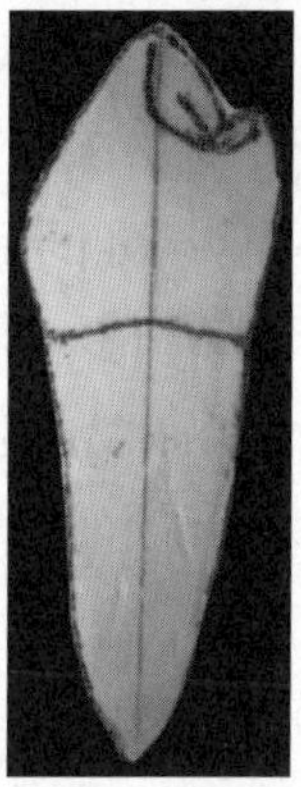

图 4-89　二面体形成

2. 三倍大右下颌第一前磨牙雕刻——四面体的形成

（1）步骤一：标记石膏块的中线。

用游标卡尺或者直尺测量出石膏块的宽度，用红蓝铅笔标记出石膏块的中线。

（2）步骤二：转移数据。

根据放大三倍右下颌第一前磨牙数据，在石膏块上标记出冠长、冠宽、根长。根据右下颌第一前磨牙线图在石膏块上标记出近中面外形高点、远中面外形高点、颊尖顶点、舌尖顶点、近远中面颈部最凹陷点和牙根根尖位置。

注意：准确的数据是关键。

（3）步骤三：描绘右下颌第一前磨牙颊面初步形态。

用红蓝铅笔根据右下颌第一前磨牙线图的形态特点，用圆缓的曲线在石膏块上描绘出右下颌第一前磨牙颊面的线图（图 4-90）。

注意：下颌第一前磨牙的颊尖高大锐利，舌尖矮小圆钝。除规定的点外，多标记几个点更加准确。

（4）步骤四：去除线外多余的石膏。

用石膏切刀去除颊、舌面线图以外多余石膏，四面体形成（图 4-91）。

注意：去除石膏时切削至线条标记处，但是要保留线条。

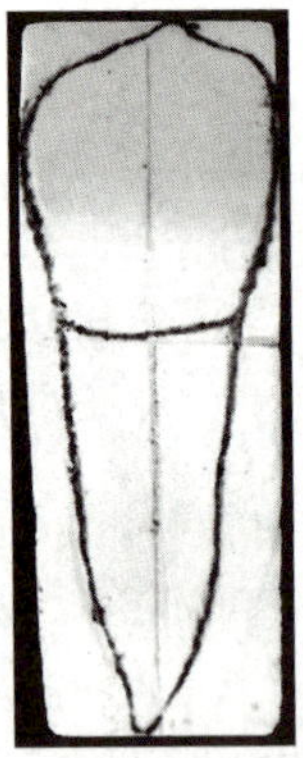

4-90　颊面描绘图

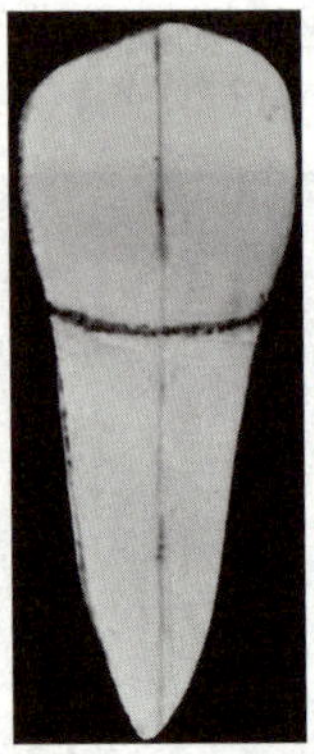

4-91　四面体形成

3. 三倍大右下颌第一前磨牙雕刻——多面体的形成

（1）步骤一：形成颊面多面体。

参考多面体线图，在石膏牙颊面上描绘出多面体图形，根据阴影部分的深浅去除多余的石膏。

注意：颊面的阴影是去除石膏的面积，而去除石膏的厚度取决于近远中面的阴影部分的深浅。切削多面体时，不得损坏颊侧牙颈突度。

（2）步骤二：形成舌面多面体。

参考多面体线图，在石膏牙舌面上描绘出多面体图形，根据阴影部分的深浅去除多余的石膏。

注意：舌面去除石膏的面积取决于舌面阴影部分的面积，而去除石膏的厚度取决于近远中面的阴影部分的深浅。

（3）步骤三：形成近远中面多面体。

参考多面体线图，在石膏牙近远中面上描绘出多面体图形，根据阴影部分的深浅去除多余的石膏。

注意：在完成颊舌轴面角的过程中，近远中面的石膏去除已经完成。

（4）步骤四：形成𬌗面多面体。

参考多面体线图，在石膏牙𬌗面上描绘出多面体图形，根据阴影部分的深浅去除多余的石膏（图 4-92、图 4-93）。

注意：下颌第一前磨牙的𬌗面颊尖高大锐利，舌尖矮小圆钝。

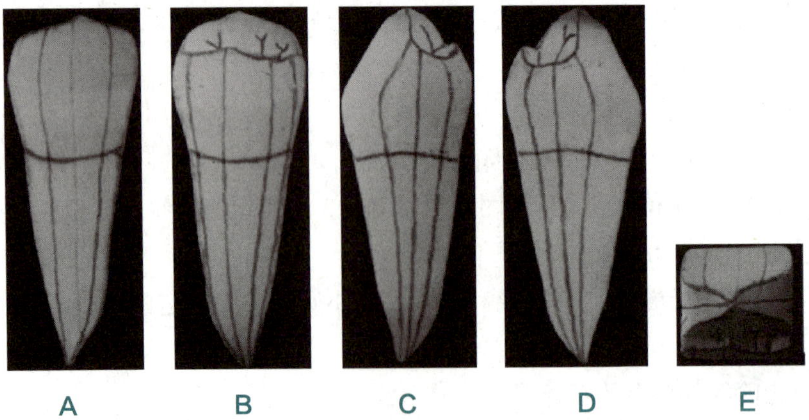

图 4-92　描绘多面体图形

A. 颊面；B. 舌面；C. 近中面；D. 远中面；E. 𬌗面。

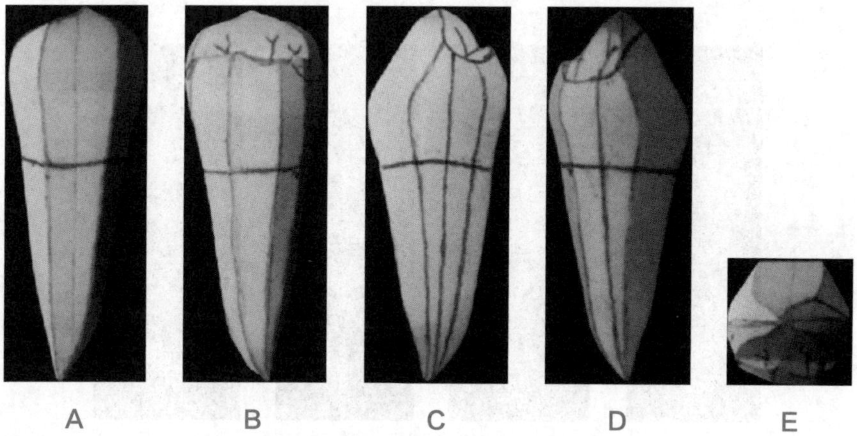

图 4-93　多面体切削完成

A. 颊面；B. 舌面；C. 近中面；D. 远中面；E. 殆面。

4. 三倍大右下颌第一前磨牙雕刻——四面成形

（1）步骤一：牙颈线的成形。

1）描绘勾勒牙颈线：参照右下颌第一前磨牙线图，在石膏棒颊、舌、近中、远中面精确描绘牙颈线。经检查合格后，将雕刻刀刃端垂直于牙面，沿牙颈线刮去约 0.2mm 深的石膏，并沿牙颈线勾勒一周。

注意：近中面的颈曲度大于远中面。

2）辅助线的绘制：在牙颈线冠方和根方各 1mm 处，绘制两条平行于牙颈线的辅助线（图 4-94）。

3）雕刻成形：自牙颈线冠方和根方 1mm 的线条处，将雕刻刀刃端与牙面成约 45°角，并沿该线向牙颈线方向刮除适量的石膏。以上操作完成后牙颈部形态基本形成（图 4-95）。上述步骤可适当重复进行，直至合乎要求为止。

4）修整顺滑：仔细和浮雕图比对，将牙颈线修整连续顺滑。

注意：不能形成明显的台阶。

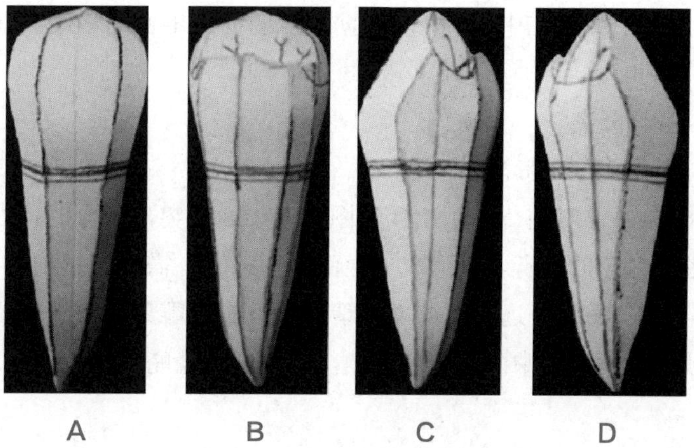

图 4-94　描绘颈缘线

A. 颊面；B. 舌面；C. 近中面；D 远中面。

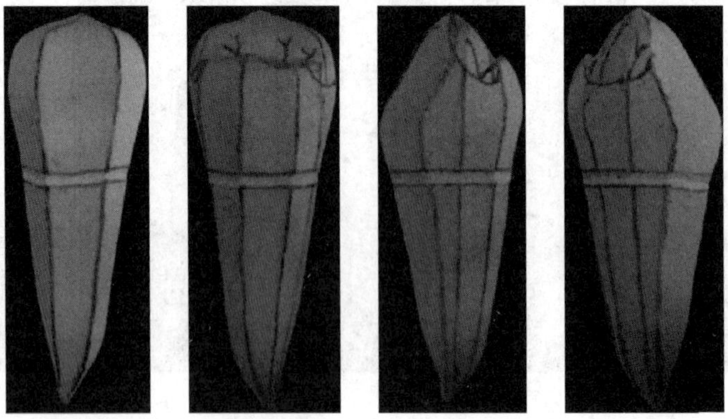

图 4-95　成形颈缘线

A. 颊面；B. 舌面；C. 近中面；D 远中面。

（2）步骤二：颊面的成形。

1）颊面牙根的成形：参照浮雕图在石膏牙颊面牙根处描绘出颊面最突出部分的连线，在牙根的近远中面描绘出近远中面最突出部分的连线，根据最突出部分的斜面特点，即颊面牙根的形态结构特点，用石膏切刀采用横握式和直握式对颊面牙根进行大体形态的成形处理。

注意：下颌第一前磨牙是单根牙，颊侧较舌侧宽，近中面的根尖段常有分叉痕迹。

2）颊面牙冠的成形：具体如下。①形成颈缘突度。颈缘突度即从近远中面到颊面近颈缘部分的弧度，在形成颈缘突度时，必须参照浮雕图，并观察浮雕图近颈缘部分的弧度，完成石膏去除。②颊轴嵴的成形。下颌第一前磨牙的颊面有较为明显的颊轴嵴，把颊面分成了两个斜面，在颊面描绘出颊轴嵴的形态，按照浮雕图形成两侧的斜面。③颊面近远中缘的成形。参考浮雕图，描绘下颌第一前磨牙近远中缘的形态，并转移到石膏牙相应的位置。结合近远中面近颊侧斜面的特点，形成颊面近远中缘的形态。

（3）步骤三：舌面的成形（图 4-96）。

1）舌面牙根的成形：方法参考颊面牙根的成形。

2）舌面较为圆突，外形高点在中 1/3 处。根据浮雕图描绘出舌面最突出部分的连线，在该线上下去除多余的石膏。

注意：舌面牙根较窄且隆突。

（4）步骤四：近、远中面的成形。

1）近中面的成形：参考浮雕图，描绘出浮雕图上近中面最突出部分的连线，根据浮雕图上斜面的特点，在石膏牙上去除多余的石膏。在形成近中面的形态时，需注意近中面接触区的形态特点。

2）远中面的成形（图 4-97）：远中面的雕刻请参照近中面雕刻的方法和步骤，但需注意以下两点。①下颌第一前磨牙远中面较近中面小，且圆凸。②远中边缘嵴低于近中边缘嵴。

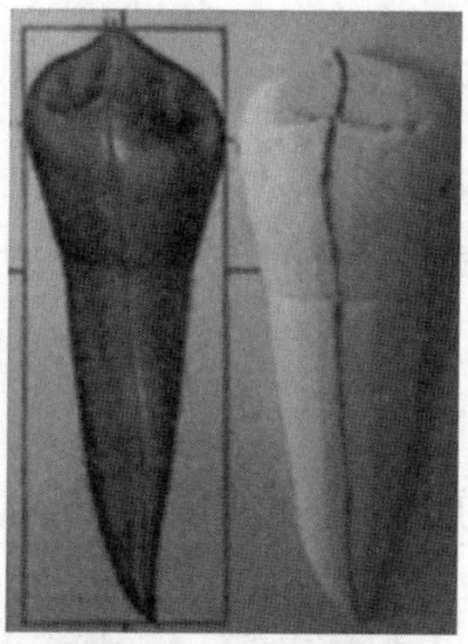

图 4-96 舌面初步成形后

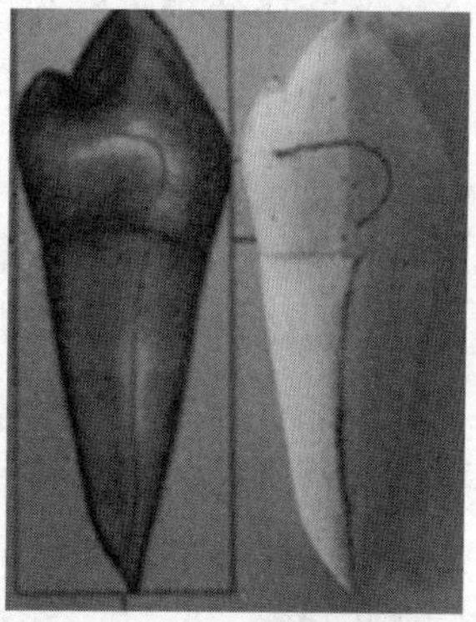

图 4-97 远中面成形

（5）步骤五：𬌗面的成形。

1）修整𬌗缘外侧轴面𬌗 1/3 形态：参考浮雕图，在浮雕图上画出𬌗面最突出部分的连线，这个最突出部分的连线实际也是𬌗面边缘嵴的连线。转移上述最突出部分的连线至石膏牙相应的位置，去除最突出部分连线外侧相应的石膏，形成牙冠轴面𬌗的 1/3 部分，同时注意修整轴面𬌗 1/3 的形态。

2）初步形成𬌗面窝底部：参考浮雕图，下颌第一前磨牙𬌗面中央有一横嵴，横嵴两侧有近中窝和远中窝，把浮雕图上窝的位置转移到石膏牙相应的位置，用雕刻刀在窝的位置转动两下，去除少量石膏，形成一个小窝。

3）形成𬌗面三角嵴的形态：把浮雕图上的牙尖三角嵴转移到石膏块上，用雕刻刀沿窝向三角嵴做斜面。

4）形成发育沟、副沟：参考浮雕图，根据发育沟的形态与位置形成发育沟、副沟（图 4-97、图 4-98）。

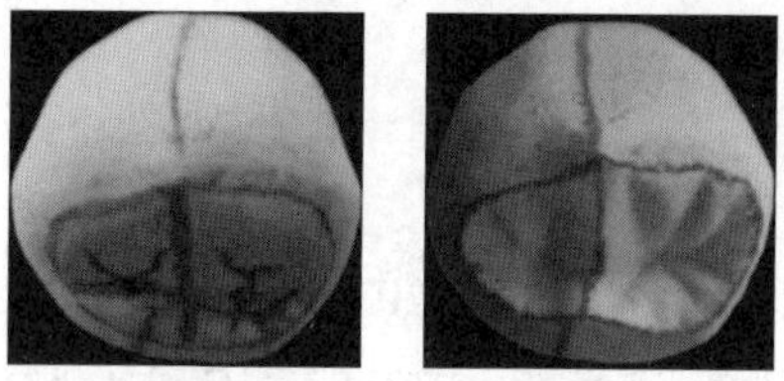

A　　B

图 4-98 𬌗面成形

A. 𬌗面成形前；B. 𬌗面成形后。

5. 三倍大右下颌第一前磨牙雕刻——精雕完成

（1）步骤一：颊面发育沟的修整。

仔细观察右下颌第一前磨牙颊面浮雕图上两条发育沟的形态和位置，在石膏牙相应的位置用红蓝铅笔进行准确的描绘，用雕刻刀进行修整。

注意：颊面发育沟是牙在生长发育过程中形成的浅沟，所以该发育沟与颊面的融合度非常高，发育沟两侧的斜面斜度大且衔接自然。

（2）步骤二：轴面颈缘线的修整。

再次准确的修整颈缘线，用雕刻刀在颈缘线上下进行切削，以使牙冠和牙根衔接自然。

注意：下颌第一前磨牙的颈缘线为连续的圆缓的曲线。

（3）步骤三：修饰牙体表面。

在四面成形的基础上，用雕刻刀采用执笔式从根尖或从牙尖顶对牙体表面进行润饰，力求牙根表面光滑，下颌第一前磨牙为单根牙，牙根扁而细长，颊侧较舌侧宽。近中面的根尖段常有分叉痕迹，根颈 1/3 处横切面为扁椭圆形，根尖略偏向远中。

（4）步骤四：牙体表面流畅性的检查。

检查石膏牙各轴面的外形高点、邻接点以及凹凸衔接的自然程度（图 4-99）。

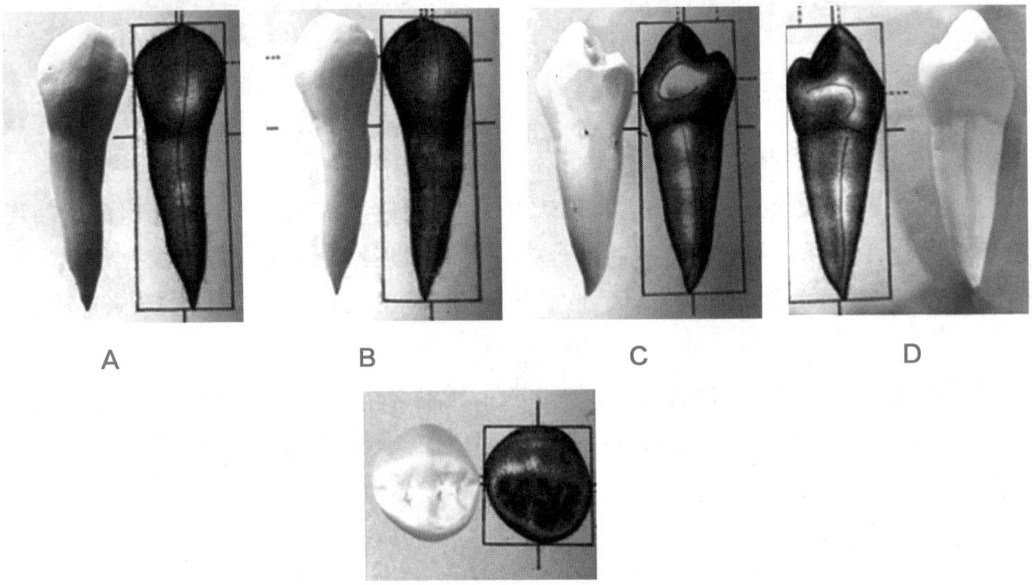

图 4-99　放大三倍右下颌第一前磨牙雕刻完成图

A. 颊面；B. 舌面；C. 近中面；D 远中面；E.𬌗面。

四、任务评价

下颌第一前磨牙石膏牙雕刻评价标准见表 4-20。

表 4-20　下颌第一前磨牙石膏牙雕刻评价标准

序号	评价内容	分值	评价要点
1	雕刻数据	4	冠宽
		4	冠厚
		4	冠根长
2	颊面	3	颊面轮廓形态
		3	近远中径与𬌗颈径比
		3	颊面外形高点位于颈 1/3
		3	发育沟的位置形态
		3	颊面的牙根呈锥体形较舌面平坦
		3	颊尖偏向近中

续 表

序号	评价内容	分值	评价要点
3	舌面	3	舌面轮廓形态
		3	舌面较唇面小
		3	舌面的牙根呈锥体形较圆突
		3	舌尖偏向远中
4	近中面	3	近中面的轮廓形态
		3	颊舌径与船颈径比
		3	近中面观颊面的弧度
		3	近中面观舌面的弧度
		3	近中面的外形高点位置
		3	近中面牙根颊舌径大于近远中径
5	远中面	3	与近中面形态相似但体积小且圆突
		3	颈部凹陷
		3	远中面外形高点的位置
		3	远中面颈缘线更圆缓
6	船面	3	船缘的位置形态
		3	发育沟的位置形态
		3	窝的位置形态
		3	三角嵴的位置形态
7	整体情况	3	牙体各面表面光滑、线条流畅
		5	牙体各部比例协调
8	操作规范	3	个人防护方法
		5	工具的使用
总分（100）			

▶任务拓展

放大三倍右下颌第二前磨牙雕刻

在牙体修复的实际工作场景中，精准掌握各类牙体形态特点至关重要。下颌前磨牙组作为下颌后牙的关键组合，除大家熟悉的下颌第一前磨牙外，还包括下颌第二前磨牙，且各个牙位均左右对称分布，左右各有一颗。

此前，同学们已深入学习了最具典型性的下颌第一前磨牙雕刻知识与技巧，然而，在日常实践操作里，下颌第二前磨牙的形态恢复也非常重要。为切实强化同学们在本学习任务中对尖牙组不同牙位形态雕刻的全方位理解，提升实操动手能力，同时着力培养大家的自我探究精神，现布置如下实践任务。

请同学们灵活运用前面所学的放大三倍右下颌第一前磨牙雕刻方法及详细步骤，紧密结合提供的右下颌第二前磨牙线图（图 4-100）、浮雕图（图 4-101）及多面体图（图 4-102），并依据表 4-21 中精准的三倍大右下颌第二前磨牙数据，雕刻出一颗放大三倍右下颌第二前磨牙。在完成雕刻作品后，总结归纳下颌第一前磨牙与下颌第二前磨牙在形态方面存在的显著差异，通过对比分析深化对两种牙齿形态特点的认知，为未来应对复杂多变的口腔修复工作筑牢坚实基础。

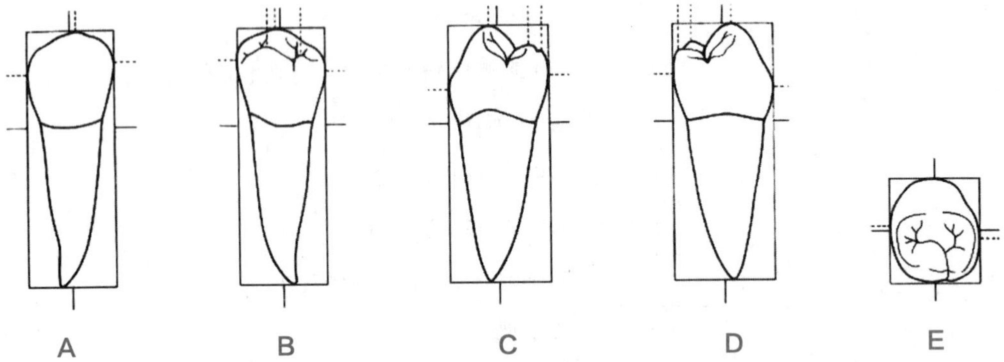

图 4-100　右下颌第二前磨牙线图

A. 颊面；B. 舌面；C. 近中面；D 远中面；E. 殆面。

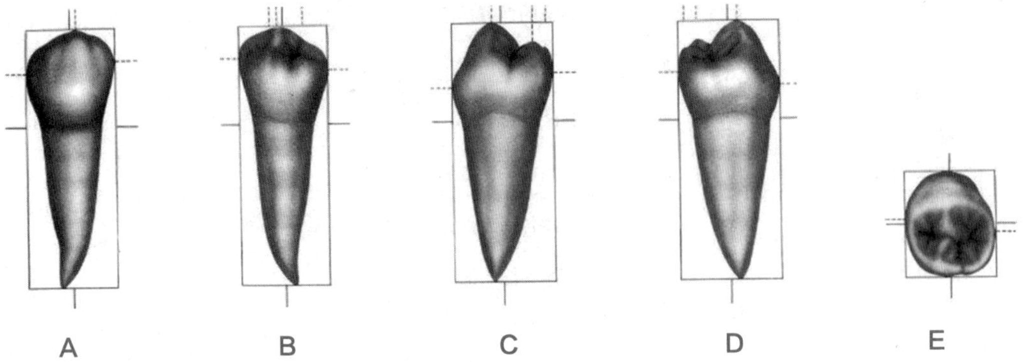

图 4-101　右下颌第二前磨牙浮雕图

A. 颊面；B. 舌面；C. 近中面；D 远中面；E. 殆面。

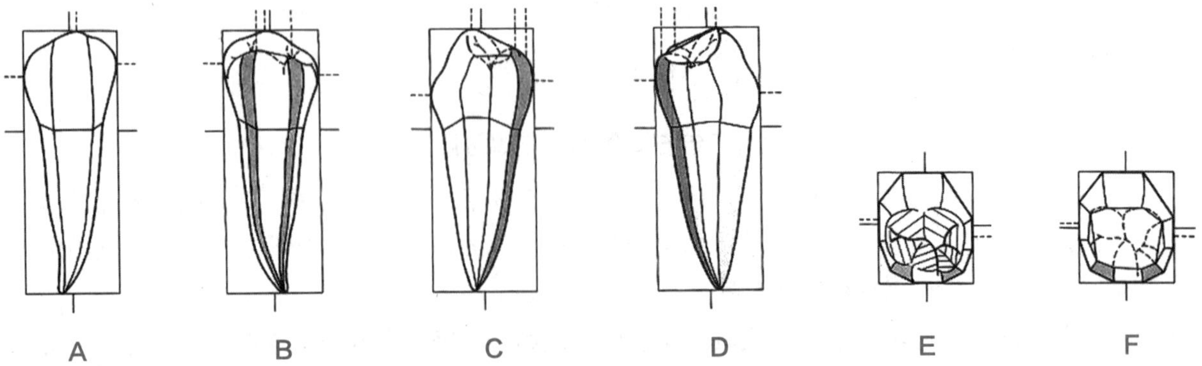

图 4-102　右下颌第二前磨牙多面体图

A. 颊面；B. 舌面；C. 近中面；D 远中面；E. 殆面多面体；F. 外形多面体。

表 4-21 下颌第二前磨牙的比例规格

单位：mm

测量项目	一倍大	三倍大
牙冠长	7.7	23.1
牙冠宽	7.4	22.2
牙冠厚	8.3	24.9
牙颈宽	6.3	21.0
牙颈厚	6.2	18.9
牙根长	13	39
牙全长	20.7	62.1

任务八 完成等倍大右下颌第一前磨牙牙体雕刻

一、任务导入

完成三倍大右下颌第一前磨牙雕刻后，在规定的时间内按照等倍石膏牙雕刻模型、数据、线图、多面体图、浮雕图，在规范安全的操作基础上，于石膏块上完成一颗等倍大右下颌第一前磨牙雕刻。

二、任务分析

完成这个任务必须在正确描绘等倍下颌第一前磨牙的基础上，掌握下颌第一前磨牙的形态基础。等倍右下颌第一前磨牙雕刻是指根据 1∶1 右下颌第一前磨牙数据（表 4-22），进行的下颌第一前磨牙牙体雕刻。下颌第一前磨牙的线图、浮雕图在下颌第一前磨牙描绘章节里已详细介绍，下颌第一前磨牙多面体指的是下颌第一前磨牙的任意一面都不是单纯的平面，而是复杂的多面体。

表 4-22　下颌第一前磨牙的比例规格　　单位：mm

	一倍大
牙冠长	8.7
牙冠宽	7.1
牙冠厚	7.9
牙颈宽	4.9
牙颈厚	6.9
牙根长	12.3
牙全长	20.9

三、任务实施

（一）实训器材的准备

右下颌第一前磨牙线图、等倍大右下颌第一前磨牙雕刻模型1套、石膏块（15mm×15mm×55mm）、石膏切刀、雕刻刀、绘图铅笔、红蓝铅笔、游标卡尺、直尺、毛刷、储水盆、橡胶垫板等。

（二）等倍大右下颌第一前磨牙雕刻

1. 等倍大右下颌第一前磨牙雕刻——石膏框架成形

（1）步骤一：绘制框架及标志物、切削框架成形。用游标卡尺测量等倍大右下颌第一前磨牙雕刻模型的冠长、冠宽、冠厚、根长。在石膏块上，用游标卡尺轻轻刻出各面的冠根分界线和中线，绘制牙体外形框架（图4-103）。用石膏切刀切掉框线以外的石膏，先修整平行的两侧，再修整另外两侧，底座四周应平整（图4-104）。

要求：雕刻等倍大右下颌第一前磨牙的牙体总长是冠长加根长的总和。

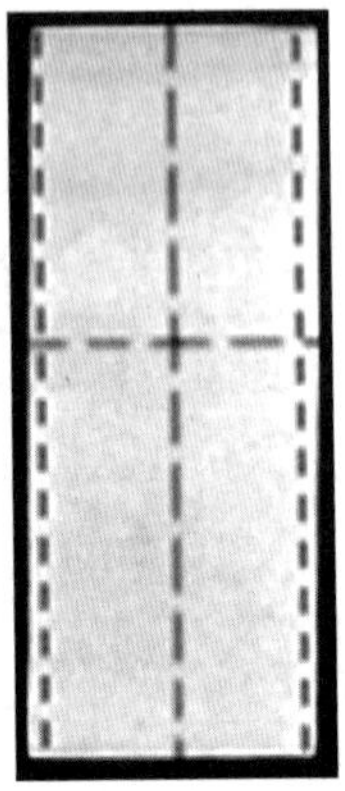

图4-103　绘制框架

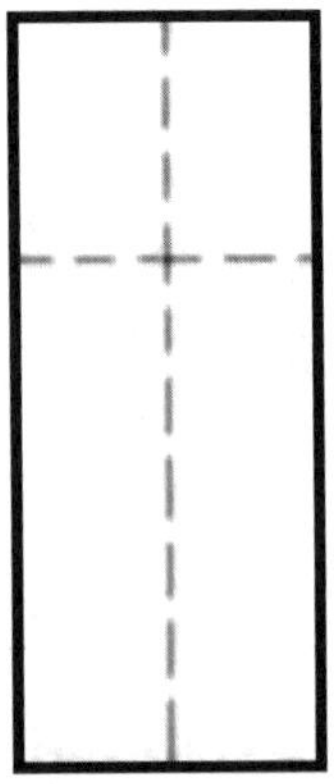

图4-104　切削框架成形

（2）步骤二：确定基准面。参照模型和牙线图确定颊面、舌面、近中面和远中面。

2. 等倍大右下颌第一前磨牙雕刻——二面体成形

（1）步骤一：描绘颊舌面外形。参照等倍大右下颌第一前磨牙雕刻模型和右下颌第一前磨牙线图，将模型颊舌面与石膏块重合，在石膏块的颊舌面标出牙尖顶的位置，将所测牙颈宽数据转移到石膏块上，参照右下颌第一前磨牙雕刻模型的颊舌面轮廓外形，描绘出颊舌面的牙体外形线（图 4-105）。

要求：转移的参照点要准确，颊舌面的牙体外形线应为细线且线条流畅。

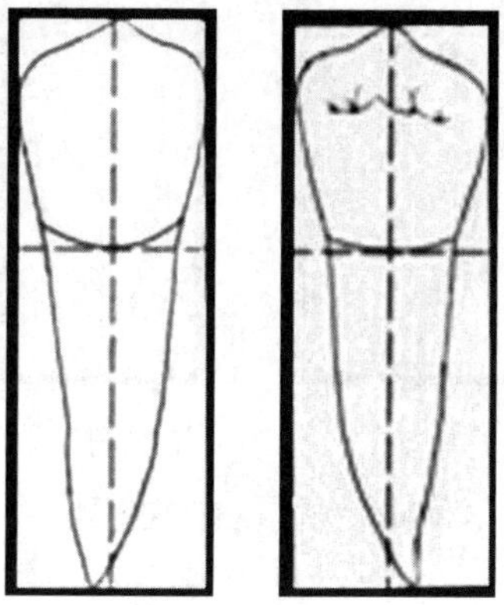

A　　B

图 4-105　石膏牙图片

A. 颊面；B. 舌面。

（2）步骤二：颊舌面切削成形。用石膏切刀沿颊舌面边缘线上下推拉切削，形成颊舌面外形（图 4-106）。

要求：不得损坏外形高点的突度，恰好切到线，不要切掉线，轴面外形轮廓需与右上颌第一前磨牙线图一致。

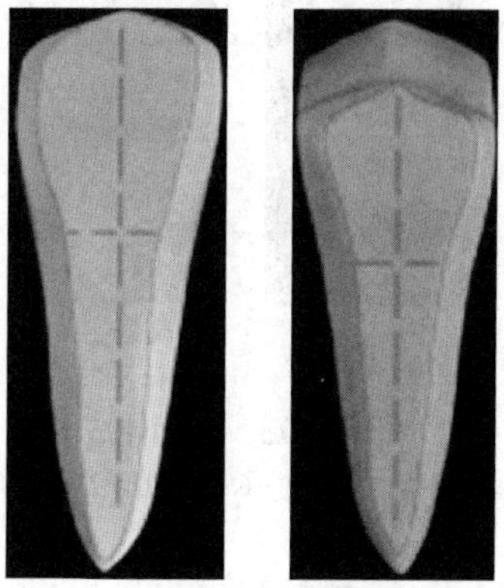

A　　B

图 4-106　二面体成形

A. 颊面；B. 舌面。

3. 等倍大右下颌第一前磨牙雕刻——四面体成形

（1）步骤一：描绘近远中面外形。参照等倍大右上颌第一前磨牙雕刻模型和右上颌第一前磨牙线图，将模型近中面、远中面与石膏块重合，在石膏块的近远中面标出牙尖顶的位置，将所测牙颈厚数据转移到石膏块上，参照右上颌第一前磨牙模型的近远中轮廓外形，描绘近远中面的牙体外形线（图 4-107）。

要求：同二面体描绘。

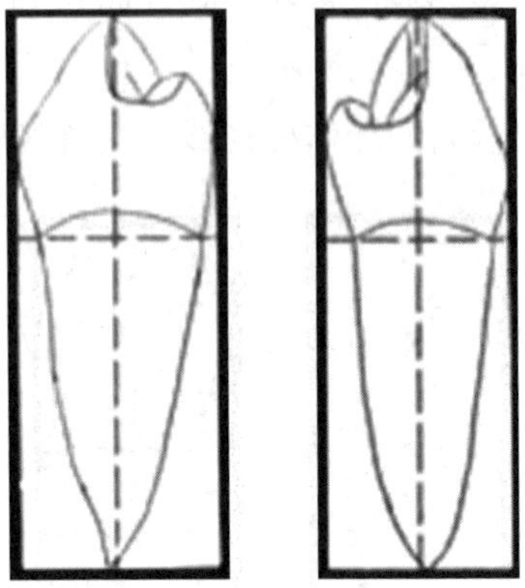

图 4-107　石膏牙图片

A. 近中面；B. 远中面。

（2）步骤二：近远中面切削成形。用石膏切刀沿近远中边缘线上下推拉切削，形成近、远中面外形（图 4-108）。

要求：同二面体成形。

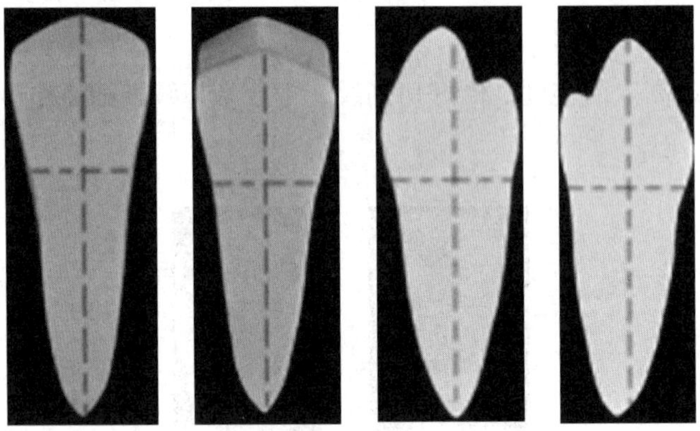

图 4-108　四面体成形

A. 颊面；B. 舌面；C. 近中面；D. 远中面。

4. 等倍大右下颌第一前磨牙雕刻——多面体成形

（1）步骤一：正确描绘多面体的各个轴面。参照右下颌第一前磨牙雕刻模型𬌗面观，在石膏块上画出多面体外形的边缘线与中轴线的角度，以及各个轴面最突出部分的连线，冠根分界线与外形高点之间的连线（图 4-109）。

要求：尽可能使多面体边缘线与右下颌第一前磨牙线图相一致。

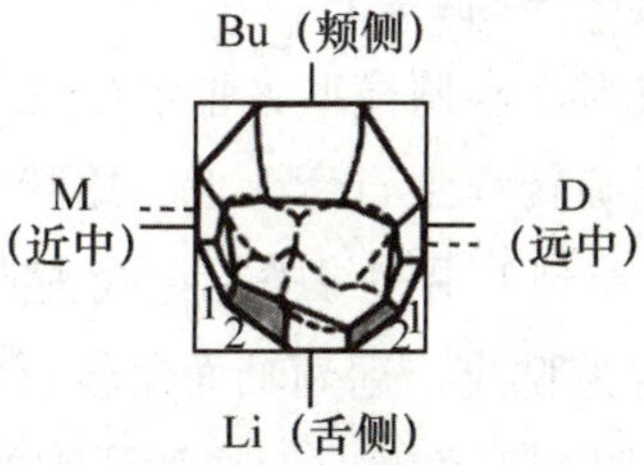

图 4-109　殆面与多面体的位置关系参照图

（2）步骤二：切削多面体。按照多面体边缘线切削各斜面，最终形成多面体（图 4-110）。
要求：切削多面体时，不得损坏颊侧牙颈突度。

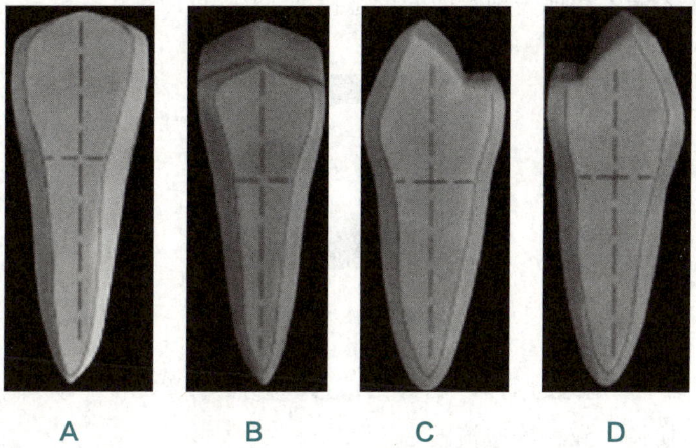

图 4-110　多面体成形

A. 颊面；B. 舌面；C. 近中面；D. 远中面。

5. 等倍大右下颌第一前磨牙雕刻——四面成形　参照模型，用雕刻刀将多面体的棱角尽可能模糊化，逐渐形成各轴面形态（图 4-111）。

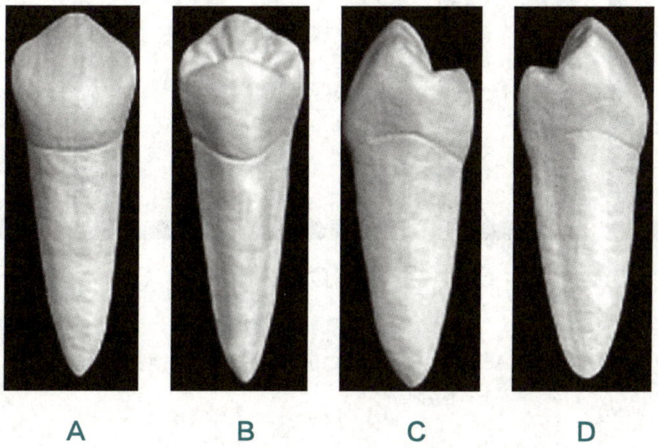

图 4-111　四面成形

A. 颊面；B. 舌面；C. 近中面；D. 远中面。

6. 等倍大右下颌第一前磨牙雕刻——𬌗面成形

（1）步骤一：三角嵴和边缘嵴成形。参照模型，描绘出三角嵴和边缘嵴的走行，并确定颊舌面牙尖顶点的位置，然后将这些标记正确转移到石膏牙上。用雕刻刀沿三角嵴标记线的近远中方向进行切削，形成带曲度的 2 个斜面，用雕刻刀沿边缘嵴标记线去除该线以外多余的石膏。

要求：三角嵴和边缘嵴的走向均为弧线，远颊轴面角较近颊轴面角大，颊𬌗边缘嵴长于舌𬌗边缘嵴，颊舌两三角嵴相连构成横嵴。雕刻三角嵴时，注意牙尖的斜度。

（2）步骤二：中央沟及近远中窝的形成。参照模型，用小雕刻刀修整形成近远中窝和中央沟，近远中窝分别位于横嵴两侧。

要求：中央沟靠近舌侧，远中窝较深较大。

（3）步骤三：𬌗面的成形。用小雕刻刀或刀勺润饰𬌗面，检查各部分的曲线走向是否自然流畅，应尽可能与模型一致，才能生动地表现𬌗面的形态特征（图 4-112）。

图 4-112　𬌗面成形

7. 等倍大右下颌第一前磨牙雕刻——牙颈线成形　参照等倍大右下颌第一前磨牙雕刻模型，颈线各处的宽度、深度需协调一致，连接流畅。

8. 等倍大右下颌第一前磨牙雕刻——精修完成　参照模型，检查各部分尺寸，精修完成（图 4-113）。

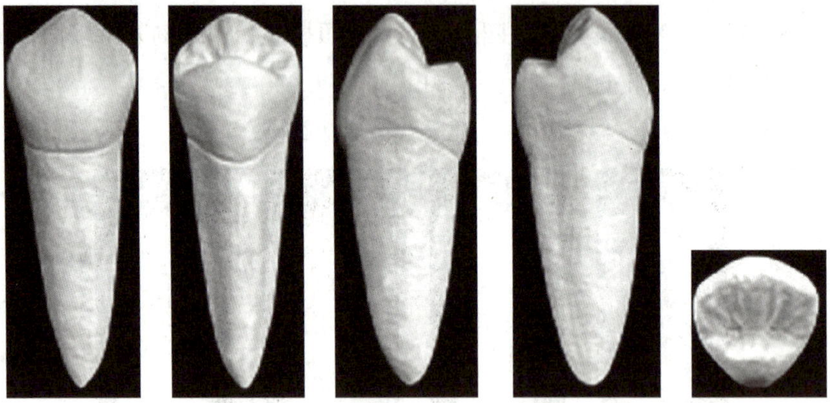

A　B　C　D　E

图 4-113　精修完成

A. 唇面；B. 舌面；C. 近中面；D. 远中面；E. 𬌗面。

四、任务评价

下颌第一前磨牙石膏牙雕刻评价标准见表 4-23。

表 4-23 下颌第一前磨牙石膏牙雕刻评价标准

序号	评价内容	分值	评价要点
1	雕刻数据	4	冠宽
		4	冠厚
		4	冠根长
2	颊面	3	颊面轮廓形态
		3	近远中径与殆颈径比
		3	颊面外形高点位于颈 1/3
		3	发育沟的位置形态
		3	颊面的牙根呈锥体形较舌面平坦
		3	颊尖偏向近中
3	舌面	3	舌面轮廓形态
		3	舌面较唇面小
		3	舌面的牙根呈锥体形较圆突
		3	舌尖偏向近中
4	近中面	3	近中面的轮廓形态
		3	近中面颊舌径与殆颈径比
		3	近中面观颊面的弧度
		3	近中面观舌面的弧度
		3	近中面的外形高点位置
		3	近中面牙根颊舌径大于近远中径
5	远中面	3	与近中面形态相似但体积小且圆突
		3	颈部凹陷
		3	远中面外形高点的位置
		3	远中面颈缘线更圆缓
6	殆面	3	殆缘的位置形态
		3	发育沟的位置形态
		3	窝的位置形态
		3	三角嵴的位置形态

续 表

序号	评价内容	分值	评价要点
7	整体情况	3	牙体各面表面光滑、线条流畅
		5	牙体各部比例协调
8	操作规范	3	个人防护方法
		5	工具的使用
总分（100）			

▶任务拓展

下颌前磨牙的功能

1. 食物初步研磨与辅助切割　下颌前磨牙位于下颌尖牙与磨牙之间，兼具撕裂食物（类似尖牙）和初步研磨食物（类似磨牙）的功能。主要作用是将尖牙撕碎的大块食物进一步压碎并磨细，为后续磨牙的彻底研磨做准备，是咀嚼链中承上启下的关键环节。

2. 维持咬合平衡与牙弓稳定　作为牙弓的过渡部分，下颌前磨牙通过与上颌前磨牙的咬合接触，分散咬合力，避免局部牙齿过度负荷。缺失下颌前磨牙可能导致邻牙倾斜、对颌牙伸长或咬合紊乱，影响咀嚼效率和颞下颌关节健康。

3. 支撑面部形态与肌肉功能　下颌前磨牙的牙根位于下颌骨，对维持下颌骨高度及面部轮廓有一定支撑作用。其存在有助于咬肌、颞肌等咀嚼肌的正常收缩协调，并保障下颌运动的稳定性。

4. 正畸治疗中的灵活应用　在牙齿矫正中，下颌前磨牙常被选择拔除以提供间隙，从而解决牙列拥挤、前牙前突或调整咬合关系。因下颌前磨牙体积较小且咀嚼功能相对次要，拔除后对整体功能影响较小，同时便于矫正方案的个性化。

任务九　完成牙列中等倍大右下颌第一前磨牙滴蜡塑形

视频：完成牙列中等倍大右下颌第一前磨牙滴蜡

一、任务导入

下颌第一前磨牙位于尖牙与第一磨牙之间，是口腔中承担“承前启后”功能的关键牙体——其颊舌双尖的形态特点不仅能与尖牙协同完成食物的初步撕裂与捣碎，更通过𬌗面的精密结构引导下颌在咀嚼、吞咽及语言活动中的协调运动，是维持口腔功能稳定的重要环节。本次任务将通过滴蜡塑形实践，帮助同学们从“理论认知”转向“操作转化”：在逐步完成蜡型雕刻的过程中，同步强化对下颌第一前磨牙功能解剖的理解，体会其形态与功能的高度统一性，为成为一名具备扎实操作技能的口腔医学从业者迈出关键一步。

二、任务分析

完成这个任务要熟知下颌第一前磨牙的形态和功能，学会控制蜡的温度及滴塑的方法流程。

1. 右下颌第一前磨牙形态 详见本项目任务一。

2. 牙尖的分布规律

（1）上颌牙尖分布规律：上颌第一磨牙远中颊尖和对侧第一前磨牙颊尖连线通过该前磨牙舌尖；上颌第一磨牙远中颊尖与对侧第二前磨牙颊尖的连线则通过该前磨牙舌尖；上颌侧切牙近中切角与同侧第二磨牙中央窝连线通过两个前磨牙的舌尖，上颌尖牙牙尖与同侧第二磨牙近中舌尖连线通过该侧第一磨牙近中舌尖；非功能尖以及功能尖的横向和纵向距离几乎都是相等的。

（2）下颌牙尖分布规律：下颌第一、二磨牙颊侧外展隙顶点与对侧第一前磨牙颊尖连线通过该前磨牙舌尖；下颌第一、二磨牙颊侧外展隙顶点与对侧第二前磨牙颊尖连线通过该前磨牙舌尖，如果该牙舌侧为双牙尖，则连线通过其近远中舌尖之间的舌沟；下颌第一磨牙远中颊尖与对侧第一前磨牙颊尖连线通过该磨牙的近中舌尖；各后牙牙尖间距离几乎相等。

3. 前磨牙的𬌗面接触

牙尖交错𬌗时，上颌前磨牙的舌尖与下颌同名前磨牙的远中窝区域接触，下颌前磨牙的颊尖与上颌前磨牙边缘嵴区域接触。特别需要指出的是，后牙的颊、舌尖功能有所不同。上颌后牙舌尖和下颌后牙颊尖对于咬合高度具有决定意义，通常称为支持尖或功能尖；而上颌后牙颊尖和下颌后牙舌尖主要承担引导下颌运动的功能，称为引导尖或者非功能尖。（图 4-59）

上颌后牙舌尖、下颌后牙颊尖的连线分别构成一条平滑的曲线，分别与对颌的中央窝连线相吻合。这种吻合是保证咀嚼运动顺畅协调的关键之一，同时也能保证咀嚼效率最大化和维护口腔组织长期健康。

牙尖交错𬌗时，上、下颌牙的𬌗面接触关系，可以有尖与窝之间、尖与三角嵴之间及尖与边缘嵴之间多种并存的咬合接触形式。正常人理想咬合接触点约为 138 个，多数位于牙尖斜面和三角嵴，少数位于窝底以及边缘嵴区域。无论在支持尖还是在引导尖，那些对于咬合高度有决定意义的接触被称为正中止接触（图 4-60、图 4-61），稳定的正中止接触为三点接触。在颊舌向上的 a、b、c 三个点的接触中，为了达到稳定的咬合，b 点接触至关重要。如 a-b-c、a-b、b-c 接触均可获得颊舌向稳定。

4. 下颌第一前磨牙代型要求

（1）𬌗面：用铅笔在离右下第一前磨牙𬌗面 1.5 ～ 2.0mm 处画一条标志线或做定深沟，沿标志线或沟的深度均匀去除石膏（牙体组织）。

（2）邻面：沿牙邻面颊舌向潜行性磨除，不断矫正磨除方向，直至预备出足够的间隙。磨切时应注意邻面预备方向与就位道一致，4 个邻面轴壁方向相互平行或向切端聚合 2°～ 5°。

（3）颊面：均匀去除颊面 1.0 ～ 1.5mm 石膏（牙体组织）

（4）舌面：沿舌面解剖外形均匀去除舌面 1.0 ～ 1.5mm 石膏（牙体组织）。

（5）肩台：宽度为 1.0 ～ 1.2mm，采用 90°圆钝内角肩台或 135°浅凹形，根据修复体固位、牙冠殆龈高度、缺损或充填物与牙龈的位置关系、美观等因素，颈缘位置可设计为①平齐龈缘；②龈缘线以上；③龈缘线以下 0.5mm，边缘应连续一致、平滑、无锐边。

（6）代型制作外形轮廓应与原第一前磨牙近似，侧方运动均没有殆干扰，保证咬合时，牙齿与各个方向不会接触，影响咀嚼。在实际修复运用中去除石膏（牙体组织）的量可根据患者牙体颜色、所选择修复材料等进行调整。

5. 牙体滴塑的操作流程 牙体滴塑操作流程见图 4-114。

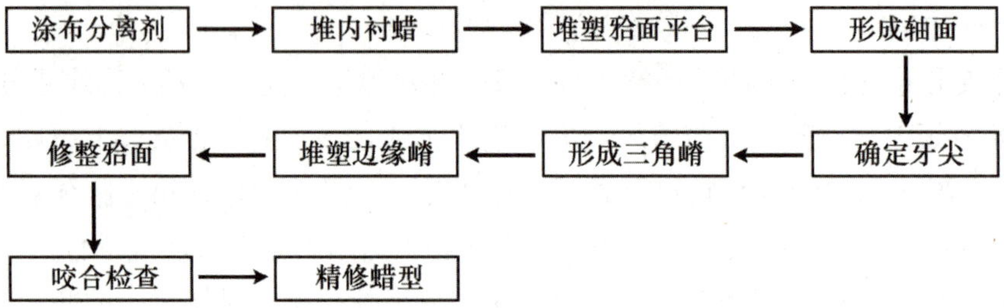

图 4-114 下颌第一前磨牙牙体滴塑操作流程

三、任务实施

（一）实训器材的准备

右下颌第一前磨牙牙体预备完成代型、滴蜡器、蜡、熔蜡器、标记笔、直尺、软毛刷、雕刻刀等。

（二）右下颌第一前磨牙滴蜡塑形步骤

1. 右下颌第一前磨牙滴蜡塑形——涂分离剂 在右下颌第一前磨牙预备体表面均匀涂布一层分离剂，达过颈缘线 2mm 以下，多余部分可用吸水纸除去。

2. 右下颌第一前磨牙滴蜡塑形——堆内衬蜡 分离剂干燥后，画出代型颈缘线。手持代型，切端朝下，用加热好的滴蜡器蘸取适量内衬蜡，厚度约为 0.3mm。从颈缘根方 1mm 处向切端纵向移动加蜡，重复数次，直至内衬蜡均匀覆盖整个牙体预备的区域。

注意：加第二刀蜡时应覆盖前一刀蜡宽度的 1/2，以保证蜡衔接良好。内衬蜡的主要作用是有利于冠和代型的密合，同时也因为内衬蜡的黏度大、脆性小，有利于脱模。

3. 右下颌第一前磨牙滴蜡塑形——对照对颌牙工作模画咬合标志线 确定工作模型的完整性后，取牙尖交错位。用红蓝铅笔分别在上下颌石膏模型的中线、尖牙、第二磨牙处画咬合标志线，以便在操作过程中随时检查咬合关系。磨牙雕塑用殆架定殆关系较准确。

4. 右下颌第一前磨牙滴蜡塑形——堆塑殆面平台

（1）步骤一：确定平台颊、舌径宽度。用直尺测量参照牙的颊舌径，分别在颊、舌面中点处水平向外堆蜡形成蜡锥（图 4-63）。

（2）步骤二：确定平台近、远中径宽度。用直尺测量参照牙的近、远中径，分别在堆制牙近远中面中点处水平向外堆蜡形成蜡锥（图 4-64）。

（3）步骤三：形成平台。用蜡分别连接各个面的蜡锥，形成一个大小适宜的殆面平台（图 4-65）。

5. 右下颌第一前磨牙滴蜡塑形——恢复平台以下四轴面形态　在颊面颈 1/3 处堆蜡形成颊颈嵴。在近、远中位置纵向堆蜡，形成平台颊面近、远中缘，靠近颈部时，蜡条趋向颊面中线，使得颈部明显收缩。纵向连接颊颈嵴与平台颊缘中点，隆起的蜡条形成颊轴嵴。在轴嵴近、远中堆蜡形成近、远中斜面，完成平台颊面形态塑造。同样方法堆蜡恢复舌面及邻面形态，并用雕刻刀修整蜡型表面，完成平台恢复（图 4-66）。

6. 右下颌第一前磨牙滴蜡塑形——确定牙尖位置　将下颌模型上的所有主动中位结构连线，此曲线位于下颌第一、二前磨牙及第一磨牙平台上近颊侧的 1/3 处，并与平台上的颊轴嵴延长线相交，交点即为颊尖的位置。

将下颌模型上的所有被动中位结构连线，在下颌第一、二前磨牙及第一磨牙平台上，此曲线位于近舌侧的 1/3 处，并与平台上的舌轴嵴延长线相交，交点即为舌尖的位置。亦可参照对照模型确定颊、舌尖的位置，具体方法可参考视频制作（图 4-115）。

7. 右下颌第一前磨牙滴蜡塑形——形成三角嵴　电蜡刀蘸取雕刻蜡，由牙尖顶开始，向舌侧稍偏近中方向堆蜡，止于中央沟。根据牙堆制三角嵴的形态，靠近中央沟处较宽，两牙尖的三角嵴以适当的角度在殆面中央相会，颊尖的舌三角嵴走向应与对颌第一前磨牙的远中牙尖嵴为咬合接触。前伸、侧向运动时不产生殆干扰（图 4-116）。

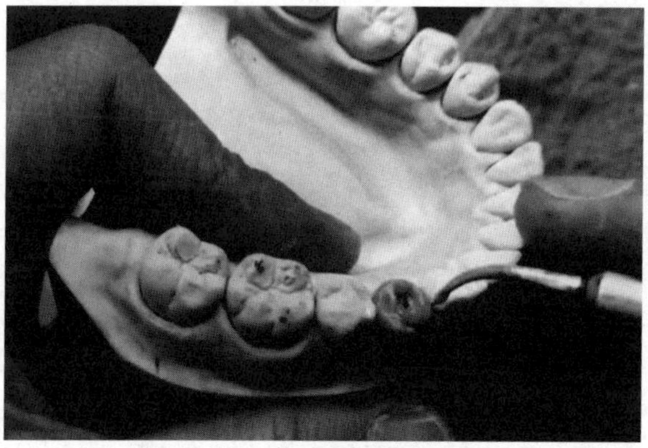

图 4-115　堆塑颊、舌尖蜡柱

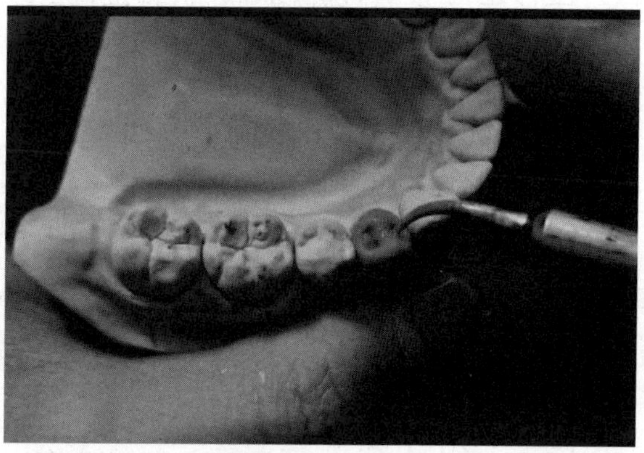

图 4-116　形成三角嵴

8. 右下颌第一前磨牙滴蜡塑形——形成近、远中牙尖嵴及边缘嵴　由牙尖顶分别向近、远中堆蜡形成近、远中牙尖嵴，要求既有功能性咬合，又无殆干扰。然后转向舌侧，与舌尖相连，形成近、远中边缘嵴，使近远中边缘嵴在近远中沟处形成凹陷。

注意：分别从颊面和殆面观察点角的位置，与参照牙一致。在颊面和邻面堆蜡，完成轴面殆 1/3 的形态塑造。

9. 右下颌第一前磨牙滴蜡塑形——殆面修整

（1）步骤一：形成中央窝及近远中点隙。当颊舌两尖及近远中殆边缘嵴形成后，用滴蜡器加蜡布满殆面剩余部分的同时形成中央沟及近远中点隙。

（2）步骤二：修饰及形成副沟。用滴蜡器加蜡形成小的副沟及嵴，同时对殆面进行整体修饰，使各个部位达到完美、和谐与统一。亦可用塑形器械对殆面的副沟及嵴进行塑形。

10. 右下颌第一前磨牙滴蜡塑形——咬合检查　代型复位至殆架，检查殆关系上颌第一前磨牙舌尖对应下颌第一前磨牙远中边缘嵴，也可扩展到该牙远中窝处，下颌第一前磨牙颊尖对应上颌第一前磨牙近中边缘嵴。

11. 右下颌第一前磨牙滴蜡塑形——精修蜡型 用雕刻刀修整颊尖形态，用手帕轻轻擦拭表面，完成最终蜡型（图 4-117、图 4-118）。

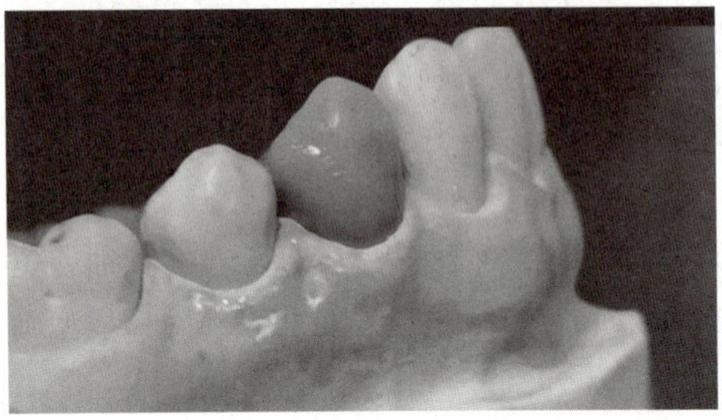

图 4-117 精修完成—颊面

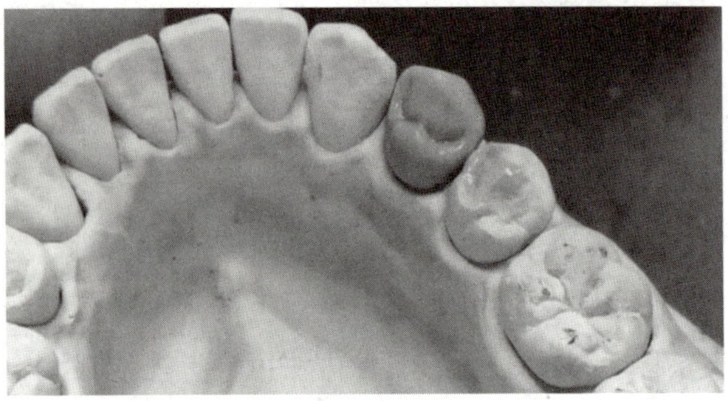

图 4-118 精修完成—𬌗面

四、任务评价

下颌第一前磨牙蜡型滴塑评价标准见表 4-24。

表 4-24 下颌第一前磨牙蜡型滴塑评价标准

序号	评价内容	分值	评价要点
1	体积	4	颊舌径
		4	近远中径
		4	𬌗颈径
2	颊面	3	似尖牙
		3	颊颈嵴位于颈 1/3
		3	牙尖偏近中
		3	颈部缩窄
		3	颊轴嵴位置
		2	近中斜缘短、远中斜缘长
		3	发育沟位置
3	舌面	2	窄小且圆突
		3	与近、远中面交界不明显
		3	舌尖偏近中
		4	外形高点在中 1/3

续 表

序号	评价内容	分值	评价要点	
4	近中面	3	不规则四边形	
		2	颊舌径与𬌗颈径比例	
		4	支持尖与引导尖比例	
		2	近中面大而平	
		1	颈部略凹	
		2	接触区位置	
5	远中面	3	小于近中面	
		1	颈部略凹	
		2	接触区位置	
6	𬌗面	3	显著六边形	
		3	颊舌径与近远中径比例	
		4	颊尖与舌尖比例（1∶2）	
		2	中央沟位置	近远中径的 1/2
		2		低于近、远中边缘嵴
		4	𬌗面横嵴	
		2	近、远中边缘嵴	高度
		2		宽度
7	咬合检查	3	符合𬌗关系，无𬌗干扰	
		3	尖窝接触合适	
8	整体情况	2	牙体各部分光滑	
		2	整体协语	
9	操作规范	2	个人防护方法	
		2	工具的使用	
总分（100）				

▶**任务拓展**

中位结构

上下颌模型处于咬合状态时，后牙功能尖与对颌牙特定部位相接触，这些维持咬合关系的接触点所在的牙体结构统称为中位结构。其中功能尖称为主动中位，而与对颌牙功能尖接触的边缘嵴或中央窝则称为被动中位。牙尖交错位时，上颌磨牙的舌尖咬合于下颌磨牙的中央窝和边缘嵴，下颌磨牙的颊尖咬合于上颌磨牙的中央窝和边缘嵴。前磨牙的上下颌主动中位与被动中位的对应关系如下所示。

1. 上颌第一前磨牙舌尖对应下颌第一前磨牙远中边缘嵴，也可扩展到该牙远中窝处。
2. 上颌第二前磨牙舌尖对应下颌第二前磨牙远中边缘嵴，也可扩展到该牙远中窝处。
3. 下颌第一前磨牙颊尖对应上颌第一前磨牙近中边缘嵴。
4. 下颌第二前磨牙颊尖对应上颌第二前磨牙近中边缘嵴。

考试知识点总结

项目小结

协和云课堂…… 拓展练习及参考答案

（李　娜　马凡熔　冯　佳）

项目五　磨牙形态与功能

教学课件

项目目标

素质目标

（1）树立精益求精的学习意识，对技术细节反复打磨，追求操作的精准性与完美度。

（2）具备一丝不苟的学习态度，精准把握磨牙形态的空间关系。

（3）磨牙牙尖较多、窝沟交错，结构复杂，需具备较强的思辨思维。

知识目标

（1）掌握：磨牙类牙体解剖形态；右上、下颌第一磨牙线图特征与描及石膏与蜡型牙体雕刻方法、步骤。

（2）熟悉：磨牙类牙体解剖功能；石膏牙、蜡型牙雕刻工具的使用方法。

（3）了解：磨牙类各牙位之间的区别；右上颌第一磨牙、右下颌第一磨牙的评价标准。

能力目标

（1）能够熟练解析前磨牙类牙齿形态与功能。

（2）能精确再现右上颌第一前磨牙、右下颌第一前磨牙线图。

（3）能规范、按时、独立、熟练完成右上颌第一前磨牙、右下颌第一前磨牙三倍大、等倍大石膏牙雕刻、等倍大蜡型滴塑。

案例导入

【案例】

患者，男，62 岁。一年前因右上颌第一磨牙外伤行全瓷冠修复，自全瓷冠修复后自觉咬物不烂，咀嚼效能差，并且在进食时出现了咬颊黏膜的现象。经医生仔细检查发现，该全瓷冠牙尖高度与牙尖斜度过于底平、圆钝，窝沟点隙较浅且模糊不清，牙齿冠部向舌侧倾斜，和对颌牙齿没形成良好的尖窝相对的咬合关系，导致覆盖过小。因以上问题，致使该义齿修复效果差，给患者带来不良体验，需重新制作该义齿。

【问题】

1. 右上颌第一磨牙的主要形态特征有哪些？

2. 在进行右上颌第一磨牙形态雕塑时应注意哪些问题？
3. 在进行前牙、后牙形态雕塑时有哪些关注的侧重点？

任务一　描述磨牙表面解剖标志及功能

一、任务导入

通过对磨牙表面解剖标志的学习，进一步掌握牙体形态及其与功能的联系，从而为后续牙体雕刻练习打下坚实基础，为制作出符合患者要求的修复体提供必要保障。

二、任务分析

磨牙位于前磨牙之后，它的形态和功能密切相关，雕刻出完美的牙齿，首先要熟练掌握磨牙的表面解剖标志和功能。

磨牙位于前磨牙远中，包括上颌第一磨牙、上颌第二磨牙、上颌第三磨牙和下颌第一磨牙、下颌第二磨牙、下颌第三磨牙，上、下、左、右共 12 颗。由于第三磨牙的大小、形态和位置等变异较多，因此本章节不做重点讲解。

磨牙𬌗面形态比前磨牙大，一般有 4 ～ 5 个牙尖，起捣碎和磨细食物的作用。上颌磨牙的舌尖是支持尖，颊尖是引导尖，下颌磨牙的颊尖是支持尖，舌尖是引导尖。在牙尖的引导下，将牙调整到相互适应的位置。𬌗面一般有 3 ～ 5 条发育沟，分别是近中沟、远中沟、颊沟、远颊沟和舌沟等，这些沟是颌牙支持尖做各种功能运动的运行通道，可避免上下颌牙尖之间出现干扰和撞击，确保下颌运动通畅。𬌗面每个三角嵴上还有很多形态不规则的副沟，使𬌗面更加凹凸不平，容易磨碎食物。边缘嵴将食物局限在𬌗面窝内，对颌牙支持尖与窝相对，起到杵臼的作用，将食物捣碎磨细。另外，颊沟和舌沟还构成食物的排溢通道，提高了咀嚼效率。

牙冠颊面颈 1/3、舌面中 1/3 处的正常突度，在咀嚼时易于使排溢的食物沿着正常突度滑向口腔，擦过牙龈，对牙龈起到生理性按摩作用。同时颊面颈 1/3 的突度，还可以起到扩展龈缘的作用，使其紧张有力。

牙冠邻面的正常凸度位于𬌗 1/3 处，牙与牙接触的位置和形态正常，才能防止食物嵌塞，使牙与牙之间互相支持，并分散𬌗力，保持咬合关系的稳定。同时咀嚼时，部分食物通过楔状隙排溢，也可以减轻牙的负担，增大咀嚼面积，提高咀嚼效率。

上颌磨牙的牙根为 3 根，下颌磨牙的牙根为 2 根，磨牙牙根受力大，牙根数目多，牙根粗长，支持作用大，使牙在牙槽窝内的稳固性较好。上颌磨牙的舌尖是功能尖，受力最大，舌根比颊根粗且长。下颌磨牙的牙根宽而且扁，根的近中面和远中面有纵行的凹陷，牙槽骨嵌入凹陷内，有利于增强稳固性。

（一）上颌第一磨牙

上颌第一磨牙是上颌磨牙中体积最大的牙，一般和下颌第一磨牙在 6 岁左右萌出，又称为“六龄牙”（图 5-1）。

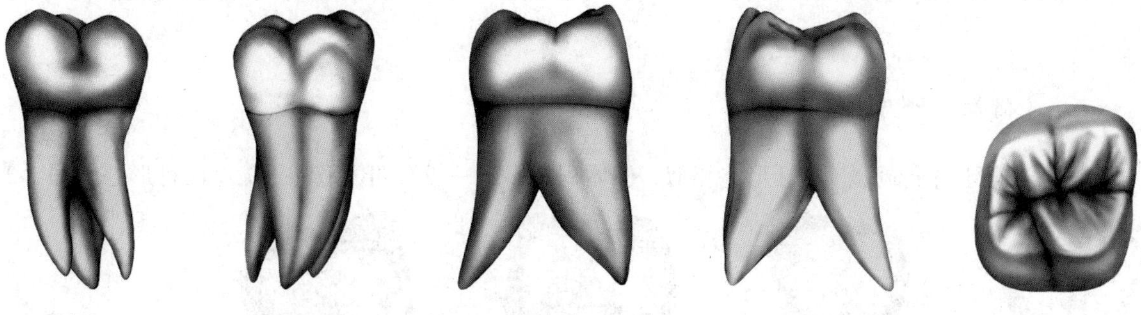

图 5-1　右上颌第一磨牙

A. 颊面；B. 舌面；C. 近中面；D. 远中面；E. 殆面。

1. 牙冠

（1）颊面：呈梯形，近远中径大于殆颈径。殆缘长于颈缘，近中缘长而直，远中缘短而突。近中颊尖略宽于远中颊尖，近中颊尖颊轴嵴较远中颊尖颊轴嵴突出。两颊尖之间有颊沟通过，由殆面越过颊殆边缘嵴至颊面中 1/3 处，末端形成点隙。颊面的外形高点位于颈 1/3 的颊颈嵴处。

（2）舌面：舌面与颊面大小相似或稍小。近中舌尖明显宽于远中舌尖，约占舌面的 2/3。少数近中舌尖的舌侧有第五牙尖存在。两个舌尖间有远中舌沟通过，从殆面越过舌边缘嵴至舌面中 1/3，末端无点隙。舌面外形高点位于中 1/3 处。

（3）邻面：呈四边形，颊舌径大于殆颈径。近中面宽而平坦，远中面稍小而圆突。外形高点在殆 1/3 处，近中接触区位于殆 1/3、颊 1/3 与中 1/3 交界处，远中接触区位于殆 1/3、中 1/3 与舌 1/3 交界处。颊缘较直，舌缘圆突，舌尖偏向牙体中心，使殆力更多地沿牙体长轴来传递，从而保护牙体和牙周组织。

（4）殆面：呈斜方形，近中颊殆角和远中舌殆角为锐角，远中殆颊角和近中舌殆角为钝角。殆面有 4 个牙尖，大小顺序依次为近中舌尖、近中颊尖、远中颊尖、远中舌尖。颊尖高而尖锐，是非功能尖，舌尖低而圆钝，是功能尖。

近中舌尖三角嵴以一个明显的弧度至殆面中央，与远中颊尖三角嵴斜行相连，形成斜嵴。斜嵴是上颌第一磨牙的特有解剖标志，构成了中央窝的远中部分。咀嚼时，斜嵴有利于聚拢食物到中央窝内，便于捣碎；还可以引导下颌第一磨牙远中颊尖咬合于中央窝内；在替牙列期（下颌第一前磨牙萌出之前），可阻止下颌过度后退。斜嵴的位置、形状和高度，直接影响到下颌第一磨牙远中颊尖的咬合和滑动。斜嵴近中斜面斜度较小，远中斜面斜度较大。

窝、沟及点隙方面，殆面的中部凹陷形成窝，由斜嵴将殆面窝分为近中窝和远中窝两部分。近中窝较大，约占殆面的 2/3，又名中央窝，窝的底部有中央点隙；远中窝较小，约占殆面的 1/3，窝的底部有远中点隙。殆面有 3 条发育沟：颊沟由中央点隙向颊侧越过颊殆边缘嵴至颊面中部，是侧方运动时，下颌第一磨牙远中颊尖的运行通道；近中沟由中央点隙向近中止于近中边缘嵴内侧，是前伸运动时，下颌第一磨牙远中颊尖的运行通道；远中舌沟位于斜嵴的远中，向舌侧越过舌殆边缘嵴至舌面中部。

2. 牙根 牙根有 3 个，颊侧 2 个牙根，分别是近中颊根和远中颊根，两颊根间距较远，舌侧有 1 个牙根，较粗壮。颊根和舌根间距较远，有利于牙的稳固性。

3. 牙颈 颊舌侧颈缘较平，邻面牙颈线曲度也较小。有时在颊侧颈缘与根分叉相应的部位略向根方突出。

（二）上颌第二磨牙

上颌第二磨牙与上颌第一磨牙形态相似，但体积稍小。一般有四尖型和三尖型两种形态（图 5-2）。

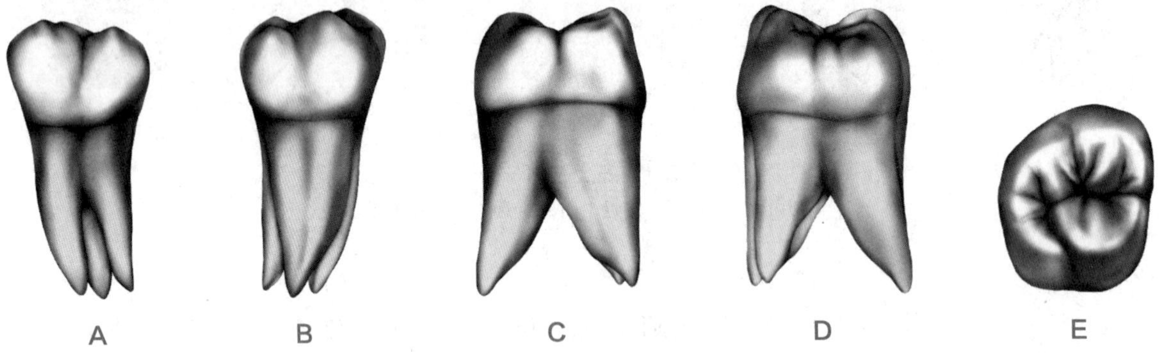

图 5-2 右上颌第二磨牙

A. 颊面；B. 舌面；C. 近中面；D. 远中面；E. 𬌗面。

1. 牙冠

（1）四尖型：与上颌第一磨牙相似，但体积要稍小一些。远中颊尖明显缩小，向舌侧倾斜度大于上颌第一磨牙，近中颊轴嵴较远中颊轴嵴突出，𬌗面斜方形更明显。舌面稍小于颊面，近中舌尖占舌面的大部分，远中舌尖更小，较少有第五牙尖，斜嵴也不明显。

（2）三尖型：与上颌第一磨牙有明显差异，远中颊尖向舌侧倾斜度明显加大，近中颊尖明显大于远中颊尖。舌侧只有一个较大的舌尖，位于舌面的中部。

2. 牙根 牙根有 3 个，分叉度较小，根尖偏远中，少数牙根融合成 2 个根。

（三）下颌第一磨牙

下颌第一磨牙是下颌牙列中体积最大的牙，也是恒牙中最早萌出的牙，一般在 6 岁左右萌出，也称为“六龄牙”（图 5-3）。

1. 牙冠

（1）颊面：呈梯形，近远中径大于𬌗颈径，𬌗缘长于颈缘。近中缘长而直，远中缘短而圆突。3 个颊尖低而圆钝，从近中颊尖、远中颊尖到远中尖，牙尖宽度和高度依次减小。近中颊尖和远中颊尖之间有颊沟通过，从𬌗面越过颊𬌗边缘嵴至颊面中 1/3 处，末端有点隙。近中颊轴嵴和远中轴嵴与颊沟平行。远中颊尖和远中尖之间有远颊沟通过，末端无点隙，外形高点在颈 1/3 的颊颈嵴处。

（2）舌面：舌面小于颊面，光滑圆突。𬌗缘可见 2 个舌尖，近中舌尖和远中舌尖，高而尖锐，近中舌尖略大于远中舌尖。舌尖之间有舌沟通过，从𬌗面越过舌𬌗边缘嵴至舌面中 1/3 处，末端无点隙。舌轴嵴不明显，外形高点位于中 1/3 处。

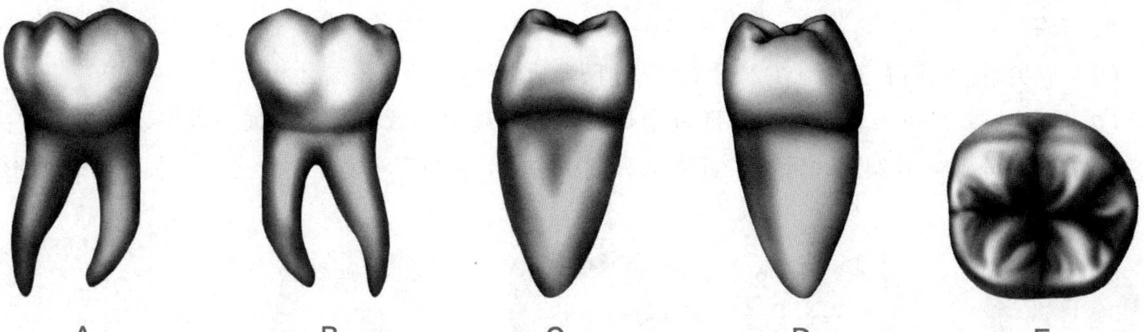

图 5-3　右下颌第一磨牙

A. 颊面；B. 舌面；C. 近中面；D. 远中面；E. 殆面。

（3）邻面：邻面呈四边形，颈部平坦。颊尖明显向舌侧倾斜。近中接触区位于殆 1/3 的颊 1/3 与中 1/3 交界处，远中接触区位于殆 1/3 的中 1/3 处。

（4）殆面：呈长方形，近远中径大于颊舌径，近中边缘嵴稍长于远中边缘嵴。殆面有 5 个牙尖，大小顺序依次为近中颊尖、近中舌尖、远中舌尖、远中颊尖、远中尖。

近中颊尖三角嵴由牙尖顶向舌侧至近中沟，与近中舌尖相对。远中颊尖稍小于近中颊尖，其三角嵴最长，由牙尖顶向中央窝，末端形成结节，与上颌第一磨牙接触。远中尖为下颌第一磨隙牙最小的尖，在颊面与远中面转角处的部分位于颊面，另外一部分位于远中面。近中舌尖三角嵴由牙尖顶向远中、颊侧至中央窝，近中央窝处隆起形成结节，与上颌第一磨牙接触。远中舌尖稍小于近中舌尖，三角嵴由牙尖顶向近中、颊侧至中央窝，近中央窝处隆起成结节，与上颌第一磨牙形成咬合接触。

窝、沟及点隙方面，殆面有三个窝，中央窝位于殆面中央，窝的底部有中央点隙，上颌第一磨牙近中舌尖常咬合于此，近中窝和远中窝位于近中殆边缘嵴和远中殆边缘嵴的内侧，窝的底部有近中点隙和远中点隙。

殆面有 5 条发育沟：①颊沟从中央点隙发出，向颊侧越过颊殆边缘嵴至颊面，当下颌侧方运动时，其是上颌第一磨牙近中颊尖的运行通道；②远颊沟是从远中点隙发出，自远中颊尖和远中尖之间向远颊方向至颊面，当下颌趋向牙尖交错位运动时，其是上颌第一磨牙近中舌尖的运行通道；③舌沟从中央点隙发出，向舌侧越过舌殆边缘嵴至舌面，当下颌侧方运动时，其是上颌第一磨牙近中舌尖的运行通道，舌沟较颊沟宽大一些，有利于食物排溢到口腔，提高咀嚼效率；④近中沟从中央点隙发出，向近中止于近中边缘嵴内侧，当下颌后退运动时，其是上颌第一磨牙近中舌尖的运行通道；⑤远中沟从中央点隙发出，向远中止于远中边缘嵴内侧，当下颌前伸运动时，其是上颌第一磨牙近中舌尖的运行通道。

2. 牙根　牙根有 2 个，分别是近中根和远中根，根分叉度大，根的近远中面都有较深的纵行凹陷，有利于牙的稳固性。

3. 牙颈　颊舌侧颈缘较平，邻面牙颈线曲度较小。

（四）下颌第二磨牙

下颌第二磨牙稍小于下颌第一磨牙，形态相似。根据牙尖数目不同分为五尖型和四尖型两种（图 5-4）。

1. 牙冠

（1）五尖型：𬌗面有五个牙尖，牙冠体积稍小，形态与下颌第一磨牙相似。

（2）四尖型：𬌗面有四个牙尖，即近中颊尖、远中颊尖和近中舌尖、远中舌尖，缺少远中尖。四个牙尖之间分别形成颊沟、舌沟、近中沟和远中沟，4 条发育沟呈十字形分布，使整个𬌗面形似一田字形。

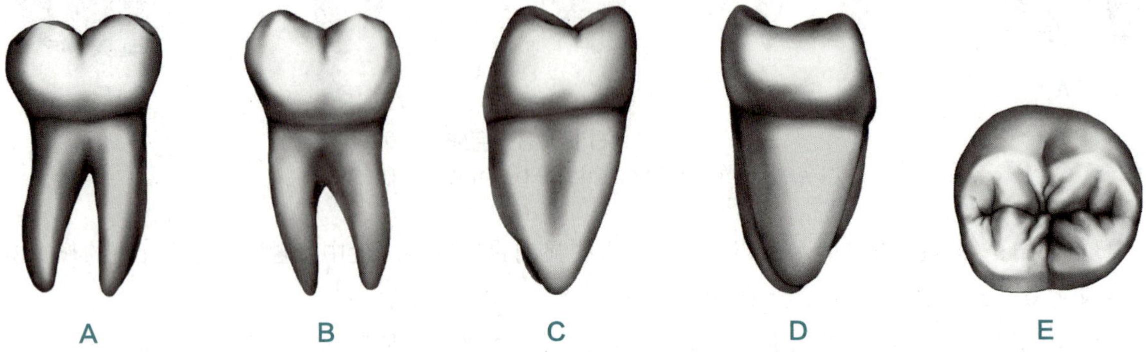

图 5-4　右下颌第二磨牙

A. 颊面；B. 舌面；C. 近中面；D. 远中面；E. 𬌗面。

2. 牙根　牙根有 2 个，即近中根和远中根，牙根分叉度较下颌第一磨牙小。有时近中根和远中根融合成一个锥形根，也有的两根在颊侧融合并在舌侧仍分开。整个牙根横剖面呈 C 形，称为 C 形根。

三、任务实施

1. 根据所学知识，在下面空格处填写解剖标志名称（图 5-5）。

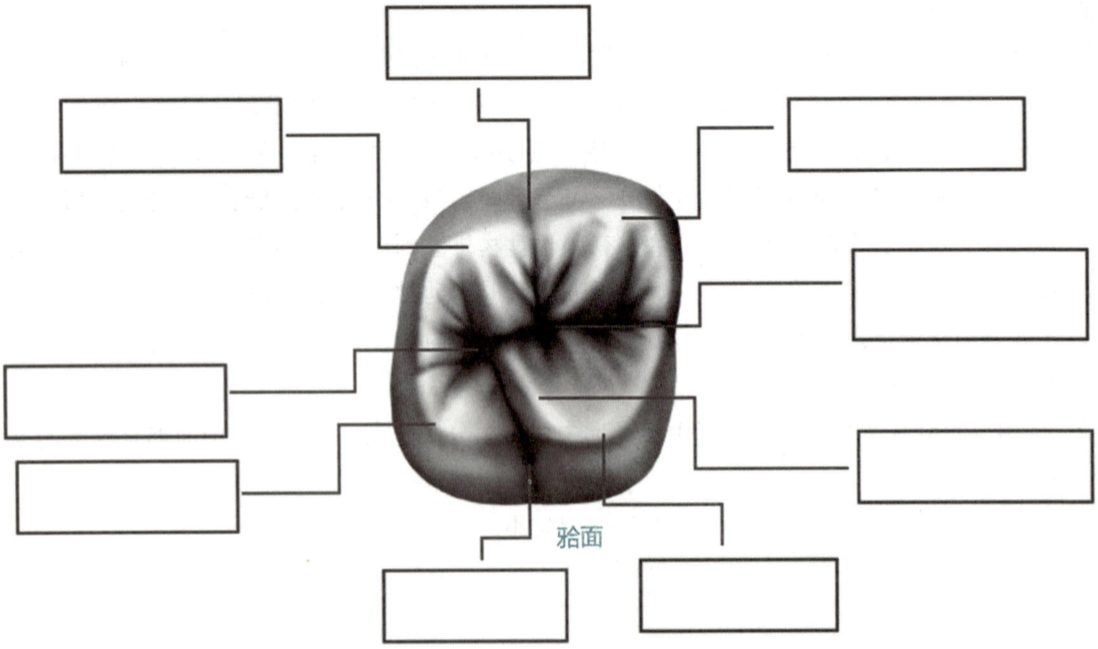

图 5-5　右上颌第一磨牙𬌗面

2. 上颌第一磨牙与下颌第一磨牙的区别

上颌第一磨牙与下颌第一磨牙约 6 岁萌出，在解剖结构和功能上存在一定的区别（表 5-1），请根据表中提示将表格补充完整。

表 5-1 上颌第一磨牙与下颌第一磨牙的区别

项目 / 牙位	上颌第一磨牙	下颌第一磨牙
牙冠		
牙尖		
𬌗面形态		
牙根		
功能		。

四、任务评价

（一）上颌第一磨牙牙体解剖形态描述评价（表 5-2）

表 5-2 上下颌第一磨牙牙体解剖形态描述评价表

评价内容	分值	部位		评价要点
上颌第一磨牙	20	牙冠	颊面	知识要点概括详尽正确
	20		舌面	
	20		邻面	
	20		𬌗面	
	10	牙根		
	10	牙颈		
总分（100）				

（二）下颌第一磨牙牙体解剖形态描述评价（表 5-3）

表 5-3　下颌第一磨牙牙体解剖形态描述评价表

评价内容	分值	部位		评价要点
上颌第一磨牙	20	牙冠	颊面	知识要点概括详尽正确
	20		舌面	
	20		邻面	
	20		𬌗面	
	10	牙根		
	10	牙颈		
总分（100）				

▶任务拓展

上颌第一磨牙与上颌第二乳磨牙的区别

上颌第一磨牙与上颌第二乳磨牙位置相邻，形态相似，极易混淆，在解剖结构和功能上存在显著的区别（表 5-4）。

表 5-4 上颌第一磨牙与上颌第二乳磨牙的区别

项目	上颌第一磨牙	上颌第二乳磨牙
萌出时间	6 岁左右	2 岁半左右
替换关系	不替换乳牙	12 岁左右被第二前磨牙替换
体积	大	小
颜色	淡黄色	乳白色
牙颈	略缩窄，冠根分界不明显	明显缩窄，冠根分界明显
𬌗面形态	三角嵴、窝沟明显	三角嵴、窝沟不如上颌第一磨牙明显，副沟多
牙根	3 根，根干长，根分叉小	3 根，根干短，根分叉大
牙髓腔	较小	较大

任务二　完成右上颌第一磨牙形态描绘

视频：完成右上颌第一磨牙形态描绘

一、任务导入

对右上颌第一磨牙形态描绘的练习，是进一步掌握牙体形态特征的有效途径，也能为牙体雕刻打下基础。图 5-6 示右上颌第一磨牙牙体线图，表 5-5 示右上颌第一磨牙牙体数据。根据图、表所示，正确绘制右上颌第一磨牙各面牙体线图。

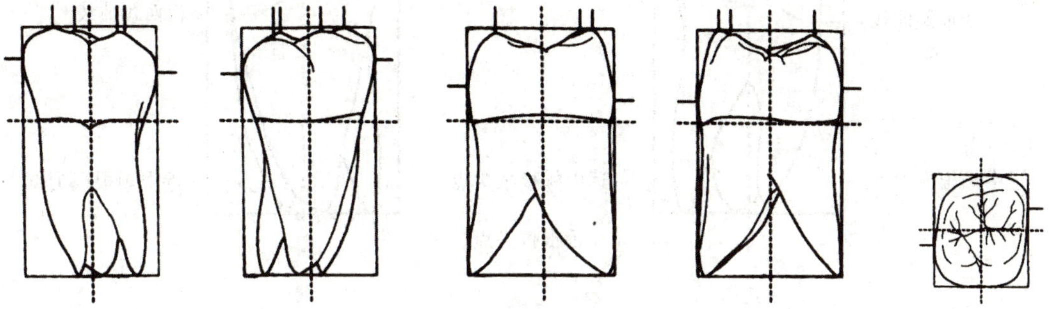

A　B　C　D　E

图 5-6　右上颌第一磨牙牙体线图

A. 颊面；B. 舌面；C. 近中面；D. 远中面；E. 𬌗面。

表 5-5　上颌第一磨牙的比例规格　　单位：mm

测量项目	一倍大	二倍大	三倍大
牙冠长	7.3	14.6	21.9
牙冠宽	10.1	20.2	30.3
牙冠厚	11.3	22.6	33.9
牙颈宽	8.0	16.0	24.0
牙颈厚	10.0	20.0	30.0
牙根长	12.4	24.8	37.2
牙全长	19.7	39.4	59.1

二、任务分析

该技师要完成右上颌第一磨牙近中邻𬌗嵌体的设计，使邻接良好，需对该牙的解剖形态熟练掌握，将牙体线图化繁为简、突出牙体的主要特征，是快速学习牙体形态的有效方法。

1．右上颌第一磨牙颊面、舌面线图认知要点见图 5-7。上颌第一磨牙颊面、舌面比例或形态特点见表 5-6。

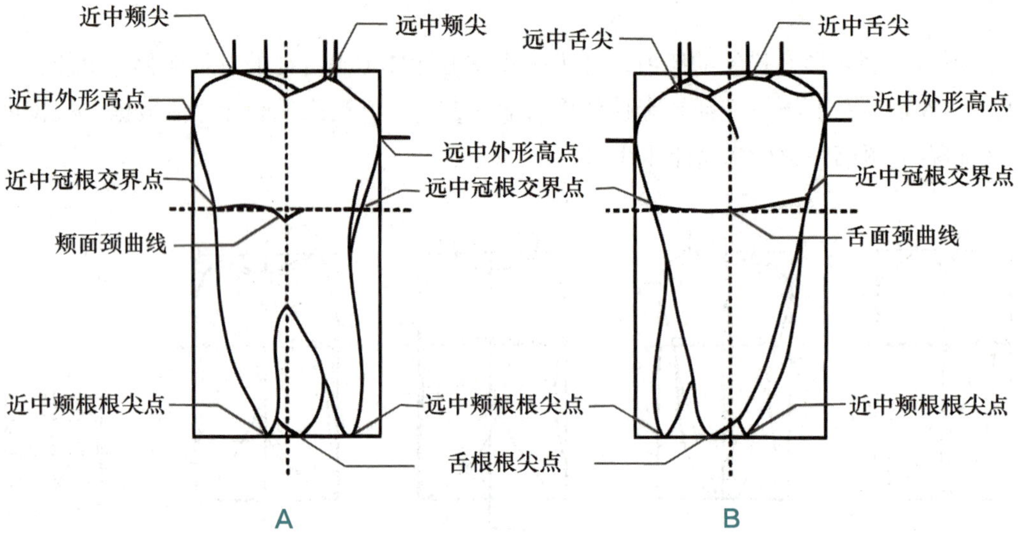

图 5-7　颊、舌面线图

A. 颊面；B. 舌面。

表 5-6　上颌第一磨牙颊面、舌面比例或形态特点

测量指标及特征点	比例或形态特点
冠长 / 冠宽	约 3∶4
冠长 / 根长	约 3∶5
近中颊尖	距近中面边框的距离是冠宽的 1/4，略偏近中
远中颊尖	距远中面边框的距离是冠宽的 1/4，略偏中线
近中舌尖	距近中面边框的距离是冠宽的 1/3，略偏中线
远中舌尖	距远中面边框的距离是冠宽的 1/4，略偏远中
近中𬌗面角	稍锐，与边框线留白少
远中𬌗面角	较钝，与边框线留白多于近中
近中外形高点	𬌗 1/3，距𬌗面边框的距离是冠长的 1/3

续　表

测量指标及特征点	比例或形态特点
远中外形高点	中 1/3，距殆面边框的距离是冠长的 2/5
近中冠根交界点	距近中边框的距离约为冠宽的 1/8
远中冠根交界点	距远中边框的距离约为冠宽的 1/6
近中颊根尖点	距近中面边框的距离是冠宽的 2/5
远中颊根尖点	距远中边框的距离约为冠宽的 1/6
舌根尖点	中线略偏远中

2. 右上颌第一磨牙近中面、远中面线图认知要点见图 5-8。上颌第一磨牙近中面、远中面比例或形态特点见表 5-7。

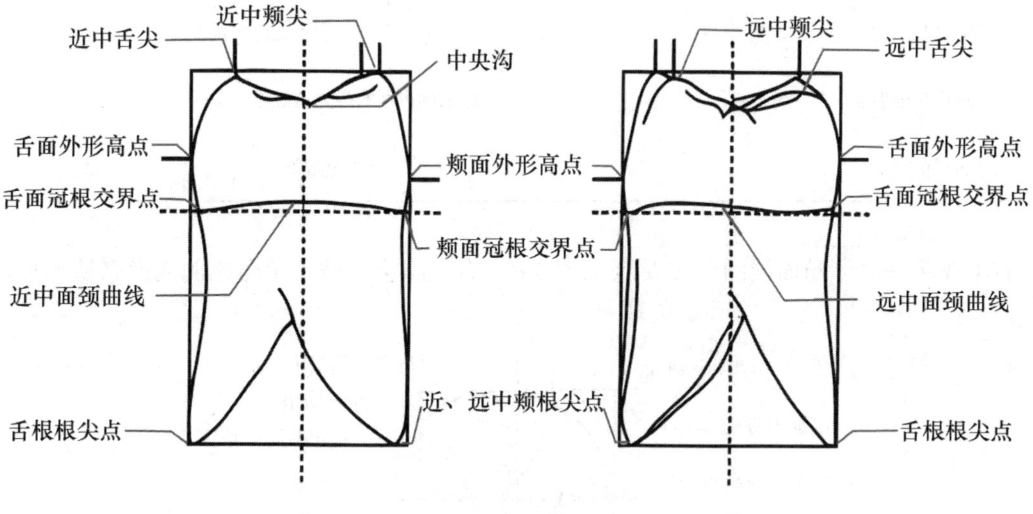

图 5-8　近中、远中面线图

A. 近中面；B. 远中面。

表 5-7　上颌第一磨牙近中面、远中面比例或形态特点

测量指标及特征点	比例或形态特点
冠长 / 冠厚	约 3∶4
冠长 / 根长	约 3∶5
近中颊尖	距颊面边框的距离是冠厚的 1/6

续　表

测量指标及特征点	比例或形态特点
近中舌尖	距舌面边框的距离是冠厚的 1/4，略偏边框
远中颊尖	距颊面边框的距离是冠厚的 1/4
远中舌尖	距舌面边框的距离是冠厚的 1/5
中央沟	距𬌗面边框的距离是冠长的 1/4
颊𬌗面角	稍锐，与边框线留白少
舌𬌗面角	较钝，与边框线留白多于颊侧
颊面外形高点	颈 1/3，距颈缘边框距离是冠长的 1/4
舌面外形高点	中 1/3，距颈缘边框距离是冠长的 1/2，略偏颈缘边框
颊侧冠根交界点	近颊侧边框
舌侧冠根交界点	近舌侧边框，与颊侧比留白稍多
近、远中颊根尖点	距颊侧边框的距离是冠厚的 1/10
舌根尖点	近舌侧边框

3. 右上颌第一磨牙𬌗面线图认知要点见图 5-9。右上颌第一磨牙𬌗面比例或形态特点见表 5-8。

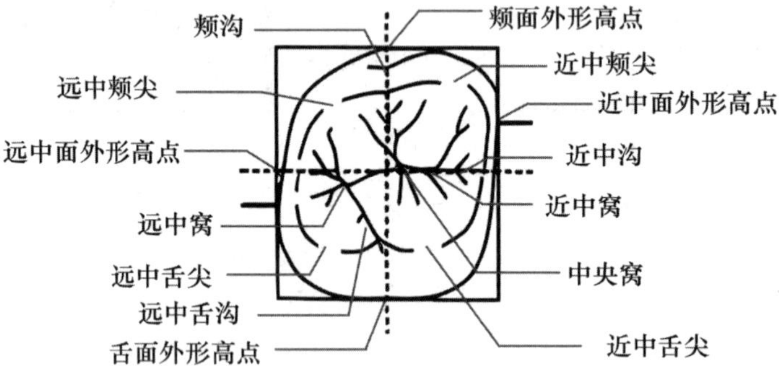

图 5-9　𬌗面线图

表 5-8　右上颌第一磨牙𬌗面比例或形态特点

测量指标及特征点	比例或形态特点
冠宽 / 冠厚	约 1∶1，冠厚略大
颊面外形高点	中线处稍偏近中

续　表

测量指标及特征点	比例或形态特点
舌面外形高点	中线处
近中面外形高点	颊 1/3，距颊面边框的距离是冠厚的 1/4，稍偏中线
远中面外形高点	中 1/3，距舌面边框的距离是冠厚的 1/3，稍偏中线
近中颊尖	距近中面边框的距离是冠宽的 1/4，略偏近中；距颊面边框的距离是冠厚的 1/6
远中颊尖	距远中面边框的距离是冠宽的 1/4，略偏中线；距颊面边框的距离是冠厚的 1/4
近中舌尖	距近中面边框的距离是冠宽的 1/3，略偏中线；距舌面边框的距离是冠厚的 1/4，略偏边框
远中舌尖	距远中面边框的距离是冠宽的 1/4，略偏远中；距舌面边框的距离是冠厚的 1/5
中央窝	近远中轴线上，稍偏近中
近中窝	近远中轴线上，距近中面边框的距离是冠宽的 1/4
远中窝	近远中轴线偏舌侧，距远中面边框的距离是冠宽的 1/4
颊沟	自中央窝向颊侧近似垂直向颊侧移行至边缘嵴延至颊侧
远中舌沟	自远中窝向舌侧、近中近似 45°移行延至舌侧
近中沟	自近中窝向颊侧、近中近似 45°移行，终止于近中边缘嵴内

三、任务实施

（一）实训器材的准备

右上颌第一磨牙牙体模型、三倍大牙体线图、直尺、HB 铅笔、橡皮擦、素描纸、透明硫酸纸等。

（二）右上颌第一磨牙线图绘制

1. 右上颌第一磨牙颊面、舌面线图绘制（以颊面为例，图 5-10）

（1）步骤一：绘制线框及中线和冠根分界线。①描绘颊面线图的宽度和长度，形成线框；②标记近远中冠宽的中线和冠根分界线。

重点：①冠长和冠宽之比约 3 : 4；②冠长和根长之比约 3 : 5。

（2）步骤二：确定关键点。①近中外形高点；②远中外形高点；③近中颊尖；④远中颊尖；⑤近中冠根分界线；⑥远中冠根分界线；⑦近中颊根尖点；⑧远中颊根尖点；⑨牙颈线最低点。

重点：①根据前面所学知识点准确定位关键点；②注意近中、远中的细微区别。

（3）步骤三：绘制弧线。仔细观察牙齿线条走向，以步骤二提示的关键点绘制短弧线。

重点：使以上参照点成为弧线最突出的中心点。

（4）步骤四：绘制其余线条。绘制弧线以外的牙体线条，完成牙体线图绘制。

重点：①可以观察近中和远中的留白位置，如近中𬌗面角稍锐，与边框线留白少，远中𬌗面角较钝，与边框线留白多于近中；②根分叉约在根长的一半处。

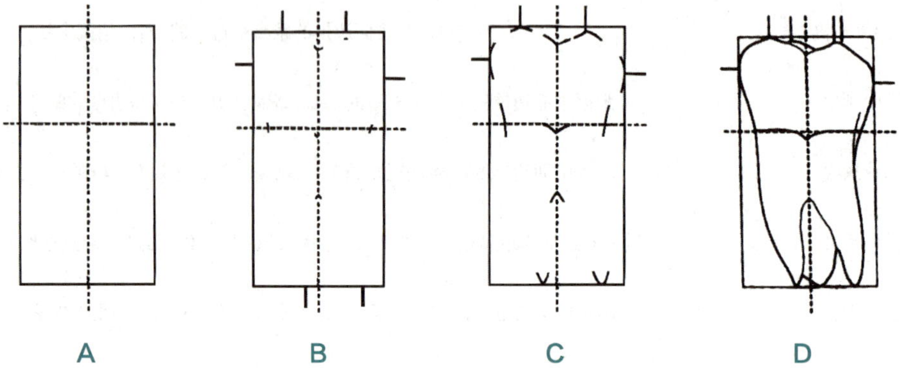

图 5-10　右上颌第一磨牙颊面线图绘制

2. 右上颌第一磨牙近中面、远中面线图绘制（以近中面为例，图 5-11）

（1）步骤一：绘制线框及中线和冠根分界线。①描绘近中面线图的宽度和长度，形成线框；②标记颊舌冠厚的中线和冠根分界线。

重点：①冠长和冠厚之比约 3∶4；②冠长和根长之比约 3∶5。

（2）步骤二：确定关键点。①颊侧外形高点；②舌侧外形高点；③近中颊尖；④近中舌尖；⑤颊侧冠根分界线；⑥舌侧冠根分界线；⑦近中颊根尖点；⑧舌根尖点；⑨牙颈线最高点。

重点：①根据前面所学知识点准确定位关键点；②注意颊侧、舌侧定点的细微区别。

（3）步骤三：绘制弧线。仔细观察牙齿线条走向，以步骤二提示的关键点绘制短弧线。

重点：使以上参照点成为弧线最突出的中心点。

（4）步骤四：绘制其余线条。绘制弧线以外的牙体线条，完成牙体线图绘制。

重点：①可以观察颊侧和舌侧的留白位置，如颊𬌗面角稍锐，与边框留白少，舌𬌗面角较钝，与边框线留白多于舌侧；②牙颈线凸向𬌗方。

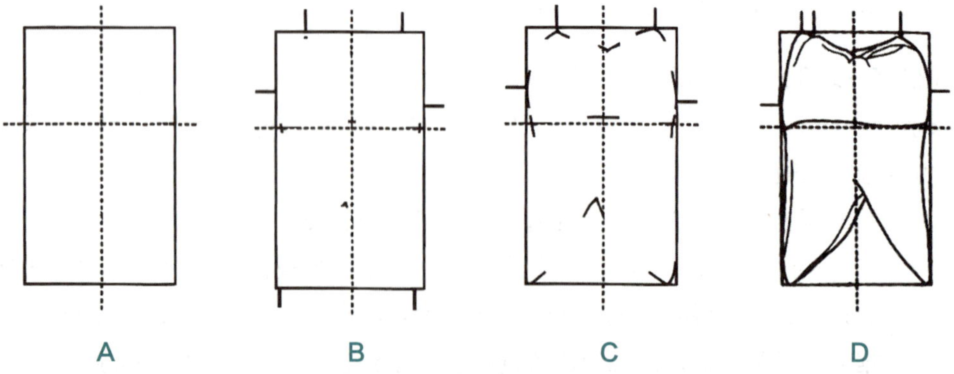

图 5-11　右上颌第一磨牙近中面线图

3. 右上颌第一磨牙骀面线图绘制（图 5-12）

（1）步骤一：绘制线框及中线。①描绘骀面图的宽度和厚度，形成线框；②标记冠宽和冠厚的中线。

重点：①约 1∶1，冠厚略大；②注意和下颌第一磨牙区分。

（2）步骤二：确定关键点。①颊侧外形高点；②舌侧外形高点；③近中外形高点；④远中外形高点；⑤近中颊尖；⑥远中颊尖；⑦近中舌尖；⑧远中舌尖；⑨中央窝；⑩远中窝；⑪近中点隙。

重点：①根据前面所学知识点准确定位关键点；②注意中央窝和近中点隙在中轴线上，远中窝在中轴线舌侧。

（3）步骤三：绘制弧线。仔细观察牙齿线条走向，以步骤二提示的关键点绘制短弧线。

重点：使以上参照点成为弧线最突出的中心点。

（4）步骤四：绘制其余线条。①绘制轴面外形高点线；②绘制颊、舌近中、远中边缘嵴；③绘制中央沟、发育沟、副沟。

重点：①仔细观察四个轴面，近颊、远舌与边框留白少，远颊、近舌与边框留白多，从而构成骀面的斜方形；②颊、舌边缘嵴间距小于近、远中边缘嵴间距，而冠的厚度亦大于冠的宽度。

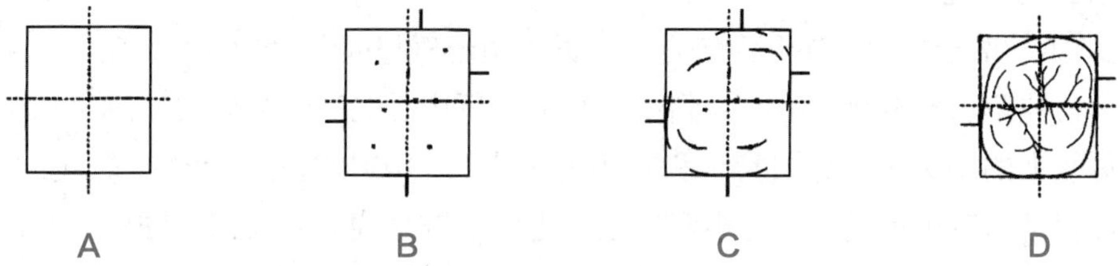

图 5-12 右上颌第一磨牙骀面线图

四、任务评价

上颌第一磨牙牙体线图各面形态描绘的评价标准见表 5-9。

表 5-9 上颌第一磨牙牙体线图各面形态描绘评价标准

序号	评价内容	分值	评价要点
1	颊、舌面线图绘制	10	比例适当
		10	关键点位置准确
		5	线条平滑顺畅
		5	整体形态良好
2	近、远中面线图绘制	10	比例适当
		10	关键点位置准确
		5	线条平滑顺畅
		5	整体形态良好

续 表

序号	评价内容	分值	评价要点
3	殆面 线图绘制	10	比例适当
		10	关键点位置准确
		5	线条平滑顺畅
		5	整体形态良好
4	操作规范	5	仪容仪表
		5	个人防护
总分（100）			

▶任务拓展

上颌磨牙的殆面描绘训练

（一）上颌磨牙殆面形态

1. 上颌第一磨牙殆面　外形为斜方形，近中颊殆角与远中舌殆角为锐角，远中颊殆角与近中舌殆角为钝角。殆面观牙尖由大到小依次为：近中舌尖、近中颊尖、远中颊尖、远中舌尖。殆面见较大的中央窝（近中窝）和较小的远中窝，在中央窝的近中见较浅的近中点隙。中央窝最深，窝内有中央点隙，远中窝次之，近中点隙最浅。中央窝在中轴上，远中窝偏向舌侧。殆面有三条发育沟：近中沟、颊沟、远中舌沟。近中舌尖与远中颊尖三角嵴在殆面中央斜行相连，构成斜嵴，是上颌第一磨牙的解剖特征。近中边缘嵴较远中边缘嵴清晰锐利（图 5-13A）。

2. 上颌第二磨牙殆面　外形呈不等边三角形或四边形，近中颊轴角锐利，远中颊轴角圆钝，远中舌尖显著缩小或消失。与上颌第一磨牙相比，沟、窝、嵴不明显。远中窝比近中窝偏向舌侧，位置较低且深。殆面较小，远中颊轴角比近中颊轴角更近舌侧斜嵴，与上颌第一磨牙比不明显（图 5-13B）。

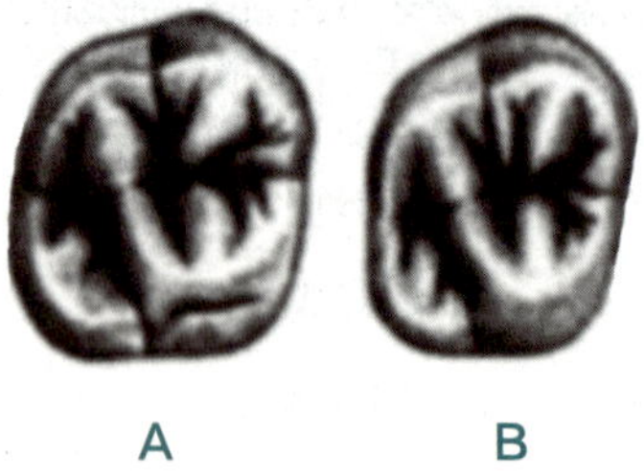

图 5-13　上颌磨牙殆面形态

A. 上颌第二磨牙；B. 上颌第一磨牙。

（二）上颌磨牙殆面形态描绘

描绘方法：找出牙尖点、邻面与颊面交界点、邻面与舌面交界点、殆面点隙等关键部位，描绘出牙体外形轮廓，其殆面的发育沟、中央沟、三角嵴，轴面的颊轴嵴、舌轴嵴等也可进行描绘。要特别注意比对上颌第一磨牙与上颌第二磨牙的形态区别，两者形成的邻接位置、外展隙等。也可用透明硫酸纸进行描摹训练。

任务三　完成三倍大右上颌第一磨牙牙体雕刻

一、任务导入

对上颌第一磨牙的雕刻练习，是掌握牙体形态特征的有效途径，有助于在脑海中形成牙体形态的三维立体成像，为后续的专业课程打下形态学基础。按照放大三倍石膏牙雕刻数据、线图、多面体图、浮雕图，运用本节课的雕刻方法在石膏块上完成一颗三倍大右上颌第一磨牙雕刻。

二、任务分析

完成这个任务，必须在能正确描绘放大三倍右上颌第一磨牙的基础上，熟练掌握右上颌第一磨牙的形态基础。放大三倍右上颌第一磨牙雕刻是把等倍大上颌第一磨牙放大三倍进行的石膏牙雕刻，具体数据见表 5-10。上颌第一磨牙的线图、浮雕图已在上颌第一磨牙描绘章节里详细介绍（详见项目五、任务二）。上颌第一磨牙多面体图指的是上颌第一磨牙的任意一面都不是单纯的平面，而是复杂的多个平面。

表 5-10　上颌第一磨牙的比例规格

单位：mm

测量项目	一倍大	三倍大
牙冠长	7.3	21.9
牙冠宽	10.1	30.3
牙冠厚	11.3	33.9
牙颈宽	7.6	22.8
牙颈厚	10.5	31.5
牙根长	12.4	37.2
牙全长	19.7	59.1

三、任务实施

（一）实训器材的准备

58mm×32mm×35mm 石膏块、三倍大右上颌第一磨牙数据表（表 5-10）、三倍大右上颌第一磨牙线图（图 5-14）、三倍大右上颌第一磨牙浮雕图（图 5-15）、三倍大右上颌第一磨牙多面体线图（图 5-16）、石膏切刀、雕刻刀、直尺、红蓝铅笔、储水盆、橡胶垫板等。

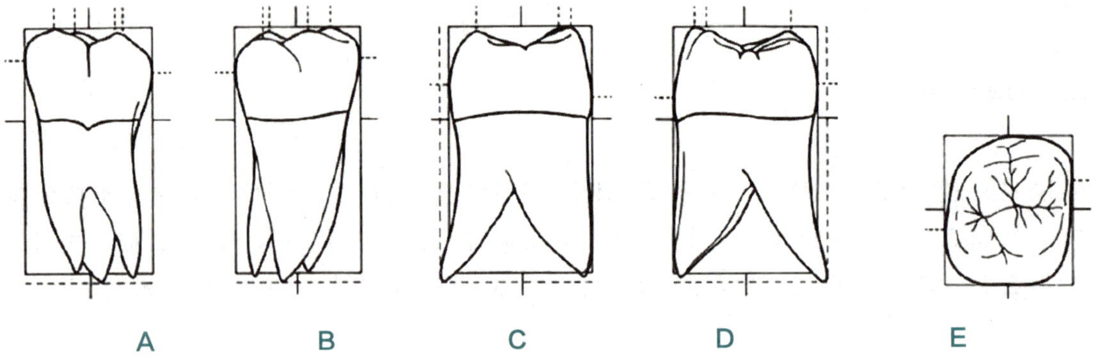

图 5-14 右上颌第一磨牙线图

A. 颊面；B. 舌面；C. 近中面；D. 远中面；E. 船面。

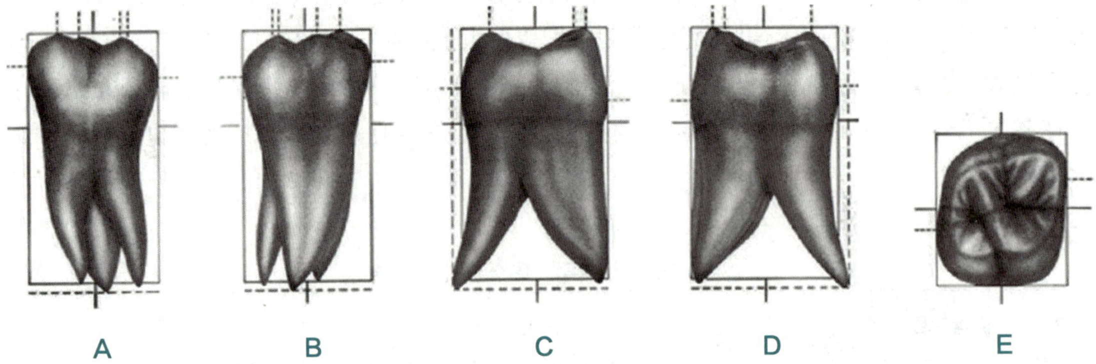

图 5-15 右上颌第一磨牙浮雕图

A. 颊面；B. 舌面；C. 近中面；D. 远中面；E. 船面。

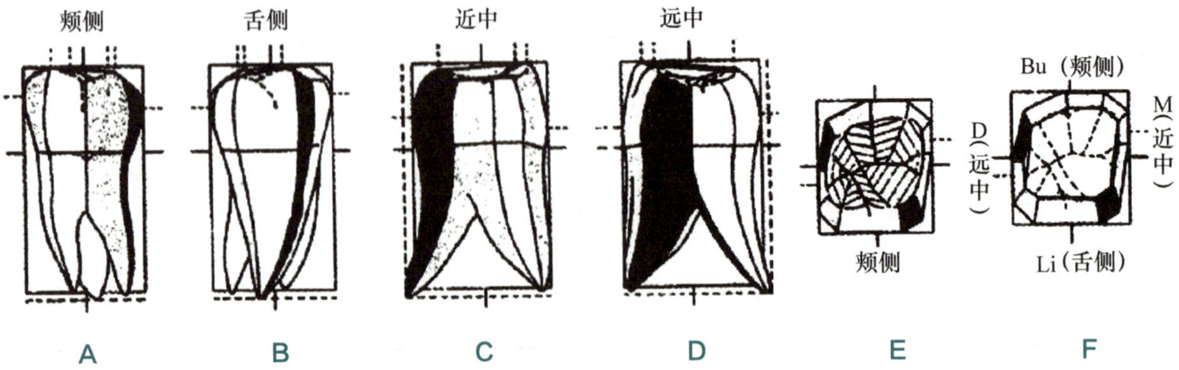

图 5-16 右上颌第一磨牙多面体图

A. 颊面；B. 舌面；C. 近中面；D. 远中面；E. 船面多面体；F. 外形多面体。

（二）三倍大右上颌第一磨牙雕刻步骤

1. 三倍大右上颌第一磨牙雕刻——二面体的形成

（1）步骤一：标记石膏块的中线（图 5-17）。

用游标卡尺或者直尺测量出石膏块的宽度，用红蓝铅笔标记出石膏块的中线。

注意：红蓝铅笔不能太粗，可将笔芯直径削至 0.5mm 粗细。

（2）步骤二：转移数据。

根据放大三倍右上颌第一磨牙数据，在石膏块上标记出冠长、冠厚、根长。根据右上颌第一磨牙线图在石膏块上标记出𬌗面牙尖顶点、颊面外形高点、舌面外形高点和牙根根尖点（图 5-18）。

注意：准确的数据是关键。

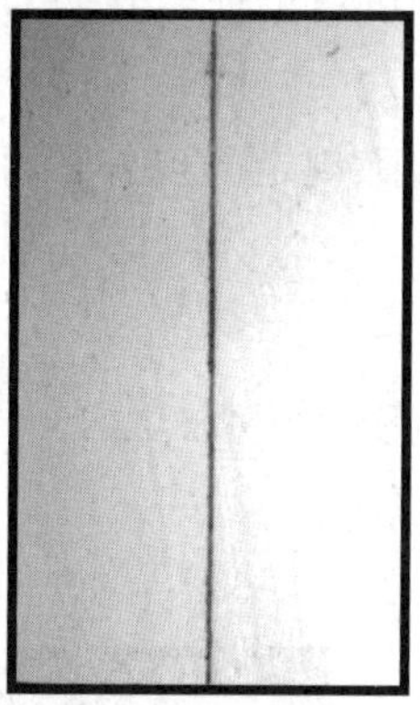

图 5-17　标记中线

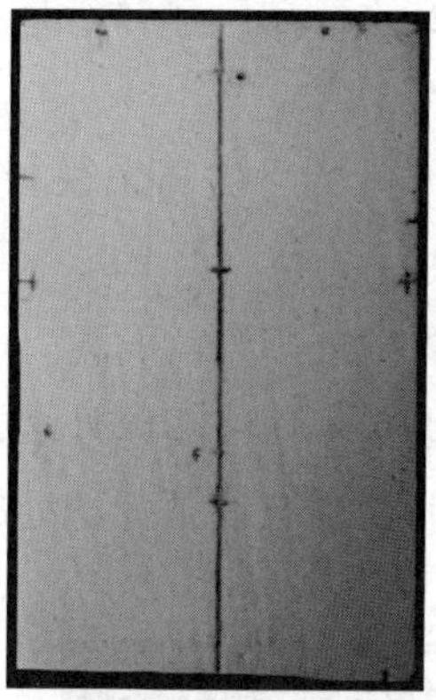

图 5-18　转移数据

（3）步骤三：描绘右上颌第一磨牙近中面初步形态。

用红蓝铅笔根据右上颌第一磨牙线图的形态特点，用圆缓的曲线在石膏块上描绘出右上颌第一磨牙近中面的线图（图 5-19）。

注意：上颌第一磨牙的舌尖顶点高于颊尖顶点。除规定的点外，多标记几个点更加准确。

（4）步骤四：去除线外多余的石膏。

用石膏切刀去除近远中面线图以外多余石膏，二面体形成（图 5-20）。

注意：去除石膏时切削至线条标记处，但是要保留线条。

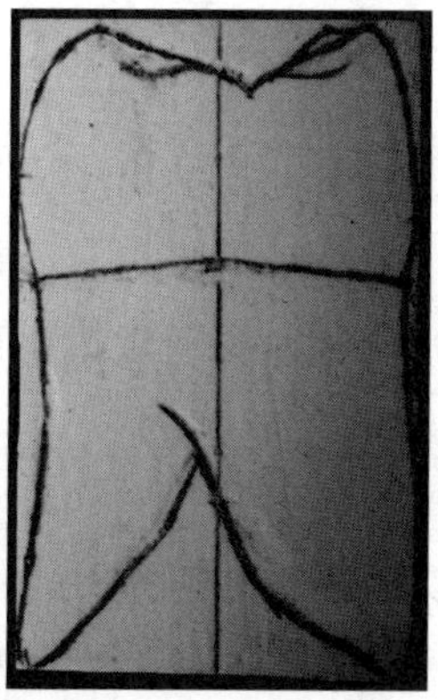

图 5-19　近中面描绘图

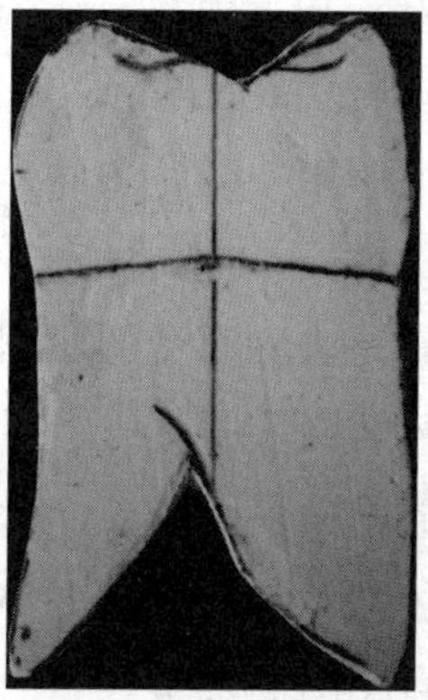

图 5-20　二面体形成图

2. 三倍大右上颌第一磨牙雕刻——四面体的形成

（1）步骤一：标记石膏块的中线。

用游标卡尺或者直尺测量出石膏块的宽度，用红蓝铅笔标记出石膏块的中线。

（2）步骤二：转移数据。

根据放大三倍右上颌第一磨牙数据，在石膏块上标记出冠长、冠宽、根长。根据右上颌第一磨牙线图在石膏块上标记出近中面外形高点、远中面外形高点、近中颊尖顶点、远中颊尖顶点、远中尖顶点、近远中面颈部最凹陷点和两牙根根尖位置。

注意：准确的数据是关键。

（3）步骤三：描绘右上颌第一磨牙颊面初步形态。

用红蓝铅笔根据右上颌第一磨牙线图的形态特点，用圆缓的曲线在石膏块上描绘出右上颌第一磨牙颊面的线图（图 5-21）。

注意：上颌第一磨牙的舌尖高大锐利，颊尖较圆钝。除规定的点外，可以多标记几个点，会更加准确。

（4）步骤四：去除线外多余的石膏。

用石膏切刀去除近远中面线图以外多余石膏，四面体形成（图 5-22）。

注意：去除石膏时切削至线条标记处，但是要保留线条。

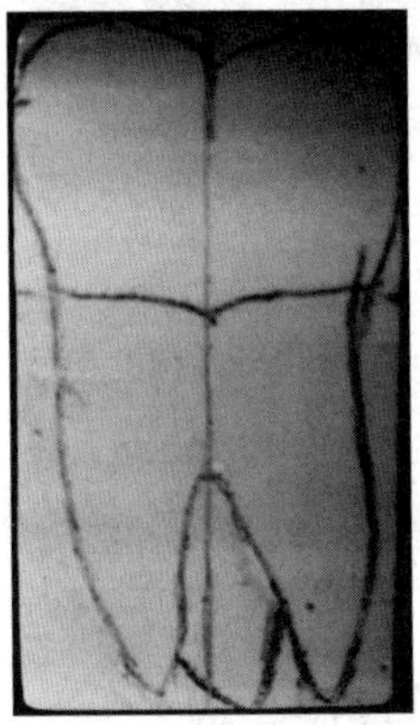

图 5-21 颊面描绘图

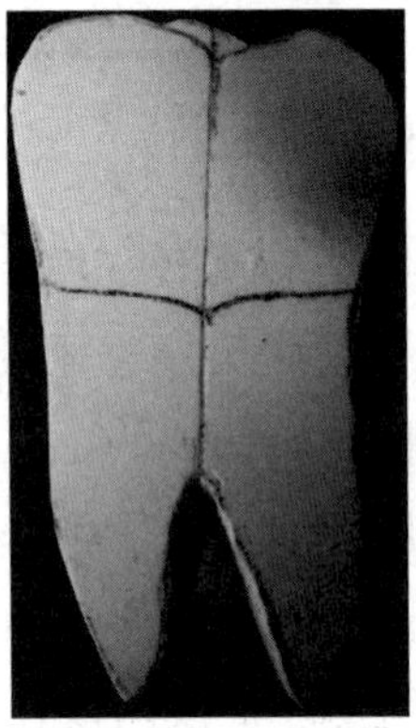

图 5-22 四面体形成图

3. 三倍大右上颌第一磨牙雕刻——多面体的形成

（1）步骤一：形成颊面多面体。

参考放大三倍右上颌第一磨牙多面体线图，在石膏牙颊面上描绘出多面体图形，根据阴影部分的深浅去除多余的石膏。

注意：颊面的阴影是去除石膏的面积，而去除石膏的厚度取决于近远中面阴影部分的深浅。切削多面体时，不得损坏颊侧牙颈突度。

（2）步骤二：形成舌面多面体。

参考放大三倍右上颌第一磨牙多面体线图，在石膏牙舌面上描绘出多面体图形，根据阴影部分的深浅去除多余的石膏（图 5-23）。

注意：颊面去除石膏的面积取决于舌颊阴影部分的面积，而去除石膏的厚度取决于近远中面阴影部分的深浅。

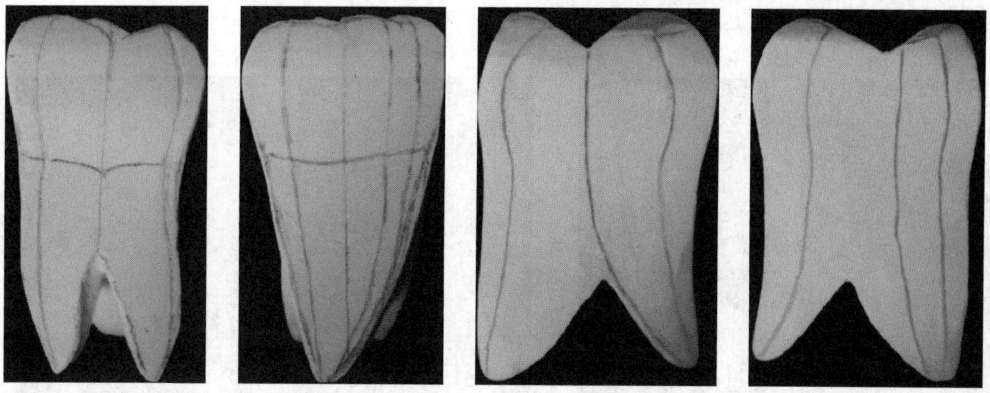

图 5-23 描绘多面体图形

A. 颊面；B. 舌面；C. 近中面；D. 远中面。

（3）步骤三：形成近远中面多面体。

参考放大三倍右上颌第一磨牙多面体线图，在石膏牙近远中面上描绘出多面体图形，根据阴影部分的深浅去除多余的石膏（图 5-24）。

注意：在完成颊舌轴面角的过程中，近远中面的石膏去除已经完成。

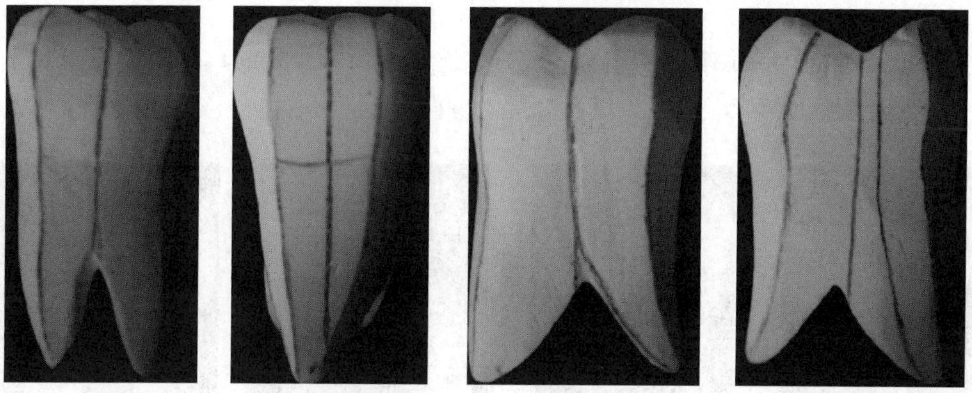

图 5-24 多面体切削完成

A. 颊面；B. 舌面；C. 近中面；D. 远中面。

（4）步骤四：形成𬌗面多面体。

参考放大三倍右上颌第一磨牙多面体线图，在石膏牙𬌗面上描绘出多面体图形，根据阴影部分的深浅去除多余的石膏（图 5-24）。

注意：上颌第一磨牙的𬌗面颊尖高而锐利，舌尖低而圆钝。

4. 三倍大右上颌第一磨牙雕刻——四面成形

（1）步骤一：牙颈线的成形。

1）描绘勾勒牙颈线：参照右上颌第一磨牙线图，在石膏棒唇、舌、近、远中面精确描绘牙颈线。经检查合格后，将雕刻刀刃端垂直于牙面，沿牙颈线刮去约 0.2mm 深的石膏，并沿牙颈线勾勒一周（图 5-25）。

注意：近中面的颈曲度大于远中面。

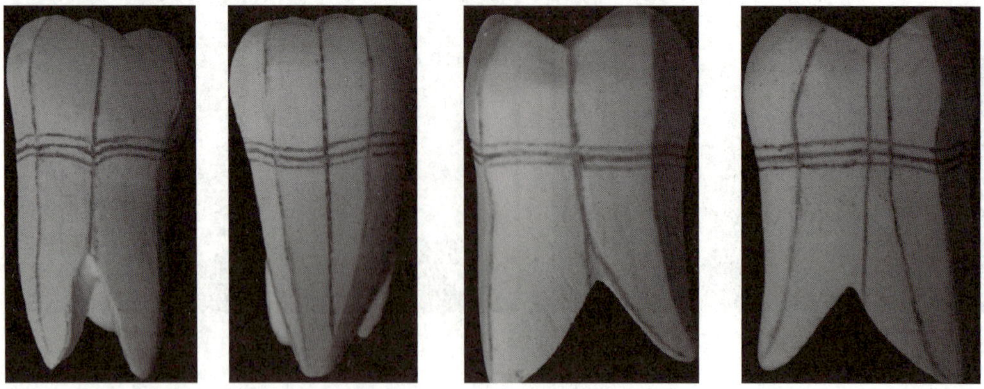

A B C D

图 5-25 描绘颈缘线

A. 颊面；B. 舌面；C. 近中面；D. 远中面。

2）辅助线的绘制：在牙颈线冠方和根方各 1mm 处，绘制两条平行于牙颈线的辅助线。

3）雕刻成形：自牙颈线根方 1mm 的线条处，将雕刻刀刃端与牙面成约 45°角，沿该线向牙颈线方向刮除适量的石膏。以上操作完成后，牙颈部形态基本形成。上述步骤可适当重复进行，直至合乎要求为止。

4）修整顺滑：仔细和浮雕图比对，将牙颈线修整连续顺滑（图 5-26）。

注意：不能形成明显的台阶。

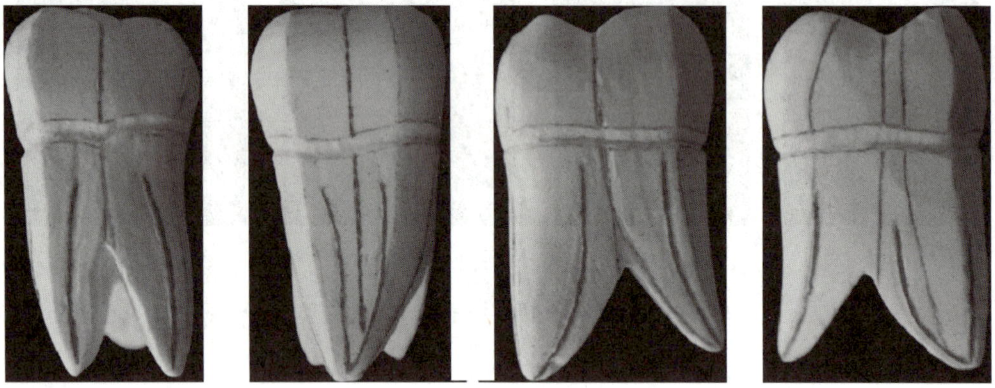

A B C D

图 5-26 成形颈缘线

A. 颊面；B. 舌面；C. 近中面；D. 远中面。

（2）步骤二：颊面的成形。

1）颊面牙根的成形：参照浮雕图在石膏牙颊面牙根处描绘出颊面的最突出部分的连线，在牙根的近远中面描绘出近远中面的最突出部分的连线，根据最突出部分的斜面特点，即颊面牙根的形态结构特点，用石膏切刀采用横握式和直握式对颊面牙根进行大体形态的成形处理（图 5-27）。

注意：上颌第一磨牙是三根牙，注意根分叉位置形态。

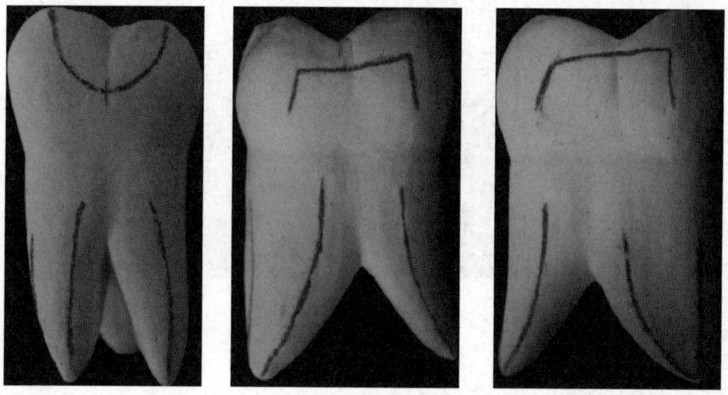

图 5-27　颊面的成形
A. 颊面；B. 近中面；C. 远中面。

2）颊面牙冠的成形：具体如下。①形成颈缘突度：颈缘突度即从近远中面到颊面近颈缘部分的弧度，在形成颈缘突度时，必须参照浮雕图，观察浮雕图近颈缘部分的弧度，完成石膏的去除。②颊轴嵴的成形：上颌第一磨牙的近中颊面有较为明显的颊轴嵴，远中颊尖的颊轴嵴较不明显，在颊面描绘出颊轴嵴的形态，按照浮雕图形成两侧的斜面。③颊面近远中缘的成形：参考浮雕图，描绘上颌第一磨牙近远中缘的形态，并转移到石膏牙相应的位置。结合近远中面近颊侧斜面的特点，形成颊面近远中缘的形态。

（3）步骤三：舌侧的成形。

1）舌侧牙根的成形方法参考颊面牙根的成形。

2）舌面较为圆突，外形高点在中 1/3：根据浮雕图描绘出舌面最突出部分的连线，在该线上下去除多余的石膏。

注意：上颌第一磨牙有三个牙根，其中舌根最为粗壮，为扁根，且舌根的舌面有纵行凹陷。

（4）步骤四：近远中面的成形。

参考浮雕图，描绘出浮雕图上近远中面的最突出部分的连线，根据浮雕图上斜面的特点，在石膏牙上去除多余的石膏，形成近远中面的形态，注意近远中面的接触区的形态特点。

（5）步骤五：䄂缘的成形。

1）修整䄂缘外侧轴面䄂 1/3 形态：参考浮雕图，在浮雕图上画出䄂面最突出部分的连线，这个最突出部分的连线实际也是䄂面边缘嵴的连线。转移上述最突出部分的连线至石膏牙相应的位置，去除最突出部分连线外侧相应的石膏，形成牙冠轴面䄂的 1/3 部分，同时注意修整轴面䄂 1/3 的形态。

2）初步形成䄂面窝底部：参考浮雕图，发现上颌第一磨牙䄂面有中央窝，中央窝两侧有近中窝和远中窝，把浮雕图上窝的位置转移到石膏牙相应的位置，用雕刻刀在窝的位置转动两下，去除少量石膏，形成一个小窝。

3）形成䄂面三角嵴的形态：把浮雕图上的牙尖三角嵴转移到石膏块上，用雕刻刀沿窝向三角嵴做斜面。

4）形成发育沟、副沟：参考浮雕图，根据发育沟的形态与位置形成发育沟、副沟（图 5-28）。

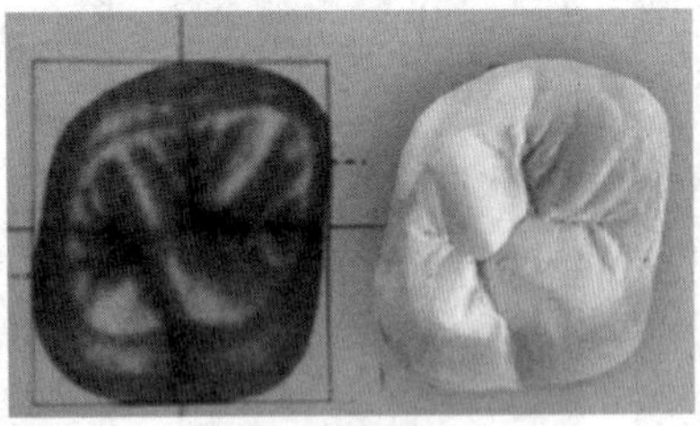

图 5-28　𬌗面形成后

5. 三倍大右上颌第一磨牙雕刻——精雕完成

（1）步骤一：颊面发育沟的修整。

仔细观察右上颌第一磨牙颊面浮雕图上两条发育沟的形态和位置，在石膏牙相应的位置用红蓝铅笔进行准确的描绘，用雕刻刀进行修整。

注意：颊面发育沟是牙在生长发育过程中形成的浅沟，所以该发育沟与唇面的融合度非常高，发育沟两侧的斜面斜度大且衔接自然。

（2）步骤二：轴面颈缘线的修整。

再次准确地修整颈缘线，用雕刻刀在颈缘线上下进行切削，以使牙冠和牙根衔接自然。

注意：上颌第一磨牙的颈缘线为连续的圆缓的曲线。

（3）步骤三：修饰牙体表面。

在四面成形的基础上，用雕刻刀采用执笔式从根尖或从牙尖顶对牙体表面进行润饰，力求牙根表面光滑。上颌第一磨牙为三根牙，颊侧两根间距较远，舌侧牙根较粗壮。颊根和舌根间距较远。

（4）步骤四：牙体表面流畅性的检查。

检查石膏牙各轴面的外形高点、邻接点、凹凸衔接的自然程度（图 5-29）。

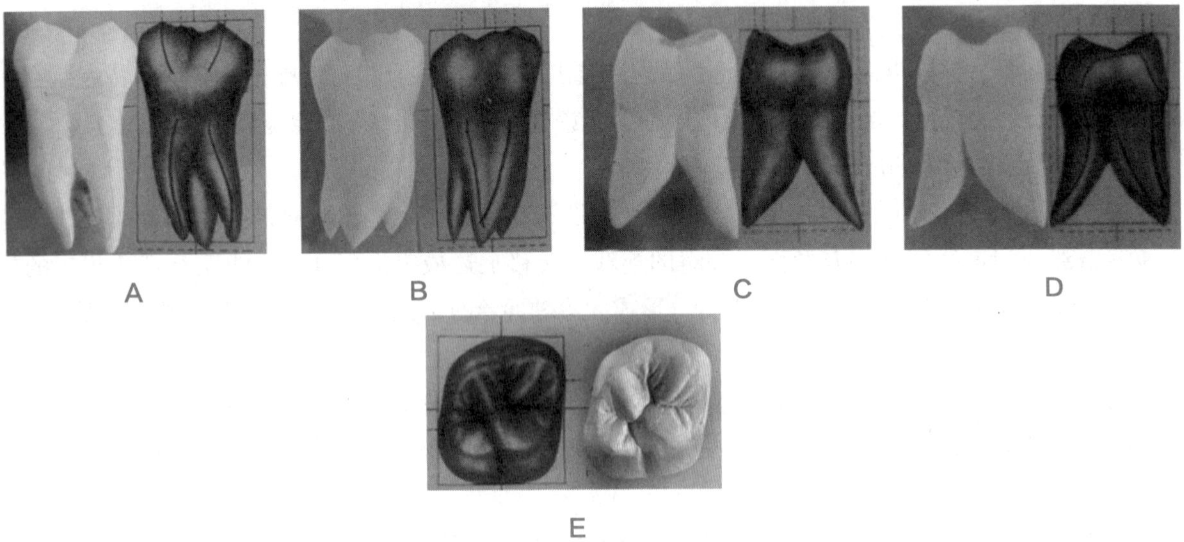

A　B　C　D

E

图 5-29　放大三倍右上颌第一磨牙雕刻完成

A. 颊面；B. 舌面；C. 近中面；D. 远中面 E. 𬌗面。

四、任务评价

右上颌第一磨牙石膏牙雕刻评价标准见表 5-11。

表 5-11　右上颌第一磨牙石膏牙雕刻评价标准

序号	评价内容	分值	评价要点
1	雕刻数据	5	冠宽
		5	冠厚
		5	冠根长
2	颊面	3	颊面轮廓形态
		3	近远中径与 殆颈径比
		5	颊面外形高点位于颈 1/3
		3	发育沟的位置形态
		3	颊侧近远中牙根形态及根分叉的位置
3	舌面	3	舌面轮廓形态
		3	舌面较颊面小
		3	舌侧近远中牙根的形态及根分叉的位置
4	近中面	3	近中面的轮廓形态
		3	颊舌径与殆颈径比
		3	近中面观颊面的弧度
		3	近中面观舌面的弧度
		3	近中面的外形高点位置
		3	近中面牙根颊舌径大于近远中径
5	远中面	3	与近中面形态相似但体积小且圆突
		3	颈部凹陷
		3	远中面外形高点的位置
		3	远中面颈缘线平直
6	殆面	3	殆缘的位置形态
		3	发育沟的位置形态
		3	窝的位置形态
		3	三角嵴的位置形态
7	整体情况	4	牙体各面表面光滑、线条流畅
		5	牙体各部比例协调

续　表

序号	评价内容	分值	评价要点
8	操作规范	3	个人防护方法
		5	工具的使用
总分（100）			

▶任务拓展

放大三倍右上颌第二磨牙雕刻

在牙体修复的实际工作场景中，精准掌握各类牙体形态特点至关重要。上颌磨牙组作为上颌后牙的关键组合，除大家熟悉的上颌第一磨牙外，还包括上颌第二磨牙、上颌第三磨牙，且各个牙位均左右对称分布，左右各有一颗。

此前，同学们已深入学习了最具典型性的上颌第一磨牙雕刻知识与技巧，然而，在日常实践操作里，上颌第二磨牙的形态恢复也非常重要。为切实强化同学们在本次学习任务中对磨牙组不同牙位形态雕刻的全方位理解，提升实操动手能力，同时着力培养大家的自我探究精神，现布置如下实践任务。

请同学们灵活运用前面所学的放大三倍右上颌第一磨牙雕刻方法及详细步骤，紧密结合提供的右上颌第二磨牙线图（图 5-30）、浮雕图（图 5-31）及多面体图（图 5-32），并依据表 5-12 中精准的三倍大右上颌第二磨牙数据，雕刻出一颗放大三倍右上颌第二磨牙。在完成雕刻作品后，总结归纳上颌第一磨牙与上颌第二磨牙在形态方面存在的显著差异，通过对比分析深化对两种牙齿形态特点的认知，为未来应对复杂多变的口腔修复工作筑牢坚实基础。

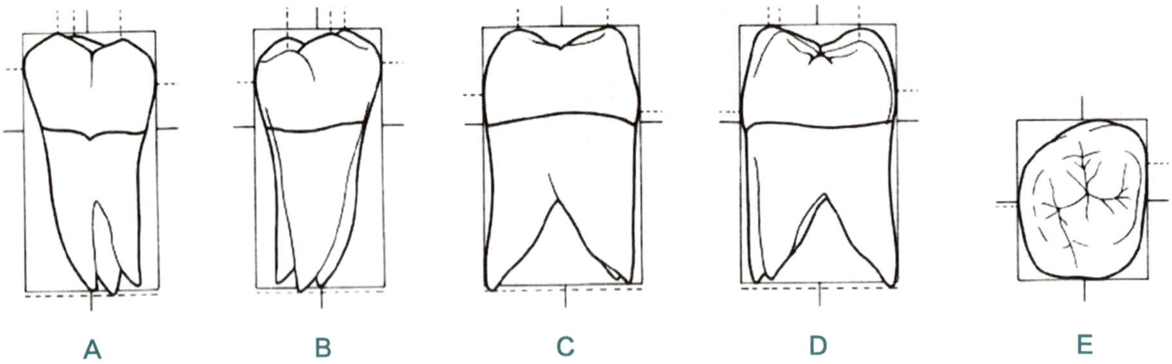

图 5-30　右上颌第二磨牙线图

A. 颊面；B. 舌面；C. 近中面；D. 远中面；E. 𬌗面。

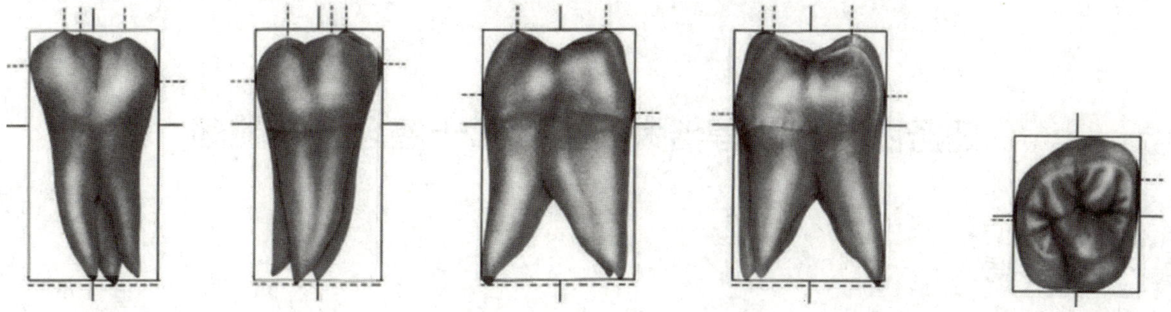

图 5-31　右上颌第二磨牙浮雕图

A. 颊面；B. 舌面；C. 近中面；D. 远中面；E. 殆面。

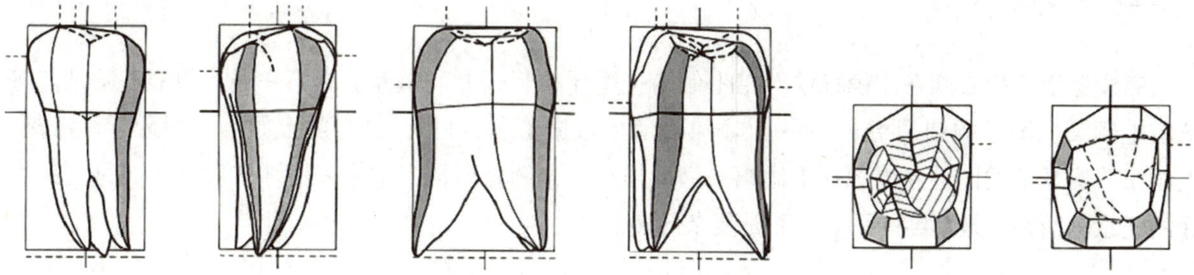

图 5-32　右上颌第二磨牙多面体线图

A. 颊面；B. 舌面；C. 近中面；D. 远中面；E. 殆面多面体；F. 外形多面体。

表 5-12　上颌第二磨牙的比例规格　　单位：mm

测量项目	一倍大	三倍大
牙冠长	7	21
牙冠宽	9.6	28.8
牙冠厚	11.6	34.8
牙颈宽	6.3	21.0
牙颈厚	6.2	18.9
牙根长	11.5	34.5
牙全长	18.5	55.5

视频：完成等倍大右上颌第一磨牙牙体雕刻

任务四　完成等倍大右上颌第一磨牙牙体雕刻

一、任务导入

完成三倍大右上颌第一磨牙雕刻后，在规定的时间内按照等倍石膏牙雕刻模型、数据、线图、多面体图、浮雕图，在规范安全的操作基础上，在石膏块上完成一颗等倍大右上颌第一磨牙雕刻。

二、任务分析

完成这个任务必须在正确描绘等倍上颌第一磨牙的基础上，掌握上颌第一磨牙的形态基础。等倍右上颌第一磨牙雕刻是指 1∶1 右上颌第一磨牙数据（表 5-13），进行的上颌第一磨牙牙体雕刻。上颌第一磨牙的线图、浮雕图在上颌第一磨牙描绘已详细介绍，上颌第一磨牙多面体指的是上颌磨牙的任意一面都不是单纯的平面，而是复杂的多面体。

表 5-13　上颌第一磨牙的比例规格　　单位：mm

测量项目	一倍大
牙冠长	7.3
牙冠宽	10.1
牙冠厚	11.3
牙颈宽	7.6
牙颈厚	10.5
牙根长	12.4
牙全长	19.7

三、任务实施

（一）实训器材的准备

右上颌第一磨牙线图、等倍大右上颌第一磨牙雕刻模型 1 套、石膏块（15mm×15mm×55mm）、石膏切刀、雕刻刀、绘图铅笔、红蓝铅笔、游标卡尺、直尺、毛刷、储水盆、橡胶垫板等。

（二）等倍大右上颌第一磨牙雕刻步骤

1. 等倍大右上颌第一磨牙雕刻——石膏框架成形

（1）步骤一：绘制框架及标志线、切削框架成形。

用游标卡尺测量等倍大右上颌第一磨牙雕刻模型的冠长、冠宽、冠厚、根长。在石膏块上，用游标卡尺轻轻刻出各面的冠根分界线和中轴线，绘制牙体外形框架（图 5-33）。用石膏切刀切掉框线以外的石膏，先修整平行的两侧，再修整另外两侧，四周应平整（图 5-34）。

要求：雕刻等倍大右上颌第一前磨牙的牙体总长是冠长加根的总和。

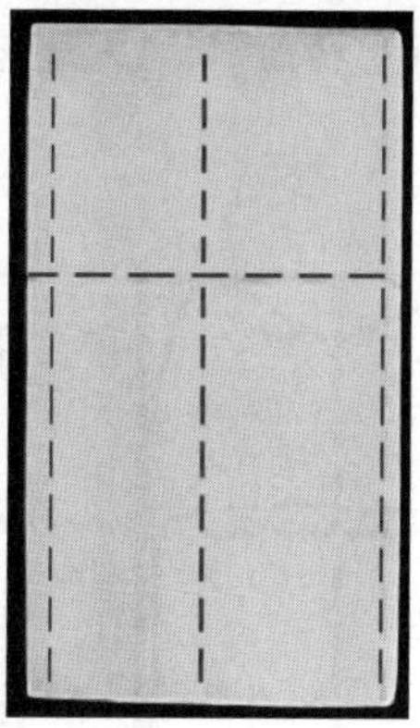

图 5-33　绘制框架

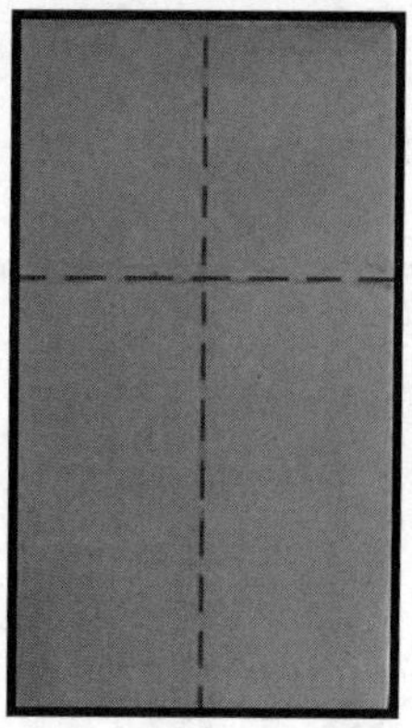

图 5-34　切削框架成形

（2）步骤二：确定基准面。

确定颊面、舌面、近中面和远中面。

2. 等倍大右上颌第一磨牙雕刻——二面体成形

（1）步骤一：描绘颊舌面外形。

参照等倍大右上颌第一磨牙雕刻模型和右上颌第一磨牙线图，将模型颊舌面与石膏块重合，在石膏块的颊舌面标出殆面的位置，将所测牙颈宽数据转移到石膏块上，参照右上颌第一磨牙雕刻模型的颊舌面轮廓外形，描绘出颊舌面的牙体外形线（图 5-35）。

要求：转移的参照点要准确，颊舌面的牙体外形线应为细线且线条流畅。

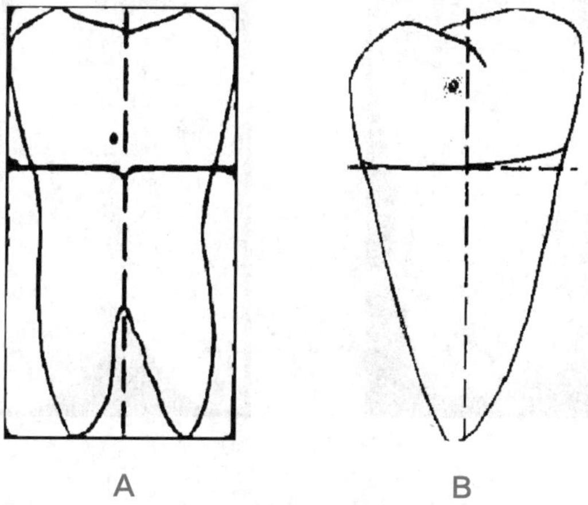

图 5-35　描绘颊舌面外形

A. 颊面；B. 舌面。

（2）步骤二：颊舌面切削成形。

用石膏切刀沿颊舌面边缘线上下推拉切削，形成颊舌面外形（图 5-36）。

要求：不得损坏外形高点的突度，恰好切到线，不要切掉线，轴面外形轮廓需与右上颌第一磨牙线图一致。

3. 等倍大右上颌第一磨牙雕刻——四面体成形

（1）步骤一：描绘近远中面外形。

参照等倍大右上颌第一磨牙雕刻模型和右上颌第一磨牙线图，将模型近中面、远中面与石膏块重合，在石膏块的近远中面标出𬌗面的位置，将所测牙颈厚数据转移到石膏块上，参照右上颌第一磨牙模型的近远中轮廓外形，描绘近远中面的牙体外形线（图 5-37）。

要求：同二面体描绘。

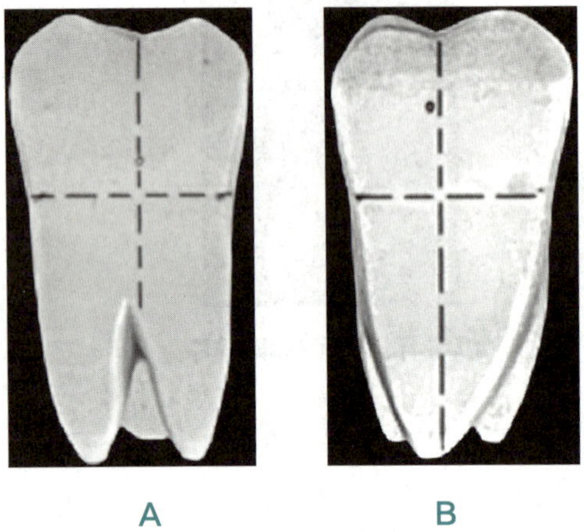

图 5-36　二面体成形

A. 颊面；B. 舌面。

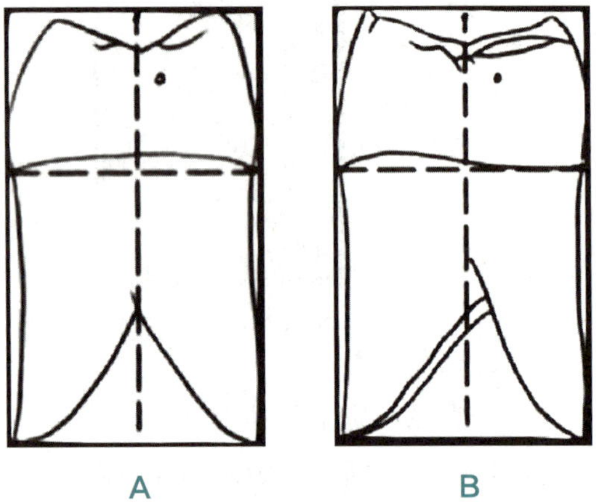

图 5-37　描绘近远中面外形

A. 近中面；B. 远中面。

（2）步骤二：近远中面切削成形。

用石膏切刀沿近远中边缘线上下推拉切削，形成近远中面外形（图 5-38）。

要求。同二面体成形。

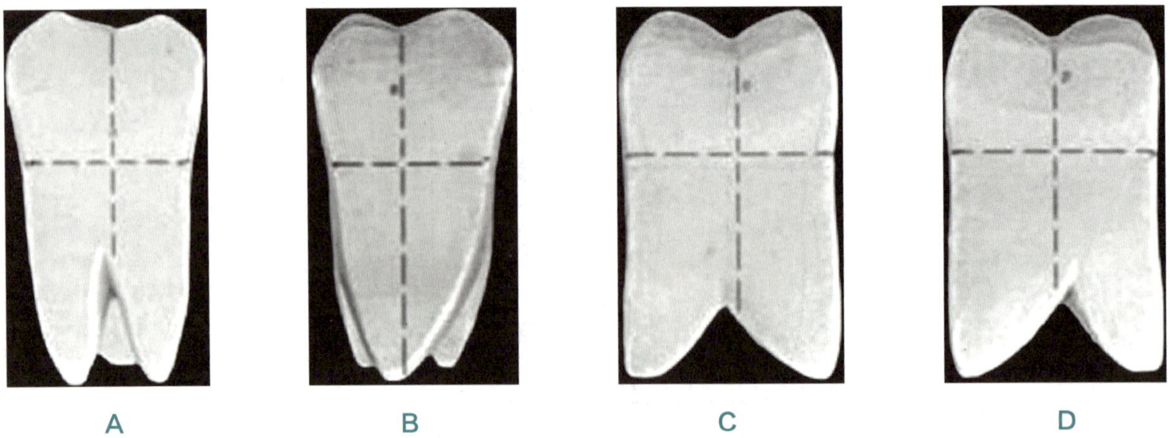

图 5-38　四面体成形

A. 颊面；B. 舌面；C. 近中面；D. 远中面。

4. 等倍大右上颌第一磨牙雕刻——多面体成形

（1）步骤一：正确描绘多面体的各个轴面。

参照右上颌第一磨牙雕刻模型𬌗面观，在石膏块上画出多面体外形的边缘线与中轴线的角度，各个轴面最突出部分的连线，冠根分界线与外形高点之间的连线（图 5-39）。

要求：尽可能使多面体边缘线与右上颌第一磨牙线图相一致。

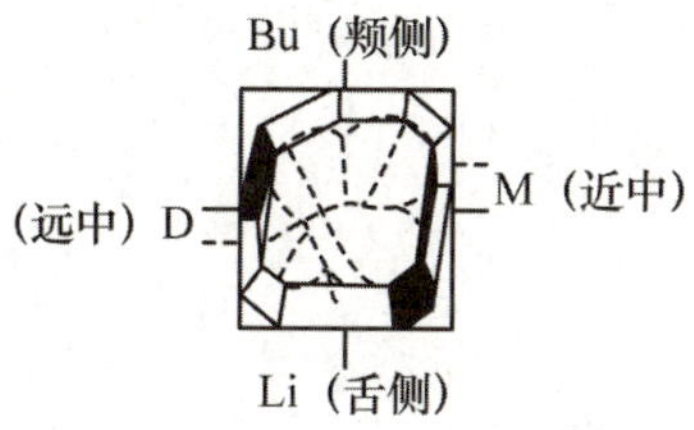

图 5-39　𬌗面与多面体的位置关系参照图

（2）步骤二：切削多面体。

按照多面体边缘线切削各斜面，最终形成多面体（图 5-40）。

要求：切削多面体时，不得损坏颊侧牙颈突度。

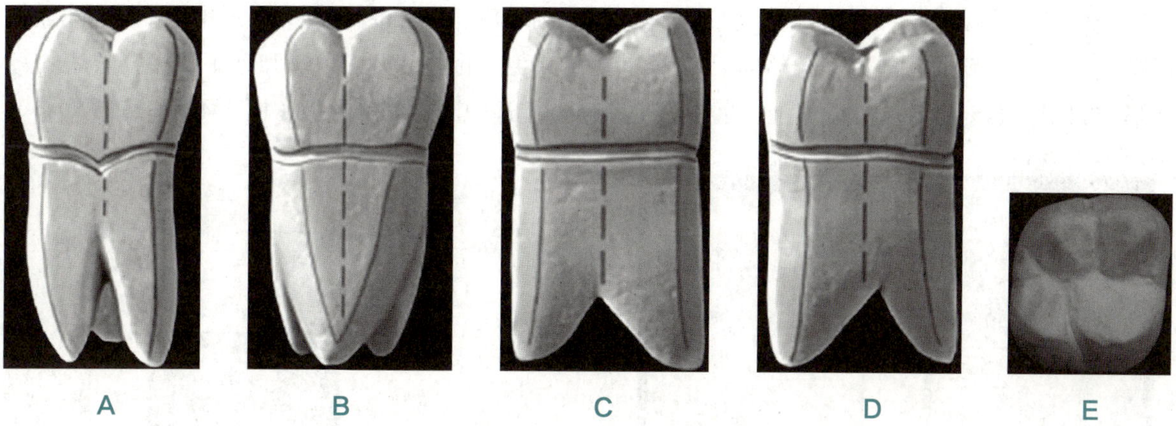

图 5-40　多面体成形

A. 颊面；B. 舌面；C. 近中面；D. 远中面；E. 𬌗面。

5. 等倍大右上颌第一磨牙雕刻——四面成形

（1）步骤一：颊面成形。

1）颊面近远中缘、颊尖近远中斜缘和颊轴嵴成形：参照右上颌第一磨牙雕刻模型，在石膏块上标记出近远中缘、颊尖近远中斜缘和颊轴嵴的位置。用雕刻刀进行切削，每个颊尖形成近远中 2 个斜面和颊轴嵴，颊侧近远中缘要与颊侧颈缘、颊轴嵴流畅连接。

2）颈部及牙根成形：标记出颊面近远中线角和牙颈部狭窄部分，形成颊侧牙颈线。

3）颊面发育沟成形：在近中颊尖和远中颊尖之间描绘出颊沟，注意雕刻不宜太深，发育沟的凹陷需与周围突出部分流畅连接（图 5-41）。

（2）步骤二：舌面成形

1）舌面近远中边缘、舌尖近远中斜缘和舌轴嵴成形，舌轴嵴不明显。

2）颈部及牙根成形：参照右上颌第一磨牙雕刻模型进行切削，颈部与牙根流畅连接。

3）近舌轴面角和远舌轴面角成形：参照模型，用小雕刻刀切削形成近舌轴面角、远舌轴面角，与邻面、牙颈部流畅连接（图 5-42）。

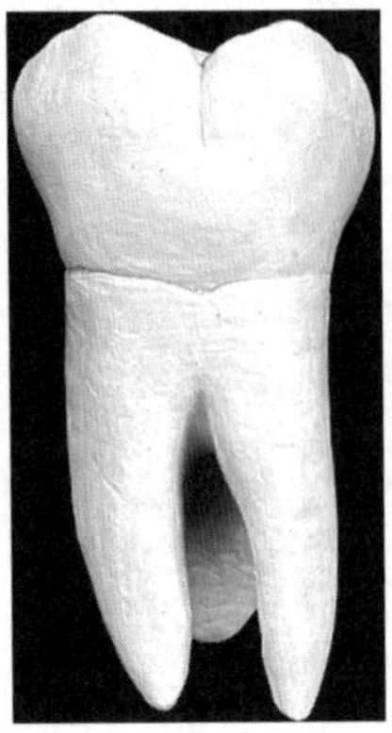

图 5-41　颊面成形

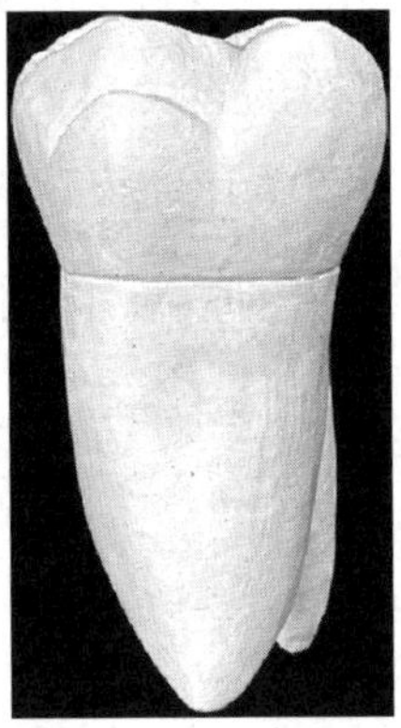

图 5-42　舌面成形

（3）步骤三：邻面成形。

参照近远中面外形，用雕刻刀削除多余石膏，近远中面外形高点都靠近𬌗缘偏颊侧（图 5-43）。

6. 等倍大右上颌第一磨牙雕刻——𬌗面成形

参照模型，描绘出三角嵴和边缘嵴的走行，用雕刻刀沿三角嵴标记线的近远中方向进行切削，形成带曲度的 2 个斜面，雕刻三角嵴时，修整牙尖的斜度。近中舌尖三角嵴和远中颊尖三角嵴斜行相连形成斜嵴。雕刻出颊沟、近中沟、远中舌沟，修整近远中窝，润饰𬌗面（图 5-44）。

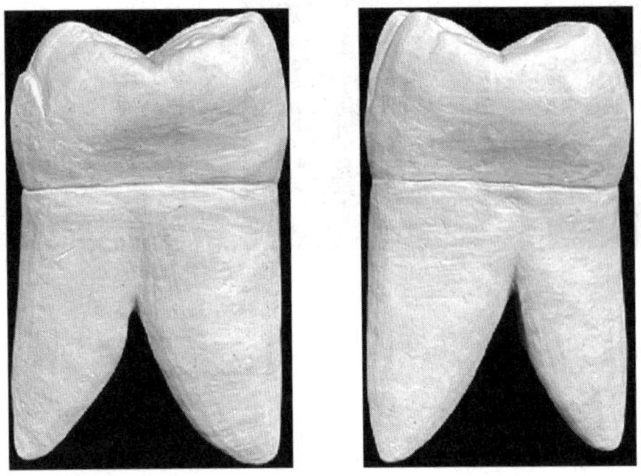

A　　B

图 5-43　邻面成形

A. 近中面；B. 远中面。

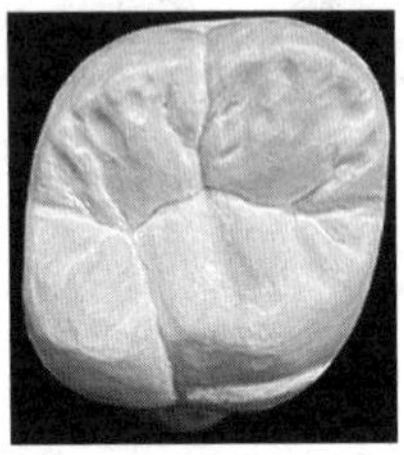

图 5-44　𬌗面成形

7. 等倍大右上颌第一磨牙雕刻——牙颈线成形

参照模型，用铅笔在石膏块各面描绘出颈曲线，然后用雕刻刀与石膏块牙冠表面成 45°角进行牙颈线的雕刻，调整牙冠与牙根的形态。

要求：牙颈线较平，颈线各处的宽度、深度需协调一致，连接流畅。

8. 等倍大右上颌第一磨牙雕刻——精修完成

对照模型，检查各部分尺寸，精修完成（图 5-45）。

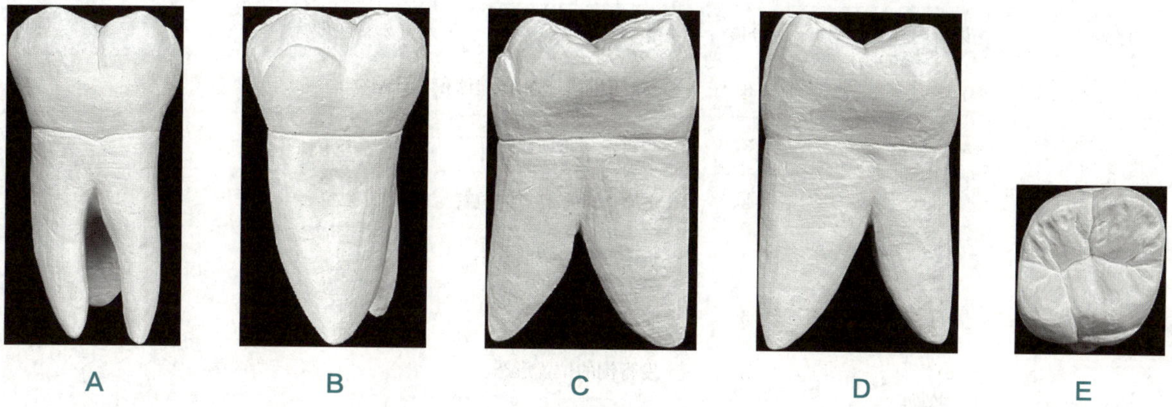

图 5-45　精修完成

A. 颊面；B. 舌面；C. 近中面；D. 远中面；E. 殆面。

四、任务评价

右上颌第一磨牙石膏牙雕刻评价标准见表 5-14。

表 5-14　右上颌第一磨牙石膏牙雕刻评价标准

序号	评价内容	分值	评价要点
1	雕刻数据	5	冠宽
		5	冠厚
		5	冠根长
2	颊面	3	颊面轮廓形态
		3	近远中径与殆颈径比
		5	颊面外形高点位于颈 1/3
		3	发育沟的位置形态
		3	颊侧牙根形态
3	舌面	3	舌面轮廓形态
		3	舌面较颊面小
		3	舌面外形高点位于中 1/3
4	近中面	3	近中面的轮廓形态
		3	颊舌径与殆颈径比
		3	近中面观颊面的弧度
		3	近中面观舌面的弧度
		3	近中面的外形高点位置
		3	远中面颈缘线曲度小

续　表

序号	评价内容	分值	评价要点
5	远中面	3	与近中面形态相似但体积小且圆突
		3	颊舌径与𬌗颈径比
		3	远中面外形高点的位置
		3	远中面颈缘线曲度小
6	𬌗面	3	𬌗缘的位置形态
		3	发育沟的位置形态
		3	窝的位置形态
		3	三角嵴的位置形态
7	整体情况	4	牙体各面表面光滑、线条流畅
		5	牙体各部比例协调
8	操作规范	3	个人防护方法
		5	工具的使用
总分（100）			

▶任务拓展

上下颌第一磨牙的咬合关系

1. 咬合接触的关键点　上颌第一磨牙的近中颊尖通常咬合在下颌第一磨牙的颊沟处。上颌第一磨牙的远中颊尖与下颌第一磨牙的中央窝形成接触。确保咀嚼时力量均匀分布，提高研磨效率。

2. 咬合平面与牙弓形态　下颌第一磨牙的颊尖是Spee曲线弧顶的重要组成部分，其位置决定了曲线的深度和曲率。上颌第一磨牙的𬌗面形态需与下颌Spee曲线匹配，通过尖窝交错形成稳定的咬合接触点。第一磨牙是咀嚼力的主要承载者，Spee曲线通过其弧形结构将垂直咬合力转化为斜向分力，减少对牙周组织的冲击。

任务五　完成牙列中等倍大右上颌第一磨牙滴蜡塑形

视频：完成牙列中等倍大右上颌第一磨牙滴塑

一、任务导入

右上颌第一磨牙位于上颌骨右侧牙槽突的后端，是恒牙列中最早萌出的磨牙，在口腔上颌右侧牙弓的中段，靠近第二前磨牙与第二磨牙。是咀嚼食物的主要牙齿之一，对维持面部形态与牙列稳定，维持上颌骨的高度、面部垂直距离以及牙列的正常排列和稳定，维持牙列的稳定和正常咀嚼功能起着关键作用。

通过蜡滴塑形的方式完成等倍大右上颌第一磨牙牙齿形态，是进一步掌握牙体形态特征的有效途径，也能提高牙科修复和美容的精确度，改善牙齿的外观和功能。在本任务中，将深入实践右上颌第一磨牙的滴蜡塑形技巧，通过亲手操作，对右上颌第一磨牙的结构有更深刻的理解，并在精益求精的工匠精神指引下，提升自己的专业技能，为未来的牙科医疗工作打下坚实基础。

二、任务分析

完成这个任务要熟知右上颌第一磨牙的形态和功能，学会控制蜡的温度及滴塑的方法流程。

（一）右上颌第一磨牙形态

见本项目任务一。

（二）𬌗关键

1. 尖窝相对　其牙尖（主要是颊尖和舌尖）与对颌牙（下颌第一磨牙）的窝相吻合。例如，右上 6 的舌尖对应下颌第一磨牙的中央窝，这种尖窝相对的关系可以使咬合力垂直传导，有利于高效地咬碎和研磨食物。

2. 𬌗面形态　其𬌗面有复杂的沟、嵴结构。这些结构就像小的“轨道”，引导下颌磨牙在咀嚼运动时与之精确配合。比如，它的斜嵴可以引导下颌磨牙在咀嚼过程中进行侧向运动，使食物在左右方向上也能被充分研磨。

3. 牙体长轴倾斜　右上 6 牙体长轴是向近中倾斜的，这种倾斜角度在咬合时有助于将咬合力合理地分散到邻牙和牙周组织上，同时也与下颌磨牙的牙体长轴倾斜相匹配，保证在咀嚼循环过程中上下牙列能够稳定地接触，避免咬合力过度集中在个别牙尖上，减少牙齿折裂等损伤风险。

4. 咬合接触时间　在咀嚼运动中，右上 6 与对颌牙接触时间有着重要意义。在闭口咀嚼时，右上 6 是较早接触并引导下颌运动方向的牙齿之一，其合适的接触时间能够确保整个咀嚼系统协调工作，让食物在合适的时间被充分嚼碎。

（三）与下颌牙尖窝接触规律

1. 正中𬌗接触规律

（1）颊尖接触：在正中咬合时，右上第一磨牙的近中舌尖在右下第一磨牙的颊侧近中窝，远中颊尖咬在右下第一磨牙的中央窝的颊侧部分。这种接触方式使得咬合力能够较为均匀地分布在右下第一磨牙的颊侧咬合区域，有利于对食物进行初步的压碎和磨细。

（2）舌尖接触：右上第一磨牙的近中舌尖咬在右下第一磨牙舌侧窝的近中部分，远中舌尖咬在舌侧窝的远中部分。舌尖的接触主要负责在咀嚼过程中对食物进行更精细的研磨，因为舌尖相对较为灵活，通过与舌侧窝的紧密接触，可以将食物磨碎成更小的颗粒。

2. 前伸运动接触规律 当进行前伸咬合运动时，右上第一磨牙舌尖的近中部分的舌斜面与右下第一磨牙舌尖的远中部分的颊斜面发生接触。这种接触能够引导下颌向前运动，并且在一定程度上控制前伸的幅度，同时也参与对食物的切割和磨碎，特别是对于一些需要在前方进行初步处理的食物。

3. 侧方运动接触规律

（1）工作侧接触：在侧方咀嚼运动中，以向右咀嚼为例（此时右上第一磨牙为工作侧），右上第一磨牙的颊尖和舌尖沿着右下第一磨牙的𬌗面滑动。颊尖沿着右下第一磨牙颊侧边缘嵴滑动，舌尖在舌侧窝内向远中滑动。这种滑动接触使得食物能够被推向牙列的远中方向，并且通过牙尖和边缘嵴之间的相互作用，不断地磨碎食物，像研磨器一样，将食物研磨成适合吞咽的大小。

（2）非工作侧接触：当向左咀嚼时（右上第一磨牙为非工作侧），右上第一磨牙舌尖的内斜面与右下第一磨牙颊尖的外斜面接触。这种接触起到引导下颌运动方向的作用，避免在咀嚼过程中上下牙列之间出现碰撞干扰，保证咀嚼运动能够顺畅地进行。同时也能辅助平衡咬合力，防止工作侧承受过大的力量。

（四）上颌第一磨牙代型要求

（1）𬌗面：用铅笔在离右上第一磨牙𬌗面 1.5 ～ 2.0mm 处画一条标志线或做定深沟，沿标志线或沟的深度均匀去除石膏（牙体组织）。

（2）邻面：沿牙邻面颊舌向潜行性磨除，不断矫正磨除方向，直至预备出足够的间隙。磨切时应注意邻面预备方向与就位道一致，4 个邻面轴壁方向相互平行或向切端聚合 2°～ 5°。

（3）颊面：均匀去除唇面 1.0 ～ 1.5mm 石膏（牙体组织）

（4）舌面：沿舌面解剖外形均匀去除唇面 1.0 ～ 1.5mm 石膏（牙体组织）。

（5）肩台：宽度 1.0 ～ 1.2mm，90°圆钝内角肩台或 135°浅凹型，根据修复体固位、牙冠𬌗跟高度、缺损或充填物与牙龈的位置关系、美观等因素，颈缘位置可设计如下。①平齐龈缘；②龈缘线以上；③龈缘线以下 0.5mm 边缘应连续一致、平滑，无锐边。

（6）代型制作外形轮廓应与原右上颌第一磨牙近似，侧方运动均没有𬌗干扰，保证咬合时，牙齿与各个方向不会接触，避免影响咀嚼和发音。在实际修复运用中去除石膏（牙体组织）的量可根据患者牙体颜色、所选择修复材料等进行调整。

（五）上颌第一磨牙牙体滴塑的操作流程（图 5-46）

上颌第一磨牙滴塑流程见图 5-46。

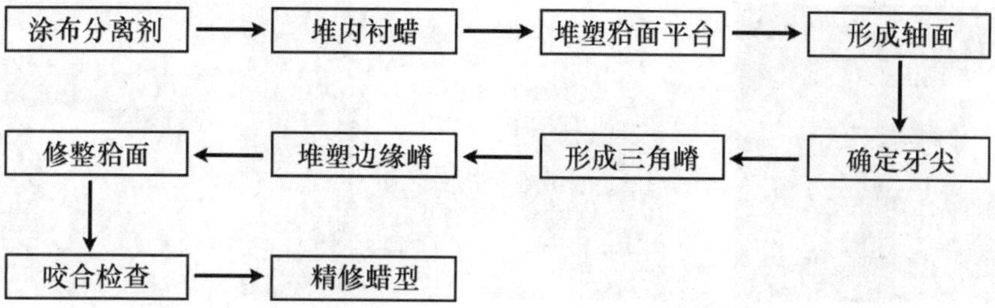

图 5-46　上颌第一磨牙牙体滴塑操作流程

三、任务实施

（一）实训器材的准备

右上颌第一磨牙牙体预备完成代型、滴蜡器、蜡、熔蜡器、标记笔、直尺、软毛刷、雕刻刀等（图 5-47）。

图 5-47　器材准备

（二）右上颌第一磨牙滴蜡塑形步骤

1. 右上颌第一磨牙滴蜡塑形——涂分离剂

（1）步骤一：代型准备。

要求：代型无缺损、表面无杂物。

（2）步骤二：在右上颌第一磨牙预备体表面均匀涂布一层分离剂，达过颈缘线 2mm 以下，多余部分可用吸水纸除去（图 5-48）。

2. 右上颌第一磨牙滴蜡塑形——堆内衬蜡　分离剂干燥后，画出代型颈缘线。持代型，用加热好的滴蜡器蘸取适量内衬蜡，厚度约为 0.3mm（图 5-49A），从各轴面再到𬌗面移动加蜡，重复数次，直至内衬蜡均匀覆盖整个牙体预备的区域（图 5-49B）。

注意：加第二刀蜡时应覆盖前一刀蜡宽度的 1/2，以保证蜡衔接良好。内衬蜡的主要作用是有利于冠和代型的密合，同时也因为内衬蜡的黏度大、脆性小，有利于脱模。

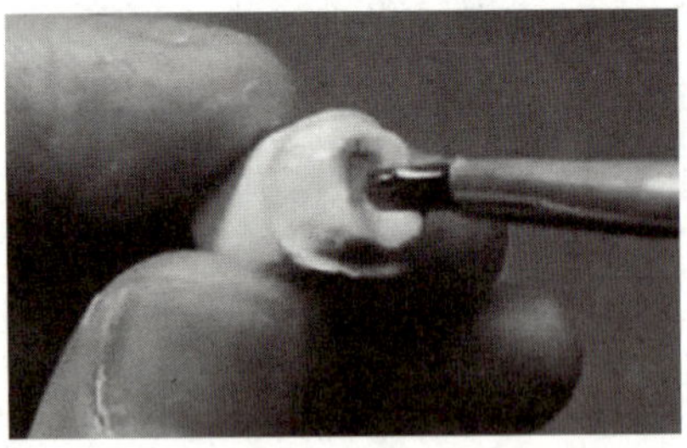

图 5-48　涂布分离剂

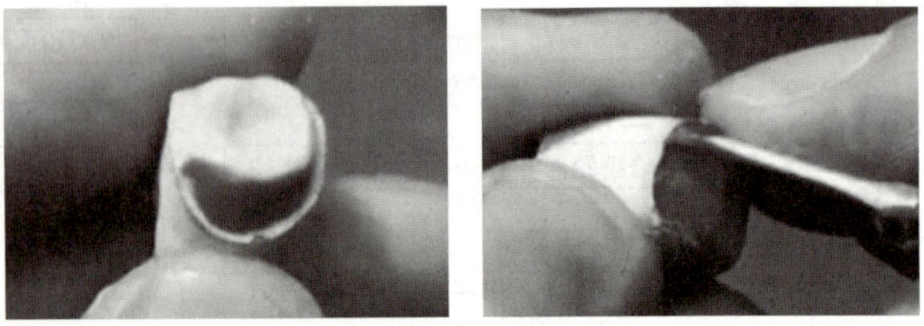

A　　B

图 5-49　堆内衬蜡

A. 堆内衬蜡颊面；B. 堆内衬蜡完成。

3. 右上颌第一磨牙滴蜡塑形——堆塑𬌗面平台

（1）步骤一：确定平台颊舌径。用直尺测量参照牙的颊舌径、近远中径，分别在颊、舌、近远中面中点处水平向外堆蜡形成蜡锥（图 5-50A）。

（2）步骤二：形成平台。

用蜡分别连接各个面的蜡锥，形成一个大小适宜的𬌗面平台。①在颊面颈 1/3 处堆蜡形成颊颈嵴，在近、远中位置纵向堆蜡，形成平台颊面近、远中缘。靠近颈部时，蜡条趋向颊面中线，使得颈部明显收缩。②纵向连接颊颈嵴与平台颊缘中点，隆起的蜡条形成颊轴嵴。在轴嵴近、远中堆蜡形成近、远中斜面，完成平台颊面形态。③同样方法堆蜡恢复舌面及邻面形态，用雕刻刀修整蜡型表面，完成平台（图 5-50B）。

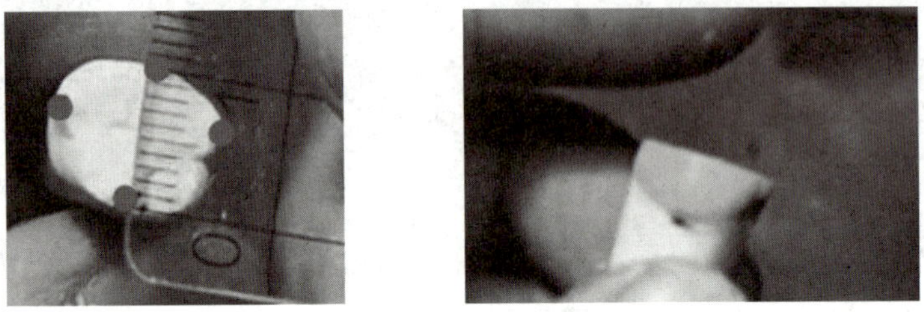

A　　B

图 5-50　堆塑𬌗面平台

A. 确定牙尖位置；B. 完成𬌗平台。

4. 右上颌第一磨牙滴蜡塑形——确定牙尖位置

（1）步骤一：画出标记线，确定各牙尖区域（图 5-51A）。①𬌗面有中央沟，由于颊尖稍大于舌尖，故中央沟稍偏向舌侧，用标记笔画出中央沟的位置。②中央沟把𬌗面分为颊、舌两个牙尖区域，画出颊、舌尖三角嵴的走行方向。

（2）步骤二：确定牙尖顶位置形成蜡锥（图 5-51B）。①非功能尖以及功能尖的横向和纵向距离几乎都是相等的，通过测量对侧及后牙牙列（图 5-51C），确定颊尖的位置，并在𬌗面平台颊侧堆制蜡锥形成颊尖的牙尖顶（图 5-51D）。②上颌第一磨牙远中颊尖和对侧第一前磨牙颊尖连线通过右上颌第一前磨牙舌尖，上颌第一磨牙舌尖对应下颌第一前磨牙远中边缘嵴，也可扩展到该牙远中窝处，𬌗架闭合，依据标记线及同名（对照）牙模型𬌗关系，𬌗面平台颊侧堆制蜡锥形成颊尖的牙尖顶，确定舌尖位置（图 5-51E）。

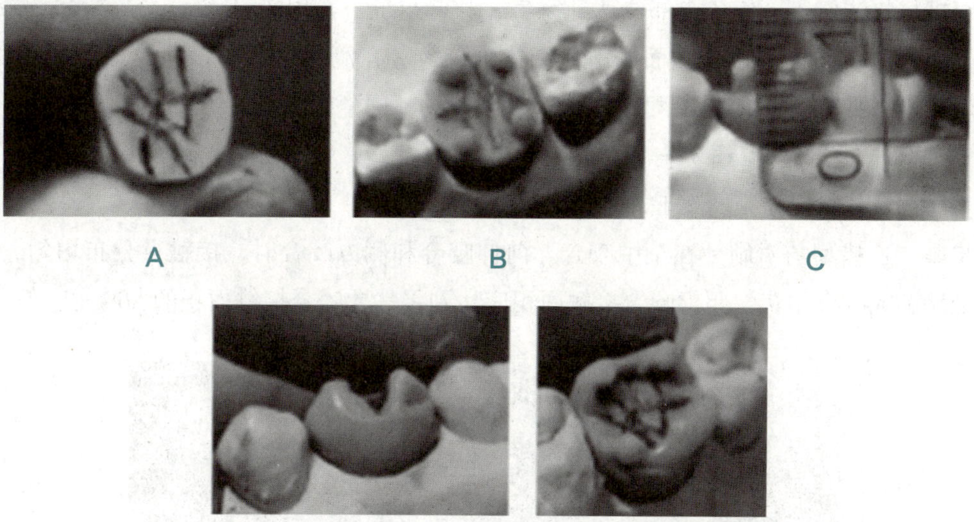

A B C D E

图 5-51 确定牙尖位置

A. 确定各牙尖区域；B. 牙尖顶位置形成蜡锥；C. 测量后牙牙列；D. 完成颊尖牙尖顶；E. 完成舌尖牙尖顶。

5. 右上颌第一磨牙滴蜡塑形——形成三角嵴、近中牙和远中牙尖嵴及边缘嵴

（1）步骤一：电蜡刀蘸取雕刻蜡，由牙尖顶开始，向牙尖三角嵴方向堆蜡，止于对应沟，根据参照牙堆制三角嵴的形态。前伸、侧向运动时不产生𬌗干扰（图 5-52A）。

（2）步骤二：由牙尖顶分别向近、远中堆蜡形成近、远中牙尖嵴，要求既有功能性咬合，又无𬌗干扰（图 5-52B）。

（3）步骤三：然后转向舌侧，与舌尖相连，形成近、远中边缘嵴，使近远中边缘嵴在近远中沟处形成凹陷。

注意：分别从颊面和𬌗面观察点角的位置，需与参照牙一致。在颊面和邻面堆蜡，完成轴面𬌗 1/3 的形态（图 5-52C）。

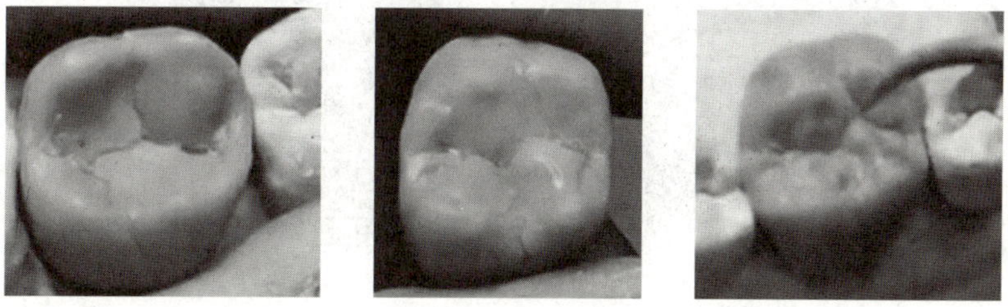

A B C

图 5-52 形成三角嵴、近中牙和远中牙尖嵴及边缘嵴

A. 堆制三角嵴的形态；B. 形成近、远中牙尖嵴；C. 形成近、远中边缘嵴。

6. 右上颌第一磨牙滴蜡塑形——𬌗面修整

（1）步骤一：形成中央窝及近远中点隙，当颊舌两尖及近远中𬌗边缘嵴形成后，用滴蜡器加蜡

布满𬌗面剩余部分的同时、形成沟及点隙。

（2）步骤二：修饰及形成副沟。①用滴蜡器加蜡形成小的副沟及嵴，同时对𬌗面进行整体修饰，使各个部位达到完美、和谐与统一。用蜡刀雕刻出各个牙尖和沟的形态，确保𬌗面的解剖结构准确。②在滴蜡过程中，要不断与对颌模型进行咬合检查，调整咬合高度和接触点（图 5-53）。

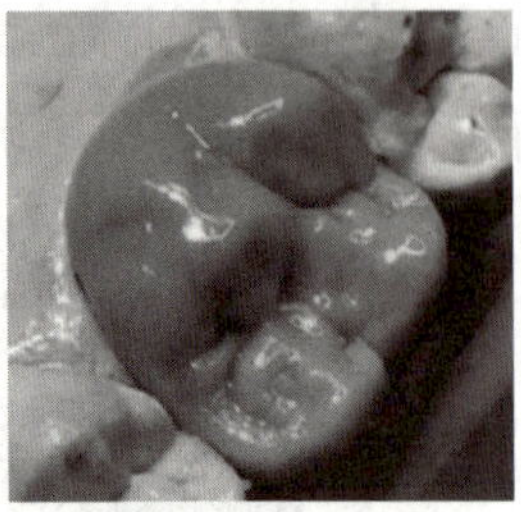
图 5-53 𬌗面修整

7. 右上颌第一磨牙滴蜡塑形——咬合检查

（1）步骤一：代型复位至𬌗架上，检查咬𬌗关系。

（2）步骤二：蜡型与对颌牙在正中咬合、前伸咬合和侧方咬合时，接触点分布均匀，咬合高度合适，无早接触或咬合干扰。要求咬合接触面积应达到天然牙咬合接触面积的 80% 以上（图 5-54）。

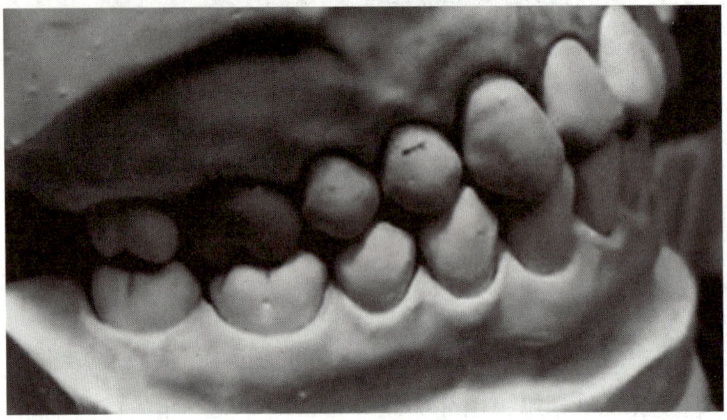
图 5-54 咬合检查

8. 右上颌第一磨牙滴蜡塑形——精修蜡型

（1）步骤一：用雕刻刀修整颊尖形态。

（2）步骤二：用丝巾轻轻擦拭表面。

（3）步骤三：完成最终蜡型（图 5-55）。

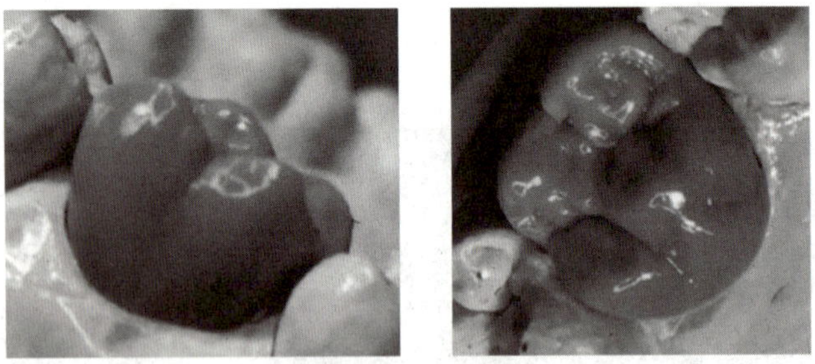
A　　B

图 5-55 精修蜡型

A. 颊面形态；B. 𬌗面形态。

四、任务评价

右上颌第一磨牙滴塑评价标准见表 5-15。

表 5-15　右上颌第一磨牙滴塑评价标准

序号	评价内容	分值	评价要点
1	体积	4	殆颈径
		4	近远中径
		4	颊舌径
2	颊面	4	外形似梯形
		4	殆缘长于颈缘
		4	颊轴嵴走向准确
		4	颊颈 1/3 颈嵴（外高）
		4	颊尖大小、高度
		4	颊沟
3	舌面	4	梯形、小于唇面
		4	殆缘长于颈缘
		4	轴嵴、舌隆突突度
		4	外形高点在中 1/3
		4	舌尖大小、高度、舌沟
4	近远中面	4	大小
		4	高度
		4	外形高点
		4	颈部凹陷、颈缘
5	殆面	4	殆缘－斜方形
		4	牙尖大小
		4	三角嵴走向
		4	窝沟点隙
6	咬合	4	咬合接触
7	操作规范	4	仪容仪表
		4	个人防护
总分（100）			

▶任务拓展

中位结构

上下颌模型处于咬合状态时，后牙功能尖与对颌牙特定部位相接触，这些维持咬合关系的接触点所在的牙体结构统称为中位结构。其中功能尖称为主动中位，而与对颌牙功能尖接触的边缘嵴或中央窝则称为被动中位。牙尖交错位时，上颌磨牙的舌尖咬合于下颌磨牙的中央窝和边缘嵴，下颌磨牙的颊尖咬合于上颌磨牙的中央窝和边缘嵴。前磨牙的上下颌主动中位与被动中位的对应关系如下所示。

1. 上颌第一前磨牙舌尖对应下颌第一前磨牙远中边缘嵴，也可扩展到该牙远中窝处。
2. 上颌第二前磨牙舌尖对应下颌第二前磨牙远中边缘嵴，也可扩展到该牙远中窝处。
3. 下颌第一前磨牙颊尖对应上颌第一前磨牙近中边缘嵴。
4. 下颌第二前磨牙颊尖对应上颌第一前磨牙近中边缘嵴。

任务六　完成右下颌第一磨牙形态描绘

一、任务导入

对右下颌第一磨牙形态描绘的练习，是进一步掌握牙体形态特征的有效途径，也能为牙体雕刻打下基础。图 5-56 示右下颌第一磨牙牙体线图，表 5-16 示右下颌第一磨牙牙体数据。根据图、表所示正确绘制右下颌第一磨牙各面牙体线图，并注意和上颌右下颌第一磨牙形态的区别。

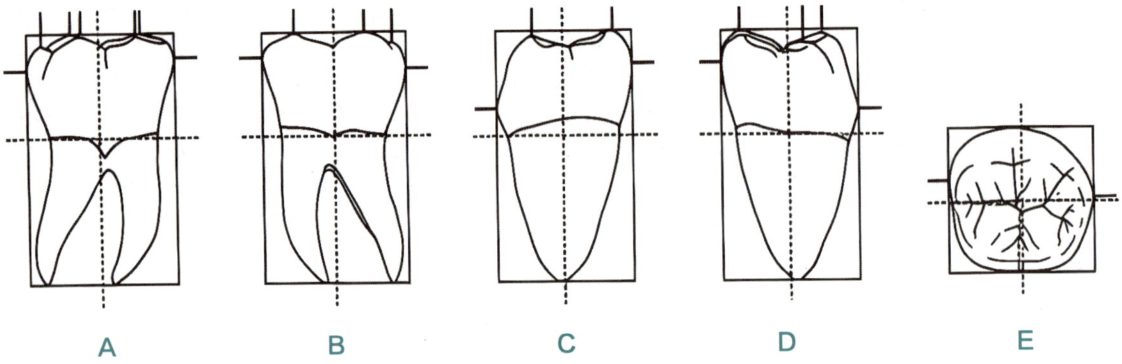

图 5-56　右下颌第一磨牙牙体线图

A. 颊面；B. 舌面；C. 近中面；D. 远中面；E. 𬌗面。

表 5-16　下颌第一磨牙的比例规格　　单位：mm

测量项目	一倍大	二倍大	三倍大
牙冠长	7.6	15.2	22.8
牙冠宽	11.2	22.4	33.6
牙冠厚	10.5	21.0	31.5

续　表

测量项目	一倍大	二倍大	三倍大
牙颈宽	8.9	17.8	26.7
牙颈厚	8.6	17.2	25.8
牙根长	12.9	25.8	38.7
牙全长	20.5	41.0	61.5

二、任务分析

以上案例提示，对于复杂的磨牙形态，要根据咬合情况与牙体的解剖形态特点，准确定位牙体𬌗面与轴面的关键点，精准把握牙体的形态特征，才能真正为患者设计功能良好的义齿。

1. 右下颌第一磨牙颊面、舌面线图认知要点见图 5-57。下颌第一磨牙颊面、舌面比例或形态特点见表 5-17。

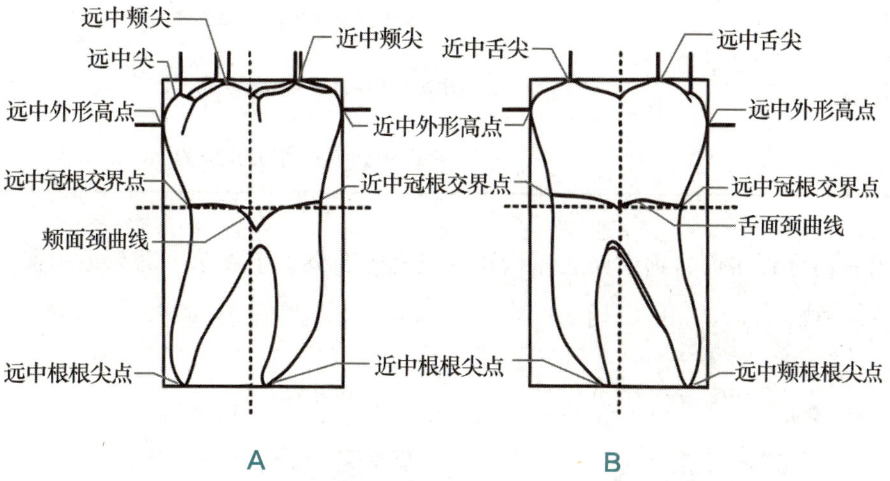

图 5-57　颊、舌面线图

A. 颊面；B. 舌面。

表 5-17　下颌第一磨牙颊、舌面比例或形态特点

测量指标及特征点	比例或形态特点
冠长 / 冠宽	约 3 : 4
冠长 / 根长	约 3 : 5
近中颊尖	距近中面边框的距离是冠宽的 1/4

续 表

测量指标及特征点	比例或形态特点
远中颊尖	距远中面边框的距离是冠宽的 1/3，略偏中线
远中尖	距远中面边框的距离是冠宽的 1/8
近中舌尖	距近中面边框的距离是冠宽的 1/4，略偏中线
远中舌尖	距远中面边框的距离是冠宽的 1/4，略偏中线
近中𬌗面角	稍锐，与边框线留白少
远中𬌗面角	较钝，与边框线留白多于近中
近中外形高点	𬌗 1/3，距𬌗面边框的距离是冠长的 1/4
远中外形高点	中 1/3，距𬌗面边框的距离是冠长的 1/3
近中冠根交界点	距近中边框的距离约为冠宽的 1/8
远中冠根交界点	距远中边框的距离约为冠宽的 1/6
近中根尖点	距近中边框的距离约为冠宽的 2/5，略近中线
远中根尖点	距远中边框的距离约为冠宽的 1/8

2. 右下颌第一磨牙近中面、远中面线图认知要点见图 5-58。下颌第一磨牙近中面、远中面比例或形态特点见表 5-18。

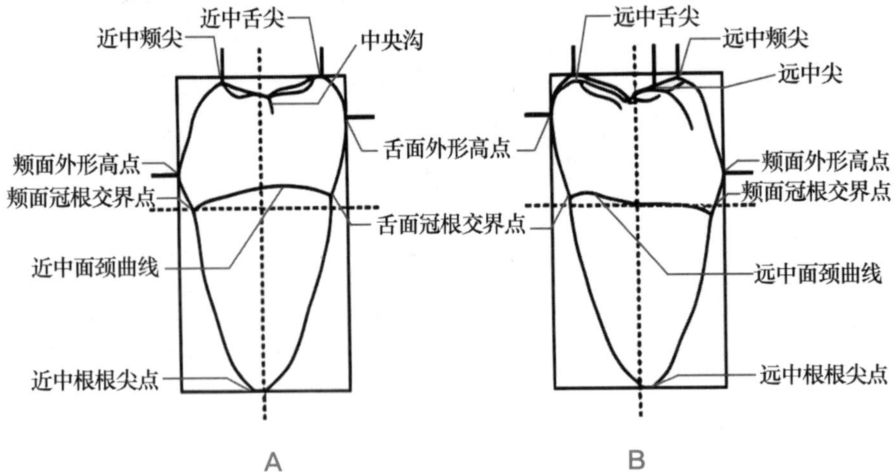

图 5-58 近中、远中面线图

A. 近中面；B. 远中面。

表 5-18　下颌第一磨牙近中面、远中面比例或形态特点

测量指标及特征点	比例或形态特点
冠长 / 冠厚	约 3：4
冠长 / 根长	约 3：5
近中颊尖	距颊面边框的距离是冠厚的 1/4
近中舌尖	距舌面边框的距离是冠厚的 1/6
远中颊尖	距颊面边框的距离是冠厚的 1/4，略偏舌侧
远中尖	距颊面边框的距离是冠厚的 1/3，略偏中线
远中舌尖	距舌面边框的距离是冠厚的 1/6
中央沟	距𬌗面边框的距离是冠长的 1/6
颊𬌗面角	稍钝，与边框线留白较舌侧多
舌𬌗面角	较锐，与边框线留白少
颊面外形高点	颈 1/3，距颈缘边框的距离是冠长的 1/4
舌面外形高点	中 1/3，距𬌗面边框的距离是冠长的 1/3
颊侧冠根交界点	距颊面边框距离是冠厚的 1/8
舌侧冠根交界点	距舌面边框距离是冠厚的 1/8，与边框线留白较颊侧多
近、远中根尖点	近中线，稍偏颊侧

右下颌第一磨牙𬌗面线图认知要点见图 5-59。下颌第一磨牙𬌗面比例或形态特点见表 5-19。

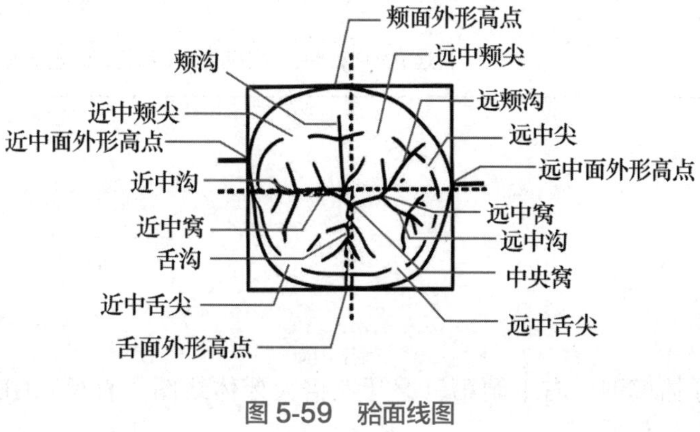

图 5-59　𬌗面线图

表 5-19　下颌第一磨牙殆面比例或形态特点

测量指标及特征点	比例或形态特点
冠宽 / 冠厚	约 1∶1，冠宽略大
颊面外形高点	中线处稍偏近中
舌面外形高点	中线处
近中面外形高点	颊 1/3，距颊面边框的距离是冠厚的 1/3，稍偏中线
远中面外形高点	中 1/3，中线处稍偏颊侧
近中颊尖	距近中面边框的距离是冠宽的 1/4；距颊面边框的距离是冠厚的 1/4
远中颊尖	距远中面边框的距离是冠宽的 1/3，略偏中线；距颊面边框的距离是冠厚的 1/4，略偏舌侧
远中尖	距远中面边框的距离是冠宽的 1/8；距颊面边框的距离是冠厚的 1/3，略偏中线
近中舌尖	距近中面边框的距离是冠宽的 1/4，略偏中线；距舌面边框的距离是冠厚的 1/6
远中舌尖	距远中面边框的距离是冠宽的 1/4，略偏中线；距舌面边框的距离是冠厚的 1/6
中央窝	颊舌中轴线上，稍偏舌侧
近中窝	近远中轴线上，距近中面边框的距离是冠宽的 1/4
远中窝	近远中轴线上稍偏舌侧，距远中面边框的距离是冠宽的 1/3
颊沟	自中央窝向颊侧近似垂直向颊侧移行至边缘嵴延至颊侧
远颊沟	自远中窝向颊侧、远中近似 45°移行延至颊侧
舌沟	自中央窝向舌侧近似垂直向舌侧移行至边缘嵴延至舌侧
近中沟	自近中窝向近中移行，终止于近中边缘嵴内
远中沟	自远中窝向舌侧、远中近似 45°移行，终止于远中边缘嵴内

三、任务实施

（一）实训器材的准备

右下颌第一磨牙牙体模型、右下颌第一磨牙三倍大牙体线图、直尺、HB 铅笔、橡皮擦、素描纸、透明硫酸纸等。

（二）右下颌第一磨牙线图绘制

1. 右下颌第一磨牙颊面、舌面线图绘制（以颊面为例，图 5-60）

（1）步骤一：绘制线框及中线和冠根分界线。①描绘颊面线图的宽度和长度，形成线框；②标记近远中冠宽的中线和冠根分界线。

重点：①冠长和冠宽之比约 3∶4；②冠长和根长之比约 3∶5。

（2）步骤二：确定关键点。①近中外形高点；②远中外形高点；③近中颊尖；④远中颊尖；⑤远中尖；⑥近中冠根分界线；⑦远中冠根分界线；⑧近中根尖点；⑨远中根尖点；⑩牙颈线最低点。

重点：①根据前面所学知识点准确定位关键点；②注意近中、远中的细微区别。

（3）步骤三：绘制弧线。仔细观察牙齿线条走向，以步骤二提示的关键点绘制短弧线。

重点：使以上参照点成为弧线最突出的中心点。

（4）步骤四：绘制其余线条。绘制弧线以外的牙体线条，完成牙体线图绘制。

重点：①可以观察近中和远中的留白位置，如近中㿌面角稍锐，与边框线留白少，远中㿌面角较钝，与边框线留白多于近中；②根分叉距冠根分界线的长度约为根长的 1/4。

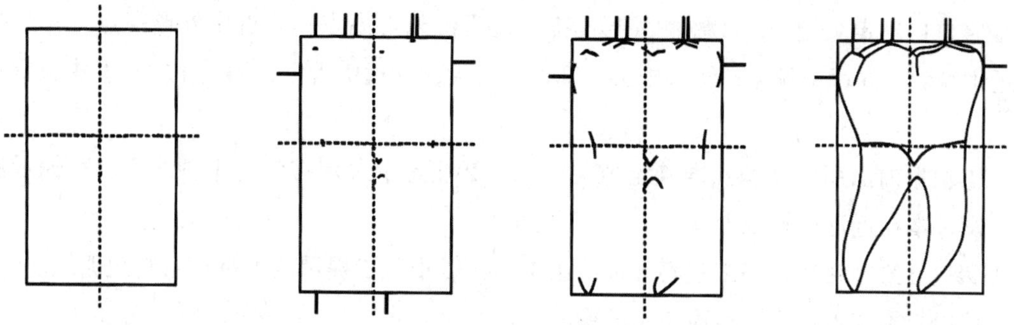

图 5-60 右下颌第一磨牙颊面

2. 右下颌第一磨牙近中面、远中面线图绘制（以近中面为例，图 5-61）

（1）步骤一：绘制线框及中线和冠根分界线。①描绘近中面线图的宽度和长度，形成线框；②标记颊舌冠厚的中线和冠根分界线。

重点：①冠长和冠厚之比约 3∶4；②冠长和根长之比约 3∶5。

（2）步骤二：确定关键点。①颊侧外形高点；②舌侧外形高点；③近中颊尖；④近中舌尖；⑤颊侧冠根分界线；⑥舌侧冠根分界线；⑦近中根尖点；⑧牙颈线最高点。

重点：①根据前面所学知识点准确定位关键点；②注意颊侧、舌侧定点的细微区别。

（3）步骤三：绘制弧线。仔细观察牙齿线条走向，以步骤二提示的关键点绘制短弧线。

重点：使以上参照点成为弧线最突出的中心点。

（4）步骤四：绘制其余线条。绘制弧线以外的牙体线条，完成牙体线图绘制。

重点：①可以观察颊侧和舌侧的留白位置，如舌㿌面角稍锐，与边框线留白少。颊㿌面角较钝，与边框线留白多于舌侧；②牙颈线凸向㿌方。

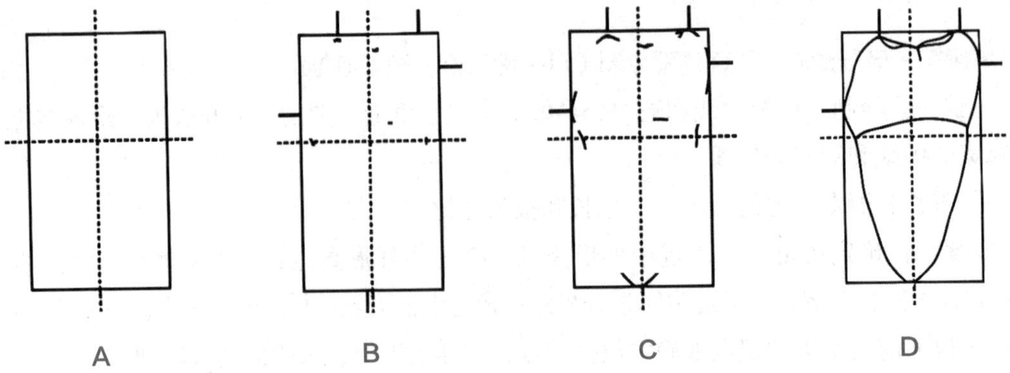

图 5-61　右下颌第一磨牙近中面线图

3. 右下颌第一磨牙𬌗面线图绘制（图 5-62）

（1）步骤一：绘制线框及中线。①描绘𬌗面图的宽度和厚度，形成线框；②标记冠宽和冠厚的中线。

重点：①约 1∶1，冠宽略大；②注意和上颌第一磨牙区分。

（2）步骤二：确定关键点。①颊侧外形高点；②舌侧外形高点；③近中外形高点；④远中外形高点；⑤近中颊尖；⑥远中颊尖；⑦远中尖；⑧近中舌尖；⑨远中舌尖；⑩近中窝；⑪中央窝；⑫远中窝。

重点：①根据前面所学知识点准确定位关键点；②注意中央窝在颊舌中轴线上，稍偏舌侧，近中窝和远中窝基本在近远中轴线上。

（3）步骤三：绘制弧线。仔细观察牙齿线条走向，以步骤二提示的关键点绘制短弧线。

重点：使以上参照点成为弧线最突出的中心点。

（4）步骤四：绘制其余线条。①绘制轴面外形高点线；②绘制颊、舌近中、远中边缘嵴；③绘制中央沟、发育沟、副沟。

重点：①仔细观察四个轴面，近颊、近舌与边框留白少，远颊、远舌与边框留白多；②颊、舌边缘嵴间距小于近、远中边缘嵴间距，而冠的厚度亦小于冠的宽度。

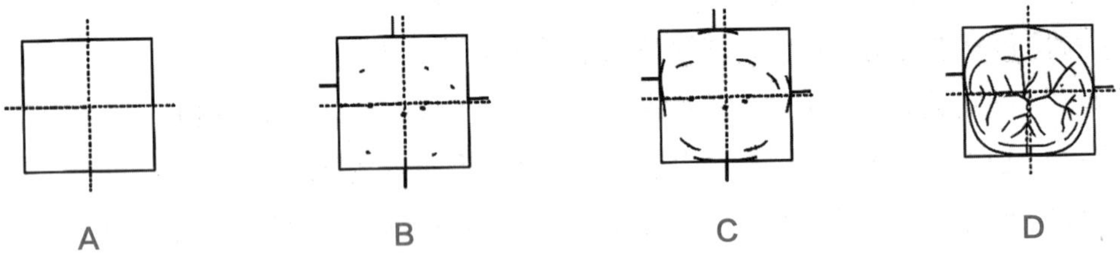

图 5-62　右下颌第一磨牙𬌗面线图

四、任务评价

下颌第一磨牙牙体线图各面形态描绘的评价标准见表 5-20。

表 5-20 下颌第一磨牙牙体线图各面形态描绘评价标准

序号	评价内容	分值	评价要点
1	颊、舌面线图绘制	10	比例适当
		10	关键点位置准确
		5	线条平滑顺畅
		5	整体形态良好
2	近、远中面线图绘制	10	比例适当
		10	关键点位置准确
		5	线条平滑顺畅
		5	整体形态良好
3	𬌗面线图绘制	10	比例适当
		10	关键点位置准确
		5	线条平滑顺畅
		5	整体形态良好
4	操作规范	5	仪容仪表
		5	个人防护
总分（100）			

▶任务拓展

下颌磨牙的𬌗面描绘训练

（一）下颌磨牙𬌗面形态

1. 下颌第一磨牙𬌗面　外形呈圆长方形或六边形，近中颊轴角为锐角，远中颊轴角为钝角。𬌗面观牙尖由大到小依次为：近中舌尖、远中舌尖、近中颊尖、远中颊尖、远中尖。近中边缘较直且清晰，远中边缘嵴圆突。近中边缘短，远中边缘嵴较长。𬌗面见颊沟、远颊沟、舌沟、近中沟和远中沟五条主沟。有较大的中央窝和较小的近中窝及远中窝，中央窝的深度最深，近中窝的深度最浅，近中窝和中央窝在中轴上，远中窝偏向舌侧。（图 5-63A）

2. 下颌第二磨牙𬌗面　外形为方圆形，共有 4 个牙尖，颊舌侧各 2 个牙尖。沟多呈十字形分布，分为近中沟、远中沟、颊沟和舌沟。颊沟比舌沟显著。远中窝比近中窝偏向舌侧，位置较低且深。近中缘较直，远中缘呈曲线状。近中边缘宽大，远中边缘稍窄。牙尖的分布接近下颌第一磨牙，远中颊轴角比近中颊轴角更偏向舌侧。（图 5-63B）

（二）下颌磨牙𬌗面形态描绘

描绘方法：找出牙尖点、邻面与颊面交界点、邻面与舌面交界点、𬌗面点隙等关键部位，描绘出牙体外形轮廓，其𬌗面的发育沟、中央沟、三角嵴，轴面的颊轴嵴、舌轴嵴等也可进行描绘。要特别注意比对下颌第一磨牙与下颌第二磨牙的形态区别、两者形成的邻接位置、外展隙等。也可用透明硫酸纸进行描摹训练。

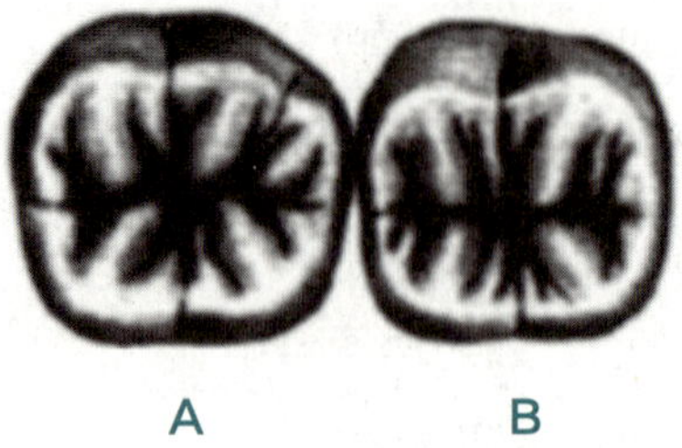

图 5-63　下颌磨牙𬌗面形态

A. 下颌第一磨牙；B. 下颌第二磨牙。

视频：完成三倍大右下颌第一磨牙牙体雕刻

任务七　完成三倍大右下颌第一磨牙牙体雕刻

一、任务导入

对下颌第一磨牙的雕刻练习，是掌握牙体形态特征的有效途径，有助于在脑海中形成牙体形态的三维立体成像，为后续的专业课程打下形态学基础。按照放大三倍石膏牙雕刻数据、线图、多面体图、浮雕图，运用本节课的雕刻方法在石膏块上完成一颗三倍大右下颌第一磨牙雕刻。

二、任务分析

完成这个任务，必须在能正确描绘放大三倍右下颌第一磨牙的基础上，熟练掌握右下颌第一磨牙的形态基础。放大三倍右下颌第一磨牙雕刻是把等倍大下颌第一磨牙放大三倍进行的石膏牙雕刻，具体数据见表 5-21。下颌第一磨牙的线图、浮雕图已在下颌第一磨牙描绘章节里详细介绍（详见项目五、任务二）。下颌第一磨牙多面体图指的是下颌第一磨牙的任意一面都不是单纯的平面，而是复杂的多个平面。

表 5-21　下颌第一磨牙的比例规格　　单位：mm

测量项目	一倍大	三倍大
牙冠长	7.6	22.8
牙冠宽	11.2	33.6
牙冠厚	10.5	31.5

续 表

测量项目	一倍大	三倍大
牙颈宽	8.9	26.7
牙颈厚	8.6	25.8
牙根长	12.9	38.7
牙全长	20.5	61.5

三、任务实施

（一）实训器材的准备

58mm×32mm×35mm 石膏块、三倍大右下颌第一磨牙数据表（表 5-21）、三倍大右下颌第一磨牙线图（图 5-64）、三倍大右下颌第一磨牙浮雕图（图 5-65）、三倍大右下颌第一磨牙多面体线图（图 5-66）、石膏切刀、雕刻刀、直尺、红蓝铅笔、储水盆、橡胶垫板等。

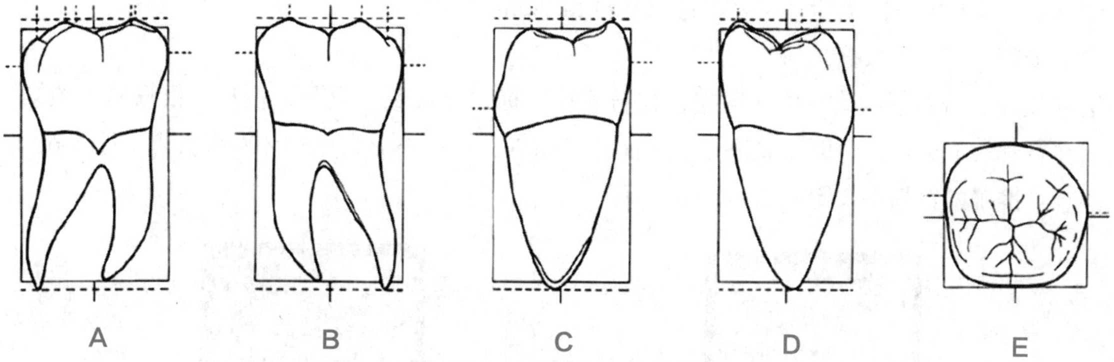

图 5-64 右下颌第一磨牙线图

A. 颊面；B. 舌面；C. 近中面；D. 远中面；E. 𬌗面。

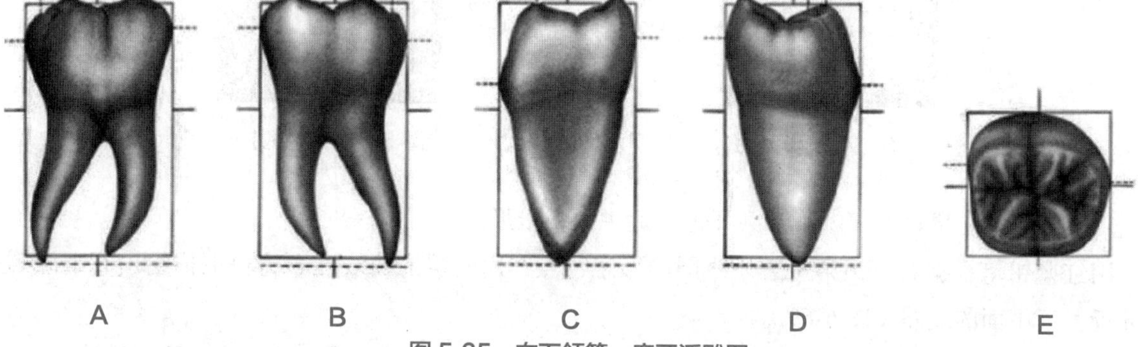

图 5-65 右下颌第一磨牙浮雕图

A. 颊面；B. 舌面；C. 近中面；D. 远中面；E. 𬌗面。

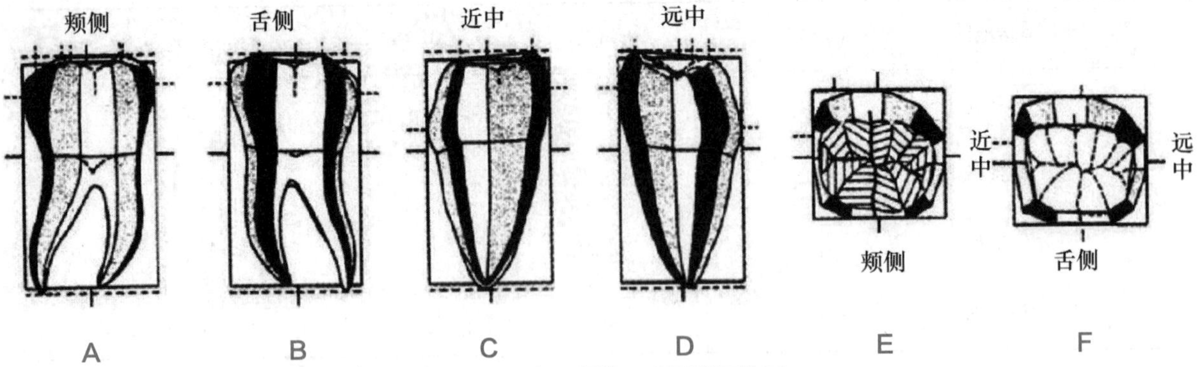

图 5-66　右下颌第一磨牙多面体图

A. 颊面; B. 舌面; C. 近中面; D. 远中面; E. 船面多面体; F. 外形多面体。

（二）三倍大右下颌第一磨牙雕刻

1. 三倍大右下颌第一磨牙雕刻——二面体的形成

（1）步骤一：标记石膏块的中线（图 5-67）。

用游标卡尺或者直尺测量出石膏块的宽度，用红蓝铅笔标记出石膏块的中线。

注意：红蓝铅笔不能太粗，可将笔芯直径削至 0.5mm 粗细。。

（2）步骤二：转移数据。

根据放大三倍右下颌第一磨牙数据，在石膏块上标记出冠长、冠厚、根长。根据右下颌第一磨牙线图在石膏块上标记出船面牙尖顶点、颊面外形高点、舌面外形高点和牙根根尖点（图 5-68）。

注意：准确的数据是关键。

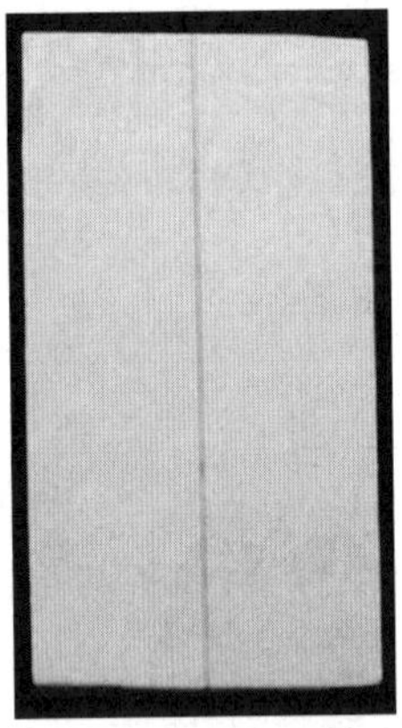

图 5-67　标记中线

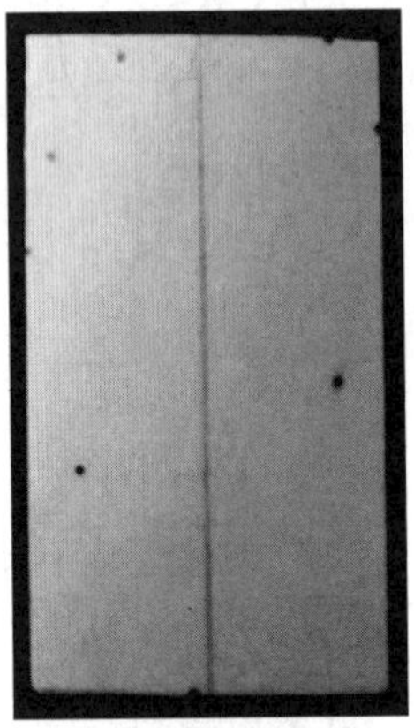

图 5-68　转移数据

（3）步骤三：描绘右下颌第一磨牙近、远中面初步形态。

用红蓝铅笔根据右下颌第一磨牙线图的形态特点，用圆缓的曲线在石膏块上描绘出右下颌第一磨牙近、远中面的线图（图 5-69）。

注意：下颌第一磨牙的舌尖顶点高于颊尖顶点。除规定的点外，多标记几个点更加准确。

（4）步骤四：去除线外多余的石膏。

用石膏切牙去除近远中面线图以外多余石膏，二面体形成（图 5-70）。

注意：去除石膏时切削至线条标记处，但是要保留线条。

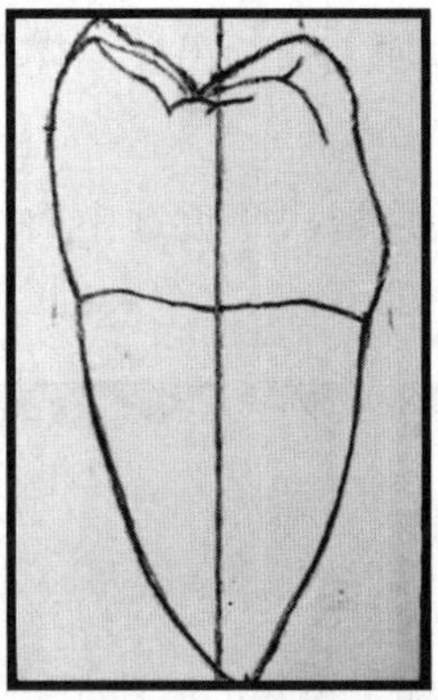

图 5-69 远中面描绘图

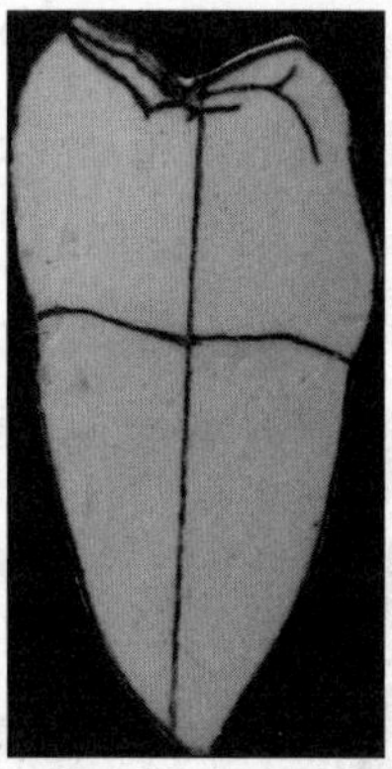

图 5-70 二面体形成图

2. 三倍大右下颌第一磨牙雕刻——四面体的形成

（1）步骤一：标记石膏块的中线。

用游标卡尺或者直尺测量出石膏块的宽度，用红蓝铅笔标记出石膏块的中线。

（2）步骤二：转移数据。

根据放大三倍右下颌第一磨牙数据，在石膏块上标记出冠长、冠宽、根长。根据右下颌第一磨牙线图在石膏块上标记出近中面外形高点、远中面外形高点、近中颊尖顶点、远中颊尖顶点、远中尖顶点、近远中面颈部最凹陷点和两牙根根尖位置。

注意：准确的数据是关键。

（3）步骤三：描绘右下颌第一磨牙颊、舌面初步形态。

用红蓝铅笔根据右下颌第一磨牙线图的形态特点，用圆缓的曲线在石膏块上描绘出右下颌第一磨牙颊、舌面的线图（图 5-71）。

注意：下颌第一磨牙的舌尖高大锐利，颊尖较圆钝。除规定的点外，多标记几个点更加准确。

（4）步骤四：去除线外多余的石膏。

用石膏切刀去除颊、舌中面线图以外多余石膏，四面体形成（图 5-72）。

注意：去除石膏时切削至线条标记处，但是要保留线条。

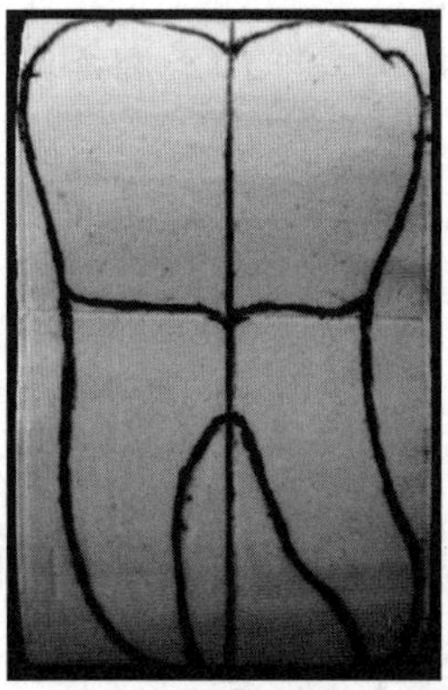

图 5-71 舌面描绘图

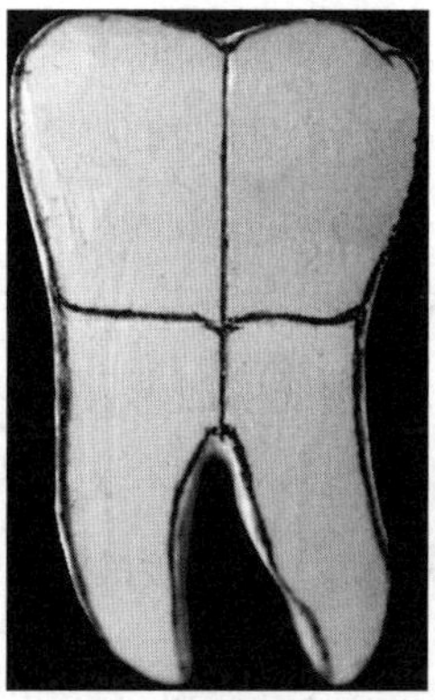

图 5-72 四面体形成图

3. 三倍大右下颌第一磨牙雕刻——多面体的形成

（1）步骤一：形成颊面多面体。

参考放大三倍右下颌第一磨牙多面体线图，在石膏牙颊面上描绘出多面体图形，根据阴影部分的深浅去除多余的石膏（图 5-73）。

注意：颊面的阴影是去除石膏的面积，而去除石膏的厚度取决于近远中面的阴影部分。切削多面体时，不得损坏颊侧牙颈突度。

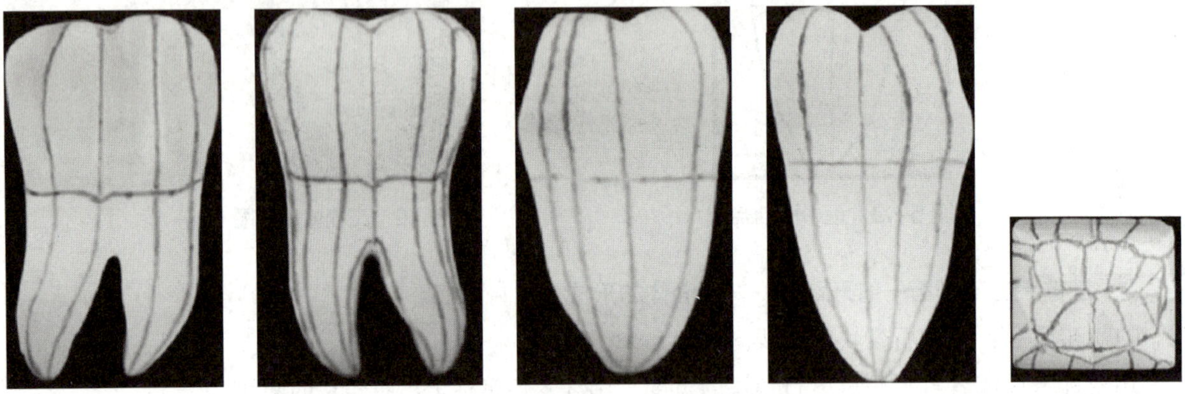

A　　B　　C　　D　　E

图 5-73　描绘多面体图形

A. 颊面；B. 舌面；C. 近中面；D. 远中面；E. 𬌗面。

（2）步骤二：形成舌面多面体。

参考放大三倍右下颌第一磨牙多面体线图，在石膏牙舌面上描绘出多面体图形，根据阴影部分的深浅去除多余的石膏。

注意：颊面去除石膏的面积取决于舌颊阴影部分的面积，而去除石膏的厚度取决于近远中面的阴影部分。

（3）步骤三：形成近远中面多面体。

参考放大三倍右下颌第一磨牙多面体线图，在石膏牙近远中面上描绘出多面体图形，根据阴影部分的深浅去除多余的石膏。

注意：在完成颊舌轴面角的过程中，近远中面的石膏去除已经完成。

（4）步骤四：形成𬌗面多面体。

参考放大三倍右下颌第一磨牙多面体线图，在石膏牙𬌗面上描绘出多面体图形，根据阴影部分的深浅去除多余的石膏（图 5-74）。

注意：下颌第一磨牙的𬌗面舌尖高达锐利，颊尖较为圆钝。

4. 三倍大右下颌第一磨牙雕刻——四面成形

（1）步骤一：牙颈线的成形。

1）描绘勾勒牙颈线：参照右上颌中切牙线图，在石膏棒唇、舌、近、远中面精确描绘牙颈线。经检查合格后，将雕刻刀刃端垂直于牙面，沿牙颈线刮去约 0.2mm 深的石膏，并沿牙颈线勾勒一周（图 5-75）。

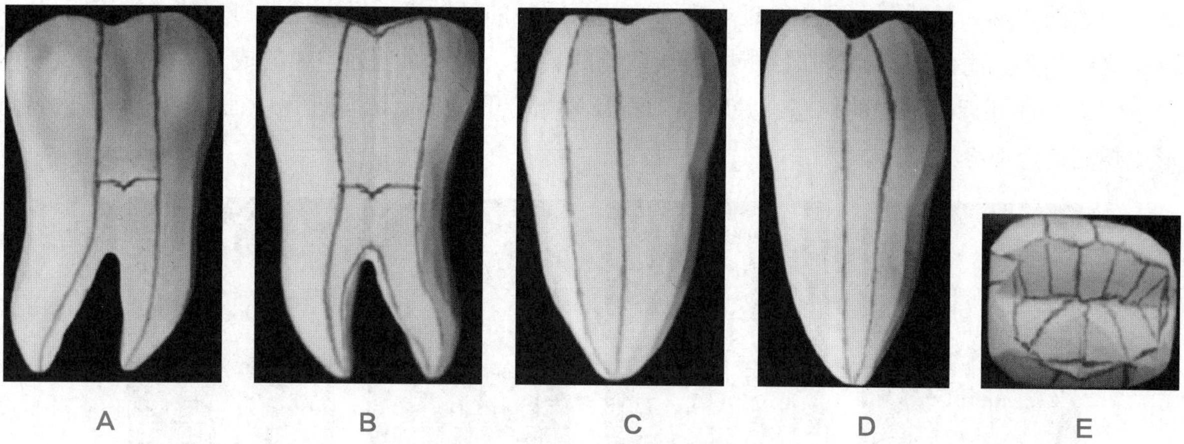

图 5-74　多面体切削完成

A. 颊面；B. 舌面；C. 近中面；D. 远中面；E. 殆面。

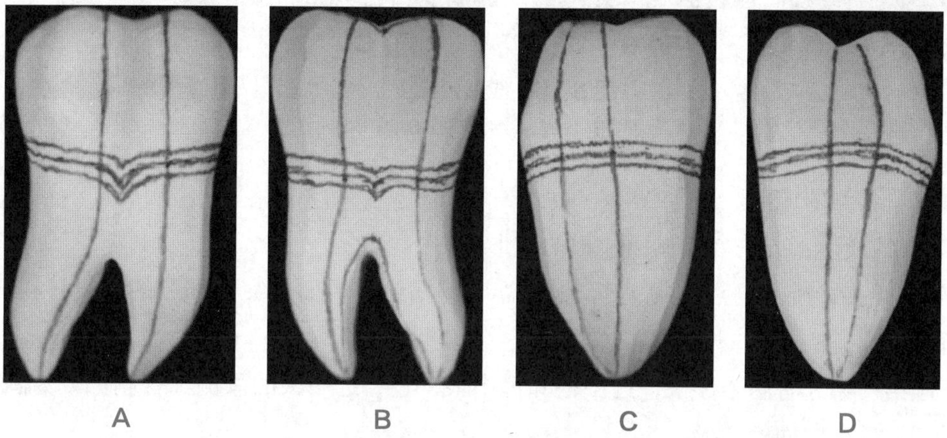

图 5-75　描绘颈缘线

A. 颊面；B. 舌面；C. 近中面；D. 远中面。

注意：近中面的颈曲度大于远中面。

2）辅助线的绘制：在牙颈线冠方和根方各 1mm 处，绘制两条平行于牙颈线的辅助线。

3）雕刻成形：自牙颈线根方 1mm 的线条处，使雕刻刀刃端与牙面成约 45°角，并沿该线向牙颈线方向刮除适量的石膏。以上操作完成后，牙颈部形态基本形成。上述步骤可适当重复进行，直至合乎要求为止。

4）修整顺滑：仔细和浮雕图比对，将牙颈线修整连续顺滑（图 5-76）。

注意：不能形成明显的台阶。

（2）步骤二：颊面的成形。

1）颊面牙根的成形：参照浮雕图在石膏牙颊面牙根处描绘出颊面最突出部分的连线，在牙根的近远中面描绘出近远中面最突出部分的连线，根据最突出部分的斜面特点，即颊面牙根的形态结构特点，采用石膏切刀采用横握式和直握式对颊面牙根进行大体形态的成形雕刻。

注意：下颌第一磨牙是双根牙，注意牙根分叉位置形态。

2）颊面牙冠的形成：具体如下。①形成颈缘突度：颈缘突度即从近远中面到颊面近颈缘部分的弧度，在形成颈缘突度时，必须参照浮雕图，并观察浮雕图近颈缘部分的弧度，进行石膏的去除。

②颊轴嵴的成形：下颌第一磨牙的近中颊面有较为明显的颊轴嵴，远中颊尖的颊轴嵴较不明显，在颊面描绘出颊轴嵴的形态，按照浮雕图形成两侧的斜面。③颊面近远中缘的成形：参考浮雕图，描绘下颌第一磨牙近远中缘的形态，并转移到石膏牙相应的位置。结合近远中面近颊侧斜面的特点，形成颊面近远中缘的形态。

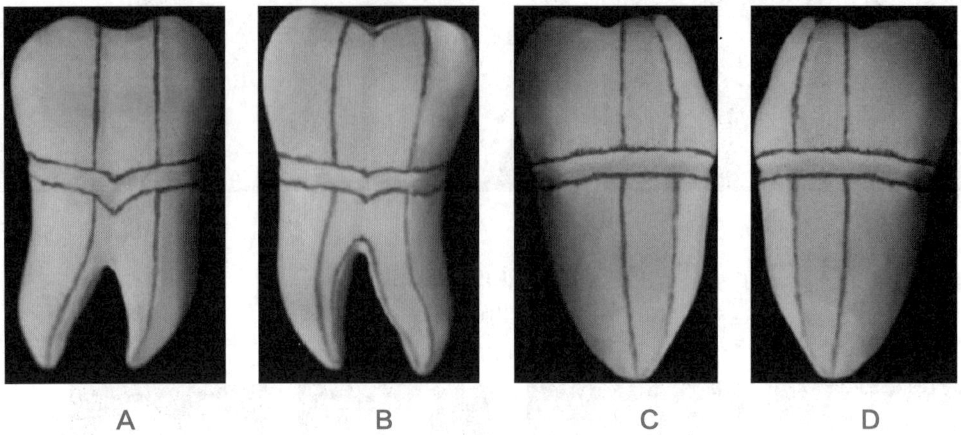

图 5-76　成形颈缘线

A. 颊面；B. 舌面；C. 近中面；D. 远中面。

（3）步骤三：舌侧的成形。

1）舌侧牙根的成形：方法参考颊面牙根的成形。

2）舌面较为圆突，外形高点在中 1/3。根据浮雕图描绘出舌面最突出部分的连线，在该线上下去除多余的石膏。

注意：下颌第一磨牙有两个牙根，近中根和远中根，近、远中根的颊侧和舌侧都较为圆突。

（4）步骤四：近远中面的成形。

参考浮雕图，描绘出浮雕图上近远中面最突出部分的连线，根据浮雕图上斜面的特点，在石膏牙上去除多余的石膏，形成近远中面的形态，注意近远中面的接触区的形态特点（图 5-77、图 5-78）。

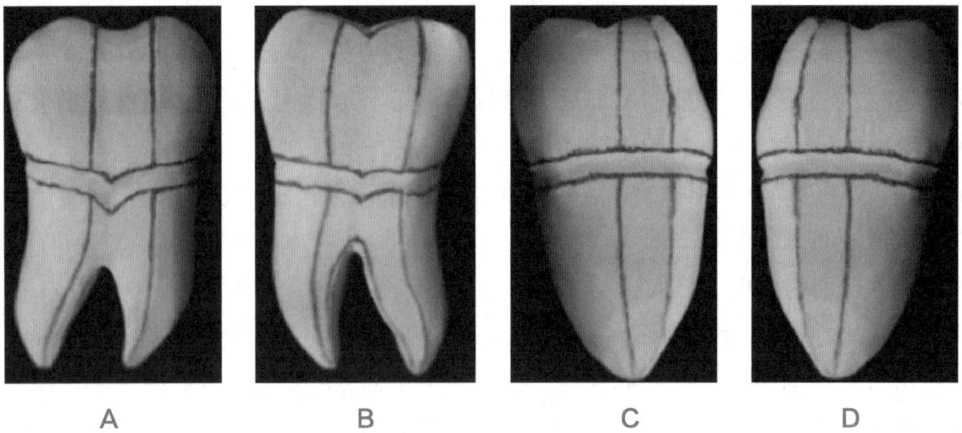

图 5-77　四面成形前

A. 颊面；B. 舌面；C. 近中面；D. 远中面。

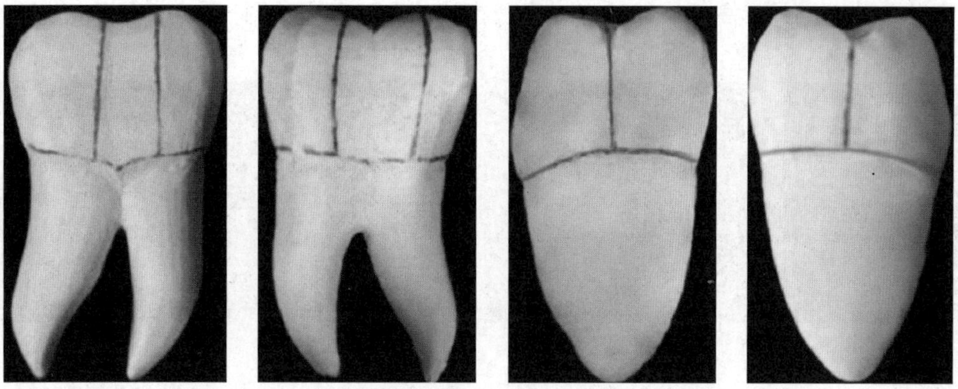

图 5-78　四面成形后

A. 颊面；B. 舌面；C. 近中面；D. 远中面。

（5）步骤五：𬌗面的成形。

1）修整𬌗缘外侧轴面𬌗 1/3 形态：参考浮雕图，在浮雕图上画出𬌗面最突出部分的连线，这个最突出部分的连线实际也是𬌗面边缘嵴的连线。转移上述最突出部分的连线至石膏牙相应的位置，去除最突出部分连线外侧相应的石膏，形成牙冠轴面𬌗的 1/3 部分，同时注意修整轴面𬌗 1/3 的形态。

2）初步形成𬌗面窝底部：参考浮雕图，发现下颌第一磨牙𬌗面有中央窝，中央窝两侧有近中窝和远中窝，把浮雕图上窝的位置转移到石膏牙相应的位置，用雕刻刀在窝的位置转动两下，去除少量石膏，形成一个小窝。

3）形成𬌗面三角嵴的形态：把浮雕图上的牙尖三角嵴转移到石膏块上，用雕刻刀沿窝向三角嵴做斜面。

4）形成发育沟、副沟：参考浮雕图，根据发育沟的形态与位置形成发育沟、副沟（图 5-79）。

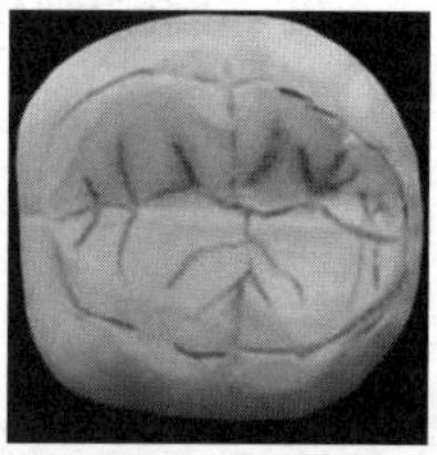

图 5-79　𬌗面成形后

5. 三倍大右下颌第一磨牙雕刻——精雕完成

（1）步骤一：颊面发育沟的修整。

仔细观察右下颌第一磨牙颊面浮雕图上两条发育沟的形态和位置，在石膏牙相应的位置用红蓝铅笔进行准确的描绘，用雕刻刀进行修整。

注意：颊面发育沟是牙在生长发育过程中形成的浅沟，所以该发育沟与唇面的融合度非常高，发育沟两侧的斜面斜度大且衔接自然。

（2）步骤二：轴面颈缘线的修整。

再次准确地修整颈缘线，用雕刻刀在颈缘线上下进行切削，以使牙冠和牙根衔接自然。

注意：下颌第一磨牙的颈缘线为连续的圆缓的曲线

（3）步骤三：修饰牙体表面。

在四面成形的基础上，用雕刻刀采用执笔式从根尖或从牙尖顶对牙体表面进行润饰，力求牙根表面光滑，下颌第一磨牙的牙根为两个牙根，均为扁根，近中根较长且粗，远中根稍短且稍细，牙根的近远中面均有纵行凹陷，牙根分叉度较大。

（4）步骤四：牙体表面流畅性的检查。

检查石膏牙各轴面的外形高点、邻接点、凹凸衔接的自然程度（图 5-80）。

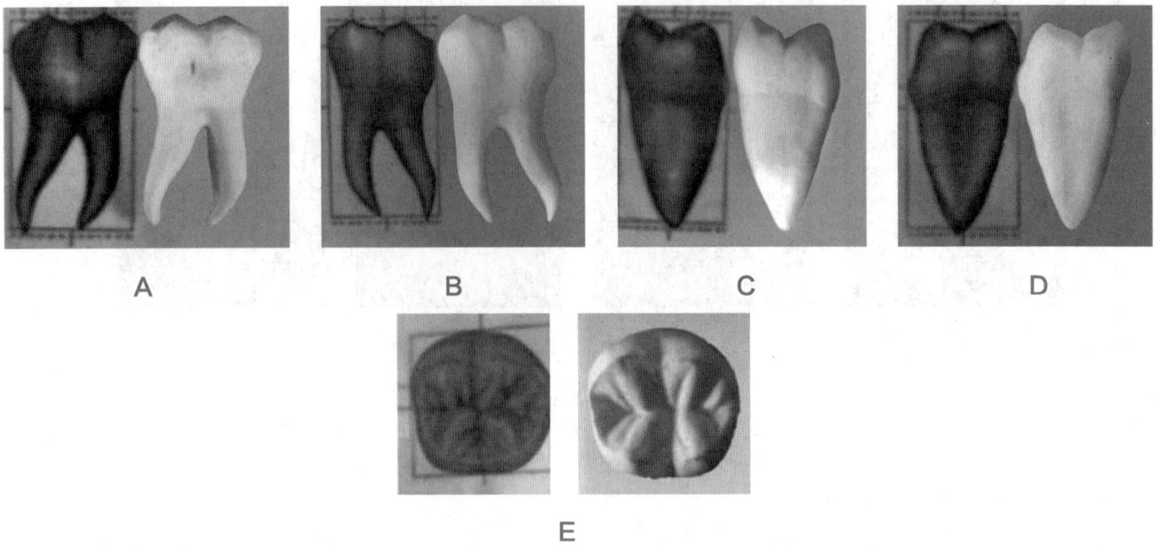

图 5-80　放大三倍右下颌第一磨牙雕刻完成图

A. 颊面；B. 舌面；C. 近中面；D. 远中面；E. 㴬面。

四、任务评价

右下颌第一磨牙石膏牙雕刻评价标准见表 5-22。

表 5-22　右下颌第一磨牙石膏牙雕刻评价标准

序号	评价内容	分值	评价要点
1	雕刻数据	5	冠宽
		5	冠厚
		5	冠根长
2	颊面	3	颊面轮廓形态
		3	近远中径与㴬颈径比
		5	颊面外形高点位于颈 1/3
		3	发育沟的位置形态
		3	颊侧近远中牙根形态及根分叉的位置
3	舌面	3	舌面轮廓形态
		3	舌面较颊面小
		3	舌侧近远中牙根的形态及根分叉的位置

续 表

序号	评价内容	分值	评价要点
4	近中面	3	近中面的轮廓形态
		3	颊舌径与船颈径比
		3	近中面观颊面的弧度
		3	近中面观舌面的弧度
		3	近中面的外形高点位置
		3	近中面牙根颊舌径大于近远中径
5	远中面	3	与近中面形态相似但体积小且圆突
		3	颈部凹陷
		3	远中面外形高点的位置
		3	远中面颈缘线平直
6	船面	3	船缘的位置形态
		3	发育沟的位置形态
		3	窝的位置形态
		3	三角嵴的位置形态
7	整体情况	4	牙体各面表面光滑、线条流畅
		5	牙体各部比例协调
8	操作规范	3	个人防护方法
		5	工具的使用
总分（100）			

▶任务拓展

放大三倍右下颌第二磨牙雕刻

在牙体修复的实际工作场景中，精准掌握各类牙体形态特点至关重要。下颌磨牙组作为下颌后牙的关键组合，除大家熟悉的下颌第一磨牙外，还包括下颌第二磨牙、下颌第三磨牙，且各个牙位均左右对称分布，左右各有一颗。

此前，同学们已深入学习了最具典型性的下颌第一磨牙雕刻知识与技巧，然而，在日常实践操作里，下颌第二磨牙的形态恢复也非常重要。为切实强化同学们在本次学习任务中对磨牙组不同牙位形态雕刻的全方位理解，提升实操动手能力，同时着力培养大家的自我探究精神，现布置如下实践任务。

请同学们灵活运用前面所学的放大三倍右下颌第一磨牙雕刻方法及详细步骤，紧密结合提供的右下颌第二磨牙线图（图 5-81）、浮雕图（图 5-82）及多面体图（图 5-83），并依据表 5-23 中精准的三倍大右下颌第二磨牙数据，雕刻出一颗放大三倍右下颌第二磨牙。在完成雕刻作品后，总结归纳下颌第一磨牙与下颌第二磨牙在形态方面存在的显著差异，对比分析深化对两种牙齿形态特点的认知，为未来应对复杂多变的口腔修复工作筑牢坚实基础。

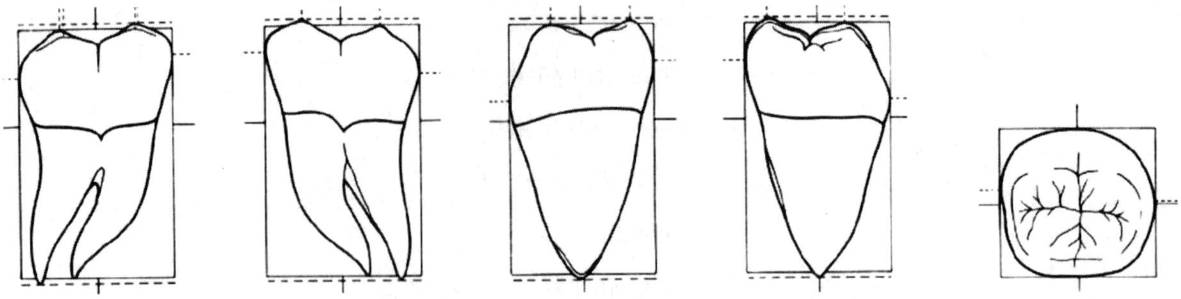

A B C D E

图 5-81 右下颌第二磨牙线图

A. 颊面；B. 舌面；C. 近中面；D. 远中面；E. 𬌗面。

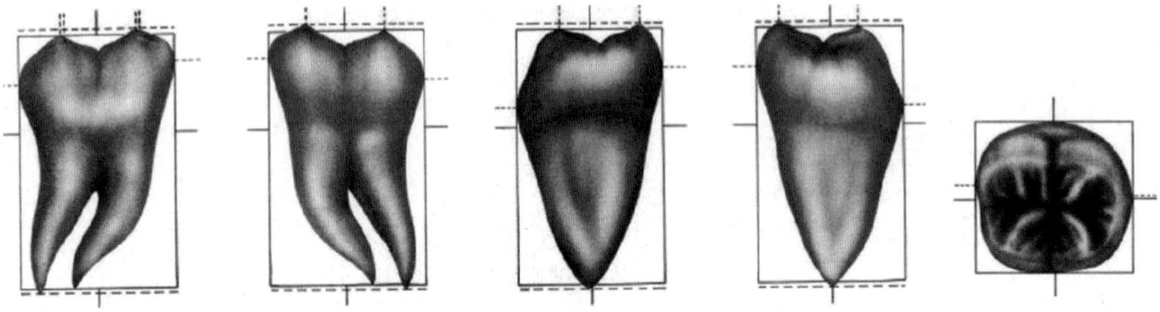

A B C D E

图 5-82 右下颌第二磨牙浮雕图

A. 颊面；B. 舌面；C. 近中面；D. 远中面；E. 𬌗面。

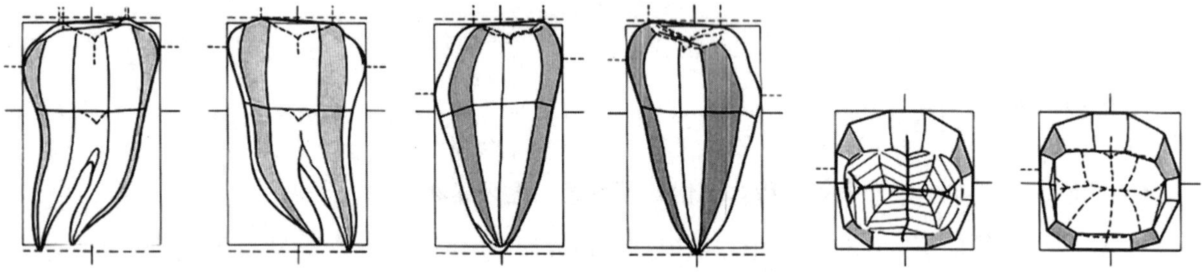

A B C D E F

图 5-83 右下颌第二磨牙多面体图

A. 颊面；B. 舌面；C. 近中面；D. 远中面；E. 𬌗面多面体；F. 外形多面体。

表 5-23 下颌第二磨牙的比例规格 单位：mm

测量项目	一倍大	三倍大
牙冠长	7.2	21.6
牙冠宽	11.6	34.8

续 表

测量项目	一倍大	三倍大
牙冠厚	10.9	32.7
牙颈宽	6.3	21.0
牙颈厚	6.2	18.9
牙根长	11	33
牙全长	18.2	54.6

任务八 完成等倍大右下颌第一磨牙牙体雕刻

视频：完成等倍大右下颌第一磨牙牙体雕刻

一、任务导入

完成三倍大右下颌第一磨牙雕刻后，在规定的时间内按照等倍石膏牙雕刻模型、数据、线图、多面体图、浮雕图，规范安全的操作基础上，在石膏块上完成一颗等倍大右下颌第一磨牙雕刻。

二、任务分析

完成这个任务必须在正确描绘等倍下颌第一磨牙的基础上，掌握下颌第一磨牙的形态基础。等倍右下颌第一磨牙雕刻是指按照 1∶1 右下颌第一磨牙数据（表 5-24），进行右下颌第一磨牙牙体雕刻。下颌第一磨牙的线图、浮雕图在上颌第一磨牙描绘章节里已详细介绍，下颌第一磨牙多面体指的是下颌磨牙的任意一面都不是单纯的平面，而是复杂的多面体。

表 5-24 下颌第一磨牙的比例规格

单位：mm

测量项目	一倍大
牙冠长	7.6
牙冠宽	11.2
牙冠厚	10.5
牙颈宽	8.9

续　表

测量项目	一倍大
牙颈厚	8.6
牙根长	12.9
牙全长	20.5

三、任务实施

（一）实训器材的准备

右下颌第一磨牙线图、等倍大右下颌第一磨牙雕刻模型1套、石膏块（15mm×15mm×55mm）、石膏切刀、雕刻刀、绘图铅笔、红蓝铅笔、游标卡尺、直尺、毛刷、储水盆、橡胶垫板等。

（二）等倍大右下颌第一磨牙雕刻步骤

1. 等倍大右下颌第一磨牙雕刻——石膏框架成形

（1）步骤一：绘制框架及标志线、切削框架成形。

用游标卡尺测量等倍大右下颌第一磨牙雕刻模型的冠长、冠宽、冠厚、根长。在石膏块上，用游标卡尺轻轻刻出各面的冠根分界线和中轴线，绘制牙体外形框架（图5-84）。用石膏切刀切掉框线以外的石膏，先修整平行的两侧，再修整另外两侧，四周应平整（图5-85）。

要求：雕刻等倍大右上颌第一前磨牙的牙体总长是冠长加根长的总和。

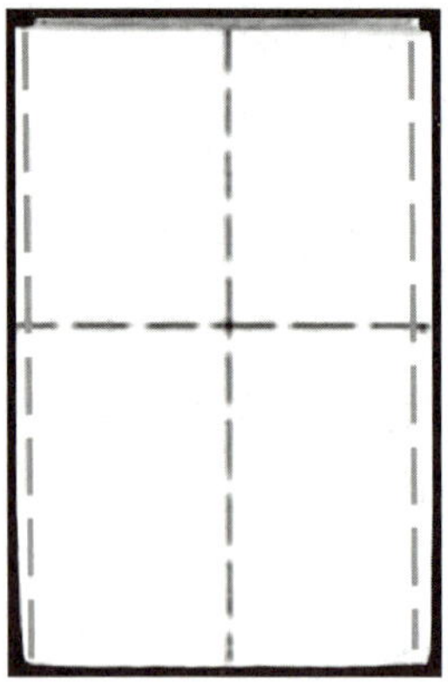

图5-84　绘制框架

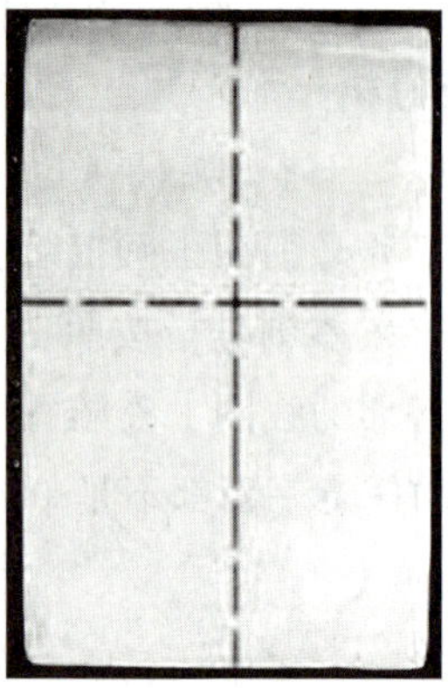

图5-85　框架切削成形

（2）步骤二：确定基准面。

确定颊面、舌面、近中面和远中面。

2. 等倍大右下颌第一磨牙雕刻——二面体成形

（1）步骤一：描绘颊舌面外形。

参照等倍大右下颌第一磨牙雕刻模型和右下颌第一磨牙线图，将模型颊舌面与石膏块重合，在石膏块的颊舌面标出𬌗面的位置，将所测牙颈宽数据转移到石膏块上，参照右下颌第一磨牙雕刻模型的颊舌面轮廓外形，描绘出颊舌面的牙体外形线（图 5-86）。

要求：转移的参照点要准确，颊舌面的牙体外形线应为细线且线条流畅。

（2）步骤二：颊舌面切削成形。

用石膏切刀沿颊舌面边缘线上下推拉切削，形成颊舌面外形（图 5-87）。

要求：不得损坏外形高点的突度，恰好切到线，不要切掉线，轴面外形轮廓需与右上颌第一磨牙线图一致。

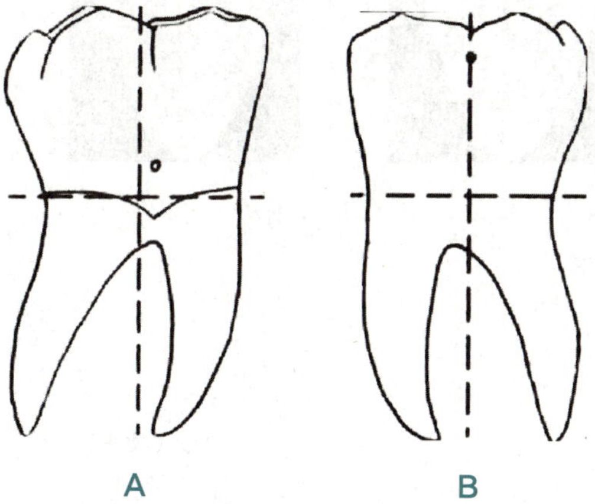

图 5-86　描绘颊舌面外形

A. 颊面；B. 舌面。

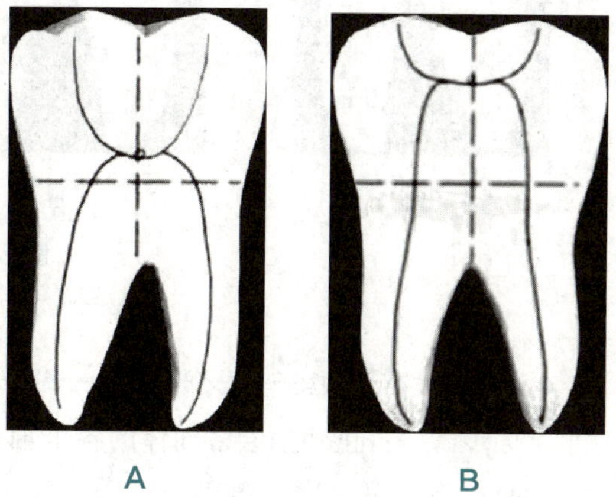

图 5-87　二面体成形

A. 颊面；B. 舌面。

3. 等倍大右下颌第一磨牙雕刻——四面体成形

（1）步骤一：描绘近远中面外形（图 5-88）。

参照等倍大右下颌第一磨牙雕刻模型和右下颌第一磨牙线图，将模型近中面、远中面与石膏块重合，在石膏块的近远中面标出𬌗面的位置，将所测牙颈厚数据转移到石膏块上，参照右下颌第一磨牙模型的近远中轮廓外形，描绘近远中面的牙体外形线。

要求：同二面体描绘。

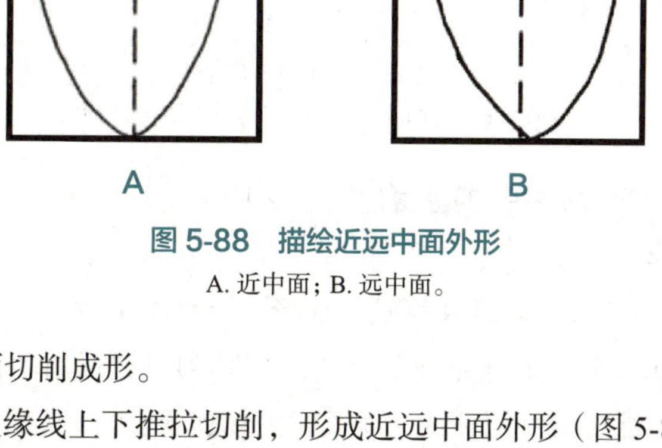

图 5-88　描绘近远中面外形

A. 近中面；B. 远中面。

（2）步骤二：近远中面切削成形。

用石膏切刀沿近远中边缘线上下推拉切削，形成近远中面外形（图 5-89）。

要求：同二面体成形。

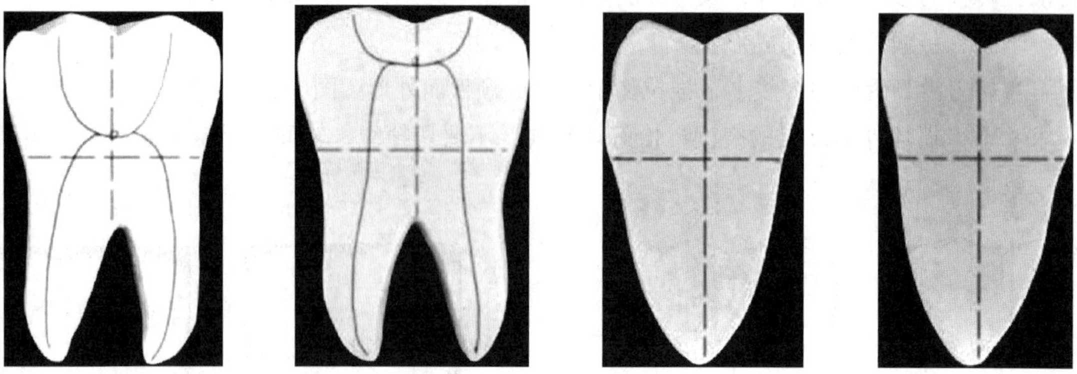

A　　B　　C　　D

图 5-89　四面体成形

A. 颊面；B. 舌面；C. 近中面；D. 远中面。

4. 等倍大右下颌第一磨牙雕刻——多面体成形

（1）步骤一：正确描绘多面体的各个轴面。

参照右下颌第一磨牙雕刻模型𬌗面观，在石膏块上画出多面体外形的边缘线与中轴线的角度、各个轴面最突出部分的连线、冠根分界线与外形高点之间的连线（图 5-88）。

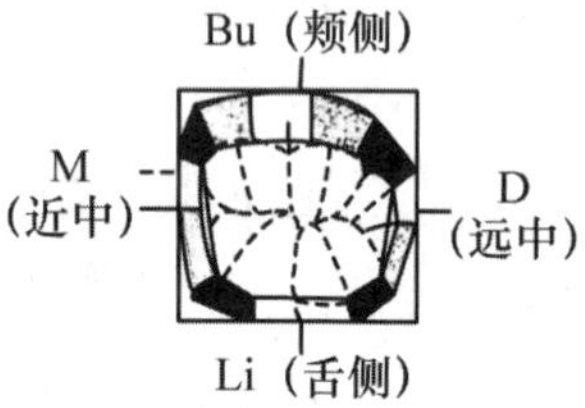

图 5-90　𬌗面与多面体的位置关系参照图

要求：尽可能使多面体边缘线与右下颌第一磨牙线图相一致。

（2）步骤二：切削多面体。

按照多面体边缘线切削各斜面，最终形成多面体（图 5-91）。

要求：切削多面体时，不得损坏颊侧牙颈突度。

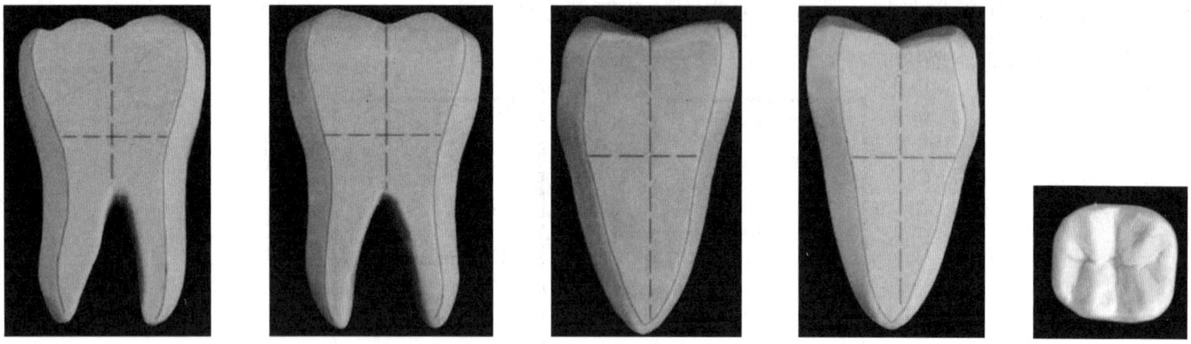

A　　B　　C　　D　　E

图 5-91　多面体成形

A. 颊面；B. 舌面；C. 近中面；D. 远中面；E. 𬌗面。

5. 等倍大右下颌第一磨牙雕刻——四面成形

（1）步骤一：颊面成形。

1）颊面近远中缘、颊尖近远中斜缘和颊轴嵴成形：参照右下颌第一磨牙雕刻模型，在石膏块上标记出近远中缘、颊尖近远中斜缘和颊轴嵴的位置。用雕刻刀进行切削，每个颊尖形成近远中 2 个斜面和颊轴嵴，颊侧近远中缘要与颊侧颈缘、颊轴嵴流畅连接。

2）颈部及牙根成形：标记出颊面近远中线角和牙颈部狭窄部分，形成颊侧牙颈线。

3）颊面发育沟成形：在颊面描绘出颊沟、远颊沟，注意雕刻不宜太深，发育沟的凹陷需与周围突出部分流畅连接（图 5-92）。

（2）步骤二：舌面成形。

1）舌面近远中边缘、舌尖近远中斜缘和舌轴嵴成形，舌轴嵴不明显。

2）颈部及牙根成形：参照右下颌第一磨牙雕刻模型进行切削，颈部与牙根流畅连接。

3）近舌轴面角和远舌轴面角成形：参照模型，用小雕刻刀切削形成近舌轴面角、远舌轴面角，并与邻面、牙颈部流畅连接（图 5-93）。

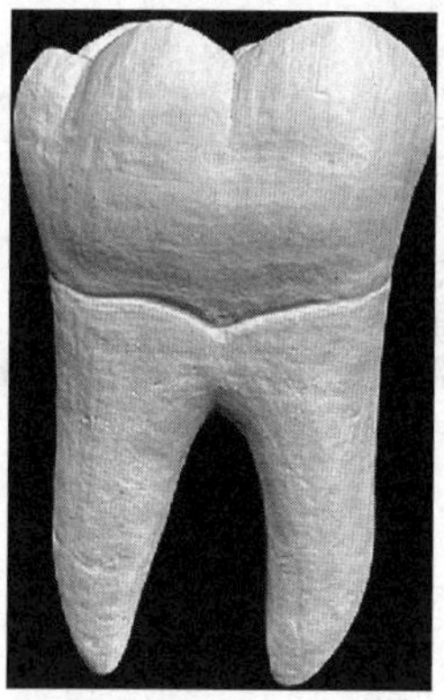

图 5-92 颊面成形

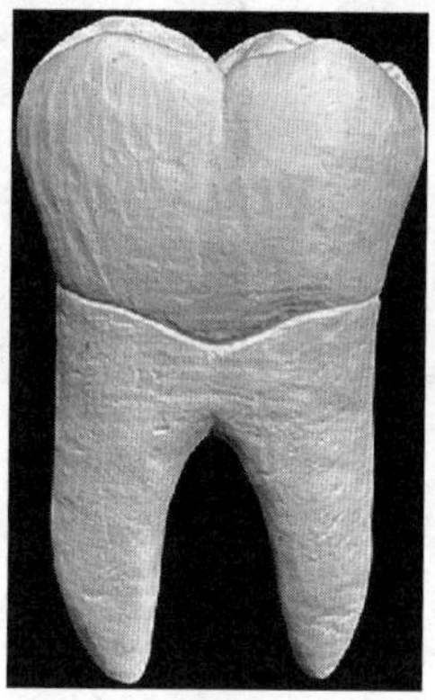

图 5-93 舌面成形

（3）步骤三：邻面成形。

参照近远中面外形，用雕刻刀削除多余石膏，近远中面外形高点都靠近𬌗缘（图 5-94）。

6. 等倍大右下颌第一磨牙雕刻——𬌗面成形

参照模型，描绘出三角嵴和边缘嵴的走行，用雕刻刀沿三角嵴标记线的近远中方向进行切削，形成带曲度的 2 个斜面。雕刻三角嵴时，修整牙尖的斜度。雕刻出颊沟、远颊沟、舌沟、近中沟、远中沟，修整近中窝、远中窝、中央窝，并润饰𬌗面（图 5-95）。

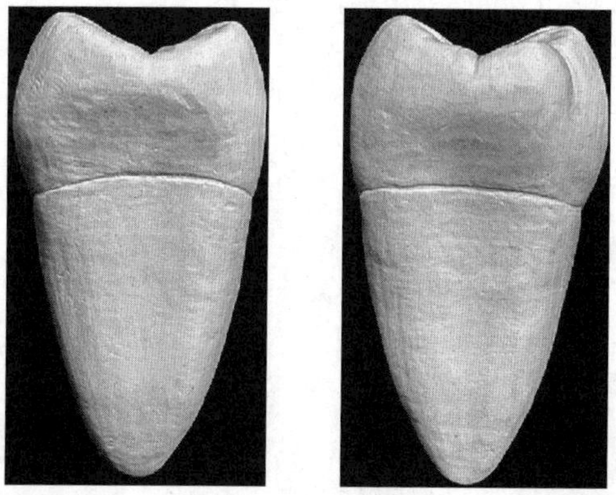

A B

图 5-94 邻面成形

A. 近中面；B. 远中面。

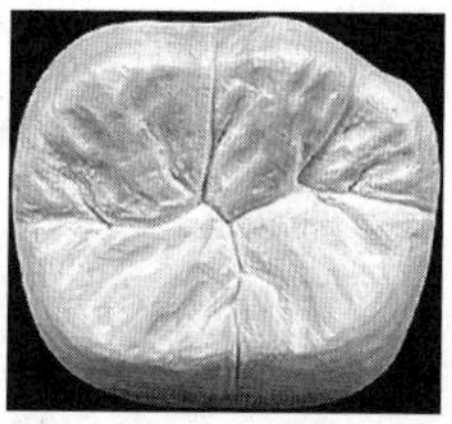

图 5-95 𬌗面成形

7. 等倍大右下颌第一磨牙雕刻——牙颈线成形

参照模型，用铅笔在石膏块各面描绘出颈曲线，然后用雕刻刀与石膏块牙冠表面成45°角进行牙颈线的雕刻，调整牙冠与牙根的形态。

要求：牙颈线较平，颈线各处的宽度、深度需协调一致，连接流畅。

8. 等倍大右下颌第一磨牙雕刻——精修完成

参照模型，检查各部分尺寸，精修完成（图5-96）。

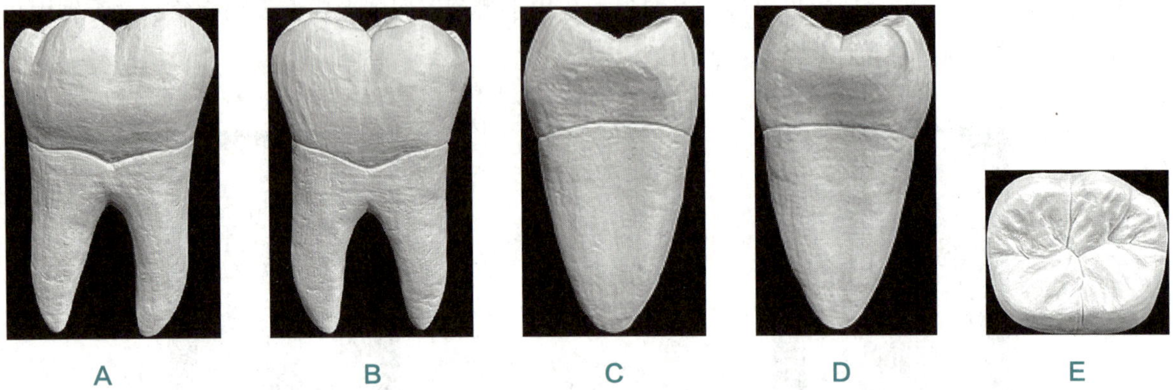

图5-96 精修完成

A. 颊面；B. 舌面；C. 近中面；D. 远中面；E. 𬌗面。

四、任务评价

右下颌第一磨牙石膏牙雕刻评价标准见表5-25。

表5-25 右下颌第一磨牙石膏牙雕刻评价标准

序号	评价内容	分值	评价要点
1	雕刻数据	5	冠宽
		5	冠厚
		5	冠根长
2	颊面	3	颊面轮廓形态
		3	近远中径与𬌗颈径比
		5	颊面外形高点位于颈1/3
		3	发育沟的位置形态
		3	颊侧牙根形态
3	舌面	3	舌面轮廓形态
		3	舌面较颊面小
		3	舌面外形高点位于中1/3

续　表

序号	评价内容	分值	评价要点
4	近中面	3	近中面的轮廓形态
		3	颊舌径与𬌗颈径比
		3	近中面观颊面的弧度
		3	近中面观舌面的弧度
		3	近中面的外形高点位置
		3	远中面颈缘线曲度小
5	远中面	3	与近中面形态相似但体积小且圆突
		3	颊舌径与𬌗颈径比
		3	远中面外形高点的位置
		3	远中面颈缘线曲度小
6	𬌗面	3	𬌗缘的位置形态
		3	发育沟的位置形态
		3	窝的位置形态
		3	三角嵴的位置形态
7	整体情况	4	牙体各面表面光滑、线条流畅
		5	牙体各部比例协调
8	操作规范	3	个人防护方法
		5	工具的使用
总分（100）			

▶任务拓展

磨牙的临床意义

1. 易患龋病　第一磨牙因萌出早、窝沟深，易患龋齿，需重点关注窝沟封闭和早期充填，充填或修复时应注意恢复正常的解剖形态。

2. 咬合关键与正畸基准　上下颌第一磨牙的位置关系，对建立正常咬合关系具有重要作用。第一磨牙的咬合关系是正畸治疗的“咬合关键”，也是错𬌗分类的参照标准。因此，在正畸方案中常作为支抗牙，用于调整牙弓长度和牙齿移动。

3. 修复与缺失影响　磨牙缺失后会导致对颌牙伸长、邻牙倾斜，显著降低咀嚼效率，并可能引发颞下颌关节紊乱。一旦拔除第一磨牙，要及时修复，以免影响正常的咬合关系。

视频：完成牙列中等倍大右下颌第一磨牙滴塑

任务九　完成牙列中等倍大右下颌第一磨牙滴蜡塑形

一、任务导入

通过蜡滴塑形的方式完成等倍大右下颌第一磨牙牙齿形态塑造，是进一步掌握牙体形态特征的有效途径，也能提高牙科修复和美容的精确度，进而改善牙齿的外观和功能。具体而言，需准确把握右下颌第一磨牙的解剖形态，包括其独特的牙冠和牙根形态，并将其精确复现在蜡型中。掌握蜡型滴塑的技巧，使蜡型表面光滑、结构完整、无气泡和瑕疵。同时，确保蜡型与邻牙和对颌牙在形态和咬合功能上协调一致，为后续的口腔修复工作提供高质量的模型。

在本任务中，将深入实践右下颌第一磨牙的滴蜡塑形技巧，通过亲手操作对右下颌第一磨牙的结构有更深刻的理解，并在精益求精的工匠精神的指引下，提升自己的专业技能，为未来的牙科医疗工作打下坚实基础。

二、任务分析

完成这个任务，要熟知右下颌第一磨牙的形态和功能，学会控制蜡的温度及滴塑的方法流程。

（一）右下颌第一磨牙功能

1. 咀嚼功能　右下颌第一磨牙是口腔中重要的咀嚼牙齿之一，其殆面宽大并具备多个牙尖，因此能够有效地切割、研磨和捣碎食物，并将食物磨碎成细小颗粒，便于吞咽和消化。

2. 维持咬合平衡　在上下颌牙齿的咬合过程中，右下颌第一磨牙与右上颌牙齿相互对应和配合，对维持正常的咬合关系和咬合平衡起关键作用，保证了咀嚼运动的稳定和协调。

3. 支持面部外形　与其他磨牙一样，在维持面部下 1/3 的高度和外形方面发挥着重要作用，有助于保持面部的丰满和协调，若缺失可能导致面部塌陷，影响美观。

（二）右下颌第一磨牙形态

见本项目任务一。

（三）殆关键

1. 尖窝相对　其牙尖（主要是颊尖和舌尖）与对颌牙（上颌第一磨牙）的窝相吻合。例如，右上 6 的舌尖对应右下颌第一磨牙的中央窝，这种尖窝相对的关系可以使咬合力垂直传导，有利于高效地咬碎和研磨食物。

2. 殆面形态　其殆面有复杂的沟、嵴结构。这些结构就像小的“轨道”，引导上颌磨牙在咀嚼运动时与之精确配合。比如，其斜嵴可以引导下颌磨牙在咀嚼过程中进行侧向运动，使食物在左右方向上也能被充分研磨。

3. 咬合接触时间 在咀嚼运动中，右下 6 与对颌牙接触时间有着重要意义。在闭口咀嚼时，其是较早接触并引导上颌运动方向的牙齿之一，合适的接触时间能够确保整个咀嚼系统协调工作，让食物在合适的时间内被充分嚼碎。

（四）与上颌牙尖、窝接触规律

1. 牙尖交错位时

（1）右下颌第一磨牙的近中颊尖对着上颌第一磨牙的近中颊沟，这是重要的咬合接触标志点。

（2）右下颌第一磨牙的远中颊尖对着上颌第一磨牙的远中颊尖的颊侧。

（3）右下颌第一磨牙的近中舌尖与右上颌第一磨牙的中央窝接触，承担较大的咀嚼压力。

（4）右下颌第一磨牙的远中舌尖与右上颌第二磨牙的近中舌尖相对，有一定的接触关系。

2. 侧方咬合时

（1）工作侧，右下颌第一磨牙的颊尖与右上颌同名牙颊尖的舌斜面接触，下颌舌尖与上颌同名牙舌尖的颊斜面接触。

（2）非工作侧，下颌磨牙的舌尖与上颌磨牙的舌尖有一定的接触，起到平衡咬合的作用。

3. 前伸咬合时 当下颌前伸至上下前牙切缘相对时，右下颌第一磨牙的远中尖及远中颊尖的近中斜面与上颌第一磨牙的近中颊尖及远中颊尖的远中斜面可能有接触，以引导下颌前伸运动。

（五）下颌第一磨牙代型要求

1. 𬌗面 用铅笔在离右下第一磨牙𬌗面 1.5 ～ 2.0mm 处画一条标志线或做定深沟，沿标志线或沟的深度均匀去除石膏（牙体组织）。

2. 邻面 沿牙邻面颊舌向潜行性磨除，不断矫正磨除方向，直至预备出足够的间隙。磨切时应注意邻面预备方向与就位道一致，4 个邻面轴壁方向相互平行或向切端聚合 2°～ 5°。

3. 唇面 均匀去除唇面 1.0 ～ 1.5mm 石膏（牙体组织）

4. 舌面 沿舌面解剖外形均匀去除唇面 1.0 ～ 1.5mm 石膏（牙体组织）。

5. 肩台 宽度为 1.0 ～ 1.2mm，采用 90°圆钝内角肩台或 135°浅凹型，根据修复体固位、牙冠𬌗跟高度、缺损或充填物与牙龈的位置关系、美观等因素，将颈缘位置设计为：①平齐龈缘；②龈缘线以上；③龈缘线以下 0.5mm 边缘应连续一致、平滑，无锐边。

6. 代型制作外形轮廓应与原右下颌第一磨牙近似，侧方运动均没有颌干扰。保证咬合时，牙齿与各个方向不会接触，以免影响咀嚼。在实际修复运用中去除石膏（牙体组织）的量可根据患者牙体颜色、所选择修复材料等进行调整。

（六）牙体滴塑的操作流程

下颌第一磨牙滴塑操作流程见图 5-97。

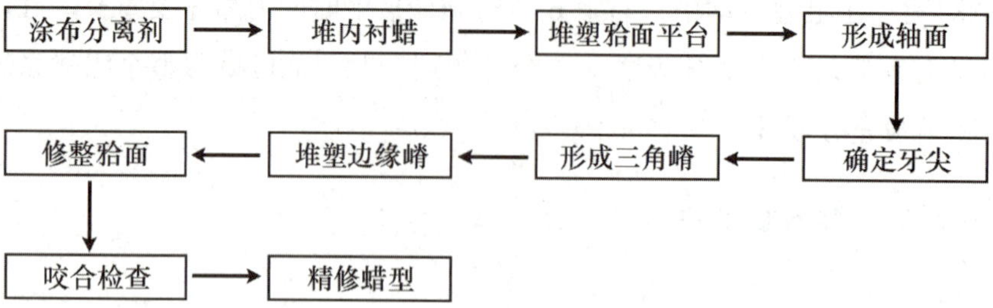

图 5-97　下颌第一磨牙滴塑操作流程

三、任务实施

（一）实训器材的准备（图 5-98）

右下颌第一磨牙牙体预备完成代型、滴蜡器、蜡、熔蜡器、标记笔、直尺、软毛刷、雕刻刀等。

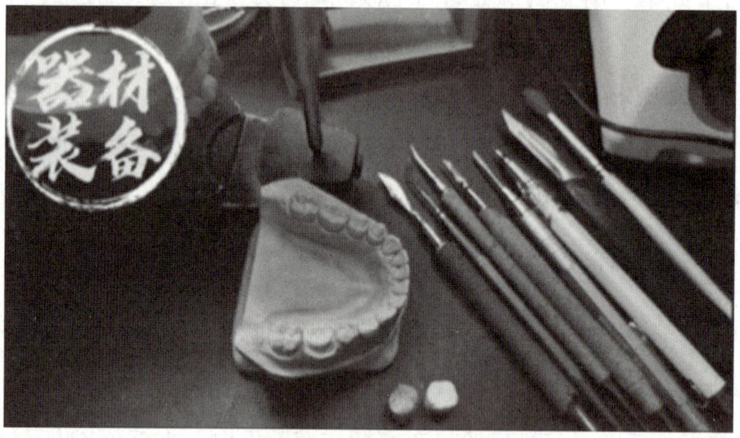

图 5-98　实训器材准备

（二）右下颌第一磨牙滴蜡塑形步骤

1. 右下颌第一磨牙滴蜡塑形——涂分离剂

（1）步骤一：代型准备。

要求：代型无缺损、表面无杂物。

（2）步骤二：在右下颌第一磨牙预备体表面均匀涂布一层分离剂，达过颈缘线 2mm 以下，多余部分可用吸水纸除去（图 5-99）。

2. 右下颌第一磨牙滴蜡塑形——堆内衬蜡　分离剂干燥后，画出代型颈缘线。

（1）步骤一：画颈缘标记线（图 5-100A）。

（2）步骤二：持代型，切端朝上，用加热好的滴蜡器蘸取适量内衬蜡，厚度约为 0.3mm，从颈缘根方 1mm 处向𬌗面移动加蜡，重复数次，直至内衬蜡均匀覆盖整个牙体预备的区域（图 5-100B）。注意加第二刀蜡时应覆盖前一刀蜡宽度的 1/2，以保证蜡衔接良好。内衬蜡的主要作用是有利于冠和代型的密合，同时也因为内衬蜡的黏度大、脆性小，有利于脱模。

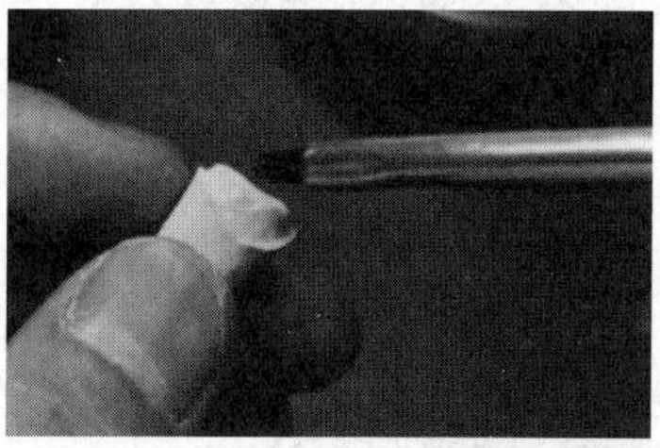

图 5-99　涂分离剂

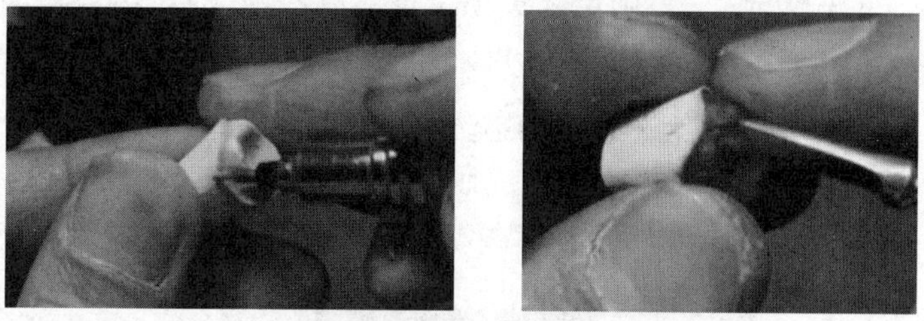

A　B

图 5-100　堆内衬蜡

A. 画颈缘标记线；B. 加蜡堆内衬蜡。

3．右下颌第一磨牙滴蜡塑形——堆塑 面平台（图 5-101）

（1）步骤一：确定平台颊舌径、近远中径宽度，用直尺测量参照牙的颊舌径，分别在颊、舌面中点处水平向外堆蜡形成蜡锥。

（2）步骤二：形成平台。①用蜡分别连接各个面的蜡锥，形成一个大小适宜的 面平台。②在颊面颈 1/3 处堆蜡形成颊颈嵴。③在近、远中位置纵向堆蜡，形成平台颊面近、远中缘。④在靠近颈部时，蜡条趋向颊面中线，使得颈部明显收缩。⑤纵向连接颊颈嵴与平台颊缘中点，隆起的蜡条形成颊轴嵴。⑥在轴嵴近、远中堆蜡形成近、远中斜面，完成平台颊面形态。⑦同样方法堆蜡恢复舌面及邻面形态。⑧用雕刻刀修整蜡型表面，完成平台。

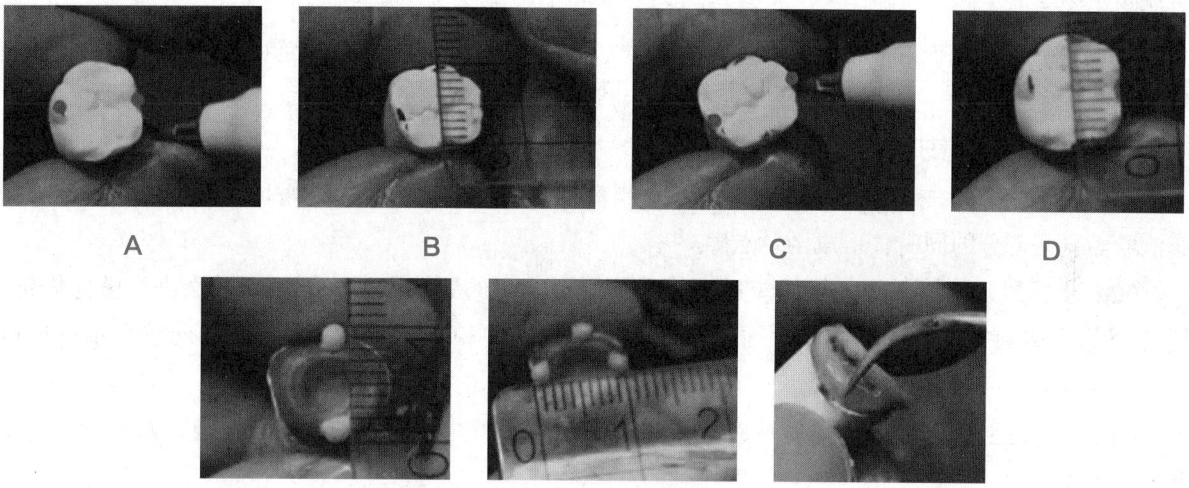

A　B　C　D

E　F　G

图 5-101　堆塑 面平台

A. 标记对照牙颊舌侧宽度；B. 测量对照牙颊舌侧宽度；C. 标记对照牙近远中宽度；D. 测量对照牙近远中宽度；E. 蜡锥标注颊舌面水平中点；F. 蜡锥标注近远中面水平中点；G. 蜡连接各面蜡锥。

4．右下颌第一磨牙滴蜡塑形——确定牙尖位置

（1）步骤一：画出标记线，确定各牙尖区域。① 面有沟，由于颊尖稍大于舌尖，故中央沟稍偏向舌侧，用标记笔画出中央沟的位置。②沟把 面分为颊、舌两个牙尖区域，画出颊、舌尖三角嵴的走行方向。

（2）步骤二：确定牙尖顶位置形成蜡锥，非功能尖以及功能尖的横向和纵向距离几乎都是相等的，通过测量对侧及后牙牙列，确定颊尖的位置，并在 面平台颊侧堆制蜡锥形成颊尖的牙尖顶。

（3）步骤三：确定牙尖顶位置形成蜡锥，𬌗架闭合，依据标记线及同名（对照）牙模型𬌗关系，𬌗面平台颊侧堆制蜡锥形成颊尖的牙尖顶，确定舌尖位置（图5-102）。

5. 右下颌第一磨牙滴蜡塑形——形成三角嵴 电蜡刀蘸取雕刻蜡，由牙尖顶开始，向牙尖三角嵴方向堆蜡，止于对应沟，根据参照牙堆制三角嵴的形态，且保证前伸、侧向运动时不产生𬌗干扰（图5-103）。

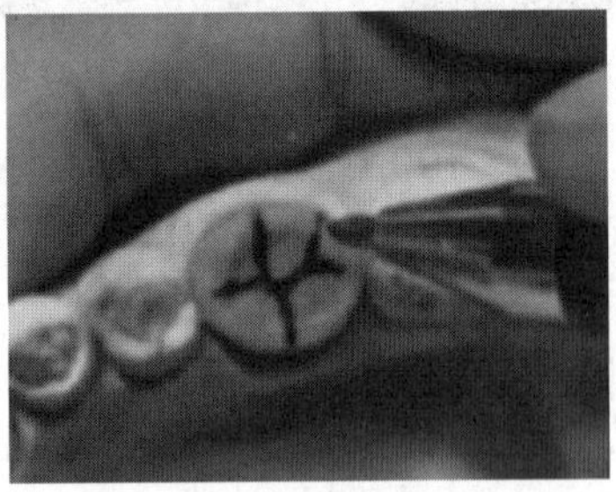

图5-102 确定牙尖位置

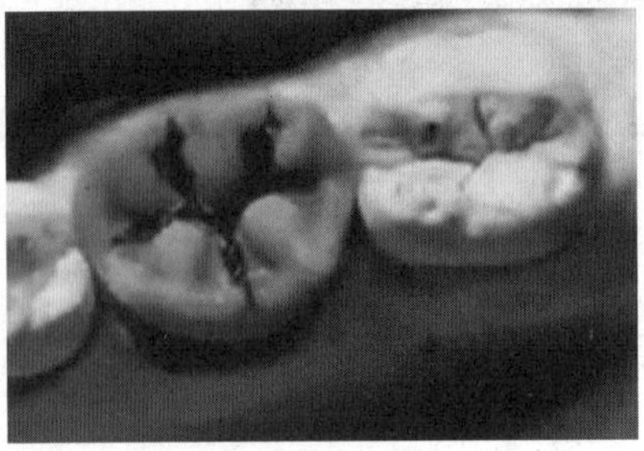

图5-103 形成三角嵴

6. 右下颌第一磨牙滴蜡塑形——形成近、远中牙尖嵴及边缘嵴

（1）步骤一：由牙尖顶分别向近、远中堆蜡形成近、远中牙尖嵴，要求既有功能性咬合，又无𬌗干扰。

（2）步骤二：转向舌侧，与舌尖相连，形成近、远中边缘嵴，使近远中边缘嵴在近远中沟处形成凹陷（图5-104）。

注意：分别从颊面和𬌗面观察点角的位置，需要与参照牙一致。在颊面和邻面堆蜡，完成轴面𬌗1/3的形态。

7. 右下颌第一磨牙滴蜡塑形——𬌗面修整

（1）步骤一：形成中央窝及近远中点隙。当颊舌两尖及近远中𬌗边缘嵴形成后，用滴蜡器加蜡布满𬌗面剩余部分的同时，形成沟及点隙。

（2）步骤二；修饰及形成副沟。用滴蜡器加蜡形成小的副沟及嵴，同时对𬌗面进行整体修饰，使各个部位达到完美和谐的统一。用蜡刀雕刻出各个牙尖和沟的形态，确保𬌗面的解剖结构准确（图5-105）。

（3）步骤三：修饰及形成副沟。在滴蜡过程中，需不断对颌模型进行咬合检查，调整咬合高度和接触点。

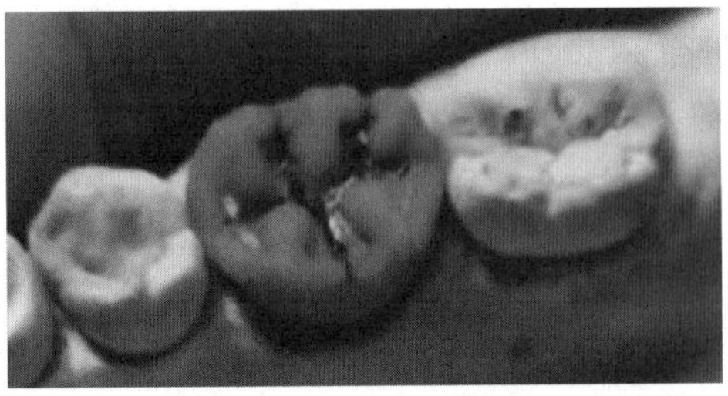

图5-104 形成近、远中牙尖嵴及边缘嵴

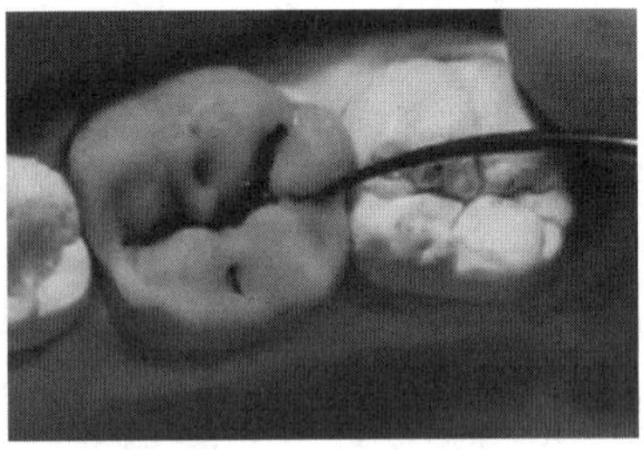

图5-105 𬌗面修整

8. 右下颌第一磨牙滴蜡塑形——咬合检查

（1）步骤一：代型复位至𬌗架，检查𬌗关系。

（2）步骤二：蜡型与对颌牙在正中𬌗（图 5-106A）、前伸𬌗和侧方𬌗时（图 5-106B），接触点分布均匀，咬合高度合适，无早接触或𬌗干扰。注意咬合接触面积应达到天然牙咬合接触面积的 80% 以上（图 5-106）。

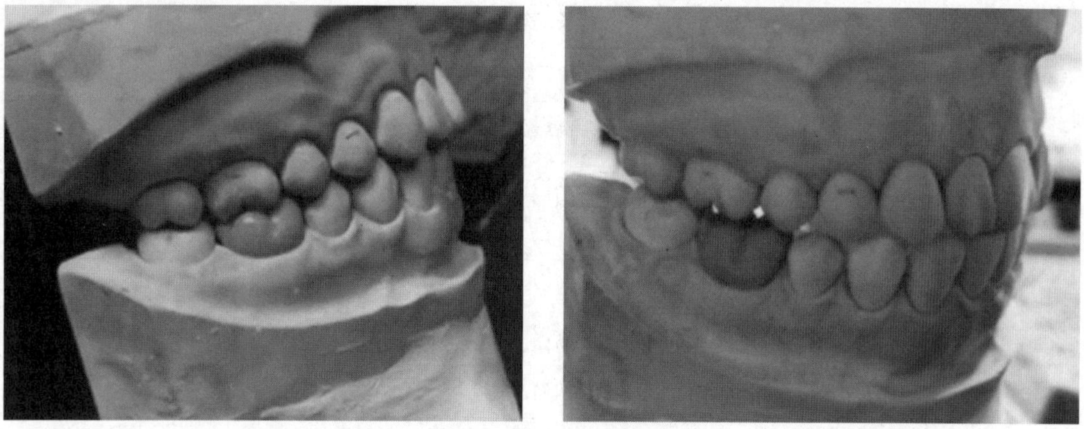

A　　　　B

图 5-106　咬合检查

A. 正中𬌗；B. 侧方𬌗。

9. 右下颌第一磨牙滴蜡塑形——精修蜡型

（1）步骤一：用雕刻刀修整颊尖形态。

（2）步骤二：用丝巾轻轻擦拭表面。

（3）步骤三：完成最终蜡型（图 5-107）。

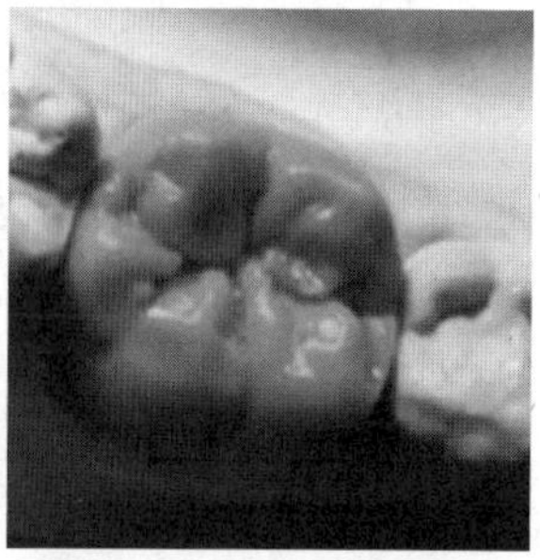

图 5-107　精修蜡型

四、任务评价

右下颌第一磨牙滴塑评价标准见表 5-26。

表 5-26　右下颌第一磨牙滴塑评价标准

序号	评价内容	分值	评价要点
1	体积	4	𬌗颈径
		4	近远中径
		4	颊舌径
2	颊面	4	外形似梯形
		4	𬌗缘长于颈缘
		4	颊轴嵴走向准确
		4	颊颈 1/3 颈嵴（外高）
		4	颊尖大小、高度
		4	颊沟

续 表

序号	评价内容	分值	评价要点
3	舌面	4	梯形、小于唇面
		4	殆缘长于颈缘
		4	轴嵴、舌隆突突度
		4	外形高点在中 1/3
		4	舌尖大小、高度、舌沟
4	近远中面	4	大小
		4	高度
		4	外形高点
		4	颈部凹陷、颈缘
5	殆面	4	殆缘 – 斜方形
		4	牙尖大小
		4	三角嵴走向
		4	窝沟点隙
6	咬合	4	咬合接触
7	操作规范	4	仪容仪表
		4	个人防护
总分（100）			

▶任务拓展

右下颌第一磨牙咬合调整与防嵌塞设计修复

（一）病例分析

患者，男，45 岁，主诉为“右下后牙咀嚼不适，食物频繁嵌塞，冷热敏感”。病史：右下颌第一磨牙（46）曾行复合树脂充填，充填体脱落 2 次，邻面龋坏达牙本质深层，牙髓活力正常，牙周探诊深度≤ 3mm，牙龈轻度红肿。影像学检查：X 线片显示远中邻面龋损近髓角，未累及牙髓，牙槽骨高度正常。诊断：右下颌第一磨牙（46）邻面深龋继发充填体脱落，邻接关系丧失导致食物嵌塞，咬合面磨耗不均匀伴咬合高点。

（二）修复要求

1. 消除咬合干扰点，恢复生理性咬合关系（正中咬合、前伸及侧方运动无早接触）。

2. 咬合面颊舌径宽度与对颌牙协调，降低咬合面尖嵴陡度以减少侧向分力。

3. 防嵌塞设计核心　恢复邻面接触点至龈向 1/3 处，接触面积≥ $2mm^2$，松紧度以牙线通过时略有阻力为宜。

4. 形成外展隙与龈外展隙的流畅过渡，颊舌侧边缘嵴高度与邻牙一致。

5. 咬合面窝沟设计为浅凹形，避免尖锐嵴结构，近远中边缘嵴应连续且高度≥ 1.5mm。

（三）操作流程

1. 准备　材料与器械：模型、氧化锆全冠修复体、咬合纸（200μm）、高速手机 + 金刚砂车针（TF-13、TF-18）。

2. 咬合调整步骤

（1）动态咬合检查：使用咬合纸标记正中咬合、前伸及侧方运动中的早接触点。

（2）调磨原则：优先调整修复体而非对颌牙；降低非功能尖（上颌舌尖、下颌颊尖）高度，保留功能尖垂直高度；磨改早接触点每次≤ 0.1mm，分次调磨。

3. 防嵌塞设计关键技术　邻面接触点重建：使用邻面成形片 + 楔子恢复邻面形态，确保接触点位于龈向 1/3；边缘嵴形态优化：近远中边缘嵴高度与邻牙一致（约 1.5 ~ 2.0mm），呈圆凸形；外展隙宽度：颊侧 1.0mm，舌侧 0.8mm，形成“溢出通道”。

4. 修复体试戴　邻接关系测试：使用牙线确认接触点阻力适中；咬合稳定性测试：T-Scan 咬合力分析系统验证咬合力分布均匀性（偏差≤ 15%）。

5. 最终粘固与医嘱　粘接剂选择：树脂改良型玻璃离子水门汀。术后医嘱：24 小时内避免咀嚼硬物，使用牙间隙刷清洁邻面，6 个月复诊检查。

（四）评分标准（满分 100 分）

1. 咬合调整质量　正中咬合无早接触，侧方运动无干扰，咬合力分布均匀:（25 分）。

2. 防嵌塞设计效果　邻接点位置准确，牙线通过阻力适中，外展隙形态流畅（25 分）。

3. 修复体密合度　边缘间隙≤ 50μm，无悬突或台阶（20 分）。

4. 患者功能反馈　咀嚼效率恢复≥ 90%，无嵌塞主诉（15 分）。

5. 操作规范性　牙体预备符合生物学原则，调磨量控制精准，器械使用规范（15 分）。

考试知识点总结

项目小结

协和云课堂……　拓展练习及参考答案

（纳　锦　史勇勇　郝　洁）

参考文献

[1] 牛东平．牙体形态与功能［M］．2版．北京：人民卫生出版社，2021．

[2] 赵铱民．口腔修复学［M］．8版．北京：人民卫生出版社，2020．

[3] 辛金红．牙体形态与功能［M］．2版．北京：北京科学技术出版社，2020．

[4] 许复贞．牙体解剖与雕刻技术［M］．北京：中国医药科技出版社，2011．

[5] 何三纲．口腔解剖生理学［M］．8版．北京：人民卫生出版社，2020．

[6] 孟项涛，李宪．口腔基础医学概要［M］．北京：人民卫生出版社，2020．

[7] 蒋菁，赵军．全口义齿工艺技术［M］．4版．北京：人民卫生出版社，2021．

[8] 李长义，任旭．口腔固定修复工艺技术［M］．4版．北京：人民卫生出版社，2021．

[9] 全国卫生专业技术资格考试用书编写专家委员会．2025口腔医学技术［M］．北京：人民卫生出版社，2024．

[10] 马惠萍．口腔解剖生理学［M］．4版．北京：人民卫生出版社，2020．